国家社科基金
GUOJIA SHEKE JIJIN HOUQI ZIZHU XIANGMU
后期资助项目

西方中国形象文本解读的理论与实践

李勇 著

南京大学出版社

国家社科基金后期资助项目
出版说明

后期资助项目是国家社科基金设立的一类重要项目，旨在鼓励广大社科研究者潜心治学，支持基础研究多出优秀成果。它是经过严格评审，从接近完成的科研成果中遴选立项的。为扩大后期资助项目的影响，更好地推动学术发展，促进成果转化，全国哲学社会科学工作办公室按照"统一设计、统一标识、统一版式、形成系列"的总体要求，组织出版国家社科基金后期资助项目成果。

全国哲学社会科学工作办公室

目录

绪论　跨文化研究:以形象为方法

文化研究中所讨论的形象与文学理论中所讨论的形象有很大差异。文学理论中所说的形象或是作为文学的本体特征,或是作为文学作品的一个层次,或是作为形式要素,总之都是审美形象,与形象相关的形象思维或想象活动是作为审美创造的一个环节而存在的,在读者的阅读活动中对形象的感悟也是一种审美鉴赏活动。可以说,文学理论中的形象是一个审美范畴。可是在文化研究中,形象则是一种文化想象,形象是不是具有审美价值并不重要,重要的是一个形象是特定的文化语境中形塑的对他者的想象,一方面表征他者(对象),另一方面又展示出形塑形象的主体自身的存在状况。因此,文学理论中对形象的论述,包括分析方法与基本观点,到了文化研究中的形象研究这里就不再适用。那么,在文化研究的视野中如何来研究形象问题?研究哪些问题?具体路径又是怎样的呢?

第一节　形象:对象还是方法?

文化研究中对形象的研究,起点是对形象含义的重新界定。以对形象内涵的重新解释为出发点,文化研究发展出对形象的不同维度的探究。那么,在文化研究中,形象的含义是如何界定的?到底什么是形象?约翰·费斯克(John Fiske)等人编撰的《关键概念:传播与文化研究辞典(第二版)》对形象给出了一个解释:“最初是指对现实的某种视觉性表述——或是实际的(就像在图画或照片中)或是想象的(就像在文学或音乐中)。现在一般是指为了吸引公众而非复制现实,人为创造的某种人工制品或公共印象;它意味着其中具有一定程度的虚妄,以至现实难同其形象相符。在这个意义上,我们讨论某个消费品的形象，或是某位政治人物的形象。"①这个解释并不是严格意义上的定义，但是这个解释中仍然包含着丰富的信息。首先，形象是一种视觉性表述，不管是在最初的意义上还是在文化研究中所讨论的消费品形象或政治人物的形象上，形象都具有视觉性，它是具体地、感性地存在的。其次，作为一种表述，形象具有虚妄性（或主观性）。它不是对客观对象的反映、记录或复制，所以形象与它所表述的对象并不相符。一个商品在广告中呈现出来的形象，与消费者手中实际拿到的物品之间并不一致。同样，一个政治人物在公众面前展现出来的形象与他在实际生活中的存在状况也是不一致的。再次，形象的实质是"公共印象"。无论是一件商品，还是一个政治人物，或是娱乐明星，人们都是通过"公共印象"来认识它/他/她的，形象因此而变成了集体想象。形象是这些对象向公众展示出来的样子。这些公共印象，当然都经过了包装、设计、创意策划，因此，形象是对象的表征，是被塑造出来的虚像，而不是客观事物自然的本真的呈现。即使形象不是被刻意包装出来的，它与实际存在的对象之间也不是完全一致的，因为"这个世界不可能得到精确而客观的表征，因为它不是一个给定的事实，而是如何从不同角度加以理解的结果。近来大量的批评认为现实是难以企及的，我们只能通过文本、影像和叙述之类的中介去体验它。这些中介并未清晰透明，不偏不倚地反映现实。事实上，它们只是在根据特定社会的礼仪和习俗作出描述"②。从这样的角度来理解形象，则形象的主观性进一步得到了证实。

文化研究中所讨论的这种形象并非仅仅是理论上的设想或推演，在实际的研究领域中，这样的形象研究已经存在。在此仅举两例以作为文化形象研究的例证。其一是比较文学形象学中所讨论的跨文化想象或异国形象。这种"形象"是对他者的集体想象。形象学理论的代表人物法国学者巴柔(Deniel-Henri Pegeaux)是这样界定形象的内涵的："文学的'形象'是人们对异国的看法与感受的一个总体，这些看法与感受是在一个文学化也是社会化的过程中获得的……形象是对一种文化现实的描述，通过这一描述，塑造（或赞同、宣扬）该形象的个人或群体揭示出并表明了自身所处的文化、

① 约翰·费斯克，等，编撰. 关键概念：传播与文化研究辞典(第二版)[M]. 李彬，译注. 北京：新华出版社，2004：132－133.

② 丹尼·卡瓦拉罗. 文化理论关键词[M]. 张卫东，张生，赵顺宏，译. 南京：江苏人民出版社. 2006：44.

社会、意识形态空间。”①除了对“异国”这个比较文学中关注的特定对象的特别强调之外,巴柔这里所说的“形象”概念与文化研究中所说的“形象”是完全一致的。比较文学形象学所讨论的形象,也不是对异国的反映与记录,而是描述,这种描述就是一种表征或文化想象。这样的形象主要展示出来的不是被描述的他者(异国),而是作为想象主体的描述者(自我)所处的文化语境,正是这种注视者的文化语境,建构了他者形象。其二是在大众文化研究中的大众英雄形象。托尼·本尼特(Tony Bennett)在分析詹姆斯·邦德的形象时指出:“作为一个大众英雄,邦德形象已经作为大众文化范围中一个不断移动的指涉物而发挥作用。它浓缩着并表达了——不过在不同的‘邦德时代’表现为不同的混合物——一系列以性别、性和国家等主题为中心的意识形态话语。”②在本尼特看来,邦德形象是不同的文本——包括小说、电影、广告等共同塑造出来的,随着时代变迁又传达出不同文化意义的一个文化现象。邦德形象因此变成了“漂浮的能指”,在不同时代的文化语境中转变并移位。本尼特所说的邦德“形象”作为大众文化中创造出来的一个流行偶像,当然是众多的大众文化从业人员所共同塑造,并被大众阅听人所认同和接受的一个形象,邦德不是对某一个真实人物的反映,它是英国社会文化建构出来的一个大众幻象。它的意义不在于这个形象有多少审美价值,而在于它映射出了 20 世纪 50 年代以来英国文化社会中所存在的各种或隐或显的文化心理。

对形象的这些全新界定中已经包含了讨论形象的不同方式,我把这种方式称为“以形象为方法”。这种研究方式是与“以形象为对象”相对而言的。这两者之间到底有哪些区别?首先,从研究者与被研究者的关系看,以形象为对象的研究方式中,研究者与被研究者之间是“我—它”关系,研究者以旁观者身份与被研究者保持距离,对被研究者进行客观的观察分析。比如法国学者米丽耶·德特利的《19 世纪西方文学中的中国形象》一文就是如此。作者将 19 世纪欧洲人对中国的想象分为两个阶段:“从 18 世纪末期中国闭关锁国到第一次鸦片战争为第一阶段,从 1840 年到 20 世纪头十年为第二阶段,这时无论是欧洲还是清朝的覆灭,各种政治事件到处造成混乱

---

① 达尼埃尔-亨利·巴柔. 形象学理论研究:从文学史到诗学[A]. 孟华,主编. 比较文学形象学[C]. 北京:北京大学出版,2001:202.

② 托尼·本尼特. 本尼特:文化与社会[M]. 王杰,张东江,等,译. 桂林:广西师范大学出版社,2007:10.

并使我们最终告别了 19 世纪。”[①]作者本可以以欧洲人的中国形象为切入点分析动荡的历史背景中的现实矛盾与文化困境，但是由于作者采用的是把中国形象作为研究对象的思考模式，所以文章的主要内容集中在对这两个阶段（特别是第二阶段）欧洲文学的中国形象的介绍，而没有展开更深入的解读。而以形象为方法的研究方式中，研究者与被研究者之间是“我—你”关系，研究者与被研究者保持着亲密关系，研究者全身心投入被研究者，不是对被研究者进行客观的观察，而是与被研究者展开对话交流。比如在比较文学形象学中对于异国形象的研究，研究者要投入描述他者的文本中，参与对他者的想象，才能把握到他者形象的形成机制与文化内涵。其次，从研究的具体途径看，以形象为对象的研究是以形象为本体的研究，主要针对形象自身的特征进行解剖分析，探究形象自身的构成要素与方式，揭示形象自身的审美价值，甚至分析形象（人物形象）的性格特征，等等，总之是围绕形象自身展开讨论的；而以形象为方法的研究中，形象只是一个纽带，这种研究的主要目标是通过形象的纽带而探索构成形象的诸种社会文化要素，是对形成形象的社会文化语境的研究。诚然，在以形象为对象的研究中，也对形象与外在社会现实之间的关系进行讨论，但是这种讨论又是建立在形象与外在对象的简单对应的基础之上，以反映与被反映作为理论基础的，讨论的目标是解释形象的来源，进而认定形象的性质。所以这样的讨论与以形象为方法中将形象作为纽带来探索形象形成的文化语境的研究途径是不同的，以形象为方法否认形象是对现实的反映，放弃了这种形象与现实之间的反映论的单一联系。周宁先生在《跨文化研究：以中国形象为方法》一书中开宗明义地提出：“跨文化的中国形象研究，建立在‘异域形象作为文化他者’的理论假设上，从西方的中国形象入手，在西方现代性自我确证与自我怀疑、自我合法化与自我批判的动态结构中，解析中国形象；在跨文化公共空间中，分析中国形象参与构筑西方现代性经验的过程与方式。”[②]这就是从形象研究入手探究更复杂的实现问题的研究思路。再次，从思维的特点看，以形象为对象的研究方式以运用抽象思维为主，即运用一套抽象的理论观念来分析形象，从对形象的分析中推演出理论观点，这种思维方式是以形象之外的一种理论观念为根基的。比如，让-马克·莫哈借用保尔·利科对

① 米丽耶·德特利. 19 世纪西方文学中的中国形象[A]. 孟华，主编. 比较文学形象学[C]. 北京：北京大学出版社，2001：242 - 243.

② 周宁. 跨文化研究：以中国形象为方法[M]. 北京：商务印书馆，2011：1 - 2.

想象类型的分类而对乌托邦与意识形态两种形象类型进行设定,①就有这种抽象思维的特点。虽然这种设定对形象研究是必要的,但如果仅停留在对这两种类型的概括,而不进一步深入到对类型背后的文化语境与现实矛盾的探究,就成为以形象为对象的冷漠的观察了。同时,运用实证的材料概括异国形象的演变历史,也是一种抽象思维。表面上看这种研究没有预设理论观念来给异国形象定性,实际上,从实证材料中概括异国形象的演变史是一种简便的抽象思维,其思维方法的核心仍然是把异国形象作为研究的对象,只对这个对象本身进行研究。艾田蒲的名著《中国之欧洲》以及大卫・琼斯的《西方社会政治思想中的中国形象》都是这样的著作,尽管它们也对不同时期的中国形象进行了分析,但都是围绕着这些中国形象本身的特点进行讨论的,并没有更深入地分析导致这些中国形象形成的社会文化矛盾与困境。② 相反,以形象为方法的研究方式,以运用具体思维为主,即不预设一种理论观念在形象之外来分析形象,而是针对具体的形象,做出具体的论述,研究者从对形象形成的具体语境出发展开讨论,随着时代背景的变化、形象展现出的特点的变化以及接受者群体的变化而发现新问题,并选择有效的研究思路。因此,以形象为方法是一种扎根在形象之中的开放式的研究。

那么,文化研究中为什么会形成这种以形象为方法的研究方式呢？首先是因为文化研究所关心的问题已经与以往的人文学科关心的问题不同。在以往的人文学科(尤其是美学)中,形象是一种审美现象,而审美又是精神完善的一个维度,它是一种具有形而上之维的精神活动。而在文化研究中,形象是一种文化现象,文化研究中关心的不是形象的精神(审美)价值,而是文化内涵,即形象所牵涉的社会文化因素与意义。形象因此就被放到社会文化的关系网络中或语境中来考察,形象也就变成了一个可供讨论的话题,一个思考社会文化问题的方法。总之,以形象为方法,首要的原因在于文化

① 让-马克・莫哈.试论文学形象学的研究史及方法论[A].孟华,主编.比较文学形象学[C].北京:北京大学出版社,2001:31 - 32.

② 艾田蒲把从耶稣会传教士开始到18世纪欧洲的中国的想象概括为从仰慕到排斥,两卷皇皇巨著是从史料概括出这个结论的。史料研究虽然是形象研究的基础,但是这种实证研究的方法却也限制了研究的深度与广度。大卫・琼斯的著作虽然已经把研究的范围限定在"西方社会政治思想"领域,却仍然聚焦材料本身,没有把研究拓展到西方的社会政治领域去探究西方社会的现实矛盾与文化困境,而是集中概括社会政治思想文献中中国形象的演变历程。艾田蒲.中国之欧洲[M].许钧,钱林森,译.郑州:河南人民出版社,1994. David Martin Jones, *The Image of China in Western Social and Political Thought*, New York: Palgrave Macmillan, 2001.

研究的关注重点从形而上的精神问题转移到了现实中的社会文化状况问题。其次,以形象为方法,也是跨学科研究的必然结果。跨学科研究的核心理念是打破学科界限,将不同学科的观念与方法整合起来,因此突破了在单一学科中讨论问题时的视界障碍,尽可能地消除了思考问题时的理论盲区。这个处于众多学科视野中的研究领域从而变成了不同学科的纽带或联结点,它本身的性质就从一个被解剖的对象转变了一个议题,这个议题涉及不同的学科话语系统,因而它本身变成一种方法。当然,跨学科研究也有内向型与外向型之分。内向型是指将不同学科的观念与方法集中运用于一个对象的跨学科研究;而外向型则是指由一个对象/现象出发向不同的学科领域提出新的问题,并在不同的学科领域中讨论这些问题。在形象研究中如果说内向型的跨学科研究仍然带有以形象为对象的本体研究的色彩,那么外向型的跨学科研究已经是彻底的以形象为方法的研究。在文化研究中,对形象的研究恰恰就是从形象出发,提出不同的具体问题,在不同的学科领域中讨论问题,而不是将不同学科的观念与方法挪用到形象研究中,将形象变成不同学科研究方法的实验室。尽管这种内向型的跨学科研究也已经突破了单一学科研究方法的局限,形象在变成不同学科研究对象的同时,已经"方法化"了。再次,文化研究中以文化政治为终极关怀的价值立场也是以形象为方法的内在依据。文化政治是指文化现象中或隐或显地表现出来的不平等的权力关系,除了赤裸裸的语言暴力之外,还有隐蔽的说与被说的关系、看与被看的关系以及话语系统中潜在地对言说对象的回避、无视、轻蔑与歧视。总之,文化政治的核心问题是权力关系。在形象研究中,对文化政治的关心使得形象背后潜在的不同话语系统之间的角力取代了形象的本体成为核心目标,形象研究因此成为围绕形象的各种力量构成的权力网络的研究。换言之,形象研究就成为以形象为方法对构成形象的话语系统和文化语境中的文化政治的研究。

第二节　以形象为方法的理论议题

以形象为方法的形象研究到底要研究哪些问题?当我们将形象的内涵界定为一种文化想象,那么形象研究所要讨论的问题就不再仅仅是作为想象活动的成果的那个存在物(形象)的品质的问题,也不仅仅是想象主体在进行想象活动时的心理过程问题。文化想象,就其性质而言是一种主观活动,不是对现实的记录与反映,但与此同时,这种主观的想象活动又不仅仅是主体的心理过程，而是一种文化活动，主体的想象也是一种文化现象，而不仅是一种生理/心理现象。文化想象是主体在文化习得的过程中学会的一种才能，同时，文化想象也在建构着主体所生存的世界。文化想象因此是双重的文化建构，作为一种想象/心理活动是被文化建构的，作为对世界的观照又是一种建构世界的活动。

以文化想象为基础，形象研究应该包括三个层次的问题。首先是对形象的认定。在以形象为方法的研究范式中，形象并非自然而然存在的客观之物，而是一种文化现象。同时，并非所有的以感性的描写呈现在读者面前的场景或人物都可以称为"形象"，形象作为一种文化想象是需要辨别与确认的。面对纷繁复杂、浩如烟海的各种文本/文献，如何确认形象？有两个标准是判断的依据。其一，形象是一种集体想象，而非个体化想象，形象应该是一个社会中具有普遍性质的集体想象物的一部分。一个作者所描绘的某个形象，必须被一个社会中众多成员所接受，成为他们共同的想象，这种个体的形象才可以称为"形象"。在这个意义上，形象是具有公共性的而不是个体性的，也正是在这个意义上，刻板印象(stereotype)才可以被称为形象。文学理论中被认为是缺乏个性、缺乏创造性的雷同化的类型，反而是一种文化意义上的形象。当然，那些独创性的文学形象由于被广泛接受，变成了共名共相，变成了一种人所共知的常识，也就成为"形象"——集体想象。其二，形象具有整体性。判断一个文本是不是描绘了一个形象，并非仅仅就文本来分析文本，相反，形象是文本建构出来的超越文本的整体形象。形象是以文本中所提供的具体生动的细节为基础的，但是这些细节本身还不是形象，形象需要对细节进行整合。当众多细节都指向某一个总体特征时，这个总体特征才会变成一个形象。在这个意义上，形象虽然具有具体的感性的特点，但是形象不是这些细节本身，不会停留在感性细节的层面，而是超越了具体细节的一个总体印象。比如罗兰·巴尔特(Roland Barthes)在《符号帝国》一书中所描绘的作为一个书写国度的日本，虽然以筷子、弹球戏、包装礼盒、鞠躬等具体细节为基础，但是这些细节无论多么具有日本特性，都还只是构成书写国度的要素，其中所包含的书写性才是巴特笔下的日本形象的总体特征，这些细节都是这个总特征的具体表现而已。

以这两个标准为依据判断或确认形象并不是一个简单的贴标签活动，也不是确定哪一个感性的描写更有价值的活动，确认形象意味着在形象研究中确定讨论的问题阈，它将为形象研究找到一个切入点。对形象的确认至少还包括对形象的历史与类型的分析。就历史方面而言，对形象的确认就应该包括对一种形象形成与演变历史的梳理与叙述，清理出一种形象发展的历史脉络。因为历史之维是形象存在的一种方式,一方面任何一个具体形象都是在特定的时空中存在的,总是与形象的历史发展具有内在的关联,它总是在某些方面与产生形象的那个想象主体的想象史相连,将自己融入想象史之中;另一方面,一个具体的形象就像一个生命体一样有自己的成长过程和衰亡过程,从最初形成到最终消失(被那个促使其产生的主体遗忘),也是形象的存在方式。因此,在确认形象的讨论中,研究形象的历史就成了一项不可或缺的内容,只有把形象放在历史的动态的过程中,我们才能把握形象。

就类型方面看,确认形象意味着对形象进行分类,判断一个形象属于哪一种类型。因为形象的存在形态并不是无限的,无论从形象价值形态还是从形象的话语类型看,形象都可以被划分到有限的几种类型之中。就价值形态而言,比较文学形象学依据保罗·利科(Paul Ricoeur)对想象类型的划分,将异国形象分为意识形态形象和乌托邦形象两种类型。意识形态形象是一个负面的异国形象,它丑化异国、美化自己;乌托邦形象则相反,它美化异国,借此来反思并批判自己。异国形象是以这两种形象类型为基本形态的。当然,在这两个极端的类型之外,还有作为平等交流对象的益友形象以及在同盟之中与想象主体利益相关的兄弟形象。这两种类型可以看成意识形态与乌托邦两个极端类型之间的中间类型。就话语类型来看,塑造形象所使用的话语形式也是有限的,重复使用的词语和表达方式也将形象限制在有限的类型之中。巴柔明确指出:“关于他者的话语在数量上不是无限的,……清点、分解、解释这些话语类型,展示并证明形象是如何在其整体上成为象征语言的一个要素,此即形象学的目的所在。”①巴柔如此说的理由也很容易理解:每一种形象都不是随意言说的,对形象的塑造产生限制作用的除了历史文化语境之外,应该还包括形象历史中所沉淀下来的话语规范。尽管形象学研究还没有能够将这些话语规范概括为几种清晰明确的类型,就像将形象概括为意识形态和乌托邦两种价值类型那样,但是,话语类型的有限性应该是可以确定的。如果我们按照巴柔的说法,将形象理解为一种类似于白日梦或睡梦那样的想象,那么用来表述这种想象的语言就应该是一种象征性语言,巴柔说:“当我们试图在某些文本表述中来理解形象时,我们有充分理由认为形象就是象征性语言。”②象征语言中的隐喻和换喻是两

① 达尼埃尔-亨利·巴柔.形象学理论研究:从文学史到诗学[A].孟华,主编.比较文学形象学[C].北京:北京大学出版社,2001:204.

② 达尼埃尔-亨利·巴柔.形象学理论研究:从文学史到诗学[A].孟华,主编.比较文学形象学[C].北京:北京大学出版社,2001:212.

大基本类型,因此,我们也可以将塑造形象的话语类型划分为隐喻和换喻这两种基本类型。这样的划分虽然不免有简单化之嫌,但是它至少让我们看到塑造形象的话语类型的确是可以成为一个确认形象的视角的。

在文本的形态方面,根据文本中作者塑造形象的方式可以把形象文本划分为证明性文本与展示性文本两种类型。所谓证明性文本是指作者先入为主地预设了一个异国形象,文本中所提供的材料就是用来证明这个预设形象的文本。这与文艺创作中的主题先行相似,都是先有了明确的意图和目的,先有了确定的思想观念,然后才用形象化的材料把这些观念、意图具体化。而证明性文本的表述方式主要是论证,作为形象学文本,这种论证也是塑造他者形象的方式。在论述的过程中,文本一方面证明了他者形象的性质,另一方面也运用实际的材料暗示他者形象的特点,为读者设计一个个话语陷阱,让读者在关注论述的过程时不知不觉地接受了对他者形象的预设。展示性文本是指作者没有事先预设一个形象,而是提供具体的细节和素材,形象由这些材料呈现出来,实际上由读者自己想象出一个异国形象的文本。当然,不可否认展示性文本中作者也是有其意图的,作者不可能对他所写的文本没有一个明确的构思,对于其要塑造的形象也一定有明确的立场与态度。只不过他的意图与立场是隐蔽的。展示性文本中所提供的材料和细节是直观地呈现给读者的,由读者自己去领会形象的性质;证明性文本中,他者形象是由作者直接告诉读者的,证明性文本中的论述是为了让读者理解并相信这个形象的性质与特征。如果我们用中国文论的术语来解释这两种类型的文本,那么证明性文本类似于王国维所说的"有我之境",展示性文本类似于"无我之境"。因为证明性文本中作者的意图和态度、立场是明显地在文本中表达出来的,而展示性文本中作者的意图、态度、立场都是隐蔽的、不露痕迹的。如果我们用西方文论的术语来解释这两种类型的文本,证明性文本则类似于罗兰·巴特所说的可读的文本,即文本的意义是确定的,读者阅读这样的文本可以直接把握到文本的意义;展示性文本则类似于可写的文本,这样的文本的意义是不明确的,需要读者根据自己的经验进行重写,自己建构文本的意义。在展示性文本中读者读到的是一些逼真的描写,这些描写所塑造的异国形象是要读者自己去创造的。

以形象为方法的形象研究所关注的第二个问题是形象形成的文化语境。在形象研究中,形象是一种文化想象,也是一种文化建构。形象是文化建构出来的,想象是文化系统中各种复杂因素相互作用导致的心理现象,因此,研究形象必然要考察形象形成的文化机制。反过来看,以形象为方法的形象研究就必然要从对形象的认定深入到对产生形象的文化语境与文化系统的考察。当然，仔细分辨起来研究文化语境仍然有两种不同的方向：以文化建构来说明形象的形成机制，仍然是以形象为对象的研究，目的是为了解释形象是如何形成的，其关注的焦点仍然是形象本身；而从形象入手考察文化语境的状况，则是以形象为方法来考察文化问题，其关注焦点已从形象转移到文化语境，研究的不是形象如何形成，而是文化语境的运行状况。后者才是以形象为方法的形象研究所要讨论的问题。

那么，形象形成的文化语境研究又包括哪些问题？文化语境本来是具体的，建构每个形象的文化语境都是有区别的，难以笼统地讨论。但是不同的文化语境又有共同性，就其在建构形象的过程中与形象的关系来看，至少有如下几个问题值得特别关注。首先是集体想象物。在一个社会文化系统中，形象本身隶属于集体想象物，或者说形象也是集体想象物的组成部分，在形象周围包裹着集体想象物。所谓集体想象物，是一个特定的社会文化在特定的时期共同想象的一个完整的心理场域或心理空间，也可以说是那个特定时期特定的人群所想象之物构成的一个整体。形象作为一种他者想象，当然是这个集体想象物中的一个部分，当我们分析一个形象的时候，不可能只关注形象本身而不考察它所隶属的那个整体，否则对这个形象的讨论将难以展开，不仅难以将形象自身认识清晰，更难以对形象进行解释和阐发，只有将论题从形象自身引向集体想象物，形象研究才可能走向更宽广的领域。举例而言，西方在17—18世纪兴起了“中国潮”，“中国”在那个时期的法国、德国等欧洲国家一度成为时尚。当时欧洲对中国的想象塑造出了“孔夫子的中国”形象，那是一个由开明君主统治，由文官实施管理，秩序井然、丰衣足食、民风淳朴的东方文明古国。对这个“孔夫子的中国”形象的分析，只去描述这个形象的不同侧面，从文献中找到西方人对中国的赞美之词，是远远不够的。围绕着这个中国形象的是自文艺复兴以来西方人所想象的一个被称为乌托邦的集体想象物。这个乌托邦作为一种集体想象物，从托马斯·莫尔开始，已经延续了很长时间，西方人幻想着在某个不为人知的角落存在着一个完美的社会，那里没有现实中的矛盾，却实现了人们所有的美好愿望。“孔夫子的中国”不过是众多的乌托邦中的一个，它是西方的乌托邦想象的组成部分。要理解“孔夫子的中国”这个异国形象的意义，不去分析西方的乌托邦想象传统是不可能的。

在文化语境中对形象的形成产生重要影响的第二个问题是意识形态状况。此处的意识形态概念与作为形象的价值类型的意识形态概念不同，此处的意识形态专指一个特定时期的思想观念。因为这些思想观念都代表着一定的社会政治立场，对现实的问题进行着表述，因此，这些思想观念就具有马克思所说的意识形态性质,即它是一定的社会阶级利益的观念性表达。为什么要研究形象形成的意识形态状况?首先当然是因为形象虽然是想象,但是仍然具有认识功能,想象主体会对自己的想象信以为真,这些形象也就会受到当时人们的思想观念的影响。正是在这个意义上,形象研究属于观念史,形象本身也可以看成思想史、观念史的一部分。其次,形象也是跨文本存在的,具体表现为在文学文本和非文学文本(如新闻、历史、哲学等文本)中出现对于某个形象的相同/相似的描述。即使不能证明文学文本就是受到其他文本的影响而形成的,至少也可以说明文学文本与其他文本之间存在互文关系,在对他者的想象/认识上是一致的。因此,要讨论文学中的他者形象,就必然要研究这些塑造了同样的他者形象的非文学文本,也就必然要分析意识形态状况。意识形态其实是对现实利益关系的神话般表述,分析意识形态话语中所包含的复杂关系本身是一项复杂的工程,也是一项艰难的技术,就像马克思在《德意志意识形态》中对德国哲学的批判,卡西尔对国家神话的分析,罗兰·巴特对大众文化的神话学解释那样,非有深邃的思想难以揭开意识形态的神话面纱。由于意识形态与形象之间具有密切、繁杂又隐秘的关系,在形象研究中,不对意识形态的状况进行深入研究就无法解释形象形成的微妙过程以及形象所包含的文化意义。

那么,以形象为方法的形象研究究竟有什么样的目标?如果形象仅仅是思考问题的视角与途径,那么形象研究最终要达到什么目的?这个最终目的,就是以形象为方法的形象研究要探究的第三个问题,即反思形象形成的文化困境。与形象形成的文化语境不同,形象形成的文化困境是形成某个具体形象的那个文化/社会所面临的深层矛盾。形象,作为他者想象是这种文化困境的征候,形象如果是一棵植物上开出的花朵,那么文化困境则是植物扎根于其中的土壤。以形象为方法的研究,目的不在于认识形象本身,而在于分析形象形成于其中的文化困境。为什么以形象为方法的研究最终要走向研究产生形象的文化困境?除了这种文化困境是形象形成的终极原因外,还有如下几个原因:首先,文化困境也是形象的意义来源,形象之所以具有研究的价值,主要原因就在于形象之中折射出了形象产生于其中的那种文化困境。作为文化困境的征候,形象是文化困境的感性化表达,形象研究所关注的是文化困境这样的重大问题,而不应该是形象的新奇性。换言之,知道一种形象是什么样子并不重要,重要的是分析这种形象之中折射出了什么样的文化困境,否则很可能变成猎奇式的消遣。其次,文化困境是一种文化、一个时代所面临的最为紧迫的问题之一,也是最为根本的问题。一种文化、一个时代所面临的无论是政治问题、经济问题还是其他领域的问题，归根到底都会是文化问题。文化的困境是最根本的困境，文化危机是最根本的危机。形象研究作为一种人文社会研究，如果不去关注文化困境，就只能停留在知识性研究的层面，无法提升到关注一种文化的根本问题这样的思想性研究的层面。不去回应自己时代文化困境的人文研究，其意义与价值终究是有限的，形象研究的使命也像其他的人文社会研究一样，要给时代的文化困境以切实的应答。

以形象为方法的形象研究到底要研究什么样的文化困境？这种形象研究所关注的文化困境到底有哪些？首先是自我认同的困境。形象作为他者想象，其呈现的形态是对他者的言说，但是这些言说中透露出来的信息不仅仅是关于他者的，而更主要的是关于想象主体的，把他者想象成什么样子，实际上反映了自我的认同。因此，他者形象的背后或之中就有想象主体自我的身影。自我之所以想象他者，目的是要表达自我的困境，表达自我的认同、向往与诉求。当一个他者形象作为一种集体想象而代表了一个时代想象主体的普遍心理的时候，就说明这样的想象主体的自我认同一定出现了某种困境，需要借他者形象来表达。他者想象正是这种自我认同的一面镜子，他者形象是自我的镜像，想象主体从他者形象中照见了自我。以西欧启蒙运动之后所想象的意识形态化的中国形象为例，从 1750 年开始西欧将中国想象成了专制的帝国、停滞的帝国、野蛮的帝国，这些负面的中国形象所否定的不仅仅是中国，而且也是西欧的过去。西欧在告别封建文化传统走向现代性的过程中，所出现的自我认同的裂变与挣扎，通过对中国的负面想象流露出来。他们所想象的中国，其实是他们自己的过去，在否定中国的同时，西欧告别了自己的过去。① 他们把告别过去的痛苦悄然转移了。其次，是文化价值的困境。他者想象中本来包含有意识形态与乌托邦两种价值类型，在这两种价值类型的背后是想象主体的文化价值困境。想象主体的文化处于价值的矛盾冲突之中才会借他者的形象来表达价值立场，对他者的乌托邦想象是对自我文化不满的表达，对他者的意识形态想象则是对自我文化的肯定，或者是对自我文化价值的自信的表达。因此，形象研究以形象为切入点进行文化价值的讨论，不仅是解释形象本身的文化意义，也是对形象得以产生的那个时代、那种文化的价值困境的回应与反思。再次，是文化战略的展望。任何一种文化都处在动态的过程中，只有已经消亡的文化才会静止不变。形象研究所讨论的主要是仍然具有生命力的文化，形象之中就包含着文化发展方向的信息，对形象的研究也就必然要讨论文化的发展

① 周宁. 天朝遥远(上)[M]. 北京：北京大学出版社，2006：339 - 341.

战略或文化的出路问题。比如近代以来日本对中国的想象，就是以西方的中国形象为参照的，日本对中国的美好想象所认同的是一个东方化的古老文明，这种形象的背后是日本试图以东方文化抗拒西方化的文化发展战略；而日本对中国的负面的丑化的想象所认同的却是西方文明，日本把中国想象为落后野蛮的国度映射出的是日本“脱亚入欧”的发展战略。不研究文化战略根本无法解释日本想象的中国形象的两种类型及其变更的原因。那些看似不经意的细节描写揭示出其背后隐蔽的重大思想背景，这也正是形象研究的魅力所在。

第三节　以形象为方法的研究路径

以形象为方法的形象研究所关注的问题如此复杂，那么如何展开对这些问题的研究？讨论这些问题的具体路径有哪些呢？概括总结或预设研究路径对于形象研究而言是危险的。因为形象研究所处理的对象具体而纷繁，面对每一个具体的形象，研究者都要选择不同的路径来讨论，这就是形象研究的跨学科属性所带来的独特之处。但是以形象为方法的形象研究仍然有它的特点，可以特别提出来讨论。这也是我们要将“以形象为方法”作为一个论题进行专门讨论的理由之所在。

以形象为方法的形象研究至少有如下几个路径显示出了它的特色。第一是感性思维，即以感性的方式去把握形象。形象研究的起点是对形象的辨识，认定哪些文本中所描写的具体画面构成了形象，这是依靠感性的方式完成的。研究者通过对文本的阅读，把文字或其他符号置换成感性的画面，这个过程就是感性的心理过程，即要有对语言或其他符号的领悟能力，也需要想象、联想甚至通感等感性心理能力。不同的文本中所描绘的画面的相似度，也要靠感性的心理能力来识别。通过表象记忆与联想，研究者才能把一个画面与其他的画面联系起来。反复出现的那些画面最后成为判定形象的依据，它们成为一个时代人们的集体想象。在形象的认定过程中还有一个重要的活动就是从具体细节到完整形象的建构，也是通过感性心理活动（比如完形心理活动）完成的。文本中所提供的细节并非形象构成的全部要素，这些细节具有暗示功能，在这些细节的背后还隐藏着一个完整的画面，研究者在认定形象时必须透过这些细节捕捉到完整的画面，从而把握住形象的整体，而这个完形活动又是一个感性思维的活动。为什么以形象为方法的形象研究会以感性思维为基本的研究路径？首要的原因就在于形象本身是一种感性的存在，而建构形象的想象活动也是感性的活动。只有通过感性活动才能把握形象，才能把握想象活动的内在奥秘与逻辑。形象，作为一种他者想象，一种社会集体想象物，不是通过科学的论证建构出来的，而是通过社会大众的集体想象完成的。尽管证明性文本中也用论证来表述，但是这样的表述是对形象性质的论证，具体的形象则是靠论述中的实例、形象化的修辞策略（如暗示与象征等）建构出来的。论证在此转化为想象，形象的建构仍然是靠想象完成的。社会心理、情绪、欲望、怨恨与羡慕等复杂的感性心理因素参与其中，研究者只能通过感性的方式才能“还原”形象形成的过程，从而解释形象形成的奥秘。其次，感性思维作为思维的一种类型具有开放性，它并非仅仅停留在事物的表象层面，还可以揭示出形象的深层意义，展示形象的多层次意义空间。感性思维在“还原”形象的感性特征时，也打开了形象的深层意义的大门。这种感性思维的深刻性和开放性特征，以形象为方法的研究正好可以用立足于感性形象、揭示形象之中与背后的复杂意义的总体特征的方式来进行。比如，罗兰·巴特在《符号帝国》中分析日本人的礼盒时写道：“人们精心地运用那种制作技巧，运用卡纸板、木头、纸张、丝带的相互作用，一丝不苟地在上面画出几何图形，可是常常在某处画成一种不对称的结状突起；这不再是那个将要运走的物品的一种暂时的陪衬品，它本身就成为一件物品；它本身是作为一件珍贵的，但却免费的东西来赠送的；这种包装是一种思想。”①这种包装被巴特称为是时间的延伸，是能指到能指的快乐生产的过程。在此感性的细节中包含的深刻意义就在于它揭示出了日本形象的书写性。

以形象为方法的第二个路径是辩证思维。以形象为方法的形象研究不仅仅是对他者形象的研究而且还是对想象主体的研究；不仅仅是对形象本身的研究，而且还是对形成形象的文化语境与文化意义的研究。在以形象为方法的研究中始终存在着自我/他者、形象/语境、意识形态/乌托邦、证明性/展示性等二元对立。以形象为方法的形象研究不是要在这些二元对立项中作非此即彼的取舍，而是将两个对立项联系起来思考，通过他者形象来反思想象主体，通过形象的具体表征来反思形成语境，通过对乌托邦想象的分析来反思其中包含的对现实状况的意识形态批判。这样的思考方式，我们称之为辩证思维。为什么以形象为方法的形象研究要采用辩证思维？首先当然是因为形象是对他者的文化想象，而不是对他者的客观记录与真实反映。形象不是科学，不具有真实性。在形象研究中首要的任务不是去辨

① 罗兰·巴尔特.符号帝国[M].孙乃修，译.北京：商务印书馆，1994：70.

识形象的真实性,因为形象不存在真假问题,它只是想象主体借他者表达自我的一种方式。因此,形象本身就是一种表意实践,它本身就是一种辩证的存在。由此出发,形象研究就必然要运用辩证思维进行,否则,形象研究就会落入真实性的陷阱之中,纠缠于真假问题,形象研究的意义与价值就难以实现。其次,形象的意义是隐蔽地存在于形象之中或背后的,它甚至是一种缺席的存在,以沉默展示着其价值,只有运用辩证思维才能揭示出其意义,才能让沉默的意义发声。形象作为一种征候,其意义潜隐在断裂之处,在文本之外,仅仅关注文本中呈现出来的部分就只能看到表面现象或表层意义。只有运用辩证思维,才能在文本的裂缝之中读出那些沉默的意义。再次,以形象为方法的研究的目标是探索开放的学术视野以建构多元文化融合的立场,这种开放性与多元性也是要靠辩证思维才能完成的。在跨文化形象学研究中,这种开放性与多元性表现得更为明显。不同文化之间的想象关系把想象主体与他者形象联系了起来,形象研究的重心虽然是想象主体,但是毕竟是在自我/他者的辩证框架中进行研究的,想象他者也就意味着以他者为参照,从而实现自我的改变。这种辩证关系的最终走向应该是不同文化的借鉴与整合,进而促使一种文化向其他文化开放。这个终极目标或终极立场的关键在于承认不同文化之间存在差异,但可以互补,这种求同存异的思考路径就是辩证思维。

以形象为方法的第三个路径是宏大思维。所谓宏大思维就是指形象研究所关心的问题是社会历史发展脉络与文化之间的冲突融合乃至世界政治文化秩序这样的宏大问题或宏大叙事。形象是由具体的细节建构出来的、具有感性特征的他者想象,但是形象研究不能仅仅停留在细节与感性特征层面,否则很容易变成野史轶闻的钩沉考证,变成茶余饭后的猎奇谈资。以形象为方法的形象研究作为一种文化研究,所关心的是文化政治,所讨论的应该是对他者的集体想象背后的社会文化问题。这样的关心与关注,就是宏大思维,即把形象的具体细节引向重大的社会文化问题的思维取向或思考方向。为什么以形象为方法的研究要以宏大思维的方式进行?首先,就思考的路径而言,以形象为方法的研究是以感性思维为立足点的,这与理性思维在一个逻辑的王国进行抽象的演绎推理不同,感性思维的开放性、灵活性打破了理性的逻辑法则,但是它只有将自己引向更加宏大的主题才能显示出其深刻性与敏锐性,才能真正建立起一个与理性思维的理论王国相对等的具有感性思考的洞见性的王国。这个感性思考的王国只有建立在宏大叙事的基础之上,才能显现它的理论价值,也才能实现其关注重大理论问题乃至关注社会现实的历史使命。以本雅明的理论为例,他的那些零散的以感性细节为主的理论随笔，背后是他的历史哲学。在历史哲学的宏大叙事的支持之下，那些零散的随笔才彰显出其深邃的理论价值。本雅明的辩证意象其实是以感性的意象突破理性思维的樊篱而进入另一个被理性思维排斥或遮蔽了的世界的思考路径的，它建构了一个新的看待世界的角度，进而再以宏大叙事重新叙述了人类的历史，即救赎的历史。同样的，在形象学研究中，在那些具体的生动的关于他者的细节描写背后，是想象主体所面临的文化困境，如果不将这种文化困境揭示出来，形象研究的感性思维的价值就难以实现，我们所说的以形象为方法的研究也就仅仅是方法，而解决不了问题。其次，以形象为方法的形象研究讨论的终极问题是想象主体的文化困境问题，这个问题本身就是一个宏大问题。无论是文化自我认同、文化发展战略、文化价值观念还是不同文化之间的关系都是关乎这种文化乃至全人类的命运的大问题。形象研究从具体的细节入手，最终目的是讨论这些宏大问题，研究的路径就是指向这些宏大问题的。因此，以形象为方法的研究就必然要采用宏大思维，也可以说形象研究中本来就包括对这些宏大问题的思考，这种研究就是以宏大思维为其研究架构的。周宁先生在讨论跨文化形象学的理论路径时指出："跨文化形象学的问题，归根结底是世界观念体系以及该体系中现代国家与国民自我认同的问题。对于那些'后发'的现代化国家，不管是'进入'还是被强行'拖入'现代世界体系，其文化自觉都不可避免地面临一个文化困境：就是如何在现代世界体系中确认自身的国家身份，它关系到'国家理想'。很少有哪个国家能够避免这个问题的困扰，更少国家能够从现代性世界观念体系中成功地拯救出自身的文化主体。研究不同国家的中国形象，这才是关键问题。"①如果跨文化形象学背后是一个世界观念体系，那么这样宏大的研究框架，没有宏大思维是不可能建构出来的。

以形象为方法始终是一种开放性的研究路径。它立足于感性的形象，以感性思维去把握对他者的集体想象，但是它又在这种想象之中或背后去探寻想象主体所面临的文化困境，将形象看成是一种表征、一种征候。以形象为方法的形象研究，目标是讨论想象主体的文化状况，为想象主体的文化困境寻找解决之道。在这个意义上，以形象为方法的形象研究具有强烈的现实关怀。当然，这种现实关怀不是以想象主体的利益为终极追求的，以形象为方法的研究虽然关心想象主体的文化困境，但是它不应该将这种关心封闭在想象主体自身，变成以想象主体为中心的原教旨主义。相反，这样的

---

① 周宁.跨文化研究：以中国形象为方法[M].北京：商务印书馆，2011：10.

封闭式思考不可能解决想象主体的文化困境。只有以开放的态度面对他者,才可能在与他者的对话与交往之中找到解决文化困境之路。在这个意义上,以形象为方法又不仅仅是方法而是一种走向他者的道路。

第四节　从理论建构到文本解读的研究思路

本书所采用的是以形象为方法的研究路径,并以20世纪以来西方的四个关于中国的文本为具体的研究对象,通过对这四个文本的解读来实践这种研究路径所提出的构想。全书的基本目标是通过对四个文本的解读为以形象为方法的研究路径提供具有可操作性的研究范例,从而为跨文化形象研究提供一种深度解读文本、探究形象形成机制并追溯形象形成的现实境况的方法论。为了实现这个基本目标,我们首先对跨文化形象的理论进行了探讨,这些理论探讨是文本解读的必要准备,也是文本解读方法论的理论基础。其中包括四个基本的理论问题:其一,是对跨文化形象的理论内涵的界定。我们借用了本雅明的辩证意象理论来阐述跨文化形象的内涵,以此来揭示跨文化形象的具体性与复杂性。我们认为跨文化形象是一种文化主体对文化他者的想象,但是这种文化想象本身是以具体的感性的方式存在的,与此同时,它又是想象主体所面临的文化困境与现实矛盾的表征,具有复杂的形成原因。正因为如此,对于跨文化形象的研究才需要结合具体的文本,对具体的形象案例的形成背景进行深度解读。其二,是对跨文化形象文本的类型与性质的探讨。跨文化形象文本是以互文的方式存在的,这些文本超越了我们惯常使用的文体/文类划分的界限。根据这些文本塑造形象的方式可以将其划分为展示性文本与证明性文本两大类型。在具体的话语空间与阅读型构中,这两大类文本可以分别塑造出乌托邦与意识形态两个基本类型的异国形象。文本所塑造的形象正是由这些文本所提供的材料建构出来的。在展示性文本中,决定形象类型的是那些材料自身,在证明性文本中,形象类型则是由想象主体的预设决定的。跨文化形象的理论内涵与文本性质是形象文本解读方法论的理论基础,形象文本的解读就是通过对文本所提供的材料的分析揭示形象形成的机制并进而分析形象形成的现实原因。其三,是对形象形成背后的现实背景的探究。跨文化形象研究的现实目标是通过对形象文本的解读与形象个案的研究探讨形象形成的现实境况,分析其中的社会矛盾与文化困境。形象与现实境遇之间的关系是复杂的、曲折的,其中的关键在于想象主体与他者形象之间是辩证的镜像关系。跨文化形象虽然是他者形象，但是这个形象却不是对他者的真实反映，而是对想象主体所面临的现实境遇的折射，表达的是想象主体在其自身的现实境遇中形成的需求。所以跨文化形象文本的解读，必然要揭示想象主体所面临的现实境遇，文本解读则必然拓展到对现实境遇的分析。其四，对跨文化形象研究的价值立场的阐述。推动不同文化消除误解，展开平等的对话交流，共同构建全球文化共同体，树立人类命运休戚与共的全球文化价值立场是跨文化形象研究的价值追求。在跨文化形象研究中，面对不同文化的差异，到底是以这种差异为基础，提倡文化相对主义、扩大差异，还是提倡不同文化的对话与交往，推动不同文化建构共同价值，这是两种相反的价值立场。我们所进行的跨文化形象研究所秉持的是提倡文化对话交往、构建全球共同价值的立场。所以，贯穿在跨文化形象文本解读中的价值之维就是消除文化误解，推动文化对话。我们的跨文化形象文本解读是一种具有现实性与人文关怀的学术实践。

这些理论探讨的目的是为具体的文本解读建构方法论基础，同时，为了理论探讨的深化，我们也必须运用辩证思维方法将抽象上升到具体。在具体的文本解读中探究理论所可能遇到的复杂问题，并针对这些具体问题寻找解决之道，从而推进理论的发展与完善。我们所选择的四个文本都是 20 世纪以来西方想象中国的文本，分别是 20 世纪 20 年代英国作家毛姆所写的散文集《在中国屏风上》，20 世纪 70 年代意大利导演安东尼奥尼的电影纪录片《中国》，20 世纪 80 年代美国驻中国的外交官理查·威廉斯所写的回忆录《中国新时代的黎明》，以及 20 世纪末 21 世纪初美国国际政治与国际关系理论家约翰·米尔斯海默的《大国政治的悲剧》。选择这四个文本的原因主要有四个：其一是这四个文本所塑造的中国形象基本上反映出了 20 世纪以来西方的中国形象演变的脉络。20 世纪西方的中国形象大致上可以分为四个阶段：20 世纪初期西方由于社会经济的危机而导致了第一次世界大战，大批西方知识分子开始把目光投向东方，一方面寻找心灵的寄托与安慰，另一方面也寻找解决危机的方法，所以西方形成了乌托邦中国形象。毛姆的《在中国屏风上》是这种乌托邦中国形象的代表文本。这种将中国乌托邦化的思潮一直延续到 20 世纪五六十年代，尽管其中也因冷战等因素有一些波动，但总的趋势是把中国想象为一个乌托邦形象，特别是左翼知识分子对中国寄予了厚望。但是，到了六七十年代，随着一些西方人关于中国的负面报道开始增加，西方对中国的想象由乌托邦形象转变为意识形态形象。安东尼奥尼的纪录片《中国》以影像的方式向西方展示了当时中国贫穷落后的面貌，在这个时期西方的意识形态化中国形象的塑造中成为代表性文本。

到了20世纪70年代末80年代初,中国重新打开国门,向世界开放,迎来了改革开放的新时期,西方的中国形象也由负面转向正面。西方的社会经济以及战略方面所面临的矛盾与挑战也促使西方人希望中国发展经济,走向现代化。这种期待中出现了新的乌托邦化的中国形象。威廉斯的《中国新时代的黎明》成为塑造这种改革开放的中国形象的代表性文本。但是到了20世纪90年代,随着中国经济快速发展,中国的国际地位不断提升,美国为主的西方国家内部也出现了各种矛盾与危机,"中国威胁论"开始形成,把中国作为威胁西方世界的力量的部分西方人把中国想象成了一个竞争对手。《大国政治的悲剧》是这种中国威胁形象的代表文本。其二,这四个文本就其塑造中国形象的方式看,正好代表了形象文本的两大类型。《在中国屏风上》和《中国》是展示性文本,它们是通过提供具体材料的方式,由材料自身展示出中国形象的,作者的意图是隐蔽的;而《中国新时代的黎明》和《大国政治的悲剧》则是证明性文本,它们明确预设了对中国态度,然后通过具体的材料来证明这些预设。可能是因为这两个文本的作者都是与政治有密切关系的人物,所以他们的立场是鲜明的,对中国有先入为主的态度。这两个文本所提供的材料就是为了证明这种预设的立场,具体材料是对这种立场的具体化。其三,这四个文本所塑造的中国形象是跨文化形象的两个基本类型,正好说明了展示性文本与证明性文本可以分别塑造不同类型的异国形象。作为展示性文本的《在中国屏风上》塑造的是中国的乌托邦形象,而作为展示性文本的《中国》所塑造的是中国的意识形态形象;作为证明性文本的《中国新时代的黎明》所塑造的是中国的乌托邦形象,而作为证明性文本的《大国政治的悲剧》所塑造的则是中国的意识形态形象。这四个文本正好体现了文本类型与形象类型的组合关系。其四,这四个文本体现了形象文本的互文性特征。在通常的文类划分中,《在中国屏风上》属于散文,《中国》属于电影纪录片,《中国新时代的黎明》属于回忆录,《大国政治的悲剧》属于学术著作。这些文本在跨文化形象研究中超越了通常的文类界限,因为在跨文化形象研究中,文本是以互文性为其基本特征的,不同文本相互指涉,不受通常意义上的文类边界的限制。这些形象文本是以塑造形象的方式进行分类的,一个形象文本的价值是依据其在塑造形象时的作用为判断标准的,而不是以其审美价值或艺术性为判断依据的。这四个文本在审美价值上也许并不重要,但是在形象塑造方面却是具有代表性的。

我们基于这四个理由选择了这四个文本作为解读的对象,实际上这四个文本只是我们分析20世纪以来西方的中国形象的切入点,在解读这四个文本的过程中,我们将通过互文指涉的关系同时分析其他的相关文本。我们解读这四个文本的具体方式主要有四个环节：其一，通过对文本的细读分析具体文本在塑造中国形象时所使用的具体材料与手法，从而发现具体的中国形象形成的复杂性；其二，通过对文本互涉关系的分析，探讨与这四个文本相关的其他文本在塑造具体的中国形象时的作用，从而讨论具体的中国形象形成时的社会舆论环境与思想背景；其三，深入挖掘具体的文本塑造的中国形象背后的文化渊源，找出西方文化传统在塑造具体的中国形象时产生的作用；其四，探究具体的文本在塑造中国形象时所面临的现实境遇，解析想象主体所面临的现实矛盾与文化困境，从而把跨文化形象文本的解读拓展到对想象主体所处的现实境遇的分析，实现以形象为方法的研究路径关注现实的学术旨趣。

总之，本书以跨文化形象理论建构为基础，为形象文本的解读确立了基本的方法论原则，然后再运用这些方法论原则来解读具体的文本，将抽象的理论建构上升到具体文本的解读，以揭示跨文化形象形成的复杂性与多样性，最终将形象形成的原因追溯到想象主体的现实境遇中，从形象文本的分析过渡到对现实社会文化的分析。理论建构为文本解读建立了方法论基础，文本解读揭示了形象形成的复杂性。但无论是理论建构还是文本解读，最终目的都是推动不同文化从差异走向融合。

第一章　形象本体的不同维度

当我们把形象放在跨文化研究的视野中考察，形象就从美学的领域进入文化研究的领域，形象的含义也发生了质变。在美学领域中形象的含义是单一的，主要是作品中描绘的感性的人物或画面与情景。美学研究关注的是形象的审美价值，虽然对形象的研究也不可避免地要深入到社会文化或历史背景中，深入到人的实践活动中，但是这种深入是沿着形象的审美特征的纵向的挖掘，而排斥与现实的功利关系的考察。在文化研究中，形象作为文化想象就是一种在现实社会文化系统中被建构出来的，对形象的文化含义的考察就必然在多维的话语空间中进行。因此，形象本体就具有不同的维度，形象的这种开放性就成为它的本体特征。

我们不仅要考察形象的多重意义的构成形态，也要考察解释这种复杂形象的理论范畴，并在错综复杂的意义网络中确立研究形象的价值立场，这样才能在这个多维的话语空间中坚持正确的方向，才能以形象为起点，进而考察文化问题。以形象为方法的研究路径正是在这种由形象到文化的分析过程中展开的。

第一节　辩证意象：他者形象的形态

杰姆逊在《后现代主义与文化理论》一书中已经注意到："我们不能像传统的文学中那样，把形象和不是形象的内容分开，说这是形象，而那却不是形象。"①他举例说："例如一位作者为了达到某种生动性会突然说'现在让我们想象这样一幅图画'，于是他用语言为我们描绘出某一场景，这就是传统的美学家所讨论的'形象'，而这只不过是一种装饰文藻而已。我想说明

① 杰姆逊. 后现代主义与文化理论[M]. 唐小兵，译. 北京：北京大学出版社，1997：212. 作者 Fredric Jameson，汉译有多种，如詹明信，或詹姆森，或詹姆逊等。

的就是这种方式在今天已经无法令人满意了，这样理解形象已经远远不够。"①杰姆逊用萨特对想象的解释来重新认识形象。想象是人与世界关联的一种方式，当然也是人的一种存在方式。想象在现象学的意义上也是构筑世界的一种方式，因此，作为想象的具体表现形态的形象，也可以说是世界的一种存在形态。只不过，在萨特看来，想象不像实践那样可以改变现实对象的物质形态，而是通过对形象的感知来改变世界，使事物非真实化。杰姆逊总结说："那些对现实不满、仇恨，但又不愿意行动的人正是通过形象来败坏现实，使现实受到损害，这就是想象界的作用。那些并非艺术家的审美家恨一切实践，他们的审美，他们的美学形象是使实在世界非真实化。"②杰姆逊对形象的哲学内涵的敏锐发现大大提升了"形象"作为一个理论范畴的价值。但是他很快就从对形象的理论内涵的讨论转换到对"类象"等后现代视觉文化的论述。他留下的理论难题是如何界定/阐释形象的理论内涵？形象的理论价值何在？尤其是在一个多元共存的跨文化语境中，如何来解释他者形象？

一、作为辩证意象的形象

杰姆逊对形象的哲学思考揭示出了形象并不仅仅是生动的感性的视觉印象，而是一种具有超越理性认识论意义的表现复杂深刻思想的方式。沿着这样的思路，我们可以在瓦尔特·本雅明的辩证意象理论中找到更加丰富的深刻的论述，从而为阐述形象的理论内涵找到理论依据。

本雅明的辩证意象理论是一种对过度抽象的理性认识论的改造，理查德·沃林对于本雅明的这种辩证意象理论有过准确的概括："他有意将哲学超现实主义化。由于这个愿望的存在，他竭力消除哲学思想与日常生活之间的差异，所用的方法就是把后者的要素——有时几乎是实证地——直接地整合进了哲学反思本身中去。……这个过程对于读者的全部效果就是一种震惊：通过把日常生活中的要素从它们的原始语境中超拔出来，并重新布列在一个新的星丛之中，本雅明希望能够剥去它们为人熟知的性质，激发读者摆脱被动状态，获得一种积极的批评姿态。本雅明把这一方法称做'辩证意象'理论。（也被叫做停滞的辩证法）该方法的目标就是通过与具体事物联系到一起，把传统哲学从过度抽象中拯救出来。"③辩证意象其实应该是

① 杰姆逊.后现代主义与文化理论[M].唐小兵，译.北京：北京大学出版社，1997：211.

② 杰姆逊.后现代主义与文化理论[M].唐小兵，译.北京：北京大学出版社，1997：215－216.

③ 理查德·沃林.瓦尔特·本雅明：救赎美学[M].吴勇立，张亮，译.南京：江苏人民出版社，2008：126.

一种理论探究的方法，它呈现出来的形态是对一个个具体形象的描绘，但是其目的不是把事物直观生动地展现给读者，让读者欣赏其审美价值，而是揭示具体形象中包含的哲理含义。本雅明所要做的工作不是通过现象揭示本质，不是对具体材料的概括、抽象以揭示一个普遍规律，恰恰相反，本雅明要这些具体的事物展示出自己的意义，而且不是那种一般意义上的社会意义或历史意义、哲学意义，而是一种救赎意义或真理意义。

本雅明的辩证意象理论至少有两个基本前提：一是他深受犹太教神学思想影响而形成的世界观。他深信一个伊甸园式的黄金时代不仅存在过，而且必将重新降临，这就是弥赛亚时间，但人类此后的历史则是堕落的历史。他对堕落的理解不是道德意义的，而是历史或认识论意义的：人类有了所谓的智慧之后，便开始自以为是地背离了那个神性的黄金时代，世界因此不再具有神性而只有物质性。但是这种世俗的背离并没有摧毁，也不可能动摇人是神的创造的事实。神性只是被遮蔽了。在这个世界上的各个具体的事物中都潜伏着神性，在特定的时刻会闪现出来。这就是弥赛亚时刻。以此为理论前提，本雅明才反复强调，一部文学作品既有事实的内容，即那些具体的人物事件，又有真理的内容，即那些具体的人物、事件折射出来的神性光辉。当然，本雅明理论中的神性又不能仅仅从犹太教的教义去做教条化的理解，而是要在超越工具理性和科学主义实证思维的意义上去理解，它更接近于“诗意”，或价值理性。总之，本雅明的哲学思考指向了一个理性认识之外的深远世界，在普通的事物中去发现超出日常意义和理性本质之外的深层意义。这是辩证意象得以成立的基础，有了这种观念支撑，辩证意象所具有的超出物质表面形态的感性意义之外的深刻内涵，就不是理性认识所抽象概括出来的所谓本质/规律，而是一种更幽远的诗性深意。

二是本雅明的辩证思维，即从具体的表象中发现超越其日常意义的深刻内涵的思维方式，这当然又不是在现象/本质的框架中运行的思考方法，而是从一个具体表象发现其相反意义的思考方法。比如在废墟的表象中可以看出救赎的希望。他对一个具体的表象的认知并不仅仅停留在感官的层面上，但也不是由感性认识上升到理性认识的那种抽象，不是从现象中找到本质规律的那种理性认识，而是在物质的实证的材料中发现一种灵性的光辉的思维方式。这种辩证思维的具体运作方式，就是将现实世界的事物抽离其具体的存在语境，如同将一个观察标本放在显微镜下一样。这个被观察的对象脱离了它的在历史发展中的位置，仿佛时间在这个事物这里停止了，被本雅明重新放在一个星丛之中重新考察，给它重新定位，使其与星丛中的其他星座产生新的关联，宛如蒙太奇一般，让它产生新的意义。正是在这个意义上，辩证意象才被称为“停止的辩证法”，它所产生的是一种震惊效果，因为事物彻底改变了它在日常世界中给人的印象，变成了具有独特内涵的辩证意象，或者也可以称为一个新的形象。

本雅明在其辩证意象理论的代表作《单行道》中所分析的例子可以更有效地解释辩证意象的理论内涵。如《建筑工地》不仅描绘出了一个辩证意象，而且它也是辩证意象理论的提纲，展示出了辩证意象理论的基本框架。本雅明写道：

> 对诸如直观教具，玩具或书籍这些物品的生产过程进行学究式的冥想是愚蠢的，这些物品应该是孩子们感兴趣的。自启蒙运动以来，这种冥想一直是教育工作者最迂腐的推想之一。他们对心理学的热衷，使他们看不到，世界充满了最大限度地各不相同的使孩子们感兴趣和供他们玩弄的物品。这些物品独特无比，也就是说，孩子们尤其喜欢出没于无明显看出正在生产某样东西的地方。他们被建筑、园艺、家务劳动、裁剪或木匠活产生的废料深深地吸引。从废弃的垃圾中，他们看到了物质世界直接向他们，而且唯独向他们展现的面貌。在摆弄这些物品时，他们很少效仿大人们的做法，而是按照自己游戏时的情形将完全不同的材料置入到一种往往使人愕然的全新的组合里。由此，孩子们就创造出了他们自己的物世界，一个大世界中的小世界。如果人们想专门为孩子创造出这样一个物世界，而不想用自己指向物质功利的工具性活动去度量他们，那就必须看到这个小世界的范式。①

在这篇形象化的描写中，本雅明塑造出了“建筑工地”这个辩证意象，其具体的感性形式是“废弃的垃圾”，可是，这些在成人的世界中无用的垃圾在孩子们的世界中却是完全不同的。孩子们通过全新的组合，建构出了一个“小世界”。结果，这些“垃圾”就获得了全新的意义。废弃的垃圾这个具体的物象就变成了一个辩证意象，它不再是成人们在日常生活中所认定的垃圾，而是孩子们的乐园。这种改变之所以会发生，就在于孩子们的兴趣超越了成人们的“学究式的冥想”。而且，在兴趣与冥想的对立中，本雅明肯定的是前者，他运用辩证思维从垃圾中看到了相反的东西。

从本雅明的辩证意象理论来看，“形象”的内涵是什么？本雅明的辩证意象揭示出具体的物象中都可以包含着丰富而深刻的哲理内涵，并且这些

---

① 瓦尔特·本雅明. 单行道[M]. 王才勇，译. 南京：江苏人民出版社，2006：21.

哲理内涵不是已为人们所熟知的哲学体系中的理论命题，而是令人震惊的新颖的哲学发现。由此出发来考察形象的内涵，我们不可能再把形象理解为产生审美价值的生动具体的感性图景，也不可能再把它理解为文学作品中处于语言和意蕴之间的一个层次。形象首先是一种想象，它不是对具体事物外在形态的感性描绘，也不是对某个哲理观念的图解，而是摆脱了现实世界的物质性束缚的心理过程，达到一个未知领域的过程，这个未知领域即他者。它是主体或自我之外的那个领域。无论主体还是自我都有界限，界限之外就是他者，而想象则将界限向外推延，不断拓展到未知领域，把那个不可言说(特别是不可用推理认知的语言言说)的领域呈现出来。因此，形象是他者的表征或标记，形象不反映他者，不记录他者，不认知他者，而是呈现他者。就性质而言，形象是对他者的想象，从范围方面看，形象也不仅仅是文学艺术中的那些具体可感的生活图景，也包括现实生活中的各种具体的对象给人留下的印象(不是在感知意义上的表象)，小到一个日常生活用品的广告中对该产品的描绘，大到对另一个国家、另一个民族、另一种文化的刻板印象，都是形象，这些形象是他者的表征。虽然我们可以在现实世界中找到一个与形象相关的对应物，但是形象与这个对应物之间的关系却不是简单的记录或反映的关系。比如一件商品的广告中所塑造的该商品的形象与这件商品本身是两个不同的概念，这就像本雅明所说的孩子们眼中的那些建筑工地的垃圾与成人眼中的垃圾不同一样。同样，一个民族对其他民族的跨文化想象所形成的那些异国形象也与被想象的国家本身是不同的概念。这说明了形象的范围虽然包括了大量现实世界中存在的对象，可是形象仍然是想象，用杰姆逊的话说，现实的对象被非真实化了。从构成方式看，形象至少包含着两组辩证关系，一是形象与对象。形象可以言说对象，因此它与对象是有关联的，但是这种关联不是主体/客体，意识/存在那种认识论的关联，而是想象性关联。这意味着形象对对象的呈现是一种象征性呈现，形象展示出来的意义远远不只是让我们记住这个对象的名称，让我们记住有这个对象存在这么简单，而是让我们在认识到对象的这种知识性内容之外去体悟其中的更为复杂的真理性内容。二是自我与他者。形象是关于他者的想象，可是想象的主体却是自我。因此，在形象之中就存在着自我与他者的关系。形象言说他者，可是它并不是关于他者的理性认识，不是对他者的本质或规律的揭示，因此也不传递关于他者的知识。相反，在关于他者的想象与言说中折射出来的却是自我的心理/思想状况。关于他者的想象与言说是形象的主要组成部分，可是在这些语句之中却有话语主体的态度与欲望。而正是这个自我，才是主导形象的因素。这一点在异国形象中有明显的表现。当我们中国人把法国人想象成喜欢喝葡萄酒的民族时，这个法国形象折射出的是中国人对法国人的好奇。如果葡萄酒具有“浪漫”的隐喻意义，那么这个形象折射出的恰恰是中国这个喝茶的民族内敛含蓄的自我形象。

因此，从辩证意象的理论内涵来看形象，形象的理论性被激发出来，形象是主体通过对他者的想象而进行的一种感性化的理论省思。形象中包含丰富的深刻的内涵，它不仅仅是文学艺术的审美创造，也是对现实世界中各种具体对象的哲学省思，它所提供的不是关于他者的理性认识，而是主体自我的存在状态，展示出的是主体自我的态度、欲望或焦虑与恐惧。

二、从辩证意象反思跨文化形象

从辩证意象理论来看形象，“形象”所获得的新的内涵已突破了文学理论、美学理论对形象的界定，但是在比较文学形象学/跨文化形象学和文化研究中，形象的内涵与我们从辩证意象所界定的形象的内涵，有诸多相似之处。前文中所引的杰姆逊对形象的新解释适用于文化研究领域中的解释，而斯图亚特·霍尔和让·皮特斯对于西方流行文化中的“黑人形象”的研究实际上已经把“形象”的辩证特征分析得十分透彻。黑人形象已经是一种文化表征或表意实践，是白人话语塑造出来的幻象。这种形象有没有审美价值是其次的，重要的是它是白人对黑人的歧视与偏见的产物。它不是黑人的真实反映，而是白人的厌恶、恐惧、自大、偏执的感性表达。① 在跨文化形象学中，形象是对另一个国家、另一种文化的想象，当然它也是以一系列的具体细节或感性描述为表达手段塑造出来的。莫哈说：“文学形象学所研究的一切形象，都是三重意义上的某个形象：它是异国的形象，是出自一个民族（社会、文化）的形象，最后，是由一个作家特殊感受所创作出的形象。”②他同时指出：“事实上，所有具有学术价值的形象学研究一般都注重第二点，即注重研究创造出了形象的文化。这样，形象学概念就被纳入有关想象的哲学传统中了。”③可见在形象学研究中，形象也是一种包含了自我与他者辩证关系的具体的感性的想象物。形象不是对现实中的某个具体国家的记

---

① 斯图尔特·霍尔，编. 表征[M]. 徐亮，陆兴华，译. 北京：商务印书馆，2003：246－247. Jan Nederveen Pieterse. *White on Black*：*Images of Africa and Blacks in Western Popular Culture*，New Haven：Yale University Press，1992：218－219.

② 让-马克·莫哈. 试论文学形象学的研究史及方法论[A]. 孟华，主编. 比较文学形象学[C]. 北京：北京大学出版社，2001：25.

③ 让-马克·莫哈. 试论文学形象学的研究史及方法论[A]. 孟华，主编. 比较文学形象学[C]. 北京：北京大学出版社，2001：26.

录或认识，而是有关这个国家的想象。在想象的背后隐藏着想象主体的观念、态度、欲望与潜意识。在这个意义上，跨文化想象也是与辩证意象相似的概念。

然而，辩证意象与文化研究或比较文学中的形象之间仍然存在着差异。首先，辩证意象所包含的深刻意义是独特的，甚至就是作者的独特发现。比如《单行道》中的那些意象，就是在本雅明的独特慧眼的观照之下才成为辩证意象的。而比较文学形象中的形象却是一种集体想象，它是一个民族、一种文化关于异族、异国的总体印象，是被反复言说的套话，虽然这些套话也是呈现为具体感性的细节、生动可感的图景，但是其作为集体想象的属性决定了形象是一种类型化、模式化的意象。类似的情况在文学形象中也是存在的。比如在典型理论中，我们在强调典型是独特的"这一个"时，也还要加上一句，他（她）也反映了社会的共性，典型是个性与共性的统一，或熟悉的陌生人，都是在强调典型是离不开共性的。与此相同，在比较文学形象学中，某个异国形象虽然最初也是由一个作者独创的，但是，要等到这个独创的形象被社会大众接受之后，比如通过书籍的大量印刷在社会上广泛传播或被其他作者重复模仿之后，这个独创的形象才成为形象学意义上的形象。其次，辩证意象是深刻的，比较文学形象学中的形象则是普通的。在比较文学形象学中，形象是一种集体想象物，或者说是集体想象物中的一部分，是一个民族、一个国家集体共享的基本知识或常识，因此是肤浅的陈词滥调。而辩证意象则是作者的个人创造，新颖而且深刻，具有原创性。《单行道》中的那些具体意象是本雅明的个人创造，只有本雅明在自己独特而深邃的理论世界才那样去看待那些对象，尽管读者可以去理解，但是，读者无法复制这些辩证意象。辩证意象的深刻性使它始终都是在纵深的方向上形成意义的，相反，形象学中的形象却是可重复的，只有重复才使形象得以完成，从个体创造变成集体想象物。

再次，辩证意象是感性的，而形象则是认知性的。辩证意象中包含着深刻的思想或内涵，但是这些思想内涵不是用抽象的理性认知表达出来的，而是用感性的方式，艺术的方式表达出来的。这就是本雅明所说的"文学蒙太奇"，即将一些细节用蒙太奇手法拼接组装之后，使这些细节构成一个意象，表现出深远的意义。这种文学化、艺术化的致思方式，使得辩证意象在理性认知之外形成了另类的思考方法。与此相对应，文化研究与比较文学中的形象则是认知性的。想象主体是把他者形象当成他者来认识的，他们把他者形象当成了他者自身。研究者对形象的确认要应用人类学、社会学、历史学中的对文献和数据的分析方法，甚至为了研究某个形象还要设计问卷去收集原始材料。就形象的意义而言，形象即使与其所指称的对象之间不是反映/被反映的关系，至少，形象的塑造者与形象之间存在着认知性关系。研究者认定形象可以折射出想象主体的意图或潜意识或其文化境遇。因此，辩证意象更具有哲学（美学）意味，而形象则更具有历史/社会意味。

探寻辩证意象与形象之间的差异，目的是发现跨文化形象研究中存在的问题。以辩证意象为参照，我们可以看到跨文化形象研究中至少存在着三个问题：首先，由于辩证意象是由作者对事物的独特感悟塑造出来的，辩证意象的个体独特性便是其主要特征。这个特征所昭示的问题是作者的创造活动在改变事物的常态（或为人们所熟知的那种自动化状态）的活动中占据主导地位。而在文化研究和比较文学形象学中，形象作为集体想象，其独创性是被忽略的，我们往往并不去追溯“形象”的作者或起源。而且作为一种集体想象，作者与起源也是难以追溯的。但是作者或起源问题在文化研究与比较文学形象学中并不是可有可无的问题。这个问题至少有两个方面的价值，其一是在证明形象的想象属性时，确定了作者，就可以分析其塑造形象时如何运用虚构与幻想等手段。比如马可·波罗的中国游记中就有大量臆想的成分，尽管马可·波罗这个人到底有没有到过中国也是历史学家争论的问题，但马可·波罗生平对于理解这个文本中的想象成分仍然是至关重要的。这对于说明他所塑的“大汗的大陆”那富庶的世俗国家形象的想象性质，无疑也是有利的证明。其二是分析形象的文化内涵与建构过程时，确定了作者当然也就可以对形象形成的文化语境进行准确定位。在这个语境中分析形象的文化内涵、它所传递的文化意义、想象主体的意图等问题，才可能得到解决。其次，由于辩证意象中包含着深刻的哲学内涵，这就昭示出事物的外在具象是可以用来传达深刻思想的。而文化研究和比较文学形象学中的塑造形象的具体细节只有在反复重复之后才获得意义，而且，这些细节的重复所指涉的是一个形象的社会内涵，而不是深刻的思想或哲学内涵。形象的这个特性导致的一个严重后果是形象学研究滞留在通过形象材料的堆砌来“还原”出一个形象/异国形象的层面，对形象的文化内涵的阐释需要借助于社会理论才能完成。比如周宁用现代性理论框架来解释西方的乌托邦和意识形态的中国形象，才在这两种类型的形象背后找到了其深刻内涵，而许多比较文学形象学研究者仍然停留在罗列哪些作品塑造了什么样的异国形象状态中。再次，辩证意象是可以以任何一个具体事物为具象构成的，它是开放的，没有类型可言，只要是作者从具体对象中有了深刻的感悟，一个具象就可以形成辩证意象，但是文化研究和比较文学中的形象却是类型化的，其基本的模型是乌托邦形象与意识形态形象，乌托邦形象是一个光明、美好的、正面形象，而意识形态形象则是一个阴暗、丑恶的负面形象。这两种基本类型揭示了想象主体对被想象的他者的基本态度，却也遮蔽了自我与他者更为复杂的关系，自我对他者的想象中还存在着更丰富的内涵，自我对他者的感悟也有不同的层次与指向，而这些复杂性，乌托邦与意识形态这两种基本的形象类型是难以揭示和解释的。

因此，当我们把文化研究和比较文学中的形象当成辩证意象来看待，形象内涵中的局限性就显现出来。形象的形成机制中的模式化，以及形象的类型化在辩证意象的开放、灵活的形成方式的对照之下就显得危机重重。

三、形象的重构

形象研究中存在的这些问题必须得到解决，解决的路径仍然是以辩证意象为参照。首先，就个体独特性而言，形象研究在把形象纳入集体想象物的时候，忽略了形象的个体独特性，要改变这种状况就必须把形象研究落实到具体的作者笔下的具体形象。一方面考察作者塑造形象时的具体的特殊的状态，另一方面也考察形象构成的独特细节与具体形态。这就意味着形象研究首先是从具体性入手的，而不是从概括性入手；从作者的独特性入手而不是从社会集体的共同性入手；从个别的生动的细节入手，而不是从总体形象类型入手。因此，形象的重构首先就是要把形象放到它得以形成的具体语境中。作者的独特性其实是给形象确定了一个具体的社会文化语境，一个特定的话语空间。对形象的这种起源研究不是要证明形象是作者的个体化想象，相反，它是要证明形象的形成过程是复杂的。个体化的想象在被社会集体想象征用的时候，在向社会集体想象物的转化的时候，才会彰显出形象在社会化过程中的变化，为解释形象的文化内涵提供可靠的依据与契机。

其次，面对形象的认知性问题，在形象重构的时候就应该将形象从自我与他者的认识论关系中解放出来，重新界定他者与自我以及两者之间的关系。他者是一个不可知的存在，是在自我的边界之外的存在。因此，自我与他者之间的关系不再是认识论关系，因为他者超出了自我的认识界限，他者是一种异在，他者自我言说。想象他者的意义在于标识出自我的界限，在于自我意识到自我的边界，也就是意识到自我的有限性。因此，他者形象是自我有限性的表征。当自我想象一个乌托邦他者形象，那是在折射自我对自己存在现状的不满，同时也是通过乌托邦他者形象标示出了自我所能达到的满意状态的边界何在。相应地，当自我想象一个意识形态他者形象时，也是在折射出自我所能想到的丑恶的边界，以及自我肯定的范围何在。从这样的角度看，对他者形象的描绘展示的是自我的边界、自我的深度、自我的状态，形象的重构在这个意义上是将自我的状态揭示出来，从形象之中挖掘自我的边界。

再次，如果将形象概括为意识形态与乌托邦两种类型过于简单化了，那么重构形象就必然要从具体的物象中探究形象形成的多种可能。多种可能又是与自我和他者的多种关系相关的。意识形态与乌托邦这两种类型是自我与他者之间的相异性关系的不同呈现。当自我认同相异性，则形成乌托邦形象，当自我拒斥相异性，则形成意识形态形象。然而，自我与他者之间的关系不止有相异性这个标尺。比如他者也可以成为对自我的启示，他者可以给自我带来灵感，这个他者的形象就会超越意识形态与乌托邦这两种类型，他者成为自我发现事物意义的一种渠道或角度。罗兰·巴特在《符号帝国》中就从日本这个他者的具体物象中发现了符号的奇特意义。如前文所引巴特在分析日本的包装时对包装过程及其书写性的分析中，巴特所描绘的这个细节当然是一个西方人眼中所看到的日本，也是日本形象一个具体侧面，但是巴特在此所关心的似乎不是“日本是一个怎样的国家”这样的形象学问题，而是符号学问题。包装是一个书写的过程，是所指内容延迟出现的过程。虽然这个理论命题是在日本这个他者那里发现的，作为一个他者形象，日本成为一个书写的国度。巴特笔下的日本形象也超越了乌托邦与意识形态这两种类型。日本的各种新颖的事物给巴特带来的是符号学方面的灵感，他看到的是一个符号帝国。

但是，对形象重构并不意味着跨文化形象研究要放弃对形象背后的历史文化内涵的阐述。相反，形象的重构是在历史的宏大叙事框架中对形象的感性的、具体的特征的重新解读。如果形象研究舍弃了宏大叙事，那么形象将变得琐屑而零散，那是形象研究的倒退。在依托于宏大叙事方面，辩证意象理论又与形象研究具有相似之处。如果说辩证意象理论在以上几个方面给形象研究带来了启发，推动了形象研究向前发展，那么在依托于宏大叙事这一点上，辩证意象理论又支持或印证了形象研究。本雅明的辩证意象理论最早依托于犹太教的救赎历史叙事，在后期则依托于历史唯物主义。在德国悲悼剧研究中，本雅明通过悲悼剧看到了人类的堕落历史，以及在堕落的历史中获救的希望与契机。这背后是一种犹太教神学关于人类历史的宏大叙事。而在后期的拱廊计划中，本雅明试图通过对19世纪的典型建筑的分析，揭示出资本主义历史的发展脉络，从资本主义社会的内在矛盾来说明其必然走向灭亡的历史趋势。无论是前者还是后者，宏大的历史叙事都是辩证意象背后的理论框架。同样，形象研究背后也是宏大的历史叙事。

在比较文学中,异国形象背后是现代性叙事。一个国家对另一个国家的想象,是在现代民族国家的形成过程中完成的。其前提是民族国家之间的区别,当然也就是现代民族国家自我意识的觉醒,而这个事件本身就是现代事件。与此同时,异国形象也是现代世界秩序的象征/想象性表述。异国形象背后是一个世界体系,它的理论基础是现代世界观念以及国际法与国际关系的观念。只有在一个清晰的世界观念的支撑之下,才可能对异国形象有准确的定位。当然这个世界观念是否合理,国际法的观念是否公平,又是不同民族国家作为主体要参与论争的,其背后的文化政治与话语权力之间的斗争,恰恰是现代性的又一个具体表现。同样的,在文化研究中,像邦德这样的流行文化形象是在冷战的大背景下产生的,由于英国的大国地位在二次大战以后处于衰落过程之中,冷战变成美国和苏联为主角的对抗,邦德形象就变成了英国重塑大国形象的表意实践,一个大英帝国的表征。另一方面,像撒彻尔夫人和里根总统这样的政治人物的形象,则是由电视媒体塑造出来的,他们的政治风格是在人类的通信技术发展到电视时代之后才被刻意塑造出来的。政治人物形象的背后仍然是人类的传播技术史和政治史这样的宏大叙事。没有这些宏大叙事作为支撑,文化研究对流行文化的分析将受到极大限制。

那么,宏大叙事与形象的具体性、开放性如何联系起来?这是形象重构中的关键。在这个问题上,本雅明的辩证意象理论又可以带来两个基本的启示:首先是辩证思维。宏大叙事与具体物象构成矛盾的两个方面,在辩证意象中,这两者却可以统一起来,合成一个整体。在形象重构中,从具体的细节入手,同样可以深入到宏大叙事的整体框架之中,透过具体的细节窥见历史的潮流。在此必须特别注意的是,细节不是用来整合出一个完整形象的零件,虽然细节可以具有这样的功能,但是形象研究不能止步于此,形象研究的目的绝不在于整合出一个完整形象,而在于探究完整形象背后的宏大叙事,它要对宏大叙事进行建构或反思,剖析宏大叙事中的局限与矛盾。就像本雅明通过对具体的辩证意象的分析,将进步历史观改写成星丛历史观一样。其次是具象的组合,即宏大叙事是通过具象表达出来的,它隐身于具体细节之中,透过细节(具象)的组合,展现出超越具象的深远含义,这个深远含义就是宏大叙事。如此一来,直接呈现在读者面前的那些具象就是一种表征,而宏大叙事虽没有现身却因具象的存在而在场。这种具象的组合就成为形象重构的具体方式,也成为宏大叙事的一种沉默的言说。宏大叙事宛如具象的灵魂,成为具象组合的原则与目的。

经过辩证意象理论重构过的形象研究有望突破仅仅停留在概括他者形

象的一般类型研究的樊篱，向形象的感性、具体性和宏大叙事的哲理性方向发展。但是这样的形象研究同样面临着困境，在庞杂的形象文本中，我们如何选择具体细节？从什么样的具象入手去建构宏大叙事？宏大叙事如果是沉默的灵魂，那么我们如何与它相遇？又如何能与他人交流关于这个宏大叙事的感受经验？这个困境或许正是有人认为本雅明无法完成拱廊计划的原因，它会不会也把形象研究带进一条死胡同？时间会给出答案。我们将通过对具体文本的解读进行初步探讨，但首先仍需考察解释形象的范畴有哪些。因为这些解释性范畴是联结具体文本与隐蔽的宏大叙事的中介，想象主体是通过这些解释性范畴来想象异国形象的，而这些解释性范畴则是在特定的历史文化语境中形成的。

第二节　跨文化形象学解释性范畴

跨文化形象学中的形象是对文化他者或异国/异族的想象，就其性质而言，是一种社会文化心理现象。根据想象主体对他者的态度，或者根据被想象的他者与想象主体的关系，可以将他者形象分为两大类型，当想象主体对他者采取贬斥的态度，想象出一个比想象主体的文化或国家更差、更坏、更阴暗的他者形象，这个他者形象就被称为意识形态形象。相反，当想象主体对他者采取羡慕向往的态度，想象出一个比想象主体的文化/国家更美好的他者形象，这个他者形象就被称为乌托邦形象。莫哈明确指出："凡按本社会模式、完全使用本社会话语重塑出的异国形象就是意识形态的；而用离心的、符合一个作者(或一个群体)对相异性独特看法的话语塑造出的异国形象则是乌托邦的。"①这意味着在意识形态与乌托邦形象的背后是想象主体的利益。意识形态形象通过贬斥他者而维护或再生产想象主体的利益，而乌托邦形象则以他者的相异性来批判想象主体所处的文化与国度，并试图改变这种文化。因此，意识形态与乌托邦两种形象类型处于跨文化形象学研究框架的核心位置，似乎跨文化形象学中的几乎所有理论命题都凝聚到了这两个关键概念上。那么，到底什么是意识形态形象，什么是乌托邦形象？意识形态形象与乌托邦形象是一对对等的概念。它们有两个层次的含义：其一，是在形象类型的意义上，意识形态形象与乌托邦形象是跨文化形

① 让-马克·莫哈.试论文学形象学的研究史及方法论[A].孟华，主编.比较文学形象学[C].北京：北京大学出版社，2001：35.

象学中的异国形象的两种基本类型，也是异国形象的两个极端形态。意识形态形象从其价值维度来说是对他者的否定、批判、丑化、贬低而形成的负面的他者形象；而乌托邦形象则是对他者的肯定、赞扬、美化、向往而形成的正面的他者形象。从功能方面看，意识形态形象通过批判否定他者而起到维护想象主体的社会的整合作用，而乌托邦形象则通过向往一个更美好的他者而起到颠覆想象主体所处的社会的作用。其二，是在知识社会学意义上，意识形态形象与乌托邦形象是跨文化形象学中的解释性范畴。它们不仅是用来对异国形象进行分类的两种类型，而且是对这两种类型的形成原因及其文化意义进行解释的分析工具。在卡尔·曼海姆的理论中，提出了一种简便的区分意识形态与乌托邦的方法，他说："如果我们回顾以往，似乎可以发现一个相对恰当的标准来衡量什么可被看作乌托邦，什么可被看作意识形态。这个标准就是它们能否实现。那些后来证明只是歪曲地说明过去或潜在的社会秩序的思想，就是意识形态，而那些在后来的社会秩序中得以恰当实现的思想则是乌托邦"。① 曼海姆的意思是那些为了维护现存秩序而对过去或现在的社会秩序进行刻意美化、掩盖的思想（包括想象）都是意识形态的，而那些不满于现状，对现实提出了批判，并在以后的社会发展中促进了社会改进的思想则是乌托邦的。这与跨文化形象学中关于意识形态与乌托邦的解释也是相通的。意识形态思想对现实秩序的维护是通过贬低、丑化他者，从而美化想象主体实现的；而乌托邦思想对现实秩序的批判则是通过美化他者，反衬想象主体所处的现实的黑暗实现的。只不过知识社会学所关注的重点不在于区分这两种不同的知识类型，而在于分析这些不同的思想类型在特定的历史语境中形成的原因。路易斯·沃思在曼海姆的《意识形态与乌托邦》一书的序言中说："知识社会学在对某一时期或某一特定的社会阶层的思想进行分析时，所关注的不仅是盛行一时的思想和思维方式，还有这种思想产生的整个社会背景。这就必须考虑某些社会集团接受或拒绝某种思想的原因，以及促使某些集团有意识地宣传这些思想并在更广泛范围传播它们的动机和利益。"②正是在这种知识社会学的理论框架中，意识形态与乌托邦成为两个解释性范畴。跨文化形象学关心的重点不是这两种形象类型之间有什么区别，而是在特定的国家，特定的历史语境中，为什么会形成意识形态化的异国形象，而在另一个历史语境中却形成了

① 卡尔·曼海姆. 意识形态与乌托邦[M]. 黎鸣，李书崇，译. 北京：商务印书馆，2002:208－209.

② 卡尔·曼海姆. 意识形态与乌托邦[M]. 黎鸣，李书崇，译. 北京：商务印书馆，2002:21.

乌托邦化的异国形象。但是，与此同时，对意识形态与乌托邦两种形象类型的质疑也随之出现。首先，这两个概念是不是可以截然分开？它们之间的真的是非此即彼的吗？其次是这两个概念如果命名了跨文化形象学中的两种基本的形象类型，那么这是不是有简单化之嫌？漫长的形象史上难道只有这两种彼此对立的形象类型？这其中是不是隐含了二元对立的思维模式？再次，当我们把形象归并到这一组对立的形象类型之后，跨文化形象学的任务是否就此结束？换言之，我们将如何研究这两类形象？如何对这些形象深入地进行阐释与解读？这三个问题其实都指向了这一组概念在跨文化形象学中的意义与价值的问题。

一、在意识形态与乌托邦之间

意识形态与乌托邦作为两种形象类型只是两个极端。类型的划分本来只是一种对对象的归类，只要标准统一，划分类型本无可厚非。按照他者与自我之间的关系来划分形象的类型，意识形态与乌托邦这两种类型的确是可以成立的。我们无法否认，西方从文艺复兴到启蒙运动这几百年时间内出现了对中国的美好想象，从而形成了乌托邦中国形象。同样的，启蒙运动完成之后，直到二十世纪初，西方对中国的想象以负面形象为主，从而形成了意识形态的中国形象。但是，这两种中国形象的类型并非处于简单对立的状态。从长时段的宏观历史视角来看，中国形象的这两种基本类型是西方的中国形象中形成鲜明对比的两种模式。然而这两个类型之间仍然存在着交叉与重叠的模糊地带。我们至少可以看到在意识形态和乌托邦这两种形象类型之间有这样几种交叉的情形。第一，在同一个文本中既有意识形态的形象又有乌托邦的形象。意识形态与乌托邦这两种形象类型只是两个极端形态或理想类型。在实际的形象学文本中，我们很少见到纯粹的描写意识形态形象或乌托邦形象的文本。相反，绝大多数的形象学文本都兼有意识形态与乌托邦形象的描写。即使是那些经典的意识形态或乌托邦的形象学文本，也仍然“不纯”，既有意识形态的描写，也有乌托邦的描写。比如，罗兰·巴尔特的《符号帝国》可以说是一个具有典范意义的乌托邦文本，巴尔特笔下的日本是一个与西方的理性文化相比具有更多的书写性或诗意的东方形象。书写是一个动态的过程，充满不确定性却又意义充盈，在偶然之中充满禅意。可是日本这个比西方更美好的他者形象，仍然有其不尽如人意的地方。日本的书写性文化让西方人有迷失自我、不知所云之感，这种他者的异质性一旦超出了西方人所需要的乌托邦形象，便立即坠入意识形态的深渊。乌托邦的相异性一旦超出了想象主体理解的能力(范围)，就会变成一种令人费解的怪异之物，变成一个不可理喻的意识形态形象。在《没有中心的菜肴》一文中，巴尔特一方面欣赏日本菜的视觉效果，将其赞美成“像一张荷兰画”那样刚中带柔，色彩鲜丽，但是那个在食客面前将生肉放进锅里的做菜过程又让人“似乎来到茹毛饮血的原始洪荒时代。”①这种感受无疑冲淡了巴尔特自己对日本这个东方国家的书写性文化的乌托邦想象，或者至少在乌托邦想象的缝隙中流露出了一丝厌恶与不安。

第二，对于意识形态与乌托邦形象的认定也是可以变化的。同一个文本，在不同的语境中被阐释与理解，结果可能形成完全不同的形象。既可以被解释成意识形态形象也可能被解释为乌托邦形象。经典的例子是门多萨的《大中华帝国》一书所塑造的中国形象。在文艺复兴时期，这本书中所塑造的中国形象是一个文明古国，对于那个时代的读者而言，由于他们正在为反对教会的统治寻找精神上的力量，因此，作为文明古国的中国形象是一个乌托邦形象，它成为不同于西方又为改变西方的现状提供了颠覆性力量的一个他者形象。然而，到了启蒙运动时代，随着西方现代性话语的完成，在进步、文明、发展的话语系统中，《大中华帝国》所描绘的文明古国却变成了一个停滞的帝国，古老的中国不再是一个值得羡慕的他者，反而成了一个处在进步历史之外的落后的、衰落的、野蛮的异国，一个不值得尊敬的他者。由此可见，意识形态与乌托邦形象并不是固定不变的，两者甚至可以互换、逆转。

第三，想象与现实的不一致也是意识形态与乌托邦形象交叉重叠的一种方式。本来形象都是想象的，但是这是从形象的性质而言的，作为一种集体想象物，一个民族，一种文化主体对他者的印象都是主观的。然而在形象的具体塑造过程中，所使用的材料仍然有差异。当一位旅行者带着自己的愿望来到异域，他所看到的“现实”与自己的愿望及想象之间就可能出现差距，尽管他所看到的“现实”仍然是以自己的文化为立足点的，从自己的视角来看“现实”的。但亲眼所见、亲身经历仍然会超出自己的愿望。本来带着乌托邦想象来找寻一个世外桃源的旅行者很可能发现自己来到了人间地狱，但他的乌托邦想象还是会流露出来，与亲眼所见的“现实”形成对比。当然也可以说，作者是带着乌托邦的有色眼镜在异域寻找符合他的愿望的蛛丝马迹，同时也看到了与他的愿望不相符的“现实”场景。于是，意识形态与乌托邦两种形象便混杂起来。典型的例子是毛姆的《在中国屏风上》这本游记散文集中所描绘的中国形象。毛姆是带着一种乌托邦冲动来到中国的，

---

① 罗兰·巴尔特. 符号帝国[M]. 孙乃修，译. 北京：商务印书馆，1994：28.

他毫不吝啬地赞美长城的雄伟，赞美重庆山村的宁静、纯朴，但是他也同时看到了被称为“驮兽”的中国苦力的非人生活，长江上纤夫们的痛苦呼号，以及官员的贪婪狡猾。那些美景正是毛姆寻找的，那是他的乌托邦想象中理应出现的画面，而那些令人震惊的残酷画面却又是“现实”的，是毛姆不愿看到的。当这两种形象同时出现在《在中国屏风上》这本游记中时，我们已很难再将其描绘的中国形象简单地称为意识形态形象或是乌托邦形象。就毛姆本人的意愿，以及毛姆写作这本书时西方文化的内在矛盾来看，这本书中的中国形象应该是一个乌托邦形象，而且在毛姆写作这本书的同时，罗素和凯瑟林、杜威也都来到中国，对中国充满热情地进行了赞美。然而，毛姆的书中所描绘的中国又看不出多少光明的前景，这多少增加了其意识形态色彩。

第四，想象主体理论框架中的辩证思维也使意识形态和乌托邦两种形象共存成为可能。意识形态与乌托邦两种形象类型作为一种分类本身就不是绝对的，从辩证的眼光看，这两种类型的形象在不同的条件下可以互相转换，或者说就是同一个对象的两个不同侧面。这种在辩证思维中形成的交叉重叠使得用意识形态与乌托邦两种形象类型分析跨文化形象时多了一份灵活性与变通性，当然也展示出了问题的复杂性。典型的例证是马克思对于东方(包括中国)的论述中所展现出来的东方形象。马克思将人类的历史划分为亚细亚的、古代的、封建的生产方式和现代资本主义生产方式，这几种生产方式代表了人类历史的不同阶段，包括中国在内的东方社会处于亚细亚生产方式阶段，这是历史的起始阶段，其特点是停滞、封闭、专制。在这样的历史叙事中，中国形象当然是意识形态形象，它明显落后于处在资本主义生产方式阶段的西方。马克思甚至在论述鸦片战争的意义时写下了这样的句子：“天朝的帝国万世长存的迷信受到了致命的打击；野蛮的，闭关自守的、与文明世界隔绝的状态被打破……”①这个落后封闭停滞的中国形象当然是一个意识形态形象。但是，马克思的理论中中国形象不是只有意识形态的一面，在马克思的笔下，处于人类历史初始阶段的中国并不像黑格尔所说的那样只是处于历史之外，尚未真正开始历史进程。马克思的历史叙述中还有一个即将到来的共产主义阶段。西方的资本主义生产方式不是历史的完美形态，相反却是一个必须走向灭亡，向更完美的历史阶段演变的历史阶段。西方资本主义社会发生革命并向共产主义过渡的历史规律恰恰又与中国发生的革命密切相关。马克思写道：“中国革命将把火星抛到现今工业

① 马克思，恩格斯. 马克思恩格斯论中国[C]. 中央编译局，译. 北京：人民出版社，1997：2.

体系这个火药装得足而又足的地雷上，把酝酿已久的普遍危机引爆，这个普遍危机一扩展到国外，紧接而来的将是欧洲大陆的政治革命。”[①]由此可见，中国革命又成为欧洲革命的导火线，中国又成了欧洲革命的希望之所在。这样看来，中国又变成了一个乌托邦形象。马克思笔下的意识形态和乌托邦的中国形象之所以变成了中国形象两个共存的侧面，是因为在马克思的历史理论中存在着跨文化的全球视野，其思维方式是辩证思维。在进步历史观的基础上，马克思将中国定位在历史的起点上，中国当然就是落后的、停滞的，但是从全球视野看，中国已经是世界的一部分，人类的历史无法摆脱中国的影响，西方社会的革命性变化不可能是与中国无关的。中国所发生的一切也将影响西方，影响全球。因此在一个现代世界体系中，中国是一个不可或缺的因素，中国虽然远在东方，却可能是蝴蝶效应的策源地。中国的蝴蝶扇动翅膀，西方可能会刮起台风。这就是辩证思维。正是在这个意义上，周宁先生对马克思的中国论述所做的评价是精准的：“在马克思那里，理论体系上的欧洲中心主义并没有转化为价值体系上的欧洲中心主义，他同情东方的苦难，信任东方将是历史终结的契机。”[②]正是这种历史叙述与价值体系的张力塑造出了一个集意识形态与乌托邦一身的中国形象。

第五，想象主体和被想象的他者这两个当事者所塑造的形象出现意识形态与乌托邦类型的反差，则是形象具有意识形态与乌托邦双重性的另一种情形。简言之，同一个形象在想象主体塑造它时是作为意识形态形象来描述的，但是到了被想象的他者那里却被认作乌托邦形象，这种主体与他者在形象建构上的反差再次证明了意识形态与乌托邦这两种形象类型不是固定不变的，形象本身的多面性、复杂性也再次得到证实。具有代表性的例子是“黄祸形象”。19 世纪末 20 世纪初，西方社会对东方产生了莫名的恐惧，想象出了东方的黄种人将联合起来征服世界，给世界带来空前混乱和灾难的“黄祸形象”，黄种人变成了威胁西方的恶棍。但是很奇怪的是，当这种“黄祸形象”传到中国后，中国人不但没有对西方人丑化与歧视黄种人的行为感到愤怒，反而将“黄祸形象”看成是一种英雄形象，民族解放的希望恰恰被寄托在这些“黄祸英雄”身上。杨瑞松先生指出：“无论是梁启超或是邹容，他们所看到的黄祸主要是一种由白人所‘认证’的威吓力量（Yellow Peril＝Yellow Power），而这样能令西方人生畏的力量，正是近代中国知识分子梦寐以求之物；对于他们长期以来所抱持之‘黄白对抗’的思维，甚至于

① 马克思，恩格斯. 马克思恩格斯论中国[C]. 中央编译局，译. 北京：人民出版社，1997：6.
② 周宁. 天朝遥远（下）[M]. 北京：北京大学出版社，2006：496.

可谓是有亡国灭种'焦虑'的心境，这样的'黄祸'形象，不啻是强化自我集体意识的'强心剂'。职是之故，西方来的黄祸，在近代中国的思想文化界的特殊因素滋养下，转而为另一种'民族英雄'，而且还是西方认可的'英雄'。"① "黄祸"在中国翻转成了拯救中国的乌托邦形象。这种由主体与他者的对立立场所导致的形象类型翻转，变成了跨文化形象学中的奇特现象。道理虽然容易理解，但是它对意识形态与乌托邦两种形象类型的界线所带来的挑战却值得深思。

造成意识形态与乌托邦两种形象类型出现上述诸种交叉重叠现象的原因是相当复杂的。首先，除了我们已经提到的类型划分本身的主观性之外，形象作为集体想象物所受到的思想观念与社会心理等因素的直接影响是一个重要原因。巴柔已明确指出："异国形象可将本民族的一些现实转换到隐喻层面上去，这些现实尚未被明确确定，因而它可属于某些人称之为意识形态的范畴。因此，形象学远非仅仅执拗于文学的'转换'原则，它迟早应该注意研究支配了一种文化的所有动力线，研究一种或各种价值体系。在这些价值体系之上，可以建立起描述的机制，也可说是一些意识形态的机制。研究一个异国的不同形象是怎样写出来的，这也就是研究意识形态的基本内容和运作机制；而在此之上，建构出了相异性的公理体系，关于他者的话语。"②在想象主体各种价值体系中研究异国形象，很难保证持不同立场、不同观念的人都对同一个他者采取相同的态度，更何况随着历史情势的变化，想象主体所面临的困境也有所不同，对于同一个他者的想象也会随之改变。他者形象在种种不同的语境中展现出不同的侧面也就在所难免。意识形态与乌托邦的两极就可能或早或晚地出现在同一个他者形象上。他者形象不是非此即彼的、纯粹的、单一的意识形态或乌托邦形象，也就成为可以理解的文化现象。其次，形象作为一种文化想象本身就具有意义的含混性。一个刻板印象在特定时代的某个稳定的话语系统中可以传递一个清晰的意义，但是随着时代的变化与语境的变迁，同一个形象又可能传递出新的含义。形象作为一种感性的存在所包含的丰富内涵为不同时代、不同人群对其进行不同解读，借用形象来表达不同的意义提供了可能。巴柔已经认识到："形象是描述，是对一个作家、一个集团思想中的在场成分的描述。这些在场成分置换了一个制度的原型(异国)，替代了它，也置换了一种情感和思

① 杨瑞松.病夫、黄祸与睡狮："西方"视野的中国形象与近代中国国族论述想象[M].台北：政大出版社，2010：103-104.

② 达尼埃尔-亨利·巴柔.从文化形象到集体想象物[A].孟华，主编.比较文学形象学[C].北京：北京大学出版社，2001：123.

想的混合物，对这种混合物，必须了解其在感情和意识形态层面上的反映，了解其内在逻辑，也就是说想象所产生的偏离。”①当我们把形象看成是一种想象、一种描述，其中的多义性就是不可避免的。我们可以用符号学方法对形象进行破译，但是解释的多种可能性始终是存在的。一个意识形态形象也就可能同时包含乌托邦因素。再次，意识形态形象与乌托邦形象之间的区分又是以想象主体对他者的态度为依据的，而想象主体的态度是一个可以变动的指标，是热忱地向往还是愤怒地贬斥，都可能随着想象主体的现实处境的变化而变化。面对同一个他者，想象主体表现出既爱又恨的复杂情感态度也是很有可能的。因此，同一个他者形象也就可能呈现出意识形态与乌托邦两个相反的维度。

二、在意识形态与乌托邦之外

不管意识形态与乌托邦两种形象类型之间有多少纠缠不清的交叉与重叠，这两种形象类型仍然是我们分析跨文化形象的基本方式，或一种基本视角。处在这两个极端之间的各种交叉重叠的含混的形象也都摆脱不了这两个基本类型，意识形态与乌托邦仍然是异国形象的基本侧面或构成要素。那么，意识形态与乌托邦这两种基本类型及各种过渡形象是否就涵盖了异国形象的全部领域？有没有超越于意识形态与乌托邦这两极之外，不在此列的遗漏的形象？

回答这个问题，必须再次回到意识形态与乌托邦两种形象类型的划分标准上。在跨文化形象学中，这两种形象类型是按照想象主体对他者的态度所确定的主体与他者的关系为依据划分出来的。当主体将他者文化想象为高于主体的文化，对他者采取羡慕的态度时，就形成乌托邦形象。相反，当主体将他者文化想象为低于主体文化，对他者采取贬斥的态度，就形成意识形态形象。前文中所列举的在乌托邦与意识形态之间交叉重叠的同时具有这两种态度的那些形象，也仍然没有摆脱羡慕与贬斥的框架。当主体想象他者时，除了这两种态度外，有没有其他态度？答案是肯定的。巴柔在分析主体与他者的关系时，已列举出了四种态度。第一种态度是狂热：一个作家或团体把异国现实看成绝对优于注视者文化，优于本土文化的东西。第二种态度是憎恶：与优越的本土文化相比，异国现实被视为落后的。第三种态度是亲善：异国现实被看成是正面的，它纳入了注视者文化，而后者也被

---

① 达尼埃尔-亨利·巴柔. 形象［A］. 孟华，主编. 比较文学形象学［C］. 北京：北京大学出版社，2001：156.

视为正面的，而且是对被注视者文化的补充。第四种态度巴柔没有明确地命名，我把它称为“联盟”。巴柔在解释这第四种态度时说：“可能还有第四种情况，例如：交流、对话等现象都被取消了，而代之以新的正在统一的整体，或将已消失的整体重新组建起来：如泛拉丁主义，泛日耳曼主义，泛斯拉夫主义，当然还有形形色色的世界主义和国际主义，我们似乎很难在这些主义中区分出正面或负面运动来。”①这种联盟的态度与亲善的不同在于，亲善还是不同文化之间的平等交流对话，而联盟则是一种统一的整体，不再强调文化之间的差异，而是突出相同性。各种文化区域就已是超越了民族国家的文化共同体。

这四种态度中，狂热的态度形成的是乌托邦形象，憎恶的态度形成的是意识形态形象。亲善和联盟这两种态度所形成的形象则已超出了意识形态与乌托邦这两种形象类型的范围。它们形成了什么样的形象类型呢?

按照巴柔的解释，亲善态度是这样一种态度：“异国现实被看成、被认为是正面的，它纳入了注视者文化，而后者也被视为是正面的，而且是对被注视者文化的补充。‘亲善’是唯一能真正实现双向交流的态度。”②在这种态度中：“他者就生活在我的左右，既不更高、也不更低，甚至也没有区别……他者只是简单地作为他者来承认。”③巴柔认为：“友善还要求一种持续不断重视对话的愿望，这种愿望有时表现为对于重建曾被憎恶或狂热打断的平衡关系的关注。”④他举的例子是罗曼·罗兰为消除对德国文化匆忙形成的粗浅的、充满仇恨的看法而操心，塑造出一个与法国平等的德国形象。在巴柔的论述中我们至少可以看出三个方面的因素将影响到这种新的形象类型的形成。第一，想象主体与他者之间的关系是平等的，这将导致想象主体以冷静的眼光看待他者，形成中立的、客观的叙述风格和逼真的他者形象，或以逼真为塑造他者形象的目标。第二，想象主体是希望与他者交流对话的，想象主体仍然希望向他者学习，但同时也不排斥向他者输出自己的文化，让不同的文化互相交融。因此，想象主体所想象的他者形象是正面的肯定的形象，它接近于乌托邦形象，但又有明显差异，即想象主体并不借对他者的

① 达尼埃尔-亨利·巴柔. 形象[A]. 孟华，主编. 比较文学形象学[C]. 北京：北京大学出版社，2001：177.

② 达尼埃尔-亨利·巴柔. 形象[A]. 孟华，主编. 比较文学形象学[C]. 北京：北京大学出版社，2001：176.

③ 达尼埃尔-亨利·巴柔. 从文化形象到集体想象物[A]. 孟华，主编. 比较文学形象学[C]. 北京：北京大学出版社，2001：142－143.

④ 达尼埃尔-亨利·巴柔. 从文化形象到集体想象物[A]. 孟华，主编. 比较文学形象学[C]. 北京：北京大学出版社，2001：143.

亲善态度作为改变自己的文化的借口。第三，亲善态度又是一种持续的态度。想象主体并不急于求成，而是希望与他者进行连续持久的文化对话，这种持续性将导致对他者想象既是丰富的又是平淡无奇的。想象主体不是为了解决自己文化中刻不容缓的问题才去想象他者，相反，对他者的借鉴是潜移默化的，他者的形象也就显现出平稳、温和、寻常的特性。他者文化在不知不觉中渗透到想象主体的文化中。从这三个方面看，由于采用了亲善态度，想象主体所塑造出来的他者形象可以称为“益友形象”，他者是想象主体平等对话、互相借鉴的良师益友。从他者那里，想象主体可以得到启发，同时也可以对他者的不足进行批评，帮助其完善，最终目的是共同走向完善。

这种益友形象按照巴柔的设想是一种正面形象，想象主体是想从他者身上学到有用的东西的，所以它接近于乌托邦形象。但是实际上，上述三个因素之间仍然有一些缝隙，平等的交流和对话不一定就会塑造出一个正面的他者形象，亲善的态度也不一定就会使主体把他者想象成一个正面的积极的形象。相反，即使采取平等对话的亲善态度，想象主体仍然可能塑出一个负面的他者形象，当想象主体与他者面临相同或相似的困境的时候，想象主体可能把他者想象成难兄难弟，此时的他者不是更接近于乌托邦形象，而是更接近于意识形态形象。想象主体从他者那里学到的不是有益的经验而是惨痛的教训。这种情况巴柔似乎没有注意到。在这种情况下，想象主体与他者之间的关系也是微妙的，既不是狂热地追慕，也不是刻意贬低。想象主体只不过在他者的悲惨遭遇中看到了自己的身影，因而对他者产生同情，产生同病相怜之感。这样的同情也是一种亲善态度。典型的例子是中国近现代文学中对东欧弱小民族文学的翻译介绍，以及对这些国家面临的政治命运的叙述中所塑造出的被侮辱被损害者的形象。中国作家们对于波兰为代表的这些弱小民族的想象，塑造出的不是一个正面的可供中国学习借鉴的形象，而是一个具有警示作用的反面教材，中国作家没有借弱小民族被列强瓜分的亡国历史作为这弱小民族不及中国强大的证据，而是将这些弱小民族看成中国的同类。从态度上说，应该是亲善的，但是这种亲善态度使中国人看到了一个教训。当然，在教训的背后也有反抗的希望。茅盾在为《小说月报》“被损害民族的文学”所写的《引言》中明确写道：“凡在地球上的民族都一样的是大地母亲的儿子；没有一个应该特别的强横些，没有一个配自称为‘骄子’！所以一切民族的精神的结晶都应该视同珍宝，视为人类全体共有的珍宝，而况在艺术的天地里没有贵贱，不分尊卑的！凡被损害的民族的求正义求公道的呼声是真的正义真的公道。在榨床里榨过留下来的人性方是真正可宝贵的人性，不带强者色彩的人性。他们中被损害而向上的灵魂感动我们,因为我们自己亦悲伤我们同是不合理的传统思想与制度的牺牲者;他们中被损害而仍旧向上的灵魂更感动我们,因为由此我们更确信人性的沙砾里有精金,更确信前途的黑暗背后就是光明!"①茅盾在此所确立的是一个亲善的态度,但是他所同情的是被损害的民族,尽管这些民族的"向上的灵魂"也给人带来感动,但是他们感动我们的基础是两国的共同命运——受列强的欺凌。因此,这个被侮辱被损害的形象是益友形象中的另一种形象,是巴柔忽略掉的形象类型。

巴柔所说的第四种态度与第三种态度之间的区别是交流、对话消失了。在亲善态度中想象主体与他者还是各自独立的,因此两者之间还可以进行对话交流,互相学习、借鉴。但是第四种态度却把想象主体与他者融为一体,即巴柔所说的"一个新的正在统一起来的整体。"这个整体可能是重建已失去的联盟,也可能是制定新的体系,比如泛拉丁主义、泛日耳曼主义、泛斯拉夫主义,当然也可能是各式各样的世界主义、国际主义。重建联盟也好,制定新的体系也好,都可以说是一种新的交流方式,这种交流限制在一个相对固定的圈子里。同时,交流的程度和幅度又是很大的,在这个圈子里,各国几乎是融为一体的。而这个圈子的建立又有两个前提,其一,政治上的一致性是这个圈子建立起来的前提,因此,从本质上说这种圈子就是政治联盟。其二,既然是联盟,不同成员之间的关系就有主次之分。这个联盟中的一个成员对于另一个成员的想象就既受到政治基础的影响又受到他们各自在联盟中地位的影响。

那么,在这个联盟中一个成员对另一个成员的想象塑造出了什么样的他者形象?我把这种形象称为"兄弟形象"。因为这种联盟既有政治前提又有文化基础,泛拉丁主义、泛日耳曼主义、泛斯拉夫主义都属于这种政治化的文化联盟。文化上的亲缘关系和政治上的同盟关系都决定了这些国家之间的关系是同一个大家庭中的兄弟关系。当然,与此同时大家庭中又有兄弟长幼之别,于是就产生了老大哥形象、小兄弟形象,或不分大小的伯仲形象。但这些具体的形象都是联盟内部成员之间的想象,其基本的价值立场是友好团结,互相支持。

中国在 1949 年以后到与苏联"修正主义"论战之前对苏联老大哥的想象似乎可以看成这种以联盟为基础的他者形象的典型代表,那时中国与苏联同属社会主义阵营,政治上的共同性导致了中国人对苏联的想象非同寻常。"老大哥"成为中国模仿的对象,也是中国的依靠。同样的,在 1949 年

---

① 记者(茅盾).引言[J].小说月报,1921,12(10):2-7.

到中印冲突之前，中国对印度的想象也是亲如兄弟的友好邻邦，这时的印度与中国是伯仲之间的同盟战友，是亚非拉反对西方殖民统治，争取民族独立的政治同盟中的成员。在这样的友好想象中，印度与中国亲密无间。冰心在她访问印度的游记中曾热情地写道："斜阳下我们在废墟上巡礼，幻想哪一间洞室曾是唐僧住处；佛堂的哪一个角落，曾是他和住持成贤讨论佛法的地方；哪里曾是他登台说法，因着他的'辩才无碍'，而得到印度朝野尊敬的地方。玄奘法师是交流中印文化，推进中印友谊的很重要的人物。十六世纪以后，有了一千多年的宝贵历史的中印人民的友谊，也被帝国主义的流沙所淹没隔断。如今这道'清新、纯洁、甘美'的友谊的活水，又在两国人民之间汹涌奔流。而且我们中间的相互了解与同情，比玄奘和他的印度师友们更深一步。我们共同努力的目标也比他们更高一等，因为我们不但是为着两国的佛教信徒，而是为着全亚洲和全世界的持久和平而携手奋斗了。"① 这种建立在文化和政治基础的兄弟形象把他者与主体紧密地联系了起来。这样的兄弟形象与乌托邦形象是不同的。首先，兄弟形象中想象主体与他者是平等的，而不像在乌托邦形象中那样是低于他者的。其次，兄弟形象中他者提供的是帮助，是支援，主体与他者之间是团结的关系，而不像在乌托邦形象中那样，主体要借助于一个不可企及的他者来达到改造自我的目的。尽管在兄弟形象中主体对他者的想象也是正面的、肯定的，但肯定的标准与前提都与乌托邦形象中不同。

在意识形态和乌托邦两种基本的形象类型之外的益友形象和兄弟形象都证明了他者形象的复杂性。从不同的形象类型视角展开跨文化形象学研究，不应该走向简单化、概括化，而应该走向复杂化、具体化，这样的形象类型研究才更能把握形象形态的复杂性。

三、在意识形态与乌托邦背后

既然意识形态与乌托邦两种形象类型之间和之外都还有多种不同的形象形态存在，那么，以意识形态与乌托邦这两种形象类型来概括、分析他者形象是否就不适合了？问题当然没有那么简单。在跨文化形象学领域，概括他者形象到底有多少种类型从来都不是一个重要的问题，即使我们现在在意识形态和乌托邦这两种类型之间和之外又找到了许多新的类型也仍然不能穷尽形象的类型。一方面是因为类型划分本身就是一个主观性很强的分类问题，采用不同的分类标准可以划分出各种不同的类型，另一方面也是

① 冰心. 印度之行[A]. 卓如，编. 冰心全集(第四卷)[M]. 福州：海峡文艺出版社，1994：54.

因为想象主体对他者的想象受到各种具体因素(文化语境、个人感受、文化传统等)的影响而呈现出无限丰富的可能性。在历史文化领域中,对他者形象进行以意识形态与乌托邦为基础的分类,目的不是概括总结出他者形象有多少种类,它不是一种知识,而是一种方法;不是分类,而是分析。从研究领域的归属上看,意识形态与乌托邦这两种类型是知识社会学的分析范畴。通过对这两个范畴的分析与阐释,跨文化形象学借用知识社会学要完成的任务是探究这两个形象类型背后的社会的、文化的、政治的乃至经济的、军事的等等各个方面的状况,探究想象主体在塑造他者形象时所要表达的愿望、困境、策略及其原因与机制。在这种分类的背后,实际上还有宏大叙事的问题需要深究。

那么,跨文化形象学是如何分析意识形态与乌托邦形象的?首先,作为知识社会学的范畴,意识形态与乌托邦这两种形象在性质上都是想象的,它们都不是对他者的记录或镜子式的反映,因此与他者的关系不是真实不真实的问题,而是主体与他者的地位高低的问题。当主体把他者想象为高于主体的形象,就形成乌托邦形象。当主体把他者想象为低于想象主体的形象就形成意识形态形象。但无论他者形象的地位高还是低,他者形象都是对他者的想象。正如周宁所说:"西方的中国形象是西方文化投射的一种关于文化他者的幻象,它并不一定再现中国的现实,但却一定表现西方文化的真实,是西方现代文化自我审视、自我反思、自我想象与自我书写的方式,表现了西方现代文化潜意识的欲望与恐怖,揭示出西方社会自身所处的文化想象与意识形态空间。"①这正好说明西方的中国形象研究应该关注的重点不是中国,而是西方的社会文化。因为这些中国形象无论是意识形态形象还是乌托邦形象都是西方想象出来的,跨文化形象研究的重点是想象主体,而不是被想象的他者。

其次,以他者形象的想象性为前提,跨文化形象学悬置了真假问题,因此就将研究的重心从他者形象与他者的现实状况(跨文化形象学甚至不承认有想象之外的现实状况)之间关系问题转移到想象主体如何想象他者这个问题上。跨文化形象学要讨论的是他者形象的形成机制与原因,并进而探究他者形象形成的文化状况,或者更直接地说就是讨论想象主体的状况而不是他者的状况。无论是意识形态形象还是乌托邦形象背后都是想象主体的文化状况在起决定性作用。

再次,到底是哪些因素影响了想象主体的对他者的想象?卡尔·曼海

① 周宁,编.世界之中国:域外中国形象研究[C],南京:南京大学出版社,2007:7.

姆在阐述知识社会学的性质时指出:“知识社会学并不在论断本身的层次上(这种论断可能包括欺骗和伪装)批评思想,而是在结构学或认识论的层次上检验它们;它认为所有的人并不一定都有相同的思想,而是认为同样的客体在社会发展过程中会呈现不同的形式和方面……它只是一种研究兴趣,这种兴趣导致如下问题的提出:社会结构何时,何地开始表现在论断的结构中?在什么意义上,前者具体地决定后者?”①在此我们至少可以找到四个关键因素对“知识”产生了影响。首先是认识论或知识所依赖的思想方法、思维模式,其次是具体的不同思想者的视角,三是社会结构,四是知识产生的具体环境(何时,何地)。跨文化形象学中所讨论的意识形态与乌托邦两种形象类型也至少受到了这四个因素的影响,只不过由于形象是一种想象而不是知识(理论),所以第一个因素可能不一定是认识论,而是范围更广的社会集体想象物。这种集体想象物可以包括认识论,也还包括各种类型的社会文化心理、思潮、传说等观念之物。正如巴柔所说:“形象在我们称之为‘想象物’的象征世界中占有一席之地。而由于‘想象物’与一个社会组织,一种文化是不可分的,所以它被称为社会总体想象物。”②这种集体想象物成为形象形成的土壤,其他的因素正是通过这个话语与想象交错的空间影响到对他者的想象。

最后,这些因素是如何对形象产生影响的?我把这种影响统称之为文化建构。尽管我们把形象看成是想象主体对他者的想象,之所以会想象意识形态形象或乌托邦形象完全是由于想象主体有其独特的需要,但是这样的解释似乎过于将想象主体理想化,似乎想象主体有目的、有意识地控制着对他者形象的塑造。其实问题更加复杂。想象主体未必就有清醒的意识,预谋好去想象一个他者形象,想象主体对他者的想象更可能是不自觉的,甚至是没有预先计算好的。他者形象是想象主体所面临的各种矛盾交织角力而产生的结果。这个过程就是文化建构过程。在文化建构过程中,集体想象物以话语系统的方式影响着他者形象的塑造,任何类型的他者形象都是通过一整套想象的话语系统孕育完成的。这套想象的系统具有索绪尔语言学理论中的语言系统的性质,在具体运用过程中,这套想象的系统变成了本维尼斯特理论中的话语,在各种具体的语境中,想象主体以这套想象系统去想象他者。这个语境就包括作为集体想象物的各种思想观念、社会心理、思

---

① 卡尔·曼海姆.意识形态与乌托邦[M].黎鸣,李书崇,译.北京:商务印书馆,2002:271.

② 达尼埃尔-亨利·巴柔.形象[A].孟华,主编.比较文学形象学[C].北京:北京大学出版社,2001:158.

潮、传说等等。与此同时，这套想象系统又不是纯客观的中立的工具，而是包含价值立场和情感态度的权力链条。不同的群体会采用不同的视角来操控这套想象系统，他们对某个他者的想象也会出现明显差异。群体的不同视角又是由他们在社会结构中的地位决定的，社会结构因此就具体化为不同的群体，导致他们形成不同的社会心理、不同的愿望、态度以及对现实世界的不同看法，包括对他者的不同看法。最后，不同的社会群体对他者的想象又不是一成不变的，而是随着具体语境的改变而改变的。时过境迁，同一个他者的形象也可能变得面目全非。具体的语境使得他者形象最终成形，它不一定是最关键的因素，但却一定是不可少的因素。

通过对这些影响形象类型的因素以及机制的分析探究形象形成背后的文化状况是研究意识形态形象与乌托邦形象的根本目的。跨文化形象学分析意识形态与乌托邦这两种形象类型，就是要分析这两种形象类型背后的复杂的机制与关键要素，只有这样，形象研究才把重心转移到主体身上而不是纠缠于他者形象的真实性。对他者形象的研究其实是对塑造他者形象的想象主体及其所处的文化状况的研究。那么，这种研究的方法和思路是否也适合于意识形态与乌托邦之间和之外的那些形象类型？答案当然是肯定的。意识形态与乌托邦之间的他者形象，从想象的话语系统来看，是意识形态与乌托邦两种形象类型的重叠或综合形成的，当然是受到了已有的他者形象资源的影响，而这种已有的他者形象就是集体想象物的组成部分。当然，对意识形态与乌托邦两种形象的综合又是由特定的群体完成的，即使在跨文化视野中，也应该考虑到想象主体的社会地位或群体差异问题，而避免把想象主体笼统地用总体性概念来概括。意识形态与乌托邦的因素是如何分配的，在两者之间又完成了怎样的综合，这些问题中少不了想象主体/群体的独特视角的影响。相应地，群体的视角又是由社会结构与文化状况决定的，社会文化的因素通过对群体的影响，进而影响到他者形象。当然社会结构与文化状况的作用也不仅仅表现在对群体视角的影响上。社会结构与文化状况中的内在矛盾也会潜在地影响到社会群体对他者的想象，当社会结构出现问题，需要寻找解决之道，又不希望彻底改变这种结构，只希望对这种社会结构进行局部的调整时，这种社会结构中的人就可能想象出意识形态与乌托邦相混合的他者形象。至于这种他者形象最终以什么样的面貌呈现出来，则要看具体的文本形成时的文化语境。甚至一些偶然的因素也会对他者形象的具体形式产生影响。20 世纪 70 年代中美建交之初，美国首位驻广州的总领事理查·威廉斯在其《中国新时代的黎明》一书中所塑造的意识形态与乌托邦融合的中国形象就明显带有那个时代特殊的印记，他的华裔妻子一家在“文革”中的遭遇无疑为这个中国形象的意识形态成分提供了生动的细节。这些具体环境的因素、这些细节是个人的、具体的，但又明显带有象征意义，是正在迎来新时代黎明的中国形象的具体承载者。

在意识形态与乌托邦之外的益友形象和兄弟形象同样可以用这种分析的框架来研究。这两种形象仍然是想象主体塑造出来的形象，折射出想象主体所面临的问题，表达的是想象主体的愿望。益友形象首先是想象主体在集体想象物的参照之下塑造出来的，主体在意识形态与乌托邦两种类型之外，找到了与自己平等的形象，这本身就是对这两种形象类型的利用。在前文所举的中国现代文学中所塑造的被侮辱被损害的弱小民族形象中，我们可看到与这个形象相对比的西方列强的形象。为此鲁迅和林语堂还发生过一场争论。林语堂认为当时中国作家的任务应该是翻译西方大国如英美法德的已具有世界影响的文学，鲁迅则认为：“……‘绍介波兰诗人’，还在三十年前，始于我的《摩罗诗力说》。那时满清宰华，汉民受制，中国境遇，颇类波兰，读其诗歌，即易于心心相印，不但无事大之意，也不存献媚之心……世界文学史，是用了文学的眼睛看，而不用势利眼睛看的，所以文学无须用金钱和枪炮作掩护，波兰捷克，虽然未曾加入八国联军来打过北京，那文学却在，不过有一些人，并未‘已经闻名’而已。”①可见，弱小民族的形象仍然是有想象系统作为背景资源的，是在一个想象的话语系统中形成的。与此同时，我们也已经看到对于弱小民族的不同态度，这两种不同的态度是两种不同的视角，也可以说代表了不同社会阶层的观念。林语堂代表了向往西方大国的知识阶层，而鲁迅则代表了同情弱小民族的底层，他们选择不同的他者作为自己的朋友。正如鲁迅所讥讽的那样，林语堂对西方的态度中带有艳羡西方的西崽心态，而鲁迅自己对弱小民族的同情才是真正的友谊，这些弱小民族也因此成为真正的益友形象。当然鲁迅等人对东欧弱小民族的想象也是在具体的语境中形成的，波兰等国被西方大国瓜分而灭亡的历史事件直接刺激了中国作家。同样面临着亡国危险的中国作家对弱小民族的屈辱命运感同身受。弱小民族文学中的苦难与反抗精神成为激励中国作家的精神力量。所有这一切最终导致了中国作家塑造出“弱小民族”这个益友形象。

在兄弟形象中，我们仍然发现它属于一个集体想象物的话语系统，与其直接相关的是意识形态与乌托邦为基本类型的他者形象系统。作为盟友的兄弟形象也是在想象的历史传统中形成的，这套话语系统一方面是兄弟形

① 鲁迅.鲁迅全集(第6卷)[M].北京：人民文学出版社，2005：368.

象形成的依据，是其产生的土壤，另一方面也限制着这个他者形象的形态。构成这个集体想象物的组成部分的各种类型的他者形象都作为参照系或作为直接的资源促成了兄弟形象的形成。仍以前文所提到的中国 20 世纪 50 年代的印度形象为例，这个兄弟形象是在与西方帝国主义的意识形态形象的对比中形成的。与印度这个兄弟形象相近的还有亚非拉的其他盟友构成的兄弟形象。印度形象是这一系列的兄弟形象中的一个。毫无疑问，中国当时对印度的想象是中国外交政策与国际关系战略决定的。这种兄弟的形象是由政策性话语与作为民间公共外交组成部分的作家群体共同塑造出来的。在新中国成立之后所形成的高度统一的社会结构中，各种社会力量都参与到对兄弟形象的塑造活动中，塑造兄弟形象是一种团结亚非拉第三世界国家对抗西方的政治策略，这套政治策略背后是中国政府联合被压迫民族反抗西方霸权的世界意识。因此，像冰心这样的作家也变成了社会活动家和外交人员，参与到对兄弟形象的塑造活动中。冰心用清新的语言叙述了自己在印度访问的经历，表达出中印两国亲如兄弟的友好感情。当然，这样的兄弟形象仍然是在具体的语境中完成的。从政治语境看，当时正是殖民地独立运动的高潮时期，摆脱宗主国的统治争取民族解放是大势所趋，正是在这样的具体语境中，亚非拉的团结才成为可能。同时，塑造亚非拉兄弟形象也是中国为在万隆会议上争取更多盟友的一个外交策略。具体到冰心本人，当然还有她对泰戈尔的热爱，她的西方留学背景，她的作家身份与民主党派的政治身份等多种个人因素都影响到她笔下的印度形象。前文所引她对那烂陀寺跨越时空的描写，就可以看出她的个人色彩。在理论层面，也可以看成兄弟形象形成过程中的具体语境要素对形象形态的影响。

总之，意识形态与乌托邦是作为跨文化形象学中的解释性范畴存在的，而不仅是对两种基本形象类型的分类概括。这两个范畴背后的解释性框架是以知识社会学为基础的，当然运用于跨文化形象学研究时又有所调整。但是它的解释效力却是普遍的，不仅可以用来解释意识形态与乌托邦这两个极端的形象类型，而且也可以用来解释这两种形象类型之间与之外的各种不同的形象形态。解释的目的在于揭示出形象形成的机制以及形象背后想象主体所面临的社会文化问题，特别是他们所面临的文化矛盾和文化困境。正因为这些深层的矛盾和困境是通过他者形象隐蔽地表达出来的，知识社会学的分析框架才有它独特价值，意识形态与乌托邦这两个范畴才提供了有效的研究路径。

第三节　跨文化形象研究的价值立场

跨文化形象学是在“跨文化”和“形象学”的双重视域中讨论问题的。采用“跨文化”视域意味着我们的讨论涉及不同文化之间的关系问题；采用“形象学”视域意味着我们预设了一个基本前提：不同文化对他者的印象是一种文化想象，他者形象作为一种集体想象物就其性质而言是虚构的，而不是真实的。沿着这些基本假设进行思考，无法回避的问题是既然不同文化之间的关系立足于这种虚构的、虚幻的印象之上，那么，跨文化形象学对于不同文化之间的现实关系还可能提出什么建设性的思想吗？既然他者形象都是虚构/虚幻的，那么我们想象他者还有什么意义和价值？特别是对于改变自我的现状还有什么借鉴或促进作用呢？这些问题归结到一起，就是要问，跨文化形象学的价值立场如何？或者，换一个更实际的问题：它将如何论述不同文化之间的关系？它对于不同文化之间的交往持什么态度？

一、并不虚无的想象

跨文化形象学虽然将他者形象的性质设定为集体想象，但是这种想象并不是一种虚无。想象是与真实相对的概念，它只是说明他者形象不是对他者的真实记录，不是真实的反映，他者形象不是关于他者的真理，而仅仅是想象主体欲望的表达。他者形象所表征的不是他者的真实情况，而是想象主体的意愿、需求与欲望。这个假设是跨文化形象学的基本命题，无须赘述。问题是一旦我们把他者形象看成是一种文化想象，它必然引起一个疑问：既然他者形象是一种想象，它不是对他者的真实的反映，不表述他者的真实情况，那么，这种想象出来的他者形象对于被想象的他者而言，还有什么意义？他者形象作为一种文化想象，在跨文化交往中岂不成了一种阻碍交流的鸿沟？想象主体对于他者的想象是否因此就变成了一种无用的妄言，甚至成为欺骗性的语言？

对想象问题的复杂性进行仔细分析可以对这些疑问进行初步解答。首先，就想象的性质来看，想象虽然与真实相对，但是想象并不意味着虚无或虚假。我们对于一个未知的对象进行想象，实际上是建立起了主体与对象之间的联系，将对象纳入到了主体可知的范围之中，从而使对象可以理解、可以控制(在观念上)。在这个意义上说，想象也是致知的方式，想象是了解对象的一种方式，它说明对象进入了主体的视域，在主体的主观世界中获得了一个特定的位置(哪怕是不客观、不真实的)。仅此而言，想象就不是没有意义的,而是充满意义的。对他者的想象不是可有可无的,而是主体与他者之间必不可少的纽带。当然,想象所建立起来的主体与对象之间的联系毕竟是一种"想象"的联系,如果用真实性标准来检验,想象立即就会呈现出其"虚假"的性质。如此说来,在想象与真实的对比中,想象不是显得不可信吗?这是否会影响到想象的意义与价值?

其实,所谓的真实性也是对主体与对象之间认知关系的一种判断,当主体对对象的认知被证实与对象相符时,这种认知就被判定为真实的,具有真实性。但是,如何判断主体的认知是符合对象的客观实际的?对象的"客观实际"又是由什么来判断的?在我们判断"真实性"之前,我们似乎已经对对象的"实际"有了一种先入为主的成见。如果是这样,那么我们判断主体对对象的认知是否真实的标准就是成问题的。对真实性的判断变成了一种循环论证。我们事先已经对对象有了一种认知,将对象的某些特性认定为"客观实际",然后又用这种客观实际为标准来判断主体的某一个认知是否真实。这样的论证,这样的判断是值得怀疑的。萨特也认识到这个问题,他说:"……真理的标准在演变。重要的不再是对外在对象的适应性关系。我们身处一个表象的世界之中。标准变成了表象之间的和谐。我们于是脱离了天真的实在论。"[①]在萨特看来,生活在表象世界中的主体是不能用表象与外在对象的适应性来判断真理的,而是要看表象之间的一致性。如此一来,所谓的真实性就变成了主观性。

当然,"客观实际"可以用一套"科学的"方法来检验,可以通过一系列物理的、化学的、生物的方法来分析,而且,这些科学方法无论哪一个人来应用,得出的结论都会是相同的。在这样的情况下,我们似乎就可以论证对象的确具有某些确定的特性,主体的认知如果符合这些经过科学验证的"客观实际",它就是真实的。但是,科学方法只是认知事物的一种方法,无论它的分析多么准确,它仍然无法揭开对象的所有奥秘。因此,科学方法仍然是片面的。另外,科学方法是以归纳为基础的,一千次科学试验都得出相同的结论,仍然不能保证第一千零一次试验必然得出相同的结论。更何况,科学实验也只是在验证科学家需要看到的结论,希望得到的数据。实验中出现的一些偶然的、意外的现象往往被忽略不计了。这就是托马斯·库恩所说的反常现象。这些被忽略的反常现象恰恰可能是另一种观点、另一种理论的证据,只不过由于科学家是在自己的认知范式中进行实验,他们往往对反常现象视而不见。换言之,科学实验也是在一种认知范式中完成的。一种认

① 让-保罗·萨特. 想象[M]. 杜小真,译. 上海:上海译文出版社,2008:75.

知范式决定了一个科学家眼中所看见的事物的特征，其他特征被认为是不重要的，甚至是偶然的例外而被忽略。由此可见，用科学方法判断“真实性”也是值得怀疑的。所谓的真实性仍然是某种范式中的真实性，在另一种范式中，这些所谓的真实性可能完全是错误的。“真实”也不可避免地是主观的、局限的、暂时的。用利奥塔的话说，科学也仅仅是一种叙事，是讲述对象的一种方式而已。

如此看来，所谓真实并不比想象更重要，也不比想象更有意义更有价值，想象是人面对世界的一种方式，真实地反映现实、科学地认识现实也是人面对世界的一种方式。如果我们仍然保留人与世界的二分的观念，而不追究人在世界中存在的方式问题，从而也不将世界纳入现象学考察的视野中，我们就可以简单地将想象与科学的认知（客观反映）看成是各有其价值的面对世界的方式。我们说客观地反映现实有其局限性和主观性不是为了证明它无价值，而是要证明它并不比想象更有价值。我们无法用真实性为标准来否定想象的价值，不能因为想象不真实就认定它是虚假/虚无的，或认定想象的就是错误的。想象可以具有它自己独特的价值。

那么想象到底有什么价值？或者，换一种提问方式，想象可以表达什么意义？想象的价值和意义一定不在于它的真实性，不在于它真实地记录了对象的客观特征。将想象的他者形象与现实中的他者（假定真有所谓现实中的他者/对象）进行比对是毫无意义的。想象是一种心理活动，它当然可以在我们对一个对象一无所知的时候发挥认知的功能，我们可以将想象的他者形象作为对他者的客观认识。但是，对想象的意义与价值的分析不能在这种主客体认知关系的框架中进行，否则，想象就永远是对对象的低级认识，它将永远不如科学认知重要。想象是建构世界的活动，世界是想象建构出来的，没有想象这种主观的活动，冰冷的客体就失去了意义的丰富性。对想象的分析应该采用的是文化研究或符号学与精神分析学的分析框架。在这些框架中，分析的切入点不是想象与对象是否相符，而是为什么会这样想象对象而是不那样去想象对象？想象中所使用的符号具有什么特殊的含义，其中隐含着想象主体什么样的心理欲望、什么样的需求、什么样的政治意图？想象形成于其中的文化状况中存在着什么样的困境，致使这个文化主体会想象出这样的形象？

从这样的视角看待想象，想象就是一种表征或一种征兆、征候，它与现实对象是否相符，是否具有真实性就不是文化研究关注的重点。想象至少应该包含三个方面的意义。一是符号学意义。想象作为一种表征，是一种表意实践，当主体想象一个他者的形象时，他/她使用了什么样的符号，采用了什么样的叙事方式，塑造出了什么样的形象，对这些问题的考察使得看似荒诞不经的想象拥有丰富的意义。那些不真实的形象、那些荒谬的故事情节中包含有复杂的、隐晦的意义。当博尔赫斯想象出中国的百科全书《天朝仁学广览》时，这个"百科全书"作为一种符号所表征的就是一个具有悠久历史和灿烂文明的遥远的异邦形象。这个百科全书中无法理喻的分类系统以及它的难以为西方人所理解的混乱知识，正好展示出了西方人对于在西方文明之外发展起来的中国文明的惊奇与畏惧。这些看似荒唐的想象却具有丰富的符号学意涵。二是心理意义。在精神分析学中想象作为一种心理现象也具有丰富的内涵。在拉康的理论中，自我就是通过镜像的误认形成的。这种误认就是想象，没有想象自我就无法形成。与此相似，自我的欲望也通过想象表达出来，本我的无意识也在想象之中流露出来。这种流露不是说想象的内容表达了无意识欲望，而是说想象是无意识欲望的征兆，是无意识欲望存在的证据或痕迹。想象变成了的内心无意识世界的痕迹或入口。通过对想象的分析，精神分析者可以捕捉到被分析者内心的无意识状态，解读出他的无法言说的欲望或本真的自我，找出想象所传达出来的心理内涵。因此，想象对于个体而言，是他之所以获得自我意识的重要途径，也是他能在世界上与他人交流、安身立命的基本条件。三是政治意义。想象并不是价值中立的，想象之中包含着价值判断，或者也可以说想象本身也是价值判断的一种形式。想象主体对他者的想象，至少包括美化他者与丑化他者两种基本的价值取向。无论是美化还是丑化，主体与他者之间的关系都是不平等的。美化与丑化是文化政治的两种基本形态。尽管美化与丑化都不是客观的，不是真实的，而是荒诞不经的，但是其中所包含的政治意义却是明确的。美化他者形成乌托邦的他者形象，对想象的他者形象的羡慕是对想象主体所处的现实的变相批判；丑化他者形成意识形态的他者形象，对想象的他者形象的厌恶是对想象主体自我价值的肯定。这种文化自信是以二元对立思维为基础的，肯定自我与否定他者是文化中心主义思维模式的具体表达。其政治含义是根深蒂固的，想象之中充满了政治无意识。

就跨文化形象研究的价值维度而言，我们对他者形象的分析与讨论不是客观地说明他者形象中有什么，而是明确地判断他者形象中所包含的意义哪些是值得肯定的，哪些是应该批判的。既然想象可以包含如此丰富的意义，那么对作为集体想象物的他者形象的研究，到底应该采用什么样的价值立场来判断他者形象中的意义？

二、镜像互照：想象中的视域融合

（一）文化想象的差异性

跨文化形象研究将他者形象的性质预设为文化想象，即作为想象主体对其他文化的集体想象。这种跨文化想象所折射出的是想象主体自身的文化状况，而不是被想象的他者的状况。当然，我们也无法否认跨文化想象中所塑造的他者形象与被想象的他者之间仍然有可能在某些方面是相符的，但是这些具体的描绘中所呈现出来的"真实性"也还是想象主体感兴趣的、符合想象主体的愿望的。比如西方人对中国的描绘中经常出现鸬鹚捕鱼的描写，①这在中国的确是真实存在的活动，但是西方人之所以对此感兴趣则主要是因为它具有东方的异国情调，体现出了西方人对东方的想象。因此，想象出来的他者形象不是对他者的真实状况的客观真实的反映与记录，这种他者形象对于被想象的他者而言，只有当他们需要解决自己的问题而借用这些形象时有意义。比如鲁迅等新文化的领导者为了改造中国人的国民性而借用了明恩溥对中国人国民性的论述，但是这种对国民性的改造政治上的意义大于文化的意义，改造国民性的主张作为反对当时的黑暗现实的批判精神在政治上是进步的，但在文化上用西方文化改造中国人就未必"进步"了。因为他者形象中所包含的直接内容并不反映他者的真实状况，对他者的分析也未必就是客观的、合理的。因此，被想象的他者很难直接借鉴别人想象出来的他者形象来进行自我改变。

然而，这种看似合理的推论却有一个错误的前提，那就是仍然认为真实的记录、客观的反映、科学的分析才是可靠的，而对他者的想象则是虚假的，不足为据。而且，这种真实的记录、客观的反映、科学的分析是外人无法做到的，只有本民族的人对于自己的文化才可能有真正的认识，才可能有真实的记录、客观的反映、科学的分析。果真如此吗？当然不是，我们对所谓的现实的认识其实都是一种文化建构，现实是被我们按照某种先在的认识图式、先在结构建构出来的。我们对于现实的认识是一种主观性很强的文化建构的结果。且不说我们对于自己民族的历史可以有不同的叙述，就是对于我们身处其中的当代现实生活，也不可能有相同的认识。富甲天下的资

① 据吴芳思介绍，早在1655年就到过中国的一位荷兰人纽霍夫在其《联合省区之东印度公司派驻中国大清帝国的使节》一书中就描绘了鸬鹚捕鱼的情景。（吴芳思. 中国的魅力：趋之若鹜的西方作家与收藏家[M]. 方永德等，译. 上海：东方出版中心，2009：58－59.）直到20世纪初，西方人对这种奇特的捕鱼方式仍然感兴趣。（路易丝·乔丹·米恩. 一个西方艺人的东方印象[M]. 王鹏，译. 南京：南京出版社，2009：8－9.）

本家眼中的中国和面朝黄土背朝天的农民眼中的中国会是一样的吗？对于未来的预想差异肯定更大，不同的人对于国家的未来有不同的期许，这些千差万别的对于本民族的认识有多少是客观的？尽管一个民族对他者的想象是不真实的，但是本民族的人对于自己民族的认识也同样不是真实的，同样是主观的，也可以说同样是想象的。他者形象与自我形象之间的差异不是想象与真实的差异，而是不同的想象之间的差异。他者想象与自我想象尽管不会完全一致，但是作为想象，其性质是一致的。

跨文化形象学要做的工作不仅仅停留在指出他者形象与自我形象都不是真实的，而是要进一步追问不同的想象中所包含的价值立场如何。两种不同的文化想象包含的价值立场是否存在差异？它们之间有无对话的可能？有无互补的可能？跨文化形象学是否可以对不同的价值立场进行评判？评判的依据又是什么？

虽然跨文化形象学已经提示出他者形象与自我形象都是想象性质的，但是这两种不同的想象之间却存在着差异。一方面是想象的角度或方向上的差异，另一方面则是价值立场上的差异。前者是指对他者的想象是外向的，对于非我族类的想象，这种想象虽然立足点仍然是想象主体自身的文化状况，但是其表现形式毕竟是对他者这个陌生的对象的想象，其想象的方式更加灵活自由，也往往更加离奇荒诞，难免添油加醋，道听途说。相反，自我想象是内向性的，总是以切身感受或见闻为基础，对本民族文化的想象往往有现实的依据，或对现实的材料进行加工利用，赋予其文化意义，构建起本民族的文化形象。因此，自我想象是一种更直接的文化想象，或者说是一种内省式的想象。后者是指他者想象中对他者的价值态度是对待异类的态度，无论是美化还是丑化，都是保持距离的。与此同时，无论是美化还是丑化，都是以想象主体本民族的利益为中心的。丑化他者是为了证明本民族文化的优越，或者也可能借丑化他者来指桑骂槐，含沙射影式地批评自己的文化（如斯威夫特笔下的大人国与小人国），总之是以本民族的利益为出发点的。美化他者也同样如此，其目的绝不是为了赞美他者，而是为本民族树立榜样，确立奋斗目标，其价值取向的立足点都是在本民族的利益。相应地，被想象的他者在进行自我想象时也是以本民族的利益为根本出发点的。一个民族在进行自我想象时，有两个基本要素是不可或缺的。一是文化上的认同，不管将自己的民族想象为如何独特的民族，想象主体都会认同自己的文化，从而将自己的文化看成这个民族安身立命的根基。二是为本民族文化谋求美好的未来，维护其特性，促使其繁荣。尽管在特定的历史时期，有人会对本民族文化中的某些缺陷进行尖锐地批判，从而塑造出一种“丑陋”的自我形象(如丑陋的日本人,丑陋的中国人,民族劣根性等)。但是其目的仍然是为了促使本民族觉醒起来,走向光明美好的未来。这两个基本要素都是以自我为中心的。

由此可见,一个民族对于他者的想象和对自我的想象都是以自己的利益为中心的,想象其他民族与想象自我是一体两面的。在他者形象之中隐含着自我形象这个参照系,自我想象中也或多或少有对其他民族的想象作为衬托物与参照物。这种自我/他者一体的形象中包含着自我中心主义价值立场。这种自我中心主义的价值立场并不意味着各民族都是盲目排外的,在符合本民族利益的前提下,各民族当然也会与其他民族和平共处,互相学习,只要对本民族有利,与其他民族的交流也是一种合理的选择。

(二) 对差异的评判

为本民族利益而想象他者,建立起自我中心的世界体系是一个民族想象他者、想象自我时常常出现的价值立场。跨文化形象学如何来评判这样的立场?在回答这个问题之前,必须回答跨文化形象学自身的价值立场为何?简单地说,跨文化形象学的价值立场至少包括以下三个方面。首先,跨文化形象学承认不同文化之间存在差异,每一种文化都有其独特性,也有其特定的利益诉求。这既是人类历史发展至今形成的文化多样性的必然要求,也是跨文化形象学得以存在的前提。如果不承认不同文化之间的差异,只以某一种文化之是非为是非,只认同一种文化,那不仅仅是一种自我中心主义,更是一种文化霸权主义。以此种自我中心主义和霸权主义为立足点再去考察他者的想象就会产生偏差,因为他者已先在地被扭曲了。其次,跨文化形象学倡导不同文化之间的交流与对话,反对以文化差异为由拒绝与其他文化交往的狭隘的文化保守主义和民族主义立场。正如张隆溪先生所说:“文化差异并不一定都具有解放性,却有其另外的一面,带来的可能是排他性和压抑性的危险”①。跨文化形象学研究在承认文化差异性的同时,恰恰要通过揭示出不同文化之间的想象性关系,倡导不同文化之间的交往,避免让文化的差异性走向文化的封闭。再次,跨文化形象学的长远目标是建构融合不同文化的全球文化。什么是全球文化?全球文化是全球化时代人类各不同文化共同参与平等对话交流而共建的一种属于全人类共享的共同文化,也可以说是全球化的发展过程中全人类共同建构的把不同文化融合为一个整体的文化。全球文化完全不同于西方鼓吹的所谓“普世价值”。因为,从构成方式看,西方所谓的“普世价值”是把西方的价值观强加给其他文

① 张隆溪.中西文化研究十论[M].上海:复旦大学出版社,2010:73.

化的一种意识形态，它以“普世价值”为名，推行的是西方中心主义；而全球文化是全人类不同文化共同对话、交流、协商、融合而形成的，是作为不同文化对话交流基础的共同话语。从价值立场看，西方鼓吹的“普世价值”实质是代表西方利益的，是以西方为中心的；而全球文化是反对西方中心主义的，也是要消解西方鼓吹的所谓“普世价值”的，全球文化代表的是全人类的共同价值和共同利益。从功能看，西方鼓吹的“普世价值”是一种西方的话语霸权，用西方价值排斥甚至取代其他文化的原有特性，为西方利益服务；全球文化则是不同文化平等对话的共同话语基础，它为全人类所共享，服务于全人类的整体利益，不同文化都可以参与其中。

全球文化形成的基础是人类历史的发展过程中出现的全球一体化的事实。马克思恩格斯在《共产党宣言》中就已经揭示出了这样的历史事实与大势，他们说：“资产阶级，由于开拓了世界市场，使一切国家的生产和消费都成为世界性的了。……过去那种地方的和民族的自给自足和闭关自守状态，被各民族的各方面的互相往来和各方面的互相依赖所代替了。物质的生产是如此，精神的生产也是如此。各个民族的精神产品成了公共的财产。民族的片面性和局限性日益成为不可能，于是由许多民族的和地方的文学形成了一种世界的文学。”①马克思恩格斯的这段经典论述给我们带来两点启示：其一，随着现代生产方式的发展，全世界不同民族不同文化的交往日益频繁，形成了全球一体化的大趋势。在这个过程中，不仅仅物质生产方面出现了互相依赖的关系，在精神生产方面，各民族的文学、艺术、文化也成为全人类共享的资源，成为“世界的”。这种世界性正是全球文化的特性。全球文化正是不同民族的文化在世界大舞台上交流对话而形成的。其二，马克思恩格斯也批判了在全球一体化过程中西方资本主义利用其生产方式的领先强行把其他民族按照西方的形象进行改造的行径，他们说：“资产阶级，由于一切生产工具的迅速改进，由于交通的极其便利，把一切民族甚至最野蛮的民族都卷到文明中来了。它的商品的低廉价格，是它用来摧毁一切万里长城、征服野蛮人最顽强的仇外心理的重炮。它迫使一切民族——如果不想灭亡的话——采用资产阶级的生产方式；它迫使它们在自己那里推行所谓文明，即变成资产者。一句话，它按照自己的面貌为自己创造出一个世界。”②这个西方的资产阶级按照自己的形象为自己创造的世界就是其鼓吹

---

① 马克思，恩格斯. 共产党宣言[M]. 中共中央马克思恩格斯列宁斯大林著作编译局，编译. 北京：人民出版社，2018：31.

② 马克思，恩格斯. 共产党宣言[M]. 中共中央马克思恩格斯列宁斯大林著作编译局，编译. 北京：人民出版社，2018：31－32.

“普世价值”的基础。马克思恩格斯所提倡的价值恰恰与此相反，是一种全人类各民族的精神成果为全人类共享的人类共同价值。这种全人类共同价值超越了西方中心主义的所谓“普世价值”。我们所说的全球文化，也是在全人类各民族文化的基础上建立起来的，是在全球化时代，不同文化通过平等对话、交流融合而形成的为全人类共享的共同的文明成果。全球文化的现实基础是全人类构成了命运共同体，其精神内核是全人类共同价值，这种全人类共同价值在文学艺术、思想观念、生活方式、话语形态等方面表现出来，就形成了全球文化。

跨文化形象学将不同文化对他者与自我的想象进行参照研究，本身就是一种超越西方中心主义的立场。超越西方中心主义的目的是建构一种融合不同文化的全新的整体性立场。它提倡吸收不同文化中共有的价值，建构全人类共同价值，并对各种不同文化中差异的部分进行互补对接，建立起一种动态的、和谐的、开放的全球文化。这种全球文化以包容性为其基本原则，以全球性作为其基本准则，兼顾各种不同文化的共同利益，促进不同文化共同繁荣。在现实层面，“我国积极参与全球治理体系改革和建设，维护以联合国为核心的国际体系、以国际法为基础的国际秩序、以联合国宪章宗旨和原则为基础的国际关系基本准则，维护和践行真正的多边主义，坚决反对单边主义、保护主义、霸权主义、强权政治，积极推动经济全球化朝着更开放、包容、普惠、平衡、共赢的方向发展”①。这种国家战略中的思想基础就是人类命运共同体与人类共同价值理论。跨文化形象学的价值立场也是建立在这样的思想基础上的。

那么，从跨文化形象学的价值立场如何评判一个民族的他者想象和自我想象中的文化主体意识呢？首先，以民族的利益为出发点的文化主体意识形成的基础是文化差异。一个民族以自己的文化为安身立命之根本具有合理的一面，因为每一个民族要生存与发展，必然要有自己的文化认同，也必然要形成对于其他民族与自己民族的看法，要解释在这个世界上共同生活的自我与他人的关系。想象他者与想象自我是以区分自我与他者为前提的，在自我与他者的二元对立关系中，以自我为主体才能将自我与他者区分开来，这种区分是形成文化差异的根源。另一方面，如果我们承认每一个民族、每一种文化都具有地方性，都是在一个特定的地域中形成的，代表了应对那个特定地域生存条件的成功方法与智慧，那么，我们也就必然要承认以

① 《中共中央关于党的百年奋斗重大成就和历史经验的决议》[Z]，北京：人民出版社，2021：60－61.

文化差异有其存在的合理性。所谓地方性是指一种文化在适应其特定的生存环境的漫长过程中形成的特色。这些特色是一种文化区别于其他文化的关键因素，在这个意义上，地方性也可以称为文化的独特性。吉尔兹在《地方性知识》一书中提出不同文化的地方性问题时，目的也是在强调不同文化有自身的一套符号系统、法律规范以及宗教、艺术等构成的心灵世界。这些不同文化作为地方性知识存在巨大差异。我们应该尊重这些不同文化的独特性与地方性，学会从其他文化持有者内部的眼光来看待这种文化，甚至也应该换位思考，从其他文化的角度来看待我们的文化，在此基础上存异求同，推动不同文化之间平等交流，互相学习。吉尔兹说："用别人的眼光看我们自己可启悟出很多瞠目的事实。承认他人也具有和我们一样的本性则是一种最起码的态度。但是，在别的文化中间发现我们自己，作为一种人类生活形式地方化的地方性的例子，作为众多个案中的一个个案，作为众多世界中的一个世界来看待，这将会是一个十分难能可贵的成就。只有这样，宏阔的胸怀，不带自吹自擂的假冒的宽容的那种客观化的胸襟才会出现。"①从吉尔兹这种尊重不同文化、倡导文化对话交流的立场看，把每一种文化都看成地方性知识恰恰消解了西方中心主义，成为反对西方鼓吹的所谓"普世价值"的一种理论视角。它强调的是各种文化之间存在差异，每一种文化都有独特的价值，它们在构建全人类共同文化的过程中都应该发挥积极作用。

其次，文化差异性并不能成为文化封闭和排外的借口，也不能变成贬低其他文化的理由。不同文化之间应该相互借鉴、平等对话。在现实生活中，这也是中国所坚持的文化战略。"中国大力提倡不同文明相互尊重，平等相待，美人之美、美美与共，开放包容、互学互鉴，与时俱进、创新发展，以中国文明观引领国际思潮前行，引发各方强烈共鸣。"②可见，这种提倡开放包容、平等对话、相互借鉴的文化价值观是当今世界的主流。在理论层面，跨文化形象学研究的是不同文化之间的他者想象和自我想象，跨文化形象学所看到的世界图景就与某一个民族从自身利益出发所看到的世界图景不同。对于一个民族而言，它是以本民族的视角和立场来看待世界的，但是跨文化形象学所看到的是不同文化从不同视角和不同的立场所展示出来的世界。两个民族之间的互相想象是跨文化形象学要研究的基本现象。一个民族总是从自己的立场出发想象另一个民族，并同时展开自我想象的，而被想

---

① 克利福德·吉尔兹. 地方性知识——阐释人类学论文集[M]. 王海龙，张家瑄，译. 北京：中央编译出版社，2004：19.

② 本书编写组. 中国共产党简史[M]. 北京：人民出版社，中共党史出版社，2021：506.

象的民族也会反过来想象那个正在把它作为他者进行想象的民族,同时也进行自我想象。也就是说自我与他者之间是互相想象的,就像是两个面对面平行放置的镜子,互相映照对方镜面中的形象,在终极的意义上,两面镜子中的形象都是虚幻的,但是它们最终又融为一体,不分彼此。因此,从跨文化形象学的立场看,不同文化对他者的想象无法孤立地存在,只有在对话与交往之中不断修正、改变,最终走向交融。这个过程就是文化对话的过程。齐泽克关于主体之间在误认中交流对话的论述也证明了不同文化之间互相想象的重要性。他借用了简·奥斯丁的《傲慢与偏见》中男女主人公从误解到和解的过程,说明只有通过交流,误解才会达到和解。达西和伊丽莎白的爱情是从误解开始的:"伊丽莎白想在达西面前呈现出一个年轻的,有教养的,充满了才智的女性形象,但她从他那里得到的信息是:'你不过是一个可怜的,心灵空虚的,会要各种手腕的生灵而已',达西想在伊丽莎白面前呈现出一个自豪的绅士形象,但他从她那里得到的信息是:'你的自豪不过是卑鄙无耻的妄自尊大而已。'"齐泽克认为:"如果我们省略由于误认而造成的令人痛苦的迂回弯路,我们就会失去真理自身:只有'完成'这一次误认,我们才被允许接受对方的真实本性,同时克服我们自己的弱点——对于达西而言,是摆脱虚伪的傲慢;对于伊丽莎白来说,是抛弃自己的偏见",为什么会这样?因为"伊丽莎白在达西的傲慢中,看到的是她自己的偏见的反转意象,而达西在伊丽莎白的空虚中,看到的是他自己的虚假傲慢。"①齐泽克总结说:"在对方的已被觉察的缺点中,每个人都感受到了他/她的主体立场的虚假性,却对此一无所知;对方的缺点仅仅是我们视点的扭曲的客观化。"②在跨文化形象学中,不同的民族/文化之间的关系就像是达西与伊丽莎白之间的关系一样,一个民族、一种文化对他者的傲慢与偏见都暴露出它自己作为主体的立场的主观性。关键是不同文化在相互想象中要有自我反省的意识,才可能最终走向和解。跨文化形象学就是促使人们自觉反省的清醒剂。

再次,从跨文化形象学的立场看,一个民族对他者的想象与自我想象之间的关系也应该进行调整。在文化主体意识的立场中,对他者的想象与自我想象是一体两面、互相支持、互相渗透的,价值取向都是为了本民族的利益。在跨文化形象学中由于引入了不同民族的文化主体,形成了镜像互照

① 斯拉沃热·齐泽克.意识形态的崇高客体[M].季广茂,译.北京:中央编译出版社,2002:88-89.

② 斯拉沃热·齐泽克.意识形态的崇高客体[M].季广茂,译.北京:中央编译出版社,2002:89.

的文化间性，一个民族在想象他者与想象自我时，应该主动借鉴其他民族的想象，来反思自我想象，就像伊丽莎白借助于达西对她的印象来自我反省一样。这样的反思与反省将有助于一个民族克服自我中心主义的狭隘立场，树立起超越于单个民族利益之上的全球一体化的世界意识，通过镜像互照达到视野的融合。尽管一个民族不一定要按照其他民族的意见来改造自我，但是这个民族至少应该将其他民族的想象作为参照来提醒自己，自我中心主义的自我想象、自我认同是可以有不同的参照物的。不管你喜不喜欢，接不接受，那个参照物始终都在。

三、建构全人类共同价值

跨文化形象学所倡导的不同文化之间的视野融合，并不仅仅因为这是镜像互照的必然结果。如果镜像互照所导致的视野融合是文化想象的总体趋势，那么这种总体趋势仍然要依靠各种不同文化的自省和自觉才能最终实现。自我反省是改变文化自我中心主义的必由之路。没有自我反省，一个民族、一种文化仍然以自我利益为中心想象他者、想象自我，这样的文化想象很可能导致狭隘的民族主义与文化霸权主义，这是跨文化形象学应该警惕的。

那么，从跨文化形象学的立场看，一个民族、一种文化应该如何进行全人类共同价值的建设？跨文化形象学的价值立场是以承认不同文化共存于世的跨文化视角为基础的，我们可以从跨文化的视角对这个问题进行初步讨论。

跨文化形象学的长远目标是推动不同文化之间的对话交流，共同建构一种以不同文化为基础，同时融合了不同民族文化的全球文化。这种全球文化需要不同文化共同参与，或通过像联合国那样的国际组织进行统一协调来完成，①它需要各不同民族在达成文化共识，建立起全人类共同分享的生活方式和价值观念。全球文化的基本内容和价值标准需要有识之士进行持续的讨论，同时它又是在实践中自然而然形成的，是一个渐渐成形又缓慢变化的过程。那么全球文化到底如何形成？从跨文化的角度看，至少应具

① 任晓说："联合国(United Nations)顾名思义即是'联合起来的各国'，其所设定的各项制度本身并没有错，其目标至今仍是世界各国追求的理想。这一超越主权国家的世界性组织，除了安全机构、经社机构之外，还在各个领域设立了专门机构，形成'联合国系统'，它们在各自的领域，如发展、难民、卫生、人权等，都发挥了积极的建设性作用。尽管存在着种种不足，一个有联合国的世界好于一个没有联合国的世界，应是确定无疑的。"任晓. 从世界政府到"共生和平"[J]. 国际观察，2019，(01)：36－50.

有如下几个条件。

首先，是文化主体意识的觉醒，即不同的民族对自己的文化有清醒的自我意识，能够清醒地认识到自己文化的独特性何在。文化主体意识的觉醒是一种文化成熟的标志，有了文化主体意识，才能对自己的文化进行完整系统的总结，提炼出自己文化的特色，对自己文化的核心价值进行清晰的表述。在全球文化建构过程中，这种文化才可以被其他文化所认知，并在全球文化中确立自己的地位。因此，文化主体意识的觉醒成为全球文化建构的必要条件。没有文化主体意识的觉醒，不同文化之间也可以进行自发的交往，但是这样的交往只是偶然的、随机的、盲目的，缺乏连续性，也没有明确的目标，离全球文化建构这个总体目标还相距甚远。

其次，对其他文化的平等态度是全球文化建构中的必不可少的前提。因为文化主体意识的觉醒是一把双刃剑，从正面的意义上看，文化主体意识的觉醒是一种文化独立自主的体现，也是其在全球文化中争得一席之地的必备条件。但从负面的意义上看，文化主体意识的觉醒也可能导致文化的封闭，导致唯我独尊的心态，拒绝与其他文化交往。马戛尔尼使团觐见乾隆时，乾隆皇帝唯我独尊的态度就是一种文化封闭的典型表现。这种态度也是以文化主体意识为基础的。要克服这种文化自恋，具体的途径就是平等对待其他文化。一方面承认其他文化也有其独特的价值，另一方面积极主动地学习其他文化的优秀成果，或者说学习对自己的文化有益的部分——可能不是其他文化中最有特色的核心的部分，只要对我有益，都可以学习、接受、吸收利用。当全世界不同的文化都能如此对待其他文化，那么全球文化的建构就启动了。

再次，建立新的全球意识，自觉在全球文化架构中定位自己的文化。自觉的全球意识是全球文化建立的基础，没有全球意识，各种不同的文化仍然按自己的视野，按照自己文化的脉络发展，无法解决文化保守主义和狭隘民族主义问题，也无法解决文化霸权主义问题。只有自觉建立起全球意识，充分认识到自己的文化之外有其他文化存在，各种不同文化的各自利益与全人类的共同利益与共同价值是密切相关的，把这种全球文化作为自觉追求的目标，自觉认识到全人类的利益是休戚相关的，这样才能推动全球文化建设，实现不同文化的共同繁荣。当然，从文化史来看各种不同文化或早或晚已建立起了自己的世界观念体系。每一个民族都知道在自己这个民族之外还有其他民族生活在自己的周边或遥远的地方，从而形成了对于不同民族不同文化的认识，乃至对于世界的总体认识。但是这种以各个不同民族为中心的世界观念体系或多或少带有自我中心主义色彩，它把自己的民族放在世界的中心，把其他民族贬低为野蛮人，为了自己的利益，甚至可以杀戮掠夺其他民族。正如萨义德所说："在最基本的层次上，帝国主义意味着对不属于你的、遥远的、被别人居住了和占有了的土地的谋划、占领和控制。"①"我认为，在一切以民族划分的文化中，都有一种想握有主权、有影响、想统治他人的愿望。"②不同民族文化中的这种自我中心主义式的世界观念框架不是跨文化形象学要提倡的全球文化，因为它的立足点还是各不同民族自身的利益。只有改变旧的世界观念，从全人类不同文化的立场来思考问题，全球文化才是可能的。

为了建构全球文化，世界上现有的各种文化必须放弃以自己的利益为中心的狭隘立场，建立起超越于各不同文化之上的全球意识，这样的观点看起来多少有些不切实际的乌托邦色彩。然而，从跨文化形象学的立场看，这不是乌托邦，而是全人类所面临的现实困境的必然出路。全世界不同文化所面临的困境是什么？这个复杂得难以回答的问题至少有如下几个方面已经是可以确认的。首先，任何一种文化都是有局限的。任何一种文化都有自己的独特性，同时也有其不足之处。这种独特性导致一种文化一旦跨越了它的适应范围，就可能遇到难以应对的新问题。从这个意义上说，每一种文化都必须敬畏其他文化，因为其他文化在应对自己的环境时有一套成功的经验，而这些经验恰恰是其他文化所不具备的。因此，当一种文化与其他文化进行区分时，不应将其他文化贬低，而是要将其看成是自己的朋友与对话者。自我所不知道的、自我的局限恰恰是其他文化的特长，敬畏他者才是一种明智的选择，甚至是一种伦理责任。正如法国学者苏盖和维拉汝斯所说："相异性的概念，在原则上，而不是在单纯的表述上，由列维纳斯(Emmanuel Lévinas)所创，我们不必理会它神秘主义与超验主义的一面，不过我觉得这个概念是跨文化工作的关键词之一——在差异中承认他者，承认他者的智慧"。③ 每一种文化面对自己遇到难题时所设计出来的解决方案，所积累下来的经验，都是珍贵的财富，在自己的文化发展中遇到类似的问题时，借鉴其他文化的经验就会事半功倍。认识到自己文化局限，也是文化自觉的一个重要维度，文化主体意识中就应该包括对他者的敬畏。这

---

① 爱德华·萨义德．文化与帝国主义[M]．李琨，译．北京：生活·读书·新知三联书店，2003：6.

② 爱德华·萨义德．文化与帝国主义[M]．李琨，译．北京：生活·读书·新知三联书店，2003：17.

③ 米歇尔·苏盖，马丁·维拉汝斯．他者的智慧[M]．刘娟娟，张怡，孙凯，译．北京：北京大学出版社，2008：31.

样的文化主体意识才是真正有意义的。

其次，全球化的过程已不可逆转。全世界各个民族、各不同文化都被卷入到一个不断进行频繁交往的过程之中，没有一个民族可以独立于这个过程之外继续生存。不同文化之间的交往已是一个不断深入的过程。从地理大发现时代开始经过 19 世纪的殖民主义扩张直至今日的全球化是一个不断加速的过程。既然无法回避就只能积极应对，不管人们是否欢迎这个过程，都必须面对。在这个过程中，那些积极迎接全球化，利用这个过程中出现的各种机遇、发展自己的民族明显占有优势，也发展得更好。因此，认识到全球化过程已经开始，认清自己的文化在全球文化形成中的作用并积极参与这个过程才是文化生存与发展的正道。

再次，全球化的过程中各不同文化所处的地位并不相同，文化霸权主义和民族主义同时存在，文化之间的矛盾冲突也是一种常态。这种状况不仅阻碍了全球共同文化的建构，甚至是许多政治斗争、经济纠纷与军事冲突的根源。萨义德说："在我们这个时代，直接的控制已经基本结束；我们将要看到，帝国主义像过去一样，在具体的政治、意识形态、经济和社会活动中，也在一般的文化领域中继续存在。"[①]这样的矛盾该如何解决？按照跨文化形象学的立场，对他者的想象和对自我的想象都是以自我的利益为中心的，因此，认清文化想象中的局限是化解矛盾的第一步，不同文化之间的不平等关系也不仅仅是那些占据霸权地位的强势文化放弃压迫的问题，而且也是处于弱势地位的文化放弃回归小国寡民、闭关自守的幻想的问题，更要提防这些弱势文化以反抗文化霸权为借口走向极端的文化民族主义。正确的道路应该是共同构建以不同民族文化为基础的全球文化，强势与弱势的双方一起走出这种不平等的文化关系，走向全球共同文化建设。

针对全世界不同文化所面临的复杂状况，中国做出了精准的判断："进入新时代，国际力量对比深刻调整，单边主义、保护主义、霸权主义、强权政治对世界和平与发展威胁上升，逆全球化思潮上升，世界进入动荡变革期。"[②]面对这样的复杂严峻的局面，作为负责任的大国，中国选择积极作为，"推动建设新型国际关系，推动构建人类命运共同体，弘扬和平、发展、公平、正义、民主、自由的全人类共同价值，引领人类进步潮流。"[③]由此可见，

---

① 爱德华·萨义德. 文化与帝国主义[M]. 李琨，译. 北京：生活·读书·新知三联书店，2003：10.

② 《中共中央关于党的百年奋斗重大成就和历史经验的决议》[Z]. 北京：人民出版社，2021：59－60.

③ 《中共中央关于党的百年奋斗重大成就和历史经验的决议》[Z]. 北京：人民出版社，2021：60.

构建人类命运共同体是中国为全世界不同文化发展方向绘制的宏伟蓝图，而弘扬全人类共同价值是人类命运共同体的核心价值观念。全球文化正是在人类命运共同体中形成的具体的文化形态，全球文化的核心价值就是全人类的共同价值，它是不同文化之间进行交流对话的基本话语，也是全人类的共同语言。跨文化形象学的价值立场是推动已然开始的全球文化建设向更理性更自觉的方向发展，共同建构人类共享的全球共同文化。这个宏伟的目标要得以实现，依赖于各种不同文化的自觉。文化的自觉不是自恋，而是将对他者的敬畏纳入文化自觉意识之中，将全球文化建设作为自觉追求的目标，变成一种全球伦理，让它成为不同文化处理自身事务时自觉遵守的准则。这样的目标看上去太遥远，其实却又十分现实，可以落实到每一个人日常生活的言行之中。约翰·汤姆林森说："作为一名'世界公民'就意味着具有了一种文化意向，它不是局限于关注直接的地方性，而是要意识到全球的归属、复杂的情况和责任，而且能够把这些更广泛的关注融入日常生活的实践之中去。"①这实际上是在提醒我们，虽然我们生活在自己民族的文化之中，可是我们仍然不要忘记，我们是生活在人类命运共同体中。

① 约翰·汤姆林森. 全球化与文化[M]. 郭英剑，译. 南京：南京大学出版社，2002：271.

第二章 形象文本解读的路径

文化研究领域中的形象处在复杂的话语空间中，运用意识形态与乌托邦这两个基本范畴进行阐释，揭示的不是形象的类型，而是形象意义构成的复杂网络。这个复杂的网络是如何运作的？一个具体的文本是如何在这个复杂的网络系统中产生意义的？探讨这个问题必须从文本所处的话语系统的构成状况入手，然后分析具体的文本在具体的历史情境中产生意义的机制及其背后复杂的文化状况。这个分析的过程只能围绕文本展开，我们探讨的文本意义生产的过程是通过文本解读的过程呈现的。

第一节 能指链中的形象

跨文化形象研究中的异国形象与自我形象都是一种文化想象，但是这种文化想象并非一般意义上的个体心理活动或社会心理想象，而是具有复杂的社会文化内涵的表意实践。形象既是一种想象活动的结果，也是一种想象的过程。当我们说一个民族在另一个民族眼中是某一种形象时，这样的他者形象是一种以想象的方式展开的对他者的理解。在这个意义上，他者形象在性质上是主观的，不是对他者的客观记录。客观记录是简单的，对象是什么样子，就被记录成什么样子，那是一个镜子一样的反映活动。但是主观的想象却是复杂的，一个民族对他者的想象与这个他者的现实（如果承认有客观的纯然的现实的话）是不一定相符的。想象不是记录和反映。那么想象他者的活动到底是如何运行的？一个民族对其他民族的想象是如何展开的？其运行的机制是什么？运行的动力是什么？

一、形象是想象的能指

跨文化形象学的逻辑起点是将形象界定为对他者的文化想象。要探究形象运作的内在机制，也必须从这个逻辑起点开始。形象的这个定义包含着至少以下几种意义。首先,形象是想象主体的文化实践的产物。它虽然是对他者的想象,但是,跨文化形象学并不将他者形象与他者的实际状况进行比照,并不拿他者的现实与对它的想象进行真实性考察。在跨文化形象学中,真实性问题并不是研究的核心问题。将形象界定为他者想象意味着将形象限定在想象主体一方,斩断了其与他者现实的联系。其次,对他者的想象是一种表征活动(representation),想象在本质上是一种表达,一种描述,它是想象主体的表意实践活动,也是一种表达方式。这种表达当然传递出了某种意义,或者某种信息,但是这些意义与信息并不是对他者的记录与反映,或者说这些意义与信息并不是来自他者,而是来自表达主体。这种表达因此就是一种限定在想象主体一方的活动,它虽然在言说他者,却无法抵达他者,他者始终停留在想象表达之外。再次,既然形象是一种表达,那么它就有自己的表达方式,有自己的表达系统,或表达的逻辑脉络。简言之,它是可以理解的,按照形象的表达脉络,我们是可以理解形象的,是可以探究出形象所表达的意涵的。当然,这种探究的目标并不指向他者,我们不可按图索骥式地通过他者形象去认识他者的真相。相反,对他者的想象表达的是想象主体的状况,研究者要通过对他者形象的解读,破解出想象主体的心思,考察想象主体的隐蔽意图或潜意识欲望,进而考察想象主体所处的文化语境中存在的问题。

从这样的逻辑起点出发考察形象的运行机制,形象就可以被设定为想象的能指。所谓想象的能指是指形象本身是想象的而不是“真实的”,是一种主观的幻想、编造或无中生有的创造,而不是对真实对象的反映、记录、认知或记忆。而这种无中生有的想象又不是没有意义的虚幻之物,它是能够传递出想象主体的意图、愿望与自身处境等多种信息的能指符码。它的所指不是以现实为依据的他者的事实,而是由主体的处境与愿望形成的主观臆想。因为想象的他者并非现实中的他者。萨义德在《文化与帝国主义》一书中所讨论的一个例子可以生动地解释什么是想象的能指。在海湾战争期间,美国的《外交事务》杂志上发表了一篇题为《令阿拉伯不满的夏天》的文章,塑造出了一个伊拉克形象:“他(萨达姆·侯赛因)来自一块脆弱的土地——波斯与阿拉伯半岛之间的边境国家,那里没有什么文化、书籍和伟大思想。新的竞争者是个暴君,一个已经驯服了他的领地,并将其变为一座大监狱的残酷无情的熟练监狱长。"[①]美国人想象中的伊拉克是一个野蛮、荒芜又暴力的监狱，面对这样的形象，萨义德写道："甚至中小学生都知道，巴格达是9世纪与12世纪之间阿拉伯文明的顶峰，阿比西德文明的发源地产生了像莎士比亚、但丁和狄更斯那样的，在今天仍然被人阅读的文学作品。而且作为一个城市，巴格达还是伊斯兰艺术的伟大象征之一。……虽然萨达姆过去是个塔克瑞提(Tattiti)，但是如果因此暗示伊拉克及其公民与书和思想无关就是忘记了苏美尔、巴比伦、尼尼微、汉谟拉比、亚述以及伊拉克为摇篮的古老的美索布达米亚(与世界)文明的所有象征。"[②]美国官方所塑的伊拉克形象与萨义德所描绘的伊拉克形象是截然相反的。如果将两者对比，我们似乎可以发现，这两个形象都是想象的能指，美国官方的伊拉克形象由于忽略了伊拉克悠久的文明史和它的肥沃土地(萨义德在我们所引用的这段论述的稍后就反问道："底格里斯与幼发拉底河的青翠的河谷呢？在中东的所有国家中，伊拉克的土地是最肥沃的这个事实哪里去了？"[③])因此，这个伊拉克形象并不能代表真实的伊拉克，这个形象的所指因此就在萨义德的剖析中消散了，这个形象变成了一个没有所指的能指，变成了美国官方蓄意制造出来的，为其侵略伊拉克进行合理性辩护的说辞。相应地，萨义德借助于伊拉克文明史和地理条件所塑造出来的伊拉克形象也是一种想象的能指。萨义德的伊拉克形象或多或少地美化了萨达姆的残暴统治，萨义德的伊拉克形象中阿拉伯人的自豪感同样消解了这个形象的所指。它变成了萨义德的想象的能指。这个伊拉克形象仍然是缺乏所指的——那个所指以伊拉克文明历史的面貌出现，相对于现实中的萨达姆统治的伊拉克而言，立即变成了想象的能指。

由此可见，形象作为想象的能指，至少具有三个特点。其一，形象已不是由能指与所指统一构成的符号，而是一种没有所指的漂浮的能指。他者形象表面上是指涉他者，但实际上这只是一个假象。他者形象所表达的只是想象主体有意无意想要表达的东西。所指被抽离了，形象变成能指的躯壳。其二，形象并没有因为所指的消失而变得空洞无物。相反，它变成了主体意图的痕迹。在形象中，主体所面临的困境，主体的心理状态，主体所借

---

① 法阿德·阿贾米.阿拉伯不合之夏[A].爱德华·萨义德.文化与帝国主义[M].李琨，译.北京：生活·读书·新知三联书店，2003:424.该书的正文中，这篇文章的题目译为《令阿拉伯人不满的夏天》。

② 爱德华·萨义德.文化与帝国主义[M].李琨，译.北京：生活·读书·新知三联书店，2003:424.

③ 爱德华·萨义德.文化与帝国主义[M].李琨，译.北京：生活·读书·新知三联书店，2003:425.

用的文化资源等相关的信息都流露出来，变成能指的意义——但不是所指。其三，形象作为想象的能指也有其自身的逻辑或运行的机制，它不是不可解的神秘之物，而是一种文化文本，一种可解读的考古遗存。只不过，解读的方法不是从能指去追溯所指，而是悬置所指，将能指放在特定的文化语境中去阐释。

将形象作为想象的能指，所强调的中心已经从想象置换到了能指，形象的性质也因此发生了变化。形象已经从心理现象转变为语言现象，这种转换意味着我们不再将关注的焦点集中在形象的感性特征，它的主观性和它的天马行空的突破边界、打破常规的随意性，而是集中在它的语言性。能指是一个语言学范畴，将形象看成想象的能指就是把形象看成是一种语言。这并不是指他者形象是由语言媒介表述出来的。虽然事实上所有的他者形象都依赖于语言（不一定是口头或书面语言，也可以是视觉语言，甚至是作为语言符号的实物），但是形象的语言性指的不是媒介，而是结构或运行机制，具有与语言系统相似的规则与机制。形象是按照语言的结构组织起来并按照语言的方式运作的。至少有两个理论依据支持我将形象看成是具有语言性的这个观点。其一是拉康的著名观点：无意识是具有语言结构的。他说："让我们重新看一下弗洛伊德对释梦（Traumdeutung）的工作。我们会重新记得，梦有一个句子的结构，或者用他的话来说，有一个字谜的结构，也就是说有一个书写的结构。""通过这些弗洛伊德教会我们看出主体用以改塑他梦幻言谈的那些炫耀的或指示的，掩饰的或说服的，反驳的或诱惑的等等的意图。"[①]拉康的这个观点实际上解决了心理与语言之间的关系问题。它证明了心理现象可以按语言的方式来理解，心理现象有它与语言相似的结构，它实际上也是一种语言系统。既然无意识可以具有语言性，那么想象也同样可以具有语言性。更何况，在拉康的理论中，想象界与符号界本来就是密不可分的。想象本身也具有语言的特性。其二，在比较文学形象学中，巴柔更明确地提出了"形象是一种语言"的观点，将主体对他者的想象看成是一种语言行为。他说："形象惊人地具有语言所有的特性。只需回忆一下埃米尔·本韦尼斯特给语言所下的定义中的所有基本要素，不必作任何简化工作，就可全部用之于形象陈述（言说，也就是言说什么）；由不同的单位构成，其中每一个单位是符号；是同一社团所有成员的参考系；唯一能实现主体间交往的手段。形象显然是一种次要语言，一种'言语'。在一个社会支配的可用来自我表述和反思的言语中，在所有象征言语（想一下罗

① 拉康.拉康选集[C].褚孝泉，译.上海：上海三联书店，2001：278.

兰·巴尔特研究过的'时尚')中,形象都是其中之一。它具有原初性,其功能在于说出跨人种、跨文化的关系。这些关系主要不是言说者(注视者)社会与被注视者社会间实际存在的,而是经过重新思索,被想象出来的关系。"①很明显,巴柔在此是把形象作为一种符号系统来看待的。形象是联系言说者与被说者之间想象性关系的纽带,想象主体在想象他者时,也是在言说他者。

巴柔的观点是在罗兰·巴尔特的符号学理论基础上提出来的。罗兰·巴尔特借用符号学理论分析时装等流行体系时,分析的对象是可见的物的体系,哪怕是在分析小说中的叙述结构时,也是对语词和句子这样的实体的分析。可是在跨文化形象学中,他者形象是想象性,而非实体性的。图像与文字以及其他的实体事物可以作为载体来塑造他者形象,但不是形象本身。那么,巴尔特的符号学还能否用来分析想象性的他者形象?这是一个必须回答的问题。幸好拉康的无意识是按语言结构组织起来的这个思想解答了这个问题,无意识也是主观的而非实体的,它与想象是密不可分的。既然无意识可以具有语言性的,他者形象因此变成了想象的能指。

他者形象作为想象的能指而不是想象的符号,原因在于所指消失了。当我们把他者形象界定为想象的能指时,他者形象的所指去哪儿了?他者形象的所指应该是他者形象所表达的观念、含义。所指的消失并不是指这种想象的他者形象变成了自娱自乐的游戏,没有实际内涵。所指的消失是以他者想象的先在目的为前提的。一种文化一个民族想象他者的目的是认识他者,想象主体在想象他者时是信以为真的。主体真的把自己想象的他者形象等同于他者(现实中的他者)。因此,在这个想象他者的活动中,所指就是现实中的他者,是他们信以为真的那个他者形象。但是由于现实中的真实的他者是以自己的方式存在的,对他者的想象与现实中的他者并不一致,想象主体对他者的想象就变成一种自我封闭的活动。现实中的他者作为想象主体想要表达的所指则始终游离在想象之外。正是在这个意义上,他者形象中的所指并没有被真正捕捉到。它是一个沉默的对象,与想象中的他者形象并不一致。他者形象只在想象主体所处的文化语境中,在他所处的话语系统中运行。因此,就像镜像是对自我的误认一样,对他者的想象也是对他者的误认。这种误认是用拉康所说的空虚的言语(empty speech)表达的,他说:"空虚的言语涉及主体与分析者的当下关系。在其中,主体迷

① 达尼埃尔-亨利·巴柔. 文化形象到集体想象物[A]. 孟华,主编. 比较文学形象学[C]. 北京:北京大学出版社,2001:124.

失于语言系统的诡计，迷失于他通过经历文化事件可以掌握的指涉系统的迷宫中。”①对他者的想象正是迷失于一个关于他者的镜像世界中，而没有企及真正的他者。

二、能指链：他者形象的运行机制

他者形象作为想象的能指不是单独产生意义的。一个孤立的他者形象并不能产生意义，当他者形象中的所指被消解之后，他者形象如何产生意义？

他者形象不再拥有所指，那么这个想象的能指如何才能不至于沦为空洞的能指？答案就在于它指向了另一个能指，一个他者形象与另一个他者形象相互关联，如此蔓延开来，不断流动，他者形象在能指的关联过程中构建了一个他者形象的场域。这个场域中的内在机制就是由能指的相互指涉构成的能指链。用拉康的话说就是：“意义坚持在能指链中，但链环中的任何成分都不存在于它的某个时刻本身所能表示的意义中。”②这意味着他者形象不是从他者那里获得意义的，它不是因为反映了他者的真实情况才获得意义。他者形象产生意义的逻辑框架被改写了，他者形象不是在形象与对象的关系架构中产生意义，而是在形象与形象的关系架构中产生意义。一个他者形象之所以有意义，是因为它与其他的形象之间建立了联系。与此同时，他者形象所产生的意义内涵本身也发生了变化，他者形象在与另外一个或另一些他者形象的关联中，在一个能指链中产生的意义不是关于他者的，而是关于想象主体的。例如，当我们考察马可·波罗对中国的描述中所塑造的中国形象时，孤立地看马可·波罗游记是无法分析出他所塑造的中国形象到底有多少丰富的意义的，必须将他笔下的中国形象与此前从古希腊、古罗马文献中的相关描写所塑造的中国形象，与马可·波罗同时代或以后时代的其他人塑造的中国形象联系起来，才能理解马可·波罗笔下的中国形象的丰富意义。同时，这个富庶繁荣的“大汗之国”的中国形象，也不是与现实中的中国相对应的，即使史学家可以找到证据证明马可·波罗确有其人并真的到过中国，那也无法把他对中国的描写与中国等同起来。跨文化形象学所关心的不是中国形象的真实性问题，而是他所塑造的中国形象——那个世俗的、富庶的繁荣帝国形象在西欧的中国形象的链条中到底

---

① Jacques Lacan. *Freud' Papers on Technique* 1953—54, *The Semina of Jacques Lacan, Book I*, trans with notes by Joh. Forrester, New York: W. W. Norton, 1991:50.

② 拉康. 拉康选集[M]. 褚孝泉，译. 上海：上海三联书店，2001:433.

有什么独特之处，这些独特之处对于西欧而言，在那个特定的历史语境中有何意义，在以后的历史发展中又是如何被重写、反写的，重写与反写的意义何在。

那么，在能指的链条中，两个不同的能指又是如何关联的？能指与能指之间的关系是什么样的？在索绪尔结构主义语言学、雅各布逊的语言学、拉康的精神分析学中，这种能指之间的关系被归结为转喻和隐喻两种形式。所谓转喻是指一个能指与另一个能指之间的共时性关系，两个能指之间存在着比邻关系，或具有整体与局部那样的相关性。拉康用的是"帆"表示"船"的例子来说明两个能指之间的转喻关系的。帆是船的一部分，两个能指之间的关系是毗邻性的、有实际关联的。在用能指传达意义时，不是直接使用"船"，而是用"帆"表示"船"，这种能指之间的关系是能指链传达意义的基本方式之一。分析能指链的运行机制，就是要揭示出这种机制，并进而追问为什么要如此表达？这样的表达背后的意义是什么？而不仅仅是认识到"帆"表示"船"。隐喻则是一个能指与另一个能指的历时性关系，两个能指之间的关系是相似性的，"其中一个能指取代另一个能指在能指链中的位置，被隐没的那个能指以其在链上的（转喻的）联系而继续在场（présence）"。①比如当我们用"莲"来表示出淤泥而不染的"高洁"时，这两个能指之间就是一种隐喻关系。

那么，语言学中的这两种意义生产方式在对他者的想象中是否可以得到印证呢？弗洛伊德对梦的解析所发现的移位（Entstellung）和压缩（Verdichtung）这两种梦的运行方式正好对应于语言学中的转喻与隐喻，从而证明了想象是一种具有语言特性的心理活动。移位就是梦境中的两个具有毗邻关系的形象之间的转换，而压缩则是两个相似性形象之间的替代。通过这两种方式，梦境中的形象变得面目全非，这种梦境中的形象也不再指涉现实对象，与现实事物之间不构成反映与被反映的真实性关系，而是隐蔽地表达着主体的欲望。

在对他者的想象中，转喻与隐喻或移位与压缩又是如何完成的？转喻/移位的方式在他者形象的形成过程中是通过局部代整体来完成的，想象主体通过描写他者的某一个侧面，甚至某一个细节来表现他者的整体形象。这个侧面是与他者的整体相关联的，但也仅仅是一部分，就像帆是船的一个部分一样，但是想象主体却用这个部分传递出了对他者的整体印象。在那些异国游记中，旅行者常常采用这种方式，用他们"亲眼见到"的有限材料来

① 拉康．拉康选集[M]．褚孝泉，译．上海：上海三联书店，2001：438.

塑造所游国家的总体形象。比如法国作家保尔·克洛代尔在《认识东方》一书中这样描写中国的园林："中国人剥开了风景的表层。这小小的一角真像大自然那样无法解释，看上去也像大自然那样寥廓而纷繁。在这堆石山中间矗立着一棵虬曲的黑松，枝柯纤细，针叶挺直如戟，中轴峭拔而洒脱。这幻境中唯一的树不成比例，宛如游龙，吞云吐雾似的，在风中鏖战——这地方似乎从整体中独立出来，竟构造得如此怪诞而奇特……"①这段描写无疑提供了一个形象的片段，可是它不仅仅是对园林的描写，而是用这个片段塑出了一个神秘莫测、充满异国情调的中国形象。中国园林这个本是形象组成部分的能指在此以移位的方式指代了"神秘中国"这个能指。这个园林是克洛代尔带着西方人的陌生感看到的园林，已是一个想象的能指，那个神秘的中国也是西方人眼中的难以理解的他者，是另一个想象的能指。

隐喻/压缩的方式在他者形象的形成过程中则是通过能指的替换来完成的。想象主体所描绘的某一个他者形象与他者的现实没有直接的必然联系，却又暗示出他者的本质。在这个意义上，两个能指之间构成了象征关系。至于想象主体所直接描绘的那个形象是不是属于他者的一个部分都不是问题的关键，问题的焦点在于两个能指之间的相似性。当然，一般而言，作为对他者的想象，直接描绘的那个形象都是他者的一个部分，只不过，这个部分不是因为它属于他者这个整体而具有意义，而是因为它与整体之间在结构上的相似性，或者说象征了他者的本质。比如意大利导演安东尼奥尼在纪录片《中国》中拍摄的那一段木偶表演。这段表演虽然是在中国拍摄的，是"中国"的一个组成部分，但是导演不是为了告诉我们中国的这些表演多么精彩，或多么笨拙，从而展现中国的美好形象或丑陋形象。如果是这样的话，那么这段表演就只是转喻/移位。但是安东尼奥尼拍摄的这段表演，其实隐喻的是中国人像木偶一样按历史规律这个操控者的意志表演，木偶这个能指替代了中国——被某种力量全面操控的中国。木偶与中国形象合二为一，这种隐喻式的表达变成了塑造中国形象的一种有效手段。至于木偶是不是中国的都无关紧要，只要它是被人为操控的，都可以表现安东尼奥尼眼中的中国形象——想象中的他者。

转喻和隐喻是能指之间以另一个能指取代所指的互相指涉的方式。在他者形象的塑造过程中，转喻和隐喻是一个他者形象得以完成的方式，是具体的形象片段建构出完整的他者形象的方式。所以，这种转喻与隐喻更像是一个句子中的语词与语词库中其他语词的关系。那么在他者形象的场域

① 保尔·克洛代尔. 认识东方[M]. 徐知觉，译. 上海：上海人民出版社，2007：34.

中,各个不同的他者形象之间又是如何联系的?他者形象作为想象的能指,如何构建一个他者形象的能指链?这个问题又涉及对同一个他者的不同想象与对不同他者的不同想象之间的复杂关系。在此我们先讨论对同一个他者的不同想象之间的能指链构成问题,而将更复杂的对不同他者的不同想象问题悬置起来。

对同一个他者的不同想象构成了不同的他者形象,这些不同的他者形象之间有两种基本的关联,一是重写,一是反写。重写是指一种他者形象对此前已有的,或同时代已有的关于这个他者的形象的类似的描述,塑造出了一个大同小异的他者形象。两个或多个他者形象之间具有相似性,从而构成了一种形象类型或刻板印象。这是他者形象之间关系的基本形态。他者形象本来就具有集体想象的意义,这种集体性一方面表现为某一种主导形象被社会大众普遍接受,某一个文本变成了主导文本,将他者形象定型化。另一方面表现为对一个先前形象的复述,后代的作者不断重复前人关于某个特定他者的想象,后代作者所塑造的他者形象与前人对同一他者的想象之间就构成了复述关系。重写是他者形象的构成方式,也是他者形象的存在方式,也是他者形象场域的组织方式。不同的想象能指之间的不断重写构成了一个他者形象的网络,每一次重写都是这个网络的延伸,是能指的一次滑行。比如在西方的中国形象场域中,毛姆所塑造的异国情调乌托邦中国形象就是对马可·波罗、鲁布鲁克、鄂多立克等文艺复兴时代的"大汗之国"以及其后的莱布尼茨、伏尔泰等启蒙思想家的"孔夫子的中国"形象的重写。而20世纪五六十年代左翼记者所塑造的改天换地的红色乌托邦中国又是对毛姆等人的异国情调中国形象的重写,与毛姆同时代的作者中,罗素、杜威等人的东方文明乌托邦、斯宾格勒的历史乌托邦,则是对历史上的乌托邦中国的重写,也是同时代人的互相重写。这些想象的能指之间的重写,成为形象运行的内在机制。通过重写,能指互相指涉,构成一个他者镜像,想象主体则在镜像之中误认他者。

反写则是不同的形象在相反的方向上的相互关联。当我们把他者形象的历史看成是连续的运动,是不同的他者形象前后相继的过程,那么后来的他者形象与以往的他者形象之间就不只有重复、重述的关联,否则,我们只能看到一种他者形象。实际上,后来的他者形象仍然可以与以往的他者形象不同,甚至相反。但是这些不同的他者形象并不是完全另起炉灶的创新,它们仍然与以往的他者形象保持着关联,是对以往的他者形象的改造,甚至是对以往他者形象的批判与否定。我把这种批判否定与差异关系,称为反写。如果说重写是强调众多的他者形象之间的相似性,那么,反写则是强调众多的他者形象之间的相异性。但不管是相似还是相异，都是相关。他者形象作为想象的能指仍然处在能指的链条上，处在他者形象的场域中。他者形象的意义就是在与其他的他者形象之间的相关性中不断滑行的，从一个他者形象到另一个他者形象的相关性中，从它们的相似或相异性中，想象主体所面临的文化语境呈现出来，他所面对的困境，他的愿望与期许流露出来。比如孟德斯鸠在《论法的精神》中对专制中国的想象就是对伏尔泰等的孔夫子的中国形象的反写。孔夫子的中国是一个由哲学家统治的文明古国，而专制的中国则是一个用棍棒统治的国家，除了皇帝一人之外其他人皆无自由。孟德斯鸠当然也承认中国是一个古老的国家，甚至也承认中国有自己的文明，这构成了他的专制中国与孔夫子的中国之间的关联性。但是孟德斯鸠没有重复孔夫子的中国形象，而是从古老中国的统治方式中“发现”了令人恐怖的残酷性。中国形象由此翻转到了反面。

转喻与隐喻、重写与反写只是他者形象的语言性的基本形态。想象的能指通过这两组不同的方式互相指涉。前者是构成形象的具体元素与整体形象之间的关系，是一个形象形成的具体途径，后者则是不同的形象之间的关系，通过重写或反写，形象之间组合成形象的场域，现实中的他者被阻隔在这个场域之外，形象的组合则是想象主体所处的文化系统表达自己愿望的表征。

三、象征秩序：他者形象的语言系统

正如单独的能指无法表达意义，单独的能指链也无法表达意义。一个孤立的句子是不能成立的，任何一个句子的背后都有一个语言系统，句子是一个语言系统的组成部分，并按这个语言系统的规则运行。想象的能指也是如此，他者形象也是在一个更大的语言系统中才能产生意义的。当然这个意义不是它的所指意义，不是说他者形象到了一个更大的语言系统中就可以真实地反映他者了，而是说在一个更大的语言系统中，想象主体通过他者形象表达了什么样的愿望与境遇就可以得到清晰地认识了。他者形象所传递出来的主体的信息是要在这个语言系统中得到解释的。

这个更大的语言系统就是一种象征秩序。所谓象征秩序是指一个社会、一种文化中由各种象征符号系统交织而成的一个表意实践的整体机制与规则。象征秩序理论的基本前提是把人看成符号的动物，人是通过象征符号来建构世界的。人所要表达的意愿、观念、情感，甚至无意识都是通过象征符号完成的，因此，人是生活在象征符号的世界之中的。这个象征符号构成的有机整体不是混乱无序的，而是有其基本结构的系统的整体。因此，我们把它称为象征秩序。这个象征秩序至少有如下几个基本特征：其一，作为象征符号的系统，它是人为创造的，是一个民族、一个社会、一种文化在历史发展过程中约定俗成地进行运用的。与那个具有物质实体性的世界相比，象征符号系统是人为创造的。拉康说："这些象征符号正是与现实根本没有关系的因素。被完全囚禁在现实之中的存在，例如动物，没有任何象征符号的观念。"①这说明动物因为没有象征符号所以受困于现实，而人类因为有了象征符号才可以创造出另一个超越了现实的世界。因此，象征符号系统是人为创造的。其二，象征符号系统具有强制性，对于任何一个个体而言，他只能学习使用这些象征符号，它是先在的、社会性的。脱离它，反抗它，都无济于事。个体只能臣服于它，即使想超越它也只能借助于对它的解构与揶揄、反讽才能实现。其三，象征符号系统有其自身的秩序，它不是一个单一的系统组成的，不同的系统交织在一起，各系统在整体之中所起的作用和占有的地位有所不同。因此，象征秩序之中不同系统之间的关系变成权力关系，不同系统之间既有宰制与臣服的关系也有反抗与压迫的关系，还有诱惑与逃逸的关系等等。总之，象征系统内部也是一个多声部的众声喧哗的对话场域。

如果我们可以确认象征秩序是各种象征系统交织而成的有机整体，那么这个象征秩序又是如何运行的？拉康的象征界理论解释了这个象征秩序的"工作原理"。象征界是由能指构成的一个场域，能指与能指相互关联，一个能指不仅仅与同一个句子中的另一个能指建立起联系，而且与不在这个句子中出现的其他能指建立起联系。这样的能指表示的是一种缺席和在场的关系。任何一个能指都是缺席与在场的统一体。在这个意义上，象征秩序是一个象征网络，所有的能指都在这个网络中相互关联，使得象征界变成一个能指的场域。这个被称为象征界的能指构成的网络又是如何运行的？拉康认为这个象征界像机器一样运转，它有自己的工作原理。这个比喻的说法容易使人误解为象征界是一个机械装置，每个零件都不可或缺。其实不然，拉康所说的作为机器的象征界在工作原理方面至少有三个特征。其一是这个象征机器不是人为操纵的，不是由某一个主体设计、掌握，并用来表达某种意图的。这个巨大的机器其实是一个巨大的他者，没有一个主体可以掌握它，操纵它。相反，每一个主体都只能臣服于它，离开它主体无法存在。其二，这台机器不是一个有机的整体，而仅仅是一个集合。这个象征之网中的能指虽然相互关联，却又是松散的。相互之间的关系不是血肉相

---

① 雅克·拉康.父亲的姓名[M].黄作，译.北京：商务印书馆，2017：46.

联，只是松散的组合。其三，象征机器的运转是随意性的，能指与能指之间的关联有偶然性。特别是当我们用所谓的理性的逻辑的法则去分析时，能指之间的关系有时看上去是不可理喻的。然而，这并不意味着能指之间的关系就是牵强的。恰恰相反，任何能指之间的组合都有其潜在的依据。仔细辨别，总是能找出能指之间互相指涉的“理由”。从这个意义上说，随意性也是隐含着某种必然性的。

拉康所说的象征界应该就是广义上的语言系统，也就是文化。对于任何一个个体而言，这种语言系统都是先在的，是主体必须臣服的大他者。拉康说：“父亲只是一种超我，只是一种‘无需言语的法则’……这一象征构成在此以某种方式是预先的”①主体对于另一个主体的想象也是在这个象征场域中进行的。这个象征界在跨文化形象学中就是集体想象物，即以思想、观念、想象为主要成分的文化体系。跨文化想象就是这个集体想象物中的一部分，当然又被其他的部分包裹着。一个民族对其他民族的跨文化想象就是在这个集体想象物的场域中进行的。那么这个集体想象物又是如何影响跨文化想象的？如果我们将集体想象物与拉康的象征秩序看成是相同的场域，集体想象物的运作方式与象征界的运作方式就是相同的。这两者之间的相同性至少在以下几个方面可以得到证实。首先是两者都是主体之外的巨大他者，先主体而在。任何主体只能臣服于它，而无法操控它。就此而言，这两个场域是重叠的，如果我们将整个世界划分为主体、物质世界与介于两者之间的中介场域，那么这个中介场域就是象征秩序或集体想象物的世界。其次，这两者都具有意义生产的功能，都是主体表达意愿、感知世界的媒介。从个体角度看，认知自身之外的世界，甚至认识自我都是通过象征界来完成的，这个过程也是主体臣服于象征秩序的过程。由于象征秩序并非为个体所有，而是不同个体共有的，所以，个体臣服于象征秩序的过程也就是社会化的过程。从集体的角度看，所谓的象征界也就是不同个体共同臣服的大他者，它就成为集体想象物，是一种社会建制。再次，就这两个外在于主体的场域与主体的关系来看，它们都是压迫性、强制性的，个体离开它们就无法认知世界，无法表达自我。在拉康的理论中，精神病人的病因就在于无法进入象征界，掌握这一套象征系统来表达自我，与他人沟通。拉康说：“如果我们考虑到在精神分析之中所涉及的所有东西都出自语言的秩序，即归根到底出自一种逻辑，那么，这就更适合于各种事物的本性。”②精

① 雅克·拉康.父亲的姓名[M].黄作，译.北京：商务印书馆，2017：47－48.

② 雅克·拉康.父亲的姓名[M].黄作，译.北京：商务印书馆，2017：49.

神病人的胡言乱语就是一种与象征秩序无法相容的私人言语。换言之拒绝象征系统，被排斥在象征界之外，人就疯狂了。同样的，在跨文化形象学中，无法掌握集体想象物也就无法进行想象，私人化的想象也是不可理喻的混乱幻想。主体只能按集体想象的规则，借用集体想象的资源来开展想象，才能与他人交流对话，被他人所理解。

跨文化形象学中，他者形象的形成与运转又是如何在集体想象物或象征界中展开的？既然我们将跨文化形象学中的他者想象也看成是一种语言，具有语言的结构，那么它也就必然要遵循象征系统的规则，按照象征秩序这架机器的运转方式运行。首先，他者想象不是一个有机整体，而是一个集合。这意味着构成他者想象的能指并不是按照有机整体方式联系起来的，一个能指与另一个能指并不必然地具有先天的严密组织，而是松散地关联的。在这个意义上，他者想象更像是一种征候。能指之间开放地、松散地甚至是毫无逻辑地相遇，形成一种他者形象。其次，能指之间的这种关系使得他者形象具有随机性（parhasard），"什么是随机性呢？随机性就是指机器内流转着的能指的组合的各种可能性，它不包含任何的意图，是没有意图的决定论（le déterminisme sans intention）的一种表现形式。"[①]他者想象对于想象主体而言并非有意为之，主体不是处于某种目的一定要去丑化或美化他者，他自己当然有某种无意识的欲望要表达出来，可是他无法控制这种表达，也无法操纵这种欲望。他并不知道自己的表达的真实动机，虽然研究者可以分析出其动机，但想象主体并不一定能清醒地认识它。能指与能指之间的组合产生出某个他者形象，是一个出人意料的结果。如果想象主体意识到了自己是在刻意塑造某种他者形象，他就会自我反思，并改变他的想象，去寻找一个更客观更合理的形象了。

既然他者形象是这样随机形成的，那么是否意味着我们无法对这些他者形象进行分析，也无法进一步明确地解释他者形象形成的机制？那个巨大的他者岂不过于神秘了？其实不然，如果我们在跨文化形象学的领域中将他者形象形成的场域划定在集体想象物，那么这个集体想象物所建构的想象空间仍然是可以进行分析的。他者想象的运行机制至少要遵循以下几个原则。第一是他者想象是在已有的他者形象的系统中形成的，如果已有的他者形象构成了一个他者形象的词语库，那么，每一个新出现的他者形象总是会利用这个词语库中的词汇。同样的，这个词语库中的其他的他者形象也互相指涉。这个词语库中的词汇在塑造他者形象时是有优先性的。即

① 黄作. 不思之说——拉康主体理论研究[M]. 北京：人民出版社，2005：92.

使像马可·波罗那样在西方的中国形象史上具有开创意义的人物，他笔下的中国形象也仍然使用了西方历史上的中国形象词汇，物产丰富的赛里丝形象是从古希腊开始就已有的中国形象语汇。他者想象的随机性只是这些词汇之间组合的随机性。重复也是随机性的一种表现形式。第二是他者想象与想象主体的其他知识活动之间是互动关系。他者想象不是在他者形象的系统中封闭地完成的，相反，整个象征系统都是一个松散的集合，是开放的。他者形象也是在各种不同的知识类型、不同的文体、不同的文本中存在的。笛福的小说、黑格尔的哲学、门多萨的历史、马戛尔尼的随从爱尼斯·安德逊的日记都塑造了中国形象。这些中国形象超越了学科与文本的界限，他者形象是一种互文现象。第三，塑造他者形象的主导因素是想象主体的文化困境，这种文化困境是他者形象产生的动力。不同的文本共同塑造一种他者形象，这本身就是一种不同寻常的文化征候，不是他者有什么特别之处而是想象主体的文化出现了重大困境，必须借助于想象他者才能找到解决文化困境的途径。马可·波罗的时代，西方文化正处在文艺复兴之中，塑造“大汗之国”的繁荣形象是为了摆脱中世纪教会神学统治，西方文化处在教会文化与近代世俗文化之间的剧烈矛盾之中。“大汗之国”形象成为解决这种剧烈矛盾的宏大方案的生动表达。到了孟德斯鸠和黑格尔的时代，西方启蒙运动完成了一套现代文化观念，向全球扩张成为这种文化的主题，丑化中国形象的背后是启蒙理性文化的必然选择，尽管那些丑化中国的人自己并不知道，他们笔下的中国被极度妖魔化了，丑化中国是为了获得文化自信。

第四，他者想象直接受到社会心理、社会思潮的影响，或者直接就是社会心理的表征，是社会思潮的组成部分。当我们把对他者的想象看成是一种社会文化现象，而不仅仅是拉康意义上的个体存在论的心理现象，那么直接影响他者想象的还是社会心理、社会思潮，即那种在一个特定的时代社会上普遍存在的占主流的思想观念、兴趣爱好或风尚情绪。因为他者形象是感性的，为大众所普遍认同的对他者的想象，而一个时代的文化困境也以社会心理社会思潮的形式表现出来。他者形象因而变成社会心理社会思潮的表征，或形象化的表达。一旦一个形象化的描写、一个独特的细节与这种社会心理、社会思潮相吻合，它就会迅速传播，被社会大众当成表达情绪的载体或象征符号，因而变成一个具有代表性的他者形象。

当然，我们无法用这个基本情形的描述去预测他者形象在未来的变动趋势，无法预测下一个他者形象会是什么样子，因为他者形象所臣服的象征秩序中充满随机性，它总是出人意料的，就像我们虽然能听懂一句话却永远不知道下一句话会是什么一样,对他者形象的语言性进行研究的目的不应该是预测,而仅仅是分析,是对一个个形象、一个个征候的充满想象力的解读与阐释。

第二节　从文本类型到阅读型构

异国形象是想象主体对另一国家的文化想象,这种想象总是要借助于某种载体才能呈现出来,在这个意义上说,异国形象也是文本建构的结果,它是依托于某些特定的文本才能存在的。那么,建构异国形象的文本是什么样的文本?它有什么特性?在跨文化形象学研究中,我们又应该如何分析这些文本?文本建构形象的机制是什么样的?在这些文本建构他者形象的活动背后又有哪些现实因素在起着决定性作用?

一、形象文本的类型:展示性文本与证明性文本

(一) 文本的开放性

文本与作品是相对的概念,作品是作者创作的,表达其审美旨趣的供读者阅读接受的艺术品,而文本却是超越于作品之外的存在物。表面上看,它是作品赖以存在的由语言符号组成的实体,实际上,文本是一个解构作品的概念,它并不是作品的组成部分或一个层次,而是一个替代作品的概念。文本并不必然表达作品的意义,读者之所以阅读文本也不是为了寻找作者的意图或作者创造的一个艺术世界,而是为了由文本出发进行创造性的发挥,借助于文本进行自己的书写活动。因此,作品与文本虽然常常被研究者互换使用,但实际上却是分属于两个不同理论话语的范畴。作品是与语义相关的,作品是有确定含义的、表达着作者意图的、可以给读者带来审美感受的艺术品;而文本却是与语言交流相关的范畴,它并不关注作者意图,只是一个在语言系统中可以被读者解读出意义或由读者自由发挥的交流的载体。它不一定就是审美的艺术品,而是传递各种信息的可能的途径,它的关键在于可供读者自由发挥,就看读者如何去运用了。正如罗兰·巴尔特所说:"文本不应当与作品搞混淆了。作品是一个完成的东西,是可计算的,它可以占据一个屋里的空间(例如图书馆的书架上占一个位置);文本是一种方法论的场域……换一种说法,'文本只能在工作和生产中才能得到证明':

意指过程(signifiance)”。① 按照这样的思路去理解文本,文本至少有如下几个特征。其一,文本是一种语言符号的产品,它是写作的成果,具有相对稳定的特点,我们可以直观地看到的是白纸黑字。正是因为作为字符而存在,文本不再必然地进入审美话语中,读者不一定要从修辞技巧、文本的肌质、意象的精妙、节奏韵律的美感等方面去理解它,而是可以从其他的角度理解出审美意义之外的意义。其二,文本并不是字符本身,否则,文本的理解就变成了识字,文本还是有它自身的编码与解码的规则的。文本可以在不同的意义系统中被建构,在不同的意义系统中相同的一些字符构成的一篇文字却可以是不同的文本。文本有其自身的构成规则,只不过这些规则是在不同的意义系统中存在的。其三,文本是开放的,一些字符构成的一篇文字可以在不同的意义系统中被建构成不同的文本,这本身就说明文本具有开放性,没有固定不变的含义,而是具有多种含义。与此同时,任何文本相互之间都是有关联的,所以任何文本都是互文性的,其中都关涉到其他文本。再者,这样的互相关涉也是没有尽头的。文本因此就是无限的,这种无限性也是开放性的一种表现方式。其四,对于读者而言,文本是具有书写性的。读者对文本的阅读实践不是去理解固定不变的意图,而是借助于文本激发起自己的激情,阅读的过程变成创造性的书写过程,在那些白纸黑字的字符中,书写出自己的文本,并在此过程中获得创造的快感,或如罗兰·巴特所说的“文之悦”。巴特说:“文本(如果只是因为它常见的‘不可读’)把作品从消费中析取出来,并把它变成游戏、工作、生产和实践。这意味着文本要求尝试取消(至少是减弱)写作与阅读之间的距离,不是强化作者投射到作品中,而是将两者一起联系在同一意义实践中。”②所以文本的价值在于其激起读者的书写激情,它是读者的创造之所。伽达默尔也说:“从解释学的立场亦即每一位读者的立场出发,文本只是一个半成品,是理解过程中的一个阶段,并且作为一个阶段必定包括一个明确的抽象,也就是说,就是在这一阶段中包含的分离与具体化。”③他所说的“半成品”的意思是文本有其可读的一面,但同时又有可写的一面。读者对文本的理解中所进行的分离与具体化都少不了读者主观因素的介入,把可读的变成可写的,所以他说:“对意义的事先理解、期待,诸如此类在文本中没有出现的许多事情,在文本

① 转引自钱翰.二十世纪法国先锋文学理论和批评的“文本”概念研究[M].北京:北京大学出版社,2015:29-30.

② 转引自钱翰.二十世纪法国先锋文学理论和批评的“文本”概念研究[M].北京:北京大学出版社,2015:201.

③ 严平,选编.伽达默尔集[C].邓安庆,等,译.上海:上海远东出版社,2003:60.

的阅读中都起作用。”[1]对于提倡文本的这种书写性的理论家而言，这样的文本既是对封闭性的作品概念的解构，也是对规定文本的某种正确意义的体制的反抗，也是读者解放自我、获得自由（某种程度上又与美学所追求的精神愉悦一致）的活动过程。

这样的文本概念在文学理论中与解构主义对确定意义的批判相似。文本没有传统的文学理论所寻求的明确的意义，特别是没有唯一正确的意义，文本只是书写的踪迹，它只在书写活动中才出现，也只有在书写过程中才有其价值（用处）。这样的文本理论是开放的，任何给文本加上限定的做法都会陷入违反文本的无限性的悖论中。文学文本因此可能变成一个自相矛盾的概念，因为既然使用了文本这个概念，就意味着突破了文学的边界，也就不存在文学文本。仅仅在从文学的角度来解读文本时，在文学阅读的过程中，一个文本才会被限定在文学范围内。因此，文学文本并不是用来确定某种类型的文本的属性的，而是仅仅提供了解读文本的角度与方式，文学文本就是被用文学方式阅读的文本。

形象学文本与文学文本所面临的是同样的困境，形象学文本也不是特指的某种不同类型的文本，而是指从形象学的角度解读文本时所形成的文本。从理论上说文本既可以从文学角度去阅读也可以从形象学角度去阅读，尽管字符可以完全相同，但是从不同的角度阅读可以形成不同的文本。那么，从形象学角度阅读一篇文本，所形成的可以称之为形象学文本的那个新文本又是什么样的？如何界定其内涵？首先，形象学文本对罗兰·巴特等文学理论家所建立的文本概念进行了限定，形象学文本是从一般意义上的开放的自由的文本中划分出来的。只有那些可以从中理解出异国形象的文本才是形象学文本。其次，形象学文本之所以能塑造出异国形象，是因为读者把这些文本当成了异国形象的媒介，把这些文本从开放的自由的状态中收束到了形象学领域中。这可以看成是从文本向作品的回归。当然，这是形象学作品，而不一定是审美的作品。再次，形象学文本是认知性文本，它是描述异国形象的，读者从形象学文本中所能读到的是关于异国形象的相关信息。它不像巴兰·罗特所构想的那样将文本的阅读变成一种自由的书写从而获得激情的愉悦活动。所以，如果按照罗兰·巴特关于可写的文本与可读的文本的分类来看，形象学文本则属于可读的文本，而不是可写的文本。读者阅读形象学文本是为了理解其中所表达的形象学意义，而不是为了获得书写的愉快感。相应地，读者在阅读形象学文本时首先关注的是

① 严平，选编. 伽达默尔集[C]. 邓安庆，等，译. 上海：上海远东出版社，2003：61.

那些字符与语句的常规的意义或规范的意义，而不是其陌生化的效果或修辞技巧，尽管这些文学化的手法对于塑造异国形象也会发挥作用，但是读者不应仅仅品味其美感价值，而是应该关注这些手法在塑造异国形象上的作用。当然，这些文本所塑造的形象仍然是想象性的，而不是真实性的，不是对他者的记录与反映，而是主体的想象。最后，形象学文本虽然重新回到意义的表达和异国形象的塑造这个带有明显的认知性的活动过程中，但是形象学文本并未因此就又变成封闭的文本，它仍然是具有开放性的，只不过这种开放不是漫无边际的互文指涉，而是围绕着异国形象塑造这个中心而展开的互文性的文本关联。描述同一个异国形象的文本当然会因主题的相似而产生关联，那些并未直接描绘这个异国形象的文本也可能因为与这个异国形象的形成具有其他方面的联系而构成互文关系。它们之间的联系构成了不同层次的互文关系，或在不同的侧面互相指涉。围绕着异国形象的塑造，形象学文本构成了一个复杂的立体的话语空间，形象学文本就是在这样的文本交织中产生意义的。总之，形象学文本是从异国形象建构的角度对文本进行解读的活动中形成的文本，它所表达的意义是异国形象，塑造异国形象相关的其他文本都可以与它构成互文指涉关系。

形象学文本在塑造某一个特定的异国形象时总是会呈现出纷繁复杂的形态。同一个异国形象也往往不是由一个单一的文本塑造的，作为集体想象的文化他者形象，异国形象是由众多不同的具体文本塑造出来的。因此，对形象学文本的探究就必然要讨论文本的类型。形象学文本到底有哪些类型？类型划分的前提是确定分类标准，按照不同的标准划分出来的类型一定会有差异。形象学文本分类的标准当然有不同的具体内容与角度。按照媒介不同就可以划分出视觉文本、文字文本和听觉文本。视觉文化中摄影、美术（绘画、雕塑、建筑等）、展览、电影电视等不同的视觉文本是塑造异国形象的重要方式。相应地，在听觉文本中，关于异国题材的音乐文本也可以让听众分辨出不同国家的特性，马勒的交响乐《大地之歌》不仅仅是讲述中国故事，也用了中国民歌《茉莉花》的曲调。西方音乐作品中对中国乐器和曲调的运用，当然对于塑造中国形象是一种重要的方式，这些听觉文本也就必然成为形象学文本。以文字为媒介的文本无论何种体裁，只要以异国形象为题材或使用了异国的文化素材都可以成为形象学文本，直接以异国形象为题材的文本不必说当然是异国形象文本的主要部分，即使是那些零散地使用了异国文化素材的文本，也一定会传递出异国的信息，从中可以想象出异国形象，因而也可以看成是形象学文本。尽管这些零散的异国文化素材在整个文本中可能只占很少的比例，但是对于塑造异国形象而言，只言片语也是可以塑造完整的异国形象的。字数的多少不是塑造异国形象的决定性因素，更不是决定形象学文本的关键标准。

不同类型的媒介对于形象学文本的形成具有至关重要的影响，因为不同的媒介表达意义的方式存在差异，视觉文本和听觉文本以及文字文本在塑造异国形象时表达效果是不同的。由于作用于人的不同感官，接受者理解这些文本从而想象出异国形象的方式也就有所不同。从这个意义上说以媒介作为标准来划分文本类型是与信息表达相关的分类方式。它的优点是界限清晰，从不同的媒介入手可以明确地确定不同类型的文本的范围，并且也可以从媒介表意方式的角度对文本进行细致准确的分析，甚至可以进行科学化的形式分析。但是，这样的分类仍然存在局限，媒介的界限容易割裂跨媒介的同一主题的文本，造成文本之间的壁垒，限制对异国形象的整体性分析。比如电影和小说这两种不同媒介的文本中都常常出现对于同一个异国的描绘。如果将文本分类限定在媒介方面，就难以对不同媒介中的文本所塑的同一个异国形象进行整体研究。因为媒介的不同，就把这个异国形象说成是不同的异国形象是无法成立的。可是，如果承认它是同一个异国形象，又要从媒介角度分析，那么必须通过不同媒介之间的比较才能完成，这样的比较如果不是用来阐述异国形象的文化意义及其形成机制，那将是琐碎的、机械的。但是如何从媒介的比较过渡到对异国形象文化意义及其形成机制的论述又是十分困难的。必须像罗兰·巴特那样用符号学进行分析，或者像约翰·伯格那样用文化批评的方式才能进行讨论。但是无论是罗兰·巴特还是约翰·伯格都不是媒介批评家，他们对于摄影的分析不仅仅停留在媒介层面，而深入到文化层面了。媒介对他们而言仅仅是形象学文本的载体，只是分析的切入点，而不是关注的焦点。

（二）形象的呈现方式

相对于从媒介角度划分形象学文本的类型的方法，从形象的呈现方式上来进行划分也许对于形象学研究更具有合理性。所谓呈现方式是指异国形象在文本中被塑造出来的方式。形象学文本是塑造异国形象的文本，当然也是读者从中发现了异国形象的文本，那么这些形象是如何呈现出来的就是区别不同形象学文本的标准，以呈现方式为标准划分形象学文本就成为以形象的存在方式为依据的分类标准。它与媒介类型的划分方式的不同之处在于它是以形象为中心的，而不是以媒介为中心的。以呈现方式为标准来划分形象学文本的类型，可以分为展示性文本和证明性文本两大类。展示性文本是指将异国的素材直观地描述出来，让读者直接面对素材的形象呈现方式。这些素材是具体的、生动的细节、场景或资料，它们到底塑造出的是什么样的异国形象，却是由读者通过阅读文本，通过对素材的理解与想象来建构的。所以展示性文本中素材的存在方式是直接的，异国形象却是间接的，需要读者自己去想象的，读者也参与了异国形象的塑造。这类文本超越了媒介的限制，更超越了同一媒介中不同体裁的限制。博物馆中展出的异国物品、异国文献、历史文物、新闻报道、游记、日记、地图与旅行指南，以及纪录片、纪实类摄影，所有这些材料都可以看成是展示性文本，它们让读者可以直接接触到异国事物，异国形象则是由读者对这些异国事物所产生的印象提炼凝聚而成。

证明性文本是指那些为了塑造一个预设的异国形象而组织起来的文本。这个异国形象已然存在，文本中所用的材料都是为了证明这个异国形象而选用的。这样的文本与展示性文本的区别在于异国形象的呈现方式是预设的，而不是由读者建构出来的，为了塑造这样的异国形象组织起来的文本意图明确，就是要让读者相信这样的异国形象，让读者相信这个被想象的国家就是文本中所描绘的那样。文本的作者已先入为主地设定好了一个异国形象，文本中所使用的材料就是为了证明自己的预设，证明自己的意图的合理性。这样的文本中也会像展示性文本一样使用异国事物作为证据，但是这些材料已被锁定在那个预设的异国形象上。它们已不是展示，而是证明。读者无法自己去参与塑造异国形象，而只能验证作者预设的异国形象与证明材料之间的吻合程度。所以，证明性文本中，异国形象是先在地呈现在读者面前的，而不像展示性文本中那样隐藏在文本之后，由读者去建构出来。证明性文本中最具有代表性的是政论、学术著作、深度报道等论述性文本，其中对于异国的态度已很明确，罗列的材料都是用来证明这种态度的，如《大国政治的悲剧》《即将到来的美中冲突》《正在觉醒的巨龙：亚洲真正的威胁来自中国》《大国雄心》《中国冲击》《中国新时代的黎明》等等，都是先预设了“中国威胁论”或“中国引领世界”“中国拥有光明的未来”这样的主题，然后再组织证明材料进行论证。乌托邦与反乌托邦小说中也存在类似的预设，文本中所呈现出的主题和态度很明确，读者对这样的文本的阅读就是一个检验证明材料与论证逻辑的过程。

从形象学文本中的这两个基本类型的存在形态看，展示性文本以直接描绘建构他者形象的具体材料的叙述性文本为主，既包括直接观察他者而提供生动细节的游记、新闻报道、纪录片等纪实体裁的文本，也包括虚构性文本，比如小说、戏剧、影视作品等，总之，这些文本都是通过直接呈现他者的具体材料来塑造他者形象的。而证明性文本则以论证的方式来塑造他者形象，其存在形态是以论述性文本为主的，也包括那些以论述的框架组织起来的叙述性文本，比如那些已有了明确的观点、立场或意图作为预设前提的评论性的新闻报道，以及带着明确的任务所收集的资料性文本等等，这些文本虽然也提供了大量直观的材料，但是由于它们是有了预先设定的立场作为前提的，所以这些文本中的资料与叙述仍然是在一个逻辑论证的框架中被呈现的，这样的文本仍然是证明性文本，比如威廉斯的《中国新时代的黎明》和泽林的《中国冲击》，虽然都提供了大量的细节和材料，可以说是纪实类的作品，但是它们都有自己的逻辑框架，从自己的立场和预设出发展开叙述，正在走向繁荣的中国形象是在叙述开始前就已经预设好的，所以，这些文本仍然是证明性文本。它们提供的材料的主要作用是证明作者所预设的观点，这些材料当然也有展示的功能，只不过是在预设的框架内展示的。

从形象学文本的内在构成方式看，展示性文本中材料与材料之间是互相关联的，可以在横向的联系中共同构成一个完整的他者形象。不同的材料都是他者形象的组成部分，它们在不同平面上展示出来，构成他者形象的不同侧面。这些材料之间互相配合、互相协调，它们之间的关系是平等的，都是构成他者形象不可缺少的有机组成部分。因此只有将这些材料整合到一起，才可以最终构建出一个完整的他者形象。正是在这个意义上，这些材料与这个完整的他者形象是相互依存的，没有了这些材料，这个完整的他者形象也不复存在。从这些材料是完整形象的组成部分而言，它们是通过自身的存在样貌展示出完整形象的，这样的文本也就是展示性文本。但是在证明性文本中，材料与材料之间的关系不是这种互补的、关联的关系，完整的形象也不是由这些材料相互补充完成的，这个完整的他者形象是在材料之外预先存在的。材料只是用来证明这个完整形象的，材料与完整形象之间的关系是纵向的，每个材料都是可以独立地证明这个完整形象的。材料与材料之间则是重复的关系，它们都是为了证明这个已然存在的完整形象而被征用的。因此这些证明材料之间并不需要形成有机的互补关系，而是平行关系，每个材料都可以被取代。在这个意义上，证明性文本中材料与先在地存在的完整形象之间的关系是隐喻式的，这个完整的他者形象可以被不同的材料证明，每一个材料都可以被替换，而这个先在的完整的他者形象却是不变的。与此相反，展示性文本中那些材料本身就是完整的他者形象的组成部分，每个材料都不可替代，因为材料不同就会构成不同的完整形象，因此展示性文本中材料与完整形象之间的关系是转喻式的，材料本身就是形象的展示。

从文本中作者意图的表达方式看，如果说证明性文本中的他者形象是由作者预先设定的，那么展示性文本中的他者形象真的是自然而然的呈现，没有作者的意图吗？其实无论是证明性文本还是展示性文本都是作者写作活动的产物，作者的写作都是有自己的意图的。但是这种意图在证明性文本与展示性文本中的存在方式是不同的，这是这两种文本类型的根本区别。在证明性文本中作者的意图是明确的、直接表述出来的，而在展示性文本中这种意图是隐蔽的，隐藏在具体的材料之中的。在证明性文本中，具体的材料都是为了证明这个预先设定的并明确表述的意图，作者在文本中现身，所以这种文本类似于王国维所说的"有我之境"，作者以我观物，物物皆着我之色彩。而展示性文本更像"无我之境"，这种文本以物观物，无法区分何者为我，何者为物。正因为证明性文本中作者的意图明显表述出来，所以给读者提供了强制性的指令，读者更容易按照这样的指令理解文本的意义；而在展示性文本中，由于作者的意图是隐蔽的，材料以自身的方式自然呈现，所以给读者的指令较弱，读者按照自己的方式理解文本的空间更大，也就更自由。从阅读方式上说，证明性文本与罗兰·巴特所说的可读的文本相似，而展示性文本更接近于与可写的文本。

从话语方式看，展示性文本是以描写为主要特征的，而证明性文本则是以论述为主要特征的。展示性文本中所提供的关于他者的细节与素材是通过描写的方式呈现出来的，所谓描写是指把材料按其原有的样貌以客观逼真的方式呈现出来的话语方式，主要包括如下几种具体的方式：其一，是提供对象本身的细节，通过这些细节让对象直观地呈现出来；其二，是以对象外在的可以观察的感性存在形态的展现为主，在视觉文本中以直接展现对象在自然状态下的状况为主要手段来呈现对象，在语言文字媒介中，也是以呈现对象的视觉外观为表达手段，直观地展现对象的自然状态；其三，是将时间性因素空间化，将事件的发展过程转化为可视性的空间场景。展示性文本中也有对事件的叙述，甚至也可以有表达观点与立场的议论，但是这些叙述与议论都被转化为具体的场景，进行了空间化处理。由事件的发展过程转化为一个个代表着事件进程的具体场景。这种方式类似于短篇小说或戏剧中截取事件中的关键时刻，集中展现这个关键时刻的具体场景的描写手法。事件的进展、关于事件的议论以及作者要表达的观点与立场都凝聚在这些场景中。所以，我们在展示性文本中主要看到的是一个个具体的细节、场景、画面，他者形象就是通过这些空间化、视觉化的具体画面呈现出来的。

证明性文本以论述为主的话语方式具体表现在以下几个方面：其一，是以预设的观点或立场为基础，围绕这个预设来组织材料。这些材料不一定都有详细的细节或直观的生动的外在形态，而是能够证明这个预设的理论观点的例子。其二，是以论述为文本的内在组织方式。文本中有清晰明确的逻辑框架，各组成部分之间依据这个逻辑线索组织成一个有机的整体。他者形象就是由这个具有逻辑性的论述文本论证出来的。其三，是逻辑论证的过程经过材料证据的表述而被具体化，从而把抽象的论证形象化了，建构出具体可感的他者形象。证明性文本也并不是纯粹的逻辑演算，而是针对他者的分析论述，在预设一个观点的前提下，具体的论证过程中也会使用有关他者的具体材料，这就使得他者形象虽然是通过论述表达出来的，但仍然具有具体性、生动性。论述作为一种话语方式在运用于塑造具体的他者形象时也变成了关于他者的叙事，成为一种针对他者而建构的一套说法。对于他者的不同材料与事件的论述就转换成了关于他者的一个故事。这种论述性的叙事虽然没有展示性文本中的描写那么直观、生动，但它仍然把他者形象的整体面貌及特征都呈现出来了。

无论是展示性文本还是证明性文本，它们都不是由媒介和体裁决定的，也不是由主题或价值取向决定的，而是由异国形象呈现的方式决定的。展示性文本中，形象是隐蔽的，材料是直接呈现的；在证明性文本中，形象是直接呈现的，材料则因为要为这个预设的形象服务的，是被利用、被扭曲与遮蔽的。不可否认，这样的分类仍然是相对的，展示性文本中也不少了主观意图。新闻报道、博物馆中的展品，甚至地图都隐藏着主观意图，但重要的是，这些意图是隐藏的，这就给读者参与塑造异国形象提供了机会。他们可以以自己的方式来理解文本、想象异国形象，虽然难免受到文本意图的影响，但是读者自己的判断更自由。而证明性文本中也不可避免地会展示一些“客观”的材料，给读者提供事实的证据，具有批判意识的读者可以对这些材料重新分析，对文本中的论说进行批判性思考，但是就文本本身而言，这些材料已经被用于那个预设的意图，被纳入到一个鲜明的异国形象之中，只有避开这个意图与预设的指令，这些材料才能被理解出更多的意义。

二、从关键词到形象群

不管是展示性文本还是证明性文本都是用来塑造异国形象的。在形象学中，异国形象的性质、形成机制与文化意义才是核心问题。对不同类型的文本进行解读，目的也是要分析其塑造异国形象的机制及背后的文化状况，而不是要分析文本本身，所以对形象学文本的解读，就是要分析从文本到异国形象的形成过程，并进而揭示文化语境中存在的内在矛盾。对于展示性文本，我们应该解读的是它所提供的材料到底塑造了什么样的异国形象，隐而不显的异国形象在特定的话语系统中是如何形成并确定下来的。对于证明性文本,我们所要分析的是预设形象是如何通过文本中的材料塑造出来的,作者的预设又是如何在文本中呈现出来的。总之,形象学文本的不同类型对于形象的建构方式是有区别的,解读这些不同类型的文本所要揭示的正是文本在形象建构方式上的差异。当然,异国形象的建构并非由文本单独决定的,异国形象的建构必然与文化语境相关,文本分析只有走向文化语境的分析才能真正揭示出异国形象建构的复杂机制。

(一) 形象文本中的关键词

如何分析形象学文本?具体的路径是从媒介符号系统中的关键性符号入手,分析这些具体的符号产生形象学意义、塑造形象的方式。在不同媒介的文本中,这些关键性的符号当然有所不同。在文字媒介的文本中,这些关键符号就是关键词;在视觉文本中,这些关键符号是具有代表性的画面,它可以成为一个异国的具有概括性或象征意义的标准像;在听觉文本中,关键符号则是那些代表着异国特色的旋律或曲调,只要这样的音符出现,听众就可以联想到某个国家的风情,这些音符就是塑造异国形象的关键音符。

媒介方面的差异可以结合具体的文本分析深入探讨。在文本解读方法的讨论中,第一个环节就是对关键符号的确认。我们以文字文本为例来说明关键符号分析的具体方式。

文字文本中的关键符号是关键词。一个具体的文本是由不同的字符组合而成的,这些字符在塑造形象的过程中所起的作用并不是相同的,有些词语所起的作用是主导性的,它们可以准确生动地概括出异国形象的特性,把异国形象定型,这样的词语便成为这个文本中的关键词。比如在十九世纪晚期,西方人描绘中国形象的文本中,鸦片和辫子就成为关键词,当时的西方人眼中的中国就是一个拖着辫子吸食鸦片的国度,辫子和鸦片就是代表着当时的中国形象的两个关键词。它们在塑造中国形象的过程中所起的作用就比其他的词语重要得多。雷蒙·威廉斯在解释他自己所研究的与社会文化变迁相关的关键词时说:"我称这些词为关键词,有两种相关的意涵:一方面,在某些情境及诠释里,它们是重要且相关的词。另一方面,在某些思想领域,它们是意味深长且具有指示性的词。"①虽然雷蒙·威廉斯研究关键词的目的在于考察社会文化变化的过程及其中隐蔽的矛盾,与我们分析异国形象的建构机制及文化语境中的矛盾并不相同,但他对关键词的涵义的界定仍然是具有启发的。他告诉我们关键词是一些重要的、意味深长的

① 雷蒙·威廉斯.关键词:文化与社会的词汇[M].刘建基,译.北京:生活·读书·新知三联书店,2005:7.

具有指示性的词汇。在形象学文本中，关键词就是那些能够准确生动地描绘异国形象，可以概括异国的鲜明特性且内涵丰富的词汇。

与雷蒙·威廉斯通过关键词词义的变化来考察社会与文化的变迁不同，形象学文本分析中的关键词研究仅仅关注在塑造异国形象时发挥了重要作用的词汇，其重要性是由它在异国形象塑造的过程中所起的作用决定的。当然，形象学研究中的关键词也必然与社会文化语境相关，但是这些关键词是通过塑造异国形象而产生文化意义的，与雷蒙·威廉斯直接考察社会生活中的关键词有所不同。什么样的词汇才是起到了重要作用的？这与形象学文本的性质直接相关，形象学文本是读者从异国形象的角度阅读时构建的文本。读者把一个文本当成形象学文本，是要通过这个文本来想象一个异国形象。面对这样的文本，读者的阅读意向就是去寻找一个异国形象。因此，那些能够帮助读者建构出一个他们想要寻找的异国形象的词语就成为关键词，那些回答了异国形象是什么样的、有哪些特性的词语就成为关键词。从这个角度看，形象学文本中的关键词至少有两个不同的层次。其一是从总体上描绘了一个异国形象的词语，在证明性文本中，预设的异国形象就是用这种总体上描述了异国特征的词语表达出来的，它给异国形象定性并定型，概括地说明了这个异国是什么样的国家。比如，1979 年在广州任美国驻中国使馆总领事的理查·威廉斯就在其日记中把中国称为“黎明中的中国”，意味中国正迎来开放的曙光。“黎明”就成为描绘中国形象总体特征的关键词。类似的例子是《大国政治的悲剧》这样的学术著作中把中国预设为一个威胁美国国家安全的国家，“威胁”就成为关键词。在展示性文本中，这种具有总体概括功能的关键词没有在证明性文本中那么明显，但是仍然会有所提示或交代。毛姆在其游记散文集《在中国屏风上》开篇《幕启》的结束就有一句提示：“北京轿车似乎载着所有东方的神秘，消失在渐浓的夜色中。”[①]这辆轿车是毛姆所看到的一个具体的物象，本身并无复杂的内涵，但是他所提示的“东方的神秘”就暗示了他对中国的态度与印象，这是一个神秘的东方古国，在这个国家，他的所见所闻都将蒙上神秘的异国情调。所以“东方的神秘”成为毛姆的文本中的关键词，它提示读者在他的文本中所塑造的中国形象的总体特性。当然，展示性文本中这样的总体上的关键词是夹杂在文本的其他词语中的，只有将文本所展示出来的材料的总体特征概括出来才可能确认这种表示总体特性的关键词，而不是像在证明性文本中那样可以在书名或标题中就轻而易举地找到。

---

① 毛姆. 在中国屏风上[M]. 唐建清，译. 南京：江苏人民出版社，2006：2.

第二个层次的关键词是那些描绘了异国形象某个侧面的词语。异国形象是由不同的侧面构成的，人们对于异国除了有总体上的印象外，还会对更具体的某些事物形成印象，比如历史、地理、人口、财富、国民性格等方面的具体细节。描绘这些具体侧面的词语中也有一些生动准确地概括出了这个异国的特性，这些词语也是关键词。分析形象学文本，也必然要对这些关键词进行研究，从而将这些关键词联系起来，在文本中构建出异国形象的特殊性来。这个更具体层面上的关键词，在证明性文本中是由具体的材料支撑的，它们会围绕着总体形象的预设而具体展开。比如在《大国政治的悲剧》中为了证明中国的威胁性/危险性，作者把中国经济实力的增加作为“中国威胁”的依据，“经济实力”就成为“中国威胁”形象中的关键词。类似的例子如美国传教士卫三畏（Samual Well Williams）在《中央王国》（the Middle Kingdom）一书中对中国地理环境的描述也起到了关键词的作用，他写道：“中国人一直被他们的天然屏障隔绝起来，没有受到印度、西藏和中亚地区居民的进犯，也难以和他们通商。这种隔绝的程度如此之深，以致可能从本质上改变了他们的文明。”①这里反复提到了“隔绝”就成为中国地理环境的关键词，正是由于隔绝，才形成了中国这个“中央王国”以自我为中心的总体形象。“隔绝”是这个“中央王国”的一个侧面。对于展示性文本而言，这个具体层面上的关键词则是由所展示的材料的主题构成的。展示性文本中所提供的材料以客观真实的面貌出现，但是这些客观的描述总是会围绕某个主题进行的，沿着这个主题来阅读这些“客观的记录”，就可以找到概括了异国形象某个具体侧面的关键词。比如，路易丝·乔丹·米恩的《一个西方艺人的东方印象》中，就有一章《中国的新年》，在详细地描绘中国人燃放鞭炮的场面后，她写道：“想尽兴地玩儿的时候，他们也不会漏掉任何细节：点燃更多的灯笼，让欢乐之光多照出一寸节日的庆典；奏响更多的琴瑟，让振聋发聩的乐声增强节日的喧闹和热烈。中国人亲近市井的喧扰声，甚至对高分贝的吵闹声也很有好感。”②这段文字可以说是这一章的点睛之笔，对中国新年的具体细节的描述在这个段落中得到了总结和概括。中国新年的特点就是“喧闹的热烈”，这两个词就是“中国新年”这个侧面形象的关键词，它不是对中国形象的总体概括，但是作为一个侧面，通过中国新年的喧闹与热烈西方人对中国这个国家会形成总体印象。

---

① 卫三畏. 中央王国[A]. 转引自周宁. 著/编注. 第二人类[M]. 北京：学苑出版社，2004：332.

② 路易丝·乔丹·米恩. 一个西方艺人的东方印象[M]. 王鹏，译. 南京：南京出版社，2009：55.

（二）关键词的关联性

关键词只是形象学文本塑造异国形象的基本元素，也是分析形象学文本的第一个环节，关键词并不能独立地塑造异国形象。分析形象学文本必须进入第二个环节，就是要考察关键词的关联性。一方面是关键词与其他的支撑性词语之间的关联，另一方面是关键词与其他的关键词之间的关联。这两种关联都不仅仅局限在单一的文本（审美话语中的一部作品）中，而是越过一个单独的文本而将不同的文本联系起来，把互文本作为一个整体而形成超级文本。这种关联性分析是建立在两个理论基础上的。其一，关键词不是单独产生意义的，而是在与其他词语的联系之中才能产生意义的。雷蒙·威廉斯在解释他的关键词研究方法时就明确指出："这本书的一个主旨是强调各语词的相互关联（inter-connections）……单一的语词不应该被分离出来，因为这类语词的意涵是视实际的语境而定的……没有一个语词可以个别独立，因为它必然是语言社会化过程的一个要素，并且它的用法是由语言体系（虽然会有变化）的复杂特性来决定的。"①可见，就语言本身的特性看，词语要产生意义一方面要依靠语言系统，另一方面要依靠实际的语境，这两个因素都是关键词分析不可缺少的。只有把关键词与它的语言系统和实际语境联系起来考察，才能理解其含义。其二，文本中的关键词应该不是只在其固定的文本范围内产生意义的，一个关键词不能只限定在它所出现的那个文本中，而应该超出这个文本的界限，在其他的相关文本中也产生意义。因此，关键词分析是互文性的。克里斯蒂娃在解释互文性概念时很简洁明了地说明了它的含义："一切文本的构成都仿佛是引文的拼接，一切文本都是对其他文本的吸收和转换。"②一部分文学作品有其开头与结尾，构成一个完整的艺术品，但是文本却是无始无终的众多文本的无限交织。这就是文本与作品之间的区别。文本就是互文性的，所有的作品中的文本都是互相关联的。所以必须在相互关联的状态中理解关键词才能把握关键词的复杂意义。

在形象学文本研究中，由于从异国形象建构的角度来理解文本，从关键词入手分析文本的关联性，具体的分析方法则可以按上述的两种联系方法分别论述。在关键词与其他非关键词之间的联系方面，分析的焦点集中在具体的描写性、叙述性、议论性的非关键词对关键词内涵的丰富和相应的限

① 雷蒙·威廉斯. 关键词：文化与社会的词汇[M]. 刘建基，译. 北京：生活·读书·新知三联书店，2005：16.

② 转引自钱翰. 二十世纪法国先锋文学理论和批评的"文本"概念研究[M]. 北京：北京大学出版社，2015：232.

定上。具体的叙述、具体的描写或过渡性的承接语句通过生动的细节、具体场景支撑着关键词，使得异国形象不至于成为空洞的标签，使关键词的内涵得以具体化。但另一方面，这些具体的语句也成为对关键词的限定，它的涵义以及在塑造异国形象时的作用，都是由这些看似琐碎的可有可无的语句规定的。关键词对异国形象特性的概括就是由这些具体的语句支撑的。读者不可能只从关键词来望文生义地理解异国形象，而是通过这些具体的语句才能把握异国形象的具体意义。这种关系无论是在展示性文本中还是在证明性文本中都是存在的，差别只是在于在展示性文本中这种关系是以自然的、隐蔽的方式完成的，而在证明性文本中，这种关系却是刻意安排的、直接的。当然，一旦突破了作品的界限，文本的互文性就彰显出来，那么这种展示性与证明性的文本类型划分也将被突破，关键词与非关键词之间的关系也可以越过作品的限制，在同一个异国形象的不同文本中相通。比如在路易丝·乔丹·米恩关于中国新年的描绘中用燃放鞭炮支撑了关键词“喧闹和热烈”，这个关键词在其他作品中也通过互文相关的方式得到了相应的支持，其内涵变得更加丰富。德国人卫理贤(Richard Wilhelm)在《中国心灵》一书中也有类似的关于中国新年的描写：“舞者带着吓人的面具，在震耳欲聋的螺号声和鼓声的伴奏下疯狂地扭动。庙前的广场上挤满了厚厚的围观的人群。他们大声地谈着，相互拥挤着。有些人爬到了树顶上和墙头上，门前的巨石上也坐满了人，大家都想站在高处来更好地观看演出。尽管他们也经常不自觉地加入嘈杂的人群，和周围人一起狂笑。”①这段文字描绘的是春节期间北京白云观广场上的热门场景，与米恩所描绘的鞭炮声可以说是相映成趣，也可以看成是对“喧闹与热烈”这对关键词的内涵的补充。我们甚至可以不去追究它是出自哪位作者之手，总之它们都塑造了中国春节的热闹的形象。在这些非关键词的烘托之下，“喧闹与热烈”这对关键词的内涵就不是空洞的而是具体的。对形象学文本的分析，必须把支撑性的文本与关键词之间的关系理清楚，才能对文本进行进一步的分析与阐释。

在关键词之间的关联性方面，形象学文本分析的焦点在于考察不同的关键词组织起来共同塑造异国形象的具体方式。如前文所说，任何一个以单独的作品为单位的文本都有总体性的关键词和侧面形象的关键词构成的词语系统。这些单独的文本中，侧面的关键词对总体性的关键词起到支持、说明、具体化的作用。一个总体性的关键词的内涵是由侧面形象的关键词支持的，总体性的关键词又可以反过来分解为若干个侧面形象关键词。当

① 卫理贤. 中国心灵[M]. 王宇浩，等，译. 北京：国际文化出版公司，2005：208.

然，在展示性文本和证明性文本中，总体性关键词与侧面形象的关键词之间的关系在表现形式上存在差异。在展示性文本中，总体性关键词往往是隐而不显的，这种类型的文本以展示具体的侧面和具体的描述性语句的方式来塑造一个异国形象，这个异国形象的总体特性需要读者参与总结概括才能揭示出来。因此，在展示性文本中，侧面形象的关键词汇总起来，最终形成一个总体性关键词，凝聚成异国形象的特点。在证明性文本中，情形似乎颠倒了过来，异国形象的总体特性已预设好，总体性关键词也已鲜明地出现在书名或标题中，侧面形象的关键词是由总体性关键词分解而来，总体性关键词分为几个不同的侧面呈现其意义，而这些侧面的关键词又由若干具体的描述性语句或论述性语句展开。这种类型的文本中，关键词之间的关系是先总后分式的。毫无疑问，这种差异是在对单独的文本进行分析时才会出现的，实际上，形象学文本可以突破不同类型文本之间的界限。由于同一类型的异国形象是由不同类型的文本塑造出来的，所以文本中的关键词之间的关系也是在互文的状态下才能得到深入的讨论的。展示性文本中隐含的总体性关键词恰恰可能在证明性文本预设的总体性关键词中找到；而证明性文本中预设的总体性关键词也可能在展示性文本中得到其侧面形象关键词的支持。比如，作为证明性文本的波伏娃的《长征》所预设的光明美好的中国形象不仅在她自己的书中得到了不同侧面形象的关键词的支持，在作为展示性文本的卡特琳・文慕贝（Catherine Van Moppès）的《每个人的中国》一书中也可以找到支持，该书的第二章《新中国的蓝天》就借"蓝天"这个侧面形象的关键词展现了新中国社会秩序稳定、人们生活幸福的侧面形象，与波伏娃的《长征》相互印证。在突破不同作品的界限之后，在互文的状态下，不同层次的关键词相互支持，"光明美好的新中国"这个异国形象就呈现出来。

（三）文本中形象的形成

形象学文本解读的目的在于分析出文本建构异国形象的过程，所以对形象学文本的解读不能停留在对关键词的考察上，也不能满足于关键词的关联性分析，而是要分析从关键词到异国形象建构的机制，这是形象学文本解读的第三个环节，也是形象学文本解读的核心环节。在考察这个环节之前，有必要重申"异国形象"概念的内涵，这对于确定如何分析从关键词到异国形象的生成过程是至关重要的，它将引导分析文本的方向。"异国形象"是文化主体对文化他者的集体想象，它的存在方式是感性的，形象是一个个生动的意象，但是它所表现的是文化他者的总体特征。所以异国形象是一个以感性形态存在的对文化他者的特性的生动概括。异国形象虽然由具体的细节呈现出来，但是它又会凝聚为一个相对稳定的特征鲜明的总体形象，表达了文化主体对于他者的总体认识。它至少有三个重要特性，其一，异国形象是概括性的，众多的细节和侧面形象凝聚为一个总体的形象，这个总体形象才可能称为异国形象。其二，异国形象是群体性的或复数的，虽然形象学文本都是互文相关的，但是这些相互关联的文本中可以形成多个异国形象，即使是同一类型的异国形象，也是存在众多的总体形象的变体的。比如同样是对当代中国持积极态度的肯定性的中国形象，波伏娃在《长征》一书中所塑造的形象与卡特琳·文慕贝《每个人的中国》中的塑造的中国形象之间就是同一类型的变体。她们各自都塑造了总体性的中国形象，但是属于同一个类型，相互之间没以高低之分。我们不应把卡特琳的中国形象看成是波伏娃的中国形象的支撑材料，它们是对同一个形象类型的不同展示，相互之间是平等关系。其三，异国形象作为一个总体性的概括，其所需的文本材料是有限的。在视觉文化文本中，一个摄影作品的文本就可以塑造出一个异国形象，在文字文本中也是如此。一首短小的诗歌也可以塑造出一个异国形象。在形象学的意义上，它与一部几百万字的长篇小说塑造的异国形象的功能是相同的。从这个意义上说，异国形象的塑造是一个不断提炼、简化、概括的过程。所以，提炼出一个精准的意象来代表他者的总体特征才是关键。

如何才能从关键词建构异国形象？首先是对关键词的形象学内涵的把握。在形象学文本中我们要考察的是异国形象的建构机制，这与威廉斯关注关键词的语言变化背后的文化变迁与社会结构的矛盾不同。考察异国形象形成的机制需要把握关键词的复杂语义，向异国形象的生动性和概括性方向理解关键词，因此必须考察关键词的隐喻内涵，或者用罗兰·巴特的术语就是神话。他说："神话是一个奇特的系统，它从一个比它早存在的符号学链上被建构：它是一个第二秩序的符号学系统。那是在第一个系统中的一个符号（也就是一个概念和一个意象相连的整体），在第二系统中变成一个能指。"①"在神话里，可以从两个观点看能指：视它为语言学系统中的最终名词，或者是神话系统中的第一个名词。"②罗兰·巴特所说的两个系统的理论可以用来说明形象学文本中从关键词到异国形象的转换机制。关键词就是横跨第一系统与第二系统的名词。在文本的语言系统中它有其明确

① 罗兰·巴特. 神话——大众文化诠释[M]. 许蔷蔷，许绮玲，译. 上海：上海人民出版社，1999：173.

② 罗兰·巴特. 神话——大众文化诠释[M]. 许蔷蔷，许绮玲，译. 上海：上海人民出版社，1999：175.

的含义,即相对明确的字面意义,但是在第二个系统,即形象的系统中它获得了更加丰富的内涵,代表了一个异国的总体特性。关键词就从语言符号转化为异国形象的载体,它的语言学意义被形象内涵所取代。

其次,异国形象的建构需要对具体细节的综合与凝聚,而不是仅仅对关键词意义的随意扩容。异国形象是通过关键词表达出来的,但是其具体内涵则仍然是以文本材料为基础的。从纷繁复杂的细节材料中提炼出关键词以概括异国形象的总体特征是从文本建构形象的第一步,但是要准确把握异国形象的具体内涵,又要回到文本中去理解那些具体的文本材料。具体的细节描写绝不是可有可无的,正是这些具体的文本材料构成了异国形象得以成立的基础。一个细节材料丰富,侧面形象众多的形象学文本所建构出来的异国形象必定是内涵丰富的,不仅更具有可信度,而且其包含的丰富信息也会使其传递出更有价值的文化意义。对于那些仅仅依靠有限的文本塑造出的异国形象,其自身的文本有限性所造成的信息单薄的缺陷则要靠互文性来弥补,在互文关联中意义变得丰富起来。所以发掘文本材料中的细节与侧面形象成为塑造异国形象的重要环节。

再次,通过形象之间的关系确认异国形象是分析文本塑造异国形象机制的最后环节。阅读形象学文本,从具体的细节描写到侧面形象的概括,再到总体形象的提炼的过程中,对异国形象构成要素之间的关系的把握是确认文本塑造了何种异国形象的关键,这也是最后答案的揭示。对异国形象的确认是通过两个途径完成的:一是在一个完整的文本之中,由具体的细节到总体形象是一个概括、归纳的过程,无论是展示性文本还是证明性文本,都要经过这种概括归纳的过程才能最后确认异国形象有什么总体特点。当然在展示性文本中,这个过程是从纷繁的细节开始逐步提炼的,而在证明性文本中,虽然先有了一个预设,但仍然需要在细节与侧面形象中来验证,最后确认异国形象的总体特征时仍然要以这些细节和侧面形象为证据,对这个预设的认可是以对细节和侧面形象的提炼与概括为依据的,如果提炼概括的结果与预设相符,那么就可以确认这个异国形象是可信的,如果不符,那么还是要依据具体的材料,对预设的形象提出疑问与修正。二是不同文本中的异国形象之间的相互印证与确认,从而形成一个跨越不同文本的异国形象。异国形象是复数的,文化主体对于他者可以想象出众多的总体形象。这些形象之间是互相印证的,同一类型的异国形象互相补充,互相支持,帮助读者确认一个异国形象的总体特征;不同的异国形象之间也会构成相互参照、对比关系,在总体特征这个层面揭示另一种类型形象的存在。因此,分析形象学文本中的异国形象,最终应该把异国形象放在一个集体想象的文化空间中考察，这样的分析才能把形象学文本的复杂性揭示出来，异国形象形成的复杂机制才能得到说明。

从关键词入手经过关键词的关联性考察再到异国形象的提炼与确认，形象学文本的分析路径已经揭示出了异国形象从文本中被建构出来的机制。异国形象当然是以文本为载体的，文本的特性会直接影响到异国形象的建构，但是异国形象又是一种集体想象，它的塑造与建构并非仅仅由文本决定的，还与想象的主体所处的文化语境相关，因此要进一步讨论形象学文本解读方法，就必须考察想象主体所处的文化语境是什么样的，形象学文本在这样的语境中又是如何产生意义、建构异国形象并产生影响的。

三、阅读型构中的形象建构

形象学文本产生意义的机制不是取决于文本本身，而是取决于文本如何被阅读。阅读活动不是在真空中进行的，相反它是在复杂的话语空间中进行的。阅读活动不是读者与文本的简单相遇，然后由一个优秀的读者公平地理性地去阅读一个固定不变的、客观存在的、意义明确的文本，并准确地理解出文本作者所要表达的意图。这样的阅读太过简单化，也太过理想化。实际上，任何阅读都处在纷繁复杂的社会文化语境中，这个文化语境可以称为话语空间，因为它是由众多的话语交织而成的一个意义生产的场域。这些话语之间即可能互相支撑、补充印证，也可能冲突斗争，这个话语空间本身就是错综复杂的。文本处于这样的话语空间不可能是一尘不染的、纯客观的，对任何人都相同的。读者也是如此，他/她拥有复杂的知识背景和政治立场，总是带着或隐或显的目的阅读文本。所以，阅读活动是一个复杂的社会文化活动。托尼・本尼特认为阅读活动是在阅读型构中进行的，他说"这就是我所说的阅读型构：一套交叉的话语，它以特定的方式生产性地激活了一组给定的文本，并且激活了它们之间的关系。"①阅读型构理论给文本解读方法带来了三个方面的启示：一是文本不再是一个纯粹客观的可以表达某种准确意义的符号系统，而是一个处在众多话语交织的空间之中，可以产生多种复杂意义的符号组织。本尼特说："意义是可及现象(transitive phenomenon)。它并不是文本能拥有之物，而是一种只有在阅读型构之中(它调节文本与读者之间的'际遇')才能产生的东西，不可能总

---

① 托尼・本尼特. 本尼特：文化与社会[M]. 王杰，张东江，等，译. 桂林：广西师范大学出版社，2007：71.

是完全相同。”[①]可见，文本处在复杂的阅读活动中必然产生复杂的意义。二是文本与读者的关系是一种“生产性激活”，本尼特说：“谈到‘生产性激活’，我的意思是，它所指的过程是文本、读者和他们之间的关系都遭遇了不断变化的规定。”[②]这是一种动态的双向的关系，文本启发读者，读者也赋予文本意义，而且是在一个不断变化的过程中相互激发的。三是阅读活动是在一个复杂的话语空间中进行的。阅读本身也是这个话语空间的组成部分，本尼特说：“我们必须认识到，阅读的历史不是不同读者与‘同一文本’相遇的历史，而是与读者相遇的文本被‘过度操作’、‘过度编码’、生产性激活的历史，这种文本是在社会的、物质的、意识形态的、制度的关系之中被特别刻写的结果。”[③]文本与读者之间的关系处在一个“过度”复杂的话语空间与文化语境中，只有认识到这一点，才可能对文本进行深度解读，充分揭示出文本与读者关系的复杂性，才能理解文本意义生产的复杂机制。宁勿说，阅读型构理论已经将文本分析的焦点从文本转移到了阅读活动。意义是在阅读活动中产生的，而不是文本自然而然地拥有的。

在形象学文本分析中，本尼特的阅读型构理论所提出的问题具有特殊价值，因为形象学文本是塑造异国形象的文本，读者阅读形象学文本的目的也是要从这些文本中去建构异国形象，所以形象学文本是处在以建构异国形象为目标的阅读型构中的。作为一种意义生产活动，建构异国形象的过程不是由文本单独完成的，它处在异国形象话语系统中，其中既有话语系统自身生产意义的内在机制与规则，也包括异国形象的建构的历史传统。作者作为话语系统中的一个功能也参与其中，读者也是在这个话语系统中来阅读文本的。那么，形象学领域的阅读型构到底有哪些特点？如何通过阅读型构来探究异国形象形成的机制？

形象学领域中的阅读型构首要的特点是它是一个建构异国形象的话语空间，交织在这个话语空间中的不同话语系统都围绕着异国形象这个中心，对异国形象的类型、内涵以及具体的细节产生影响。异国形象成为吸纳不同话语系统的核心。正是因为这些话语系统围绕着异国形象这个中心，我们才可以确认存在着一个形象学的阅读型构。

① 托尼·本尼特．本尼特：文化与社会[M]．王杰，张东江，等，译．桂林：广西师范大学出版社，2007：74．

② 托尼·本尼特．本尼特：文化与社会[M]．王杰，张东江，等，译．桂林：广西师范大学出版社，2007：75．

③ 托尼·本尼特．本尼特：文化与社会[M]．王杰，张东江，等，译．桂林：广西师范大学出版社，2007：83．

其次，不同的话语系统在这个阅读型构中的作用是不同的。我们至少可以区分出三个不同的圈层：中心地带是形象学文本的互文文本。一个形象学文本首先是属于形象学话语系统的，它与历史上的描述同一个异国形象的文本相互关联，也与同时代的其他关于这个异国的形象学文本相互指涉，从而形成了形象学话语系统。在形象学的阅读型构中，这个塑造同一个异国形象的互文本系列是中心，它们嵌入形象学话语系统中，构成形象学阅读型构的核心。第二层是围绕着形象学话语并对其产生影响的各种意识形态话语，它们关于国内外政治经济、社会文化局势的论述成为影响异国形象塑造的言论。比如在“中国威胁论”这样的意识形态话语中，甚至直接出现了关于中国的负面形象的描述。在“中国威胁论”中，中国作为潜在的地区霸主是一个危险的国度。除了这种直接的影响外，意识形态话语更普遍的影响是形成一个舆论场，形成某种氛围，从而影响读者对形象学文本的理解，进而建构出一种特定类型的异国形象。在 20 世纪 80 年代初冷战即将结束的大和解氛围中，西方的意识形态领域中以自由民主为核心价值的话语就对塑造“黎明的中国”这个改革开放的中国形象产生了影响，在这种“历史终结”的意识形态氛围中，中国的正面形象是与中国将走向西方模式的自由民主的愿望相关的。第三层是在意识形态话语之外的一些更隐蔽的知识话语。它们以客观的科学的知识系统的面目出现，但是对读者的思维方式以及世界观都产生影响，从而影响到对异国的想象。比如西方的人文与社会科学研究中的科学主义方法，本来是认识世界的一种方式，它把研究对象作为客观的存在物，以实验数据为依据，通过科学的逻辑论证，进行可以验证的研究。这套方法一度被视为具有普遍适用性的方法在人文与社会科学领域中应用。可是这套方法在西方人对中国的研究中却产生了对中国的错误认识。顾明栋先生指出：“我们可以把汉学主义的一个重要的方法论问题称为研究中国文化的科学主义路数。基于近代自然科学的主导支配地位，许多西方学者借用了自然科学的研究范式，衍生出一系列所谓科学的客观的中国问题研究方法。这种准科学范式存在的问题是双重的。一方面是对自然科学与社会科学之间的差异认识不足……另一方面，这种科学方法在方法论上是不彻底的……研究中国问题尤其是知识体系和普遍历史的西方思想家们，很少用归纳法。”[①]因此，西方人研究中国问题时使用的材料是有选择的，塑造出来的中国形象就是主观的。这种科学话语不仅在直接研究中国问题时产生了作用，容易形成对中国的误解与偏见，在一般民众的世界

① 顾明栋. 汉学主义：东方主义与后殖民主义的替代理论[M]. 北京：商务印书馆，2015：189.

观念中，这种科学主义的二元对立思维模式也具体化为西方与东方，中心与边缘，自我与他者的区分，西方中心主义正是以这种思维模式为基础的，东方成为西方研究、观察的对象。这样的科学主义话语中，东方无论是被看成劣等野蛮的还是文明高贵的，都会影响到异国形象的塑造，影响到对形象学文本的理解。这些知识体系构成了西方普通读者的知识背景，进入了阅读型构之中。

再次，形象学领域中的阅读型构是以大众阅读为主导的，能够被大众接受的话语系统将对异国形象的建构形成决定性的影响。精英阶层对异国形象的建构即使更专业、更科学，如果不能得到大众读者的认同，不能变成大众普遍接受的形象，也无法在阅读型构中产生决定性影响。相反，大众阶层对于异国的想象即使是肤浅的、陈旧的、老套的，但是只要这种异国形象深入人心，被大众普遍认可，那么这种异国形象就成为集体想象，成为特定的历史时期对于某个异国的主导性想象。所以大众喜爱的流行话语反而成为形象学领域中阅读型构的主导性力量，精英话语中的异国形象要么大众化，进入流行话语体系中，要么与流行话语体系不谋而合，成为流行话语体系的补充与印证，才能发挥作用。换言之，在形象学领域中，读者的数量或流行程度是一个重要的参照系，异国形象是被大众读者群体建构出来的。

形象学领域中阅读型构的这些特点对于分析形象学文本，解释异国形象的形成机制提供了什么启示？首先，异国形象是在阅读型构中形成的，而不仅仅是在文本中寻找的，所以应该在历史与文化语境的交叉点上来确定一个具体的异国形象形成的阅读型构。当然，这样的考察的先决条件是对异国形象的历史具有相应的知识，了解一种文化中对于某个特定的异国形象建构的历史状况，以及所要分析的这个异国形象文本所处的文化语境。我们如何知道自己所要分析的是什么样的异国形象？讨论阅读型构的这个先决如何获得的？这就取决于形象学文本分析的意向性理解。我们是带着寻找异国形象的意向去阅读文本的，所以在阅读之前确定阅读型构时，这种异国形象已经事先作为阅读的意向而存在。当然，这种意向性又不是凭空产生，而是建立在对于异国形象历史的知识背景上的。这些历史知识是研究者进行阅读型构研究的基础。那么阅读型构又是如何确定的？一方面要考察文本所属的话语系统，把文本与塑造同类异国形象的其他文本联系起来；另一方面要在具体的时空中考察读者的知识背景。当然，更重要的是考察不同的读者群体知识背景的差异及其对阅读活动的影响，特别是这种差异是否对于理解文本的意义、建构异国形象产生实质的影响。比如，当我们考察“中国威胁论”中所塑造的中国形象时，同时还要考察中国复兴论者和中国崩溃论者的观点，讨论不同的群体对“中国威胁形象”的推波助澜的影响。特定的阅读型构是复杂的、变化多样的话语系统构成的，分析这些不同的构成要素才能解释异国形象是如何被建构的。

其次，将文本还原到被特定的读者群体阅读的状态中，通过读者的反应来考察文本的意义。当然这不是一项容易的工作，特别是在对历史久远的文本的分析中，当时的读者反应已难以还原。尽管如此，我们仍然可以在其他文本中找到线索，比如关于某个特定的国家，不同的文献/文本中有相似或相同的描写，这样的文献材料多少可以证明在一段时间内，读者群体对这个异国的想象是相同的或相似的，读者对给定的文本的理解应该也是相同或相似的。在现代传媒出现之后，获取读者反应的材料相对而言更加容易，读者对某个文本的反应以各种不同的方式表现出来，直接的讨论、回应固然是最明显的方式，同时，在某些文本中也可能看到对某个特定文本的间接的、含蓄的回应与讨论，这些或显或隐的回应都构成了对给定文本的理解，异国形象是在这些讨论与回应中形成的。

再次，将异国形象的形成作为文化事件来分析。这是考察一个新的文本在阅读型构中带来的冲击，一方面分析文本中有哪些因素引起了读者的关注，另一方面考察这个文本对不同的话语系统，在不同群体中引起的反应，并考察这些反应背后的社会文化原因。文本的冲击可能是由于文本自身的惊世骇俗的特点造成的，比如安东尼奥尼的纪录片《中国》就是这样的文本；也可能是由于读者群体的社会心理造成的，群体性的焦虑、恐慌、希冀、渴望都是造成对一个文本产生激烈反应的原因，他们从这个文本中想象出了一个投射了自己的心理的异国形象，并对其进行讨论。这样的心理背后当然还可以挖掘出政治的、经济的、文化的等等不同领域中的深层原因。这样的形象学研究就已经跨越了阅读型构研究而进入到文化政治研究领域了。

总之，形象学文本的解读是从具体文本中的字符出发而逐步走向文化系统和文化政治研究的开放的研究方法。虽然我们可用从关键词到阅读型构这样的简化的方式来概括形象学文本研究的路径，但是其中所涉及的问题却是纷繁复杂的。形象学文本是在众声喧哗的话语空间中产生意义的，异国形象在这种交织着不同声音的话语空间中的含义也是复杂的，我们虽然可以将某个特定的异国形象用关键词概括出来，但是其真正的内涵则因其所处的阅读型构的不同而存在差异，这是形象学研究的困难之处，也是其魅力所在。

第三节　形象的跨文化阐释

异国形象是一个国家对另一个国家的文化想象。由于关涉到不同国家/文化之间的复杂关系，异国形象本身就是一种跨文化现象。异国形象研究当然就无法回避跨文化研究的视角与方法。然而从跨文化研究角度来分析异国形象，并不是仅仅指出异国形象表达了不同文化之间的关系这么简单。虽然这是一个基本前提，但具体的分析却涉及极其复杂的因素。我们到底应该如何从跨文化研究角度认识异国形象？如何用跨文化研究的方法来分析异国形象的形成机制？跨文化研究是一个庞杂的跨学科研究领域，不仅是不同国家、不同文化之间的比较，而且要讨论不同国家不同文化之间的关联。文化之间的交往、想象与影响是全方位的，跨文化研究要探索的正是这些具体的活动过程。当然，这样的探索又必须在一个超越不同文化之外的全球立场上进行，所以跨文化研究自身的复杂性也决定了对异国形象的跨文化阐释是一项艰难的探索。

一、跨文化视野中的形象

异国形象是一种文化、一个国家作为想象主体对另一种文化、另一个国家的文化想象。它天然具有跨文化的特性，体现出两种或两种以上不同文化之间的复杂关系。但是仅仅认识到异国形象具有跨文化属性尚不足以说明这种跨文化属性的具体内涵，也不足以说明异国形象作为一种跨文化现象的特殊之处。如何具体说明异国形象的跨文化特性？这就必须要先对何谓“跨文化”进行探讨。以跨文化的内涵以及问题框架为基础，才能对异国形象的具体内涵进行明确的界定，从而为分析其形成机制和研究方法确定一个合理的出发点，进而探究异国形象形成的社会文化原因。

什么是跨文化研究？跨文化研究从最宽泛的意义上说是对不同文化之间关系的研究。但是不同文化之间的关系又是十分复杂的，不同的文化之间在不同的层面上已经产生了多种复杂的关系，因此，跨文化研究也因对不同文化之间关系的理解及关注的焦点不同，而形成了不同的研究类型。在术语上，汉语中所说的“跨文化研究”在英语中有三个对应的表述：cross-cultural studies，inter-cultural studies，trans cultural studies。这三种表达虽然基本含义都是不同文化之间关系的研究，但仍然有区别。cross-cultural studies 是对两种或两种以上的文化作为独立的文化主体在平等互动关系中所体现出来的特性的研究，它是以比较为基础的对文化差异的研究。不同文化在对比中显现出的各自的特性是 cross-cultural studies 关注的主要问题。Intercultural studies 则主要关注不同文化之间的互相关系，以"互动"作为研究的对象，更强调不同文化之间的关联性，当然包括在对话的过程中产生的误读与变易、交融。总之，不同文化之间在实际的接触过程中产生的相互关系以及这些关系给不同文化所带来的影响是 intercultural studies 研究的核心问题。transcultural studies 则是以跨越不同文化之上的全景式的文化共同体研究为主要议题，在一个世界主义的立场上对不同文化之间的共同性以及交流整合的具体方式进行探索。其中当然也会关注不同文化之间的差异以及互动的方式，但其思考的角度却是超越不同文化之上的全景式的视角，把不同文化放在一个全球文化/世界文化共同体中，在一个全球文化的大舞台上考察不同文化的特性以及融入这个全人类共同文化的可能性。

不同类型的跨文化研究虽然关注的焦点不同，但还是有共同之处的，主要是在研究范围和方法两个方面都有交叉重叠。从研究范围方面看，不同的跨文化研究都集中在两种或多种不同文化及其关系上。不同的文化作为实际存在的智慧系统，各自具有复杂的意义和多个层次或侧面，不同类型的跨文化研究虽然关注的侧重点不尽相同，但是把这些文化实体及其相互关系作为研究范围，则又是相同的。从方法方面看，按照周宪先生的概括，不同类型的跨文化研究有三个方面的共性。第一是在具体历史语境中研究交互主体性。在跨文化研究中，不同文化之间的关系是平等关系，它们互为主体，这是跨文化研究的基本前提。当然，这种交互主体性不是抽象的假设，而是在具体历史语境中存在的实际交往活动。所以跨文化研究首先确定的方法就是这种交互主体性研究。第二是具体历史语境中的互文性，这是跨文化研究对文本的理解，也是分析文本的基本方法，所有的文本都是交互关联的，在跨文化研究中这种互文性体现为从不同文化的互相影响的角度对文本进行解读，互文研究与跨文化研究达到了统一状态。第三是在具体历史语境中研究交互解释话语。"所谓交互解释是指特定文本在不同文化间解释的转译、旅行、反馈及其相互影响。某一文本的地方性解释与文本旅行的目的地文化中的他者性解释的差异、渗透、融合和抵制等复杂关系，以及从输出文化到接受文化再返回到原输出文化，特定文本的解释和理解出现了交互影响的后果。"①这三个共性分别确定了跨文化研究方法的三个具体维度，一是考察不同文化之间的关系与地位，二是考察文本解读的方式，三

① 周宪. 跨文化研究：方法论与观念[J]. 学术研究，2011，(10)：127-133.

是考察意义生产的方式，跨文化研究就是在具体的历史语境中对这三个维度的探讨。

在异国形象研究中，这三个维度的讨论又有其具体特性。因为在跨文化研究方法中，其基本的前提是研究不同文化之间平等的互动交往关系，这种关系是一种理想状态下的不同文化之间关系的模型。在不同文化之间的实际接触和交往活动中，不同文化之间的关系则呈现出不同的状态，接触与交往的方式也千差万别。不同领域、不同的层面上的交往与接触也呈现出不同的特性。异国形象是一种文化作为想象主体对另一种文化的想象。这种关系导致两种文化之间的交往互动呈现出了不同于理想模型的具体性与复杂性。首先，就不同文化之间的关系来看，异国形象所揭示出来的跨文化关系是不平等的，想象主体是主动的、创造性的，而被想象的他者则是被动的、沉默的、被加工改造的对象。所以在异国形象研究中，想象主体所塑造的异国形象是研究的核心，想象主体塑造异国形象的机制及其现实动因是异国形象研究的主要议题，而异国的真实状况与异国形象之间的差异，或者说异国形象的真实性问题并不是异国形象关心的问题。异国形象研究中，两种文化之间的关系是不平等的，天平的重心偏向想象主体一方。至少在目前的异国形象研究框架中，两种不同的文化之间的对等的互相想象的对比研究还没有得到重视。这倒不是因为这样的问题不值得研究，而是因为在特定的历史语境中，两种不同的文化之间恰巧对等地互相想象，并对文化交流产生了历史性影响的案例尚没有得到认真对待。比如在欧洲传教士到达中国，并寄回大量书信，在欧洲引起了巨大反响，塑造出了一个孔教乌托邦中国形象的时候，中国人对欧洲的了解并不多，关注也不够，在中国没有形成一个可以与孔教乌托邦相对待的西方形象。在这样的中西方文化关系中，中国是一个被动的他者，西方对中国想象丰富而且完整；相应的，欧洲在中国却是一个被忽视的对象，彻底沉默，西方形象没有在中国形成。所以在异国形象研究中孔教乌托邦成为一个被深入讨论的案例，而与其相对应的中国的西方形象没有成为关注的焦点，也就无法进行对等的研究。究其原因，乃是因为异国形象是由想象主体建构的，想象主体的文化发展有自身的历史进程。欧洲是在其历史发展的特定阶段需要中国形象来推动，才塑造出孔教乌托邦中国形象的。而中国的文化发展与欧洲并不同步，并没有在欧洲需要中国的历史节点上也需要欧洲。所以在具体的历史语境中，不同文化之间的交流并不对等。当然，随着全球化时代的来临，不同文化之间的交往日益频繁，同一时间内互相的想象也出现了。但是，由于两个想象主体想象对方的原因不同，各自的发展节奏并不同步，所以这样的互相想象是否有比较研究的可比性，仍然是存在疑问的。

其次，从文本解读方式来看，由于想象主体与异国之间是不对等关系，塑造异国形象的文本主要是想象主体书写的文本，即使想象主体从被想象的他者文化中直接借用了他者的文本，也是用来塑造他者形象的，这些文本的意义已经超越了他者的文化语境，是在想象主体的文化语境中被解读的。因此，异国形象文本的互文性主要是想象主体语境中的关于这个特定的异国形象的不同文本之间的关联性。跨文化的关系表现为这些文本都被放在表达了这个异国形象的具体侧面这个框架中来阅读，文本的意义集中在这个特定的异国形象上。这些文本突破了学科领域的界限，也突破了体裁的界限，但是没有突破文化的界限，只有在研究者从跨越不同文化的第三方立场来分析想象与被想象的关系时，才可能将想象主体的表述与被想象的他者的自我表述进行对比，使异国形象文本在跨文化的意义上形成互文性。

再次，从交互解释话语的意义生产方式看，异国形象的意义并不是在不同文化之间影响的循环中产生的，而是在想象主体所处的话语空间中产生的。他者在这种意义生产过程中是沉默的客体。但是它又作为被想象的他者始终在场，所以交互解释在异国形象中是想象主体与一个被想象的他者的对话。这个被想象的他者也是想象主体的创造物，而不是真正意义上的作为与想象主体对等的另一种文化主体。在异国形象中，想象主体借用他者的名义所表达的意义，实际上是想象主体为了解决自身的文化困境而制造出来的。这种想象出来的他者所表达的观念并不一定是凭空虚构，可能是从他者文化中引用的，但是是有选择地引用的。他者并未作为独立的主体参与交互解释，而是作为一个被利用的傀儡，帮助想象主体表达他不便直接表达的意义。当然，这样的借用也可能反馈到他者文化中，被他者文化再利用，但是那又是他者作为想象主体的创造了。这种影响的循环应该放在他者文化语境中进行重新考察，其中的不同文化主体对某个文化因素的利用的目的不同，生产出的意义自然也不同，必须放在更长的时段，更宏大的背景中考察才能看清影响的循环中的复杂关系，而不是交互解释这种具体的文本意义生产事件这么紧密的关联性可以概括的。比如，西欧的文艺复兴时期所想象的东方文明古国的中国形象，是西欧文化主体为推动自己的文化发展而塑造出来的，但是十九世纪末面对西方列强的侵略，中国知识分子所标榜的文明古国则是为了救亡图存。这两个文明古国的形象表面上相似，但实际的文化内涵却是有巨大差异的。这不是具体文本的交互解释中的影响的循环，而是从不同的目的出发对中国形象的不同利用。虽然看上去这两个文明古国是相似的，但是它们之间并没有直接的关联，甚至也不是同一个话语空间中的事件。

从跨文化研究的视角看,异国形象作为一种跨文化现象与一般意义上的跨文化交流不同,特别是与理想化的跨文化研究模型不同。异国形象所表现的是想象主体的状态而不是他者状态。从方式来看,异国形象是对他者的想象,而不是科学的真实的认知,两种文化之间的接触是以想象的方式进行的,尽管想象主体把异国形象当成他者的真实状况,但是对于研究者而言,这种想象所展示出来的想象主体的欲望与困境才是真实的。当然,这种异国形象是在复杂的话语空间中被塑造出来的,这个话语空间也是想象主体的话语空间,而不是他者的话语空间。尽管他者的文本可能被借用,但是借用来的文本已经变成了想象主体的话语空间的一部分。所以异国形象在跨文化研究的视野中是不同文化之间中的接触与交流的途径。如果说异国形象代表他者,那也是他者的幻象,这个幻象所折射出的恰似是想象主体对自我的想象和认同。所以乔普·莱森(Jeop Leerssen)才说:"形象研究的最终视角是关于文化或民族的刻板印象的理论,而不是文化或民族身份的理论,形象学与表征相关,这些表征是作为文本和话语而存在的。"①异国形象是作为一种话语实践或表意实践在不同的文化之间展开的一种独特的接触与交流方式。在跨文化研究的框架中研究异国形象,必须以异国形象的主体性、想象性和表征性为关注的焦点,把异国形象放在它所形成的复杂的话语空间中进行的讨论。

从跨文化研究的角度看,异国形象是一个想象主体对于他者的文化想象,它是两种不同的文化之间的特殊的联系方式。巴柔在讨论异国形象的研究方法时特别指出:"一切形象都源于对自我与'他者',本土与'异域'关系的自觉意识之中,即使这种意识是十分微弱的。因此,形象即为对两种类型文化现实间的差距所作的文学的或非文学,且能说明符指关系的表述。"②由此可看出异国形象是在两种文化之间关于自我与他者的表述中形成的。这种表述就是自我关于他者的话语,它的言说对象是他者或异域,构成这种话语的成因是差距,当主体表述他者时,他所讲述的是他者与自我的不同,即差距或相异性。主体所关注的是他者与自我的不同之处,即使自我发现他者与自我有相同或相似之处,那也是在相异性的前提之下对他者的

---

① Manfred Beller, Joep Leerssen(eds). *Imagoloy: The cultrural construction and literary representation of national characters, A critical survey*, Amsterdam & New York: Rodopi B. V., 2007:27.

② 达尼埃尔-亨利·巴柔. 形象[M]. 孟华,主编. 比较文学形象学[C]. 北京:北京大学出版社,2001:155.

认知，或者就是把他者纳入自我所熟悉的范围内进行表述的。所以相异性是他者话语的核心内容。与此同时，关于他者的话语又有自己的表达规范，形成了完整的表达系统。它还是在一个话语空间中运行的，关于他者的表述是在一个集体想象物中完成的，集体想象物就是一个众多话语交织而成的话语空间。自我对他者的表述不仅无法脱离这个话语空间，表述所使用的话语资源甚至就直接取自这个话语空间，表述他者是众多话语共同完成的事件。

因此，从跨文化研究的角度看，异国形象的形成机制主要由三个相互关联的要素组成的，一是以相异性为核心的表述他者的话语；二是不同话语交织而成的话语空间，其主要的功能是构成集体想象物，为异国形象提供形成的土壤或母体；三是想象主体所处的现实情境，一个异国形象不是凭空产生的，不管想象主体选择何种方式来塑造异国形象，最终的根源都在于他所面临的现实情境，即各种矛盾、危机与困境。巴柔在《从文化形象到集体想象物》一文中写下一段与我们前面的引文相似的文字："所有的形象都源自一种自我意识(不管这种意识是多么微不足道)，它是对一个与他者相比的我，一个与彼处相比的此在的意识。形象因而是一种文学的或非文学的表达，它表达了存在于两种不同的文化现实间能够说明符指关系的差距。或还可这样表示：形象是对一种文化现实的描述，通过这一描述，制作了(或赞成了，宣传了)它的个人或群体揭示出和说明了他们置身于其间的文化的和意识形态的空间。"①两段文字虽然相似，但巴柔在此所表达的另外一层意思是形象所展示的是想象主体的处境，这个观点在他接下来的论述中得到了更明确的表达："我想言说他者(最常见的是由于专断和复杂的原因)，但在言说他者时，我却否认了他，而言说了自我。我也以某种方式同时说出了围绕着我的世界，我说出了'目光'来自何处及对他者的判断：他者形象揭示出了我在世界(本土和异国空间)和我之间建立起的各种关系。"②他者形象除了是关于他者的认知之外，也是对自我的处境的隐喻的或曲折的言说，它展示出了自我所处的现实情境，也展示了自我的思想状况与情感状况。就形象形成的动力而言，想象主体对自身处境的应对是根本动力，也是形象形成过程中最重要因素。

那么，相异性话语、话语空间和现实情境这三个因素是如何推动异国形

---

① 达尼埃尔-亨利·巴柔. 从文化形象到集体想象物[A]. 孟华，主编. 比较文学形象学[C]. 北京：北京大学出版社，2001：121.

② 达尼埃尔-亨利·巴柔. 从文化形象到集体想象物[A]. 孟华，主编. 比较文学形象学[C]. 北京：北京大学出版社，2001：124.

象的形成的？从研究方法方面看，我们应该如何分析这些因素在形象形成过程中的功能？

二、形象形成机制中的相异性话语

以相异性为核心的表述他者的话语中，异国是这种话语的表达主题或对象，异国形象是这种话语的直接结果。相异性话语是主体对异国的表达系统，无论用何种具体的媒介、文类与手法，不同于主体的异国都是表达的对象。但是如同所有的话语一样，具体的语句都不是对对象的客观记录，语句中所表达出来的意义也不是对象的真实状况，而只是一种表征，是主体对于表达对象的体认，也是主体欲望的投射。异国形象在这样的话语中形成，至少受到如下几个方面因素的影响。其一是认识与想象的错位关系。在相异性话语中，主体表述他者时预设的是一种认识论视野，即自以为是表达对他者的客观认知。主体把他们对他者的了解当成是他者的真实状况，然而无论是从第三方还是从被想象的他者的立场看，主体对他者的表述都是想象的，而非认知的。其中不仅充满了主体主观的愿望，而且也常常出现偏差与偏见。林曦将这种现象称为"主观置信"，"即信念持有者本身只要在主观上认为自己的信念是'真'的。"因此，"某一历史时期一国对他国的形象建构，尽管与事实无涉，都被接受这一建构的个体或群体认为是真实的。"①这种信以为真的想象对于异国形象的建构产生了什么影响？首先是不准确的或错误的信息被当成真实的，从而造成对他者的误解与偏见。因为这种主观置信现象是以真实性作为预设的，无论是话语主体还是接受者都以认识他者为目标，所以在获取他者的知识与信息时，信以为真的现象就难以避免。判定信息的真伪只能凭借自己已有的知识，一旦认定信息为真，那么对于他者就会形成"真实"的固定的形象。其次，他者形象中的动机被"真实性"掩盖，想象主体表述他者的话语被接受者当成真实的信息接受，它们塑造的他者形象被当成他者自身，想象主体表述他者的动机被真实性隐藏在表述的内容背后。因此，对于他者形象的分析就需要突破话语的直接意义，突破具体的内容而揭示"真实的"他者形象背后的想象动机。换言之，真实性与想象性的混淆导致的直接结果就是他者形象获得了真实的假定属性，而想象主体的主观置信又使得他者形象变成一种具有特殊的感性特征的知识形态。

① 林曦.形象建构的"镜像——溢出"效应——论跨文化形象学的认识论原则[J].厦门大学学报(哲学社会科学版)，2013，(04)：11－16.

其二，是对相异性的表述中自我与他者的辩证关系。相异性话语把他者设定为非我族类，在表述他者时一方面带着凝视他者的猎奇眼光(取其中性含义)，另一方面又将他者与自我进行对照，所以相异性话语中存在着一种辩证的意义之维。它表述的内容或对象是他者，但是同时又透露出自我的态度。相异性话语讲述的是他者与自我的差异，展示出来的是自我与他者的关系，而自我与他者的不同则是这种相异性话语的预设前提。对他者的表述如何在这种自我与他者的框架中展示出自我的态度？当话语主体将他者作为不同于自我的异类进行表述时，他者与自我之间呈现出两种基本的关系。一是他者与自我不同，要么比自我更坏，要么比自我更好，前者表明自我在贬低他者时肯定了自我，而后者则表明自我在羡慕他者进批评自我，反思自我。二是他者与自我类同，这种类同的关系表明自我平等对待他者，自我处于自信、开明、开放的状态中，愿意与他者进行友善的交往。总之，相异性话语的主体在言说他者时，流露出来的是自我的状态。巴柔对此有明确的论述："'我'注视他者，而他者形象同时也传递了'我'这个注视者、言说者、书写者的某种形象。在个人(一个作家)：集体(一个社会、国家、民族)、半集体(一种思想流派、意见、文学)的层面上，他者形象都无可避免地表现为对他者的否定，对'我'及其空间的补充和延长，这个'我'想说他者(最常见到的是出于诸多迫切、复杂的原因)，但言说他者的同时，这个'我'却走向了否定他者，从而言说自我"。① 可见，相异性话语中他者是一个被直接呈现出来的言说对象，潜在的对象则是作为言说主体的自我。他者是在与自我的相互关联与对照中被表述的。

那么，这种自我与他者的关联与对照关系对于他者形象的塑造有什么影响？首先，这种辩证关系导致他者形象的主观性。想象主体对他者形象的塑造是从自己的需要出发的，他者形象是主体需要的形象，希望看到的形象。这当然不是说想象主体故意制造假象，更不是自我欺骗，而是说想象主体无法摆脱自己的现实处境与知识背景或理解的前见来表述他者。他者形象只能是特定的主体想象出来的他者。其次，在这种自我与他者的关系中，他者形象成为一种主体表达自我境况的象征符号或特殊的表达系统，隐曲地表达出自我无法直接言说的欲望。作为言在此而意在彼的特殊象征符号，他者形象变成了一种主体借题发挥的工具。正如巴柔所说："异国形象事实上同样能够说出对本土文化(审视者文化)有时难于感受、表述、想象到

① 达尼埃尔-亨利·巴柔.形象[A].孟华，主编.比较文学形象学[C].北京：北京大学出版社，2001：157.

的某些东西。”[①]这些难以表达的东西正好可以用异国形象这种特殊的工具表达出来的。再次，这种自我与他者的辩证关系成为他者形象的形塑模型，他者形象在个别作者的具体描述中被提升/转换到不同文化之间的对照与比较的宏观层面，从而过滤掉某些不合用的个体化的感性细节，保留了那些符合主体自我需要的成分，并将其放大，定型他者形象。所以，自我与他者关系成为影响他者形象定型的决定性因素。

其三，相异性话语中还存在着在场与缺席的辩证关系。在场的是话语主体直接表述出来的具体语词与细节，缺席的则是他者（异国）本身，以及他者形象。但是这些缺席之物却又隐身在在场之中，形成一种显与隐的辩证关系。巴柔说：“形象是描述，是对一个作家，一个集体思想中的在场成分的描述。这些在场成分置换了一个缺席原型（异国），替代了它，也置换了一种情感和思想的混合物，对这种混合物，必须了解其在情感和意识形态层面上的反映，了解其内在逻辑，也就是说想象所产生的偏离。比较文学意义上的形象，并非现实的复制品（或相似物）；它是按照注视者文化中的模式、程序而重组、重写的，这些模式和程式均先存于形象。”[②]可见在表述他者形象的相异性话语中存在着三种表述的对象，一是在场的具体细节，二是被置换了他者（异国），三是被用来置换他者（异国）的混合物，这种混合物其实就是他者形象。它是由想象塑造出来的，与现实中真实存在的他者（异国）已有不同（偏离），但它有自己的内在逻辑，是情感和意识形态的表现。这三者之间的关系是：话语中直接呈现出来的在场是具体的细节描写，它是相异性话语的直接内容，这些具体的细节描写塑造出了他者形象，它是从具体的文本中产生的，却又不在文本之中，经过了接受者的想象才能呈现出来的一种幻象或主观意象。所以相对于话语的直接表述而言，这种他者形象也是缺席的。最后才是他者（异国）本身，它存在于话语之外，却又是话语表述的目标，但是真实存在的他者（异国）根本无法被表述，所以它被形象所置换，被替代。但是作为一个被表述的目标，它又始终以缺席的状态存在于文本之中，以被置换者的身份潜隐在形象之中。

这种在场与缺席的辩证关系对于形象的形成产生了什么样的影响？首先，它决定了形象是作为一种表达效果而存在的，它不是文本直接的表述对象，而是读者对词汇语句的阅读之后产生的一种结果。我们无法直接在文

① 达尼埃尔-亨利·巴柔.形象[A].孟华，主编.比较文学形象学[C].北京：北京大学出版社，2001：156.

② 达尼埃尔-亨利·巴柔.形象[A].孟华，主编.比较文学形象学[C].北京：北京大学出版社，2001：156－157.

本中找到他者形象，无法确定哪个词语，哪个句子就是他者的形象，形象是文本的整体所产生的一个阅读效应。所以形象是从在场的材料中产生的一种缺席物。换言之，他者形象是在阅读与传播的过程中通过读者大众的想象加工之后才形成的。即使是在证明性文本中，虽然作者已经预设了一个形象，并明确提示读者有这个预设形象存在，但是读者仍然是要在阅读了文本的各种细节材料之后才能建构出这个形象。其次，这种阅读效应又是在众多话语交织而成的话语空间中生产的，他者想象以在场的细节为基础，却在话语空间中孕育、成长。想象不是凭空形成的，而是有其自身的逻辑的。他者形象是由意识形态状况、历史文化积累，以及当代的社会心理等诸多因素共同塑造的。这些文本之外的因素虽然在文本中缺席，却是一个巨大的在场，把塑造形象的文本（相异性话语）囊括其中。再次，这种在场与缺席的辩证关系也把形象变成了一个既有明确的指向，却又无法确定准确意义的象征符号，它虽然置换了现实中真实存在的他者（异国），但是它又是虚幻的镜像，它所蕴含的意义是停留在想象主体的文化语境中的，①而与它所欲表达的他者不相吻合。他者不过是他者形象的幻影，他者形象中所展示出来的多维度的阐释空间才是他者形象的意义产生的场域。

既然相异性话语中存在着诸多辩证关系，自身已经相当复杂，我们如何对它进行分析，以便发现这种话语形塑他者形象的机制？由于建构异国形象的是相异性话语，它是话语主体对于他者的单方面表达，所以他者在此并没有构成与主体的实际的对话关系。因此，对于相异性话语的分析主要应该关注的是如下三个层面的问题。一是在文本层面，分析相异性话语中特殊的词语、意象以及表达技巧，解读其对于异国形象塑造所产生的具体作用。巴柔特别提醒我们应该注意套话所起的作用，即对于特定的他者使用固定的词语来描绘他者的刻板印象。他说："套话释放出的，实际上是一个'基本的'信息。这个具象传播了一个基本的，第一和最后的，原始的'形象'"。② 这些套话在文本中是以具体的词语或语句的形态存在的，是文本的组成部分，作为一种特殊的语言现象，这些词语已经有固定的内涵。用巴柔的话说套话已不是一种符号，而是一种信号，而且就是对固定的他者形象

① 这是就自我与他者的关系而言的，没有讨论想象主体对其他主体的影响。比如西方想象的中国形象会影响到其他国家如日本、俄罗斯、印度等国对中国的想象。在这种跨国语境中，西方的中国形象当然溢出了西方文化的边界。想象主体所塑造的他者形象被这个他者借用，推动他者的变化与自我想象，则是意外的效果。比如西方的"黄祸形象"之于中国。

② 达尼埃尔-亨利·巴柔．形象［A］．孟华，主编．比较文学形象学［C］．北京：北京大学出版社，2001：159.

的表达。所以在分析相异性话语时，套话是最容易被发现的，也最容易被关注并得到分析。当然，相异性话语中除了套话之外，还有其他的表达要素对塑造异国形象产生了重要影响，需要进行分析。比如前一部分讨论的关键词，以及巴柔所感兴趣的等级关系与故事情节，都是塑造异国形象的手法。我们甚至可以说，一旦我们把异国形象作为相异性话语的表达主题，那么所有可以表达意义的语言技巧都会产生作用。比如对照就是一种对于塑造异国形象产生重要影响的表达方式。在描述异国的具体事物时，话语主体将异国事物与自己国家的对应的事物进行自觉或不自觉的对照，就成为相异性话语中常见的表达方式。这种表达方式所突显的是异国形象的相异性或异国风情，从而使异国形象处在被表述、被观察的他者位置上。这是异国形象的塑造不同于自我想象之处。在跨文化视野中分析异国形象必然要以这种对照手法作为分析的对象。

二是话语主体的态度也是影响异国形象塑造的关键因素。因此，从话语主体的态度判断异国形象的类型是相异性话语分析的核心内容。相异性话语表述的是主体对异国的认知与想象，主体如何看待异国就决定着异国形象的类型。按照保罗·利科对社会想象物的类型划分，主体对他者有两种基本的态度，导致两种基本的他者形象类型，即意识形态和乌托邦。主体肯定他者，反思自我的态度形成的是乌托邦他者形象；相反，主体肯定自我，贬低他者，则形成意识形态的他者形象。“如果意识形态保存和保留现实，那么乌托邦则在本质上质疑现实。”[①]正是主体的这两种基本的态度，导致了意识形态和乌托邦两种基本的形象类型的形成。当然，巴柔以这两种基本的态度为基础又找到了另外两种态度即亲善和世界主义。亲善是对他者的正面的友好的态度，把他者作为自我文化的补充，所以亲善态度可以塑造出平等对话者的朋友般的他者形象；世界主义的态度是把他者和自我都纳入到一个共同体之中的态度，它推动一种大家庭中的兄弟形象的形成，不管这个兄弟是好是坏，都属于一个不可侵害的整体中的成员。[②] 不管是两种态度还是四种态度，总之，主体的态度是塑异国形象的关键，对异国形象进行跨文化研究就必然要透过文本的语句剖解主体的态度。

分析主体的态度关键是要处理两个基本问题，一是具体文本作者与大写的社会主体的关系的问题。具体的文本虽然是由具体的作者写作的，但

---

① 保罗·利科.从文本到行动[M].夏小燕，译.上海：华东师范大学出版社，2015：429.

② 达尼埃尔-亨利·巴柔.形象[A].孟华，主编.比较文学形象学[C].北京：北京大学出版社，2001：176－178.

是任何一个具体的作者都由社会文化系统建构的，所以代表着塑造异国形象的相异性话语的主体的，并不是那个具体的个人，而是社会文化的主体，在异国形象由社会大众集体想象塑造出来的过程中，作者个人的因素要么被转换到大写的主体之中，要么被过滤掉。形象研究中所要分析的主体不是具体的个人，个性色彩在这个领域中是被忽略的。二是社会文化主体的判定问题。什么样的主体才算是相异性话语的主体即那个真正地塑造了异国形象的主体？它至少具有两个基本特征，一是它在自我与他者、本土与异国的关系之中是自我与本土的。当我们讨论西方的中国形象时，西方就是主体，在西方对中国形象的表述中，只有那个代表了西方立场，代表了西方文化特征的主体才是真正的主体。二是在个体与社会的关系中，那个代表社会大众的主体才是真正的主体，换言之，这个作者不是以自己的个别性的声音讲述他者，而是以社会大众集体的声音讲述他者，这时他所描绘的异国形象才会是一种集体想象物，才是真正意义上的异国形象，而不仅仅是个人的猎奇。总之，相异性话语不是个体作者的表达工具，相反，个体作者是在这种话语系统中被赋予表达的权力与能力的，只有当他代表了这种话语的力量时，他才成为真正的作者，他的态度才会影响异国形象的塑造。

三、形象形成机制中的话语空间

异国形象是多种话语相互影响的产物。那么，促成异国形象形成的话语空间是如何构成的？这个话语空间又如何影响了异国形象的形成？我们应该如何分析这个话语空间？影响异国形象形成的话语空间在不同的文化中、在不同的历史时期都会有所不同，甚至具体的异国形象的形成也会受到不同话语的影响，而且不同话语的影响程度也存在差异，所以影响异国形象的话语空间是动态的。但是尽管如此，话语空间仍然是由一些基本的话语系统构成的，我们虽然不能抽象地概括影响异国形象形成的所有话语系统，但是对其构成状况进行分析仍然是必要的，也是可能的。如果按对异国形象形成的影响程度来排序，这个话语空间中至少应该包括如下几个话语系统：

首先，与异国形象关系最直接的是各种大众文化中的自我认同话语。自我认同是对自我身份的确认，以及对自我在各种复杂的社会关系、社会结构中的地位的想象。自我认同是与自我和他者的区分直接相关的。这种自我认同话语中虽然不一定直接表述对于异国他者的想象，但是自我认同话语一定是以自我与他者的区分为前提的。这种他者是一个多重意义的非我，其中既可以包括阶级与性别的非我，也包括文化与民族的非我。这种自我认同话语与直接描绘异国的相异性话语构成了内在的逻辑关联，为异国形象的形成提供了基本前提。

其次，与自我认同相关的是对世界格局的想象话语，这不是对某一个异国的想象，而是对世界整体的想象。每个具体的异国都是存在于这个世界格局中的，对世界整体格局的想象，成为具体的异国想象的基础，也是自我认同想象之外的另一个重要支撑，对世界格局的想象与知识在话语空间中就成为一种构建全局的力量。

再次，无论是自我认同还是世界格局，最终都会落实到具体的社会文化政治语境中，对于当下社会现实的认知是构建异国形象的基本动力。对于异国的描述尽管千差万别，但是这些描述最终会塑造出什么样的异国形象，最终是由想象主体(包括具体的作者和接受者)对自己所处的现实环境的判断决定的，他们对现实生活的态度决定着对异国的想象。异国只不过是想象主体借由表达自己对现实生活看法的手段。当然，现实生活包括各个方面，政治、经济、道德，甚至艺术都可能成为引发想象主体对自身所处环境的态度与判断的媒介。或许可以说，想象主体在现实生活中的感受构成了一种社会话语，它们最终决定了异国形象的底色。从具体的形态或类型看，这种对现实的判断可以通过新闻、政论等直接与现实相关的文体表达出来，也可能通过文学艺术作品这些远离社会现实的审美意识形态表达出来。总之，不管是以什么形式表达，其中透露出的对于现实生活的心理感受都会影响到异国形象的塑造，这种感受会投射到异国形象中。当然话语空间的这些基本的构成要素相互之间又是关联的，对现实状况的感受也会以各种方式投射到自我认同话语和世界意识话语中，在世界意识话语中主体也会为自我确定一个位置。各种不同的话语系统在具体的事件中也会有不同的反应，它们始终纠缠交织，形成一个动态的交错的话语场域，共同影响着异国形象的形成。

这些不同的话语系统对于异国形象的形成到底产生了什么样的作用？自我认同话语的作用主要表现在两个方面，其一是为异国形象提供了一个参照的基准，话语主体自我认同的反面就是他者形象，对自我的认同实际上是把自我与他者区别开来，表述自我也就是表述他者，所以自我认同实际上给他者形象预设了一个参照标准。对异国的具体描述一旦进入到自我认同的话语系统所设定的这个意义场中，异国形象就会从这些具体描述与自我认同的互动中被催生出来。其二是自我认同确立了想象他者的主体，有了确定的自我认同，我们就可以从这个自我的特性分析异国形象的特性。因为异国形象是主体塑造的，而主体不是空洞的抽象物，它是自我想象与自我认同建构的。自我认同确立的是相异性话语的话语主体，一旦我们认清了这种自我认同的特性，我们就找到了话语的作者——尽管这个作者也是话语中的一个位置。所以自我认同是直接导致他者形象产生的因素。任何他者形象都是特定的主体塑造的，自我认同是他者形象的作者。

世界意识话语在异国形象形成中的作用则有所不同。其一，世界意识话语建构了一个宏观的意义场域，为异国形象提供了一个明确的位置，具体的相异性文本在这个场域中就被引领到自己的位置上，具体的细节就被整体提升为一个完整的异国形象。其二，世界意识话语描绘的是一幅世界格局的图景，它建构出一个不同国家、不同文化之间相互关联又相互对比的关系，某一个具体的异国形象就是在与其他国家形象的对比中被塑造出来的。所以，一个相异性文本关于某一个特定国家的描述在世界格局话语中就会成为一个与其他国家相对比的文本。这个世界格局中其他国家的形象将被激活，从而完成对具体的相异性文本的意义生产，将具体的细节转化为国家形象。

由对现实生活的感受而形成的对现实进行判断的话语则以曲折的隐蔽的方式影响异国形象的塑造。其一，它为异国形象的形成提供了最根本的动力。正是因为话语主体在自己的现实生活中产生了某种感受，对自己所处的社会形成了某种认识和判断，才借异国形象表达出来。形象学研究的基本假设就是每个具体的形象都有其隐蔽的动机，而这种动机的来源就是对现实生活的判断。其二，由对现实生活的感受与判断形成了社会心理，使社会大众有了集体想象的基础，异国形象的集体性正是来自这种社会心理，它是一种普遍的思潮或情绪，代表着一个时代特定的国家对某些事物共有的观念。异国形象的形成，正是由这种集体的共同观念推动的。一个关于异国的相异性文本一旦触动这种普遍心理，就会在人群中流传，成为民众表达情绪的工具，异国形象就在这种群体普遍心理的激发之下被建构出来。正是在这个意义上，巴柔才说："倘或在个人层面，书写他者能够进行自我定义的话，那么在集体层面，言说他者就能用来发泄、补偿、并对一个社会的一切幻想、幻觉给出解释。"①可见，社会心理是异国形象产生的动力，也是它的温床。

如果异国形象并不是由相异性话语直接塑造出来的，而是在一个复杂的话语空间中由各种不同的话语系统共同建构的，那么我们应该如何分析

---

① 达尼埃尔-亨利·巴柔.从文化形象到集体想象物[A].孟华，主编.比较文学形象学[C].北京：北京大学出版社，2001：141.

这个话语空间？除了分析这个话语空间的构成状况之外，我们至少还可以对以下几个方面的问题进行探讨。

首先是确定这个话语空间中不同话语的影响力。我们虽然已找到了这个话语空间的基本构成要素，但是这些不同的话语系统在话语空间中的影响力并不是相等同的，相反，它们之间也存在着差异和竞争，而且在不同的具体的异国形象形成的过程中，每一个话语系统的影响力也是变化的。所以研究异国形象的形成机制研究就必然要揭示不同话语系统具体产生了多大的影响。一般而言，由现实生活的感受所导致的对社会现实产生的判断是异国形象形成的根本动力，它在异国形象形成中所产生的作用也是决定性的；而世界意识话语直接影响到异国形象的面貌与形态，其作用在于为异国形象确立一个具体的样式；自我认同话语则为异国形象确立参照系，决定着话语主体如何看待一个具体的他者，它是直接催生异国形象的力量，不透过这双眼睛，我们将看不到他者。所以自我认同话语与他者形象互为镜像，它所确立的视野是他者形象的显影剂，也可以说是他者形象的载体，没有自我认同话语，他者形象将无处存在。

其次，是分析话语空间中意义生产的规则。在话语理论中，意义是在表达中产生的，而表达本身并不是单一的语言系统的运行，而是不同话语系统在多声部应合(包括竞争)中嘈杂地运行的。不同的话语系统都有各自的意义生产的规则与机制，为一个进入这个话语空间的文本提供了纷繁的意义。一个描绘具体的异国情形的相异性文本在这样的话语空间中所形成的异国形象就是众多话语系统交织、纠缠、应合、对话的结果。其中的基本规则包括两个方面，一是不同的话语系统中存在着某种基本共识，它可能由某个主导性话语表达出来，影响着文本的基本意义的形成。二是不同话语系统之间存在着互补关系，对文本的意义进行多重建构，从而使得文本意义变得更加丰富。因为处在同一个话语空间中的文本除了基本共识之外，仍然存在着差异，所以相互之间并不是重复的，而是对话的，甚至是干扰的。即使使用同样的词语，含义也可能不同，更不用说对对象的观察角度和思考方式以及理论背景上的差异了。这就导致了话语空间是一个多声部的场域。从这两个基本的规则入手进行分析，是揭示相异性话语中异国形象形成机制的关键所在。

再次，是分辨话语的变动性，从动态的过程来分析话语空间对异国形象的形成产生的影响。话语空间中的不同话语之间具有不同的影响力，已如上文所述，同时，话语空间也是变化的。随着时间变化，随着话语主体所处的社会文化状况的变化，话语空间中不同的话语之间的影响力此消彼长，话语空间对文本所产生的影响也在变化。这些变化使得同一个相异性文本在形成异国形象时，异国形象的内涵是不同的。表面上看还是那个异国形象，但实际上其中的内涵已悄然改变。同时读者大众对于不同话语的选择也是在动态的过程中进行的，他们把同一个相异性文本带到了不同的阅读型构（formation）中，使得文本被用不同的话语系统进行理解，从而形成了貌合神离的一相分殊的异国形象。对于这种现象乔普·莱森解释说："因为形象倾向于引起普遍的共同性，而减少历史连续性形成的复杂性，所以它导致了不变的稳固的套话和陈词滥调。在实践中，形象是自动的又是可变的，就像所有的话语建构一样。"①这种变化的结果就是导致同一个形象中包含不同的内涵，甚至相反的内涵。"实践中，这些相反的形象不是互相抵消的，而是累积的。结果在大多数情况下，一个特定的国家的形象包含了不同的层面、相反的形象，在某个文本的表述中，某些方面是主导的，活跃的，而那些相反的因素却以潜在的、曲折的、微妙的形式保存下来。"②同一个形象中的这些不同层面正是不同的话语系统表述的对象，也可以说是话语空间的构成状况在文本中的映射。当文本进入不同的阅读层理，被读者用不同的话语理解时，不同的潜在因素就浮现出了，形象的不同面貌就显现出来的。所以只有分析话语空间的变化状况，才能揭示异国形象形成机制的复杂性和丰富性。

四、形象形成机制中的现实情势

话语空间的分析最终要追溯到话语系统的现实状况中。任何异国形象都是想象主体自身的处境的曲折表达。想象主体所表述的他者，只是表达过程中的一个节点，要探讨异国形象的形成机制，对想象主体的处境的分析才是终极性的。这种处境究竟指什么？处境又是如何促成异国形象形成的？在跨文化的话语分析框架中，又应该如何分析想象主体的处境？

（一）想象主体的处境

想象主体的处境是指生活在特定时空中的想象异国的话语主体所面临的历史境况、社会矛盾和文化困境，就是想象主体所面对的现实情势。任何

---

① Manfred Beller, Joep Leerssen. *Imagology: The cutural construction and literary representation of national Characters, A critical survey*, Amsterdam & New York: Podopi B. V. 2007:343.

② Manfred Beller, Joep Leerssen. *Imagology: The cutural construction and literary representation of national Characters, A critical survey*, Amsterdam & New York: Podopi B. V. ,2007:343 - 344.

一个异国形象都是在具体的语境中由具体的想象主体塑造出来的，但是想象主体不是凭空塑造异国形象的，也不仅仅是继承了历史流传下来的关于异国的传说接着编故事。历史上积淀下来的异国形象的原型或刻板印象虽然在异国形象中起重要作用，但是具体到特定的想象主体为何要塑造出某个特定的异国形象，则不是原型或刻板印象可以完全解释的。特定的异国形象是在特定语境和现实情势中被塑造出来的，这个特定的语境和情势就是塑造这个特定的异国形象的想象主体所面临的具体境况。异国形象是对这种具体境况的曲折表达或表征。异国形象表面上看直接指涉的是一个他者，但实际上是借对这个他者的言说来表达对话语主体所处的境况的判断与态度。话语主体所处的境况才是异国形象产生的真正动力和原因。正如巴柔所说："我们必须看到这样一个明显的事实：形象学文本在一个社会中，并为了这个社会起到了某些作用，而它是对该社会瞬间的且是局部的表现。这是因为他者形象使人能以另一种方式进行写作、思维和幻想。换言之，在一个作为系统场的社会和文化中，作家写作、选择着关于他者的话语，而这些话语有时是与当时的政治现实完全矛盾的。对他者的想象变成了一项连续的象征投资工作。"①可见，想象他者形象是在社会文化场域进行的，离开了这个现实基础，异国形象是不可能存在的，而异国形象则是这种社会文化现实的特殊呈现方式，是社会文化现实的表征。它扎根在社会文化现实中，但并不是对社会文化现实的记录，而是借助于对他者/异国的言说来讽喻现实境况。

那么，在这种异国形象与主体的处境的二分法框架中，是否可以认为想象主体的处境就是一种外在于异国形象的真实的现实？从主体处境的性质来说，这种处境是与主体相关联的，而不是纯粹客观的现实，如果是纯粹客观的外在于主体的现实，与主体毫不相关，对主体也无影响，那么就不可能成为主体的处境。因此，主体处境是与主体的心理、情感、思想、精神相关的社会与文化状况。尽管科学主义范式中可以把所有的社会与文化问题追溯到自然环境（如地理、气候、植被等），但是这些物质环境的影响对于异国形象的形成而言是间接意义上的，虽然它可能具有根本性，但中间要经过许多复杂的社会文化因素的转换才可能对异国形象的形成产生影响。即使是生活在自然环境恶劣的土地上的人对富庶之地的向往，或都市人对荒野的欣赏，也都是一种文化问题，而不是生物学问题。这些由自然环境引起的异域

① 达尼埃尔-亨利・巴柔．从文化形象到集体想象物［A］．孟华，主编．比较文学形象学［C］．北京：北京大学出版社，2001：140－141.

想象也已经转化为文化想象，自然因素已转化为文化的符号，表达着一种对更好的生活状态的理解。这些自然之物推动了主体改变生存现状的意志的形成，然后才影响到对更好的他者形象的塑造。从主体处境的性质看，这种纯粹的物质环境要进入主体的体验与认知的视野中，变成一种推动主体思想与情感形成的动力才能对塑造他者形象产生影响，物质环境直接影响的是物质生产活动，在劳动实践中形成了多种复杂的社会关系与文化创造，这才是培育异国形象的真正的土壤。换言之，物质的因素只在最终的意义上才是异国形象的基础。我们所要讨论的主体的处境更多的是指社会文化的境况，人的实践活动所构成的、所衍生的各种社会文化活动，才是异国形象形成时主体的处境或现实情势。

从主体处境的具体内涵看，它是主体身处其中的周遭情势。这个情势由于与主体有着关联性，所以它一定是主体感受或认知到的世界，除了上文已讨论的物质世界之外，更主要的是社会文化的世界，主要是人的实践活动所构成的错综复杂的社会环境。由于这个社会环境与主体的感受和体验相关联，我们也可以说这个环境是主体感受和体验到的世界，是一个主体通过某种视野认识到的世界。因此，这个处境与情势又是具有主观性的。从研究者的角度看，主体的处境是一种现实存在的事物，但是从想象主体的角度看，这种处境中的各种复杂关系都与主体的感受和体验密不可分。处境是主体所处的环境、所面对的情势，没有了主体的体验与感受，环境就失去了意义。

处境是人的实践活动形成的社会文化环境或情势，这种环境既是现实存在的，又是由实践活动建构的，是主体的感受和体验渗透的。从处境/情势的这种属性角度看，处境/情势与作为文化想象的异国形象之间的关系包括两种不同种类的文化活动，异国形象与处境/情势之间既是相互区分的又是相互影响的，一方面主体的处境既影响异国形象的形成，另一方面对处境/情势的文化建构中也有异国形象的参与。特别是历史上形成的异国形象会成为人们认识自己处境/情势的参照物，用来分析判断自己的处境，甚至异国形象直接被引入到现实的情势中，变成一种参与现实生活的要素与力量。比如与他国的国际关系就是如此，国际关系是主体面对的现实情势，但是又不可避免地与对他国的想象相关联，在特定的历史时期，他国形象也成为渗透现实生活、推动变革的力量。比如西方文艺复兴时期对中国的想象，十七十八世纪的中国热，都成为西方社会文化中的一种思潮，成为西方社会中想象主体建构的自身处境一种要素。

尽管想象主体的处境与异国形象之间存在着紧密联系，但是它们之间的区别也是明显的。想象主体的处境是他所身处的社会文化环境与面对的现实情势，这个具体而复杂的环境不是异国形象可以取代的。对于想象主体而言，这种切身的环境是实实在在的生存境况与必须面对的现实情势。这种境况借用异国的素材、用相异性话语表达出来，就在一个多种话语交织而成的话语空间中形成异国形象。

那么，这种想象主体的处境与面对的情势，这种现实存在的生存境况到底是如何构成的？其中至少包括三个方面的因素。其一是历史境况。这是指想象主体是生活在历史的洪流之中的，想象主体是历史的人，他既是历史的传承者，也是历史的创造者，他们身处的环境本身也是历史过程中的一个环节。从这个动态的历时性过程看，想象主体的处境中就既包含一种从历史上延续下来的关于主体及其族群的历史发展和命运问题，也包含着对未来历史发展的方向进行选择的历史责任的问题。这种历史意识是想象主体的族群得以形成自我认同与生存发展规划的重大问题，想象主体无法回避这个问题，当然也必须审慎地处理这个问题。因此，从想象主体的角度看，历史境况并不是一个纯粹客观的历史叙述所建构的平顺和谐的场景，而是一种存在诸多历史矛盾和冲突的境遇。这些矛盾和冲突，既是历史上延续下来的，从历史演变发展的角度看也是必须解决的。具体而言至少应该包括如下几个问题。一是族群的历史叙述如何延续，在面对新的环境时如何向年轻世代讲述自己族群的历史，以便建立族群的身份认同。二是面对现实的各种挑战，族群如何选择才是更合理的，才能为自己的族群选择正面的发展方向。三是如何为后代留下这个时代的遗产与智慧，让这个时代的人在历史上留下自己的地位与影响。所有这些问题归根到底都指向主体在自己的生命意义中如何建构历史之维，如何让自己的生命获得历史意义。不管是传承还是拓展，不管是建树还是影响，最终都关乎主体的生命意义与价值，具有本体性。所以，历史境况就是一个族群在历史发展历程中所处的具体境遇与面对的情势，它是一个主体之所以获得生命意义的依据。

其二，是社会矛盾。这是指想象主体所身处的社会现实中各种复杂的社会力量之间所产生的争斗，以及由此而产生的社会整体的不稳定状况。想象主体作为一个社会中的成员，是生活在各种复杂的社会关系中的，但是这种社会关系从来都是矛盾重重的，无论是阶级关系，还是性别关系或种族关系，都始终存在着结构性的不平等。想象主体作为各种社会关系的交结点，承载着社会关系中各种矛盾的重负，不可能回避这些矛盾冲突。也正是这些矛盾冲突建构了主体对现实世界、社会生活的看法，影响主体的感受与心理状况，构成主体的本质——主体总是社会的人。既然任何一个社会都是充满矛盾的，每一个社会成员都生活在矛盾冲突之中，那么，将社会看成矛盾冲突的整体或场所的理由是什么？各种社会理论所给出的解释不尽相同，马克思以生产力的发展推动生产关系的改变，来解释社会关系中的矛盾已广为人知。齐美尔则从个体与社会的关系来解释社会矛盾的起因，他说："……社会化的事实使个人处于双重的地位上。我从这种双重地位出发，认为个人被包括在社会里，同时与社会相对峙，是社会的有机体的一个环节，而且同时本身又是一个完整的，有机的整体，是一种为社会的存在和一种自为的存在。然而，建立在此之上的特殊的社会学的先验的本质和意义是：在个人和社会之间的之内和之外并非两个并存的预定目的——虽然它们偶尔也这样发展，而且直至发展为相互敌意——而是它们表示社会生存的人的完全统一的地位。……这种统一体，我们只能通过综合来表示，或者通过两种逻辑上针锋相对的预定目的的同时性来表示：他的生存既是由社会所决定的一个环节，又是自为的存在；既被社会所生产，又被社会所包括；以及既超出自己的中心又为了自己的中心。"①齐美尔在此所揭示的社会的本体性矛盾是由两个方面构成的，一是个人与社会之间的社会化与反社会化的矛盾；二是个人自身的自我中心与超出自己的愿望的矛盾。与马克思相比，齐美尔对社会矛盾本质的揭示角度和思考方法都不同。马克思是从社会发展的动力来寻找社会矛盾的原因的，齐美尔则从个人实际生存状况来解释社会矛盾的；马克思是从社会总体结构上来认识社会矛盾的；而齐美尔则是从个体的感受上来理解社会矛盾的。可以说他们代表了两种不同类型的社会理论，但都把社会关系中的矛盾看成本体性的。他们所提示的社会矛盾的原因可以相互印证补充，共同解释了个人作为想象主体无法摆脱社会矛盾这个必然的状况。

其三，是文化困境。这是指想象主体在体察自己民族的文化状况时所发现的难以解决的境况。想象主体不仅是历史的主体和社会的主体，更是文化的主体。一个族群是靠自身的文化而存在的，没有文化，族群也将不复存在。一个具体的主体关于自我与他人、自我与社会、自我与世界、自我与历史的关系的认识都其民族文化建构的。这些由先民创造并留传下来的智慧是这个民族的标志，这个族群中的成员对世界的看法就是来自这种文化传统。那么，文化困境为何形成？一种文化自身已有的资源无法应对现实生活提出的问题，是第一个原因。当这个文化传统面对新的问题时，就必然

① 齐美尔. 社会是如何可能的[M]. 林荣远，编译. 桂林：广西师范大学出版社，2002：371－372.

要在已有的知识中寻找解释/解决这些新问题的依据，文化传统就要接受新问题的挑战，当文化传统无法解释/解决这些新问题时，就陷入困境之中。由此可见，文化困境的形成主要的原因在于无法解决新问题带来的挑战。第二个原因是文化传统的后续发展遇到难以解决的局限，以至于其原有的核心观念都难以维持。这在承受这种局限之苦的一代人那里便形成文化焦虑。马修·梅尔科在论述文明发展的过程时指出："一旦一种或一系列相关的模式过了顶点，三种可能性有待选择：它们可能解体消失；它们可能在稳定的状态中保持不变；或者它们可能经历一段转型期；期间，出现进一步发展之前，解体发生，同时增加了新元素。像较小的体系一样，文明面临这些选择：要么解体、僵化，要么重构并进一步发展。"[①]马修·梅尔科所说的文明是指高度发达的复杂的文化。即使是这些成熟的高度发达的文化，也难逃或解体，或僵化，或重构的命运。无论是哪一种命运都会形成文化的困境，使得该文化中的成员无所适从。这种看上去带有悲观色彩的文化观念其实说出了人类文化的本质。

（二）现实情势对异国形象的塑造

想象主体所处的境况即是一种现实中存在的情势，又与主体对这种情势的体验与感受相关。这些情势对于异国形象的塑造起到了什么作用？它们是如何影响异国形象的形成的？想象主体所处的境况是各种力量错综复杂地交织在一起相互角力而造成的一种局面，想象主体在面对这样的局面或情势时，必然产生内心的感受或心理状况。当他们表达这种感受与心理状态时，就会借用某些方式，包括特定的表达技巧，也包括特定的题材、既有的象征符号或原始意象。异国形象也是一种表达方式，它是主体在表达自己对所处的境况的感受时的一种途径，也是主体在表达自己的这种感受时形成的。异国形象既是表达的方式，也是表达的结果，它是想象主体处身境况的表征。

具体而言，历史境遇对想象主体的影响主要表现在两个方面。一是想象主体必须对自己所面对的历史境遇进行判断，给予其清晰的历史定位。无论是对历史渊源的追溯，还是对未来的前景的构想，想象主体都必须立足于当下的境遇进行合理的说明。二是在心理层面，历史境遇会给想象主体带来深层的或隐或显的影响，使想象主体呈现出或自信或自卑，或乐观或悲观，或欢欣或焦虑的心理状态。这两个方面都会对异国形象的形成产生复杂的影响。前者在想象主体的族群历史叙事中形成一个以自我为中心的参

---

① 马修·梅尔科.文明的本质[M].陈静，译.北京：中国社会科学出版社，2017:32.

照系，把异国作为一个对比项，从而证明自己的历史境遇在历史叙事中的地位。比如启蒙运动时期建构的进步与停滞的历史叙事中，西方的想象主体把东方设定为停滞的，从而证明西方的进步。这种在自我中心的历史叙事中完成的对自身历史境遇的认知，就形成了一个潜在的塑造异国形象的知识背景，异国形象就在想象主体判断自己的历史境遇时被附带地描述出来。后者的情况更复杂，想象主体的心理状况在异国形象的塑造过程中所产生的影响更难以确定，也难以在异国形象中被分析出来。但是想象主体的心理状况一定会汇入社会心理的大潮中，融入集体想象物中，这种心理状态会通过各种不同的方式，在不同的文本中表达出来。异国形象是其中一种特殊的方式，它是借助于讲述其他国家的故事、描述其他国家的情形、预设其他国家的性质等方式，来表达想象主体在自身的历史境遇中形成的心理状态的。异国形象成为想象主体心理状态曲折的表达，一种表征或一种征候。比如 20 世纪初西方所塑造的“黄祸形象”，就是西方想象主体的恐惧心理的表征，他们把东方看成是一种将对西方进行报复的野蛮形象，其原因正是因为在西方历史境遇中，西方的现代历史发展暴露出了内在矛盾，西方的现代文明发展道路陷入危机之中，前途未卜，前景黯淡。这种对自身历史发展方向的忧虑与当下历史境遇中的矛盾与危机所导致的恐惧，最终投射到了东方形象上，“黄祸形象”就是在这样的历史境遇中产生了，它不是东方的写照，而是西方恐惧的征候。从这两个方面看，历史境遇对异国形象的影响是通过想象主体对历史境遇的感受为中介的，而想象主体对这种感受的表达又是间接的，异国形象作为想象主体表达心理感受的方式，是对历史境遇的表征。它不是直接记录历史境遇的，却难免传达出历史境遇的气息，成为历史境遇的征候。

从社会矛盾方面看，想象主体所身处的当下环境中充满了由各种社会关系构成的矛盾冲突。想象主体也同样需要对这些矛盾进行分析判断，进而对自己所身处的现实生活形成认知，当然也必然会对这种现实状况产生心理感受，形成某种心理状态。无论是认知还是感受都有某些不便于直说的部分，要借助于异国的话题表达出来。因此，异国形象是想象主体所身处的现实社会中各种复杂矛盾的折射，也是一种表征或征候。与历史境遇中的表征不同的是，社会矛盾与想象主体的切身利益密切相关，所以对现实生活中社会矛盾的认知与感受无法避免地带有意识形态的性质，即从想象主体的立场出发对社会矛盾采用有利于想象主体的表述。乔治·拉伦讨论意识形态概念的含义时就明确指出：“意识形态仍然是一种歪曲的思想，试图掩盖现实，不过它隐瞒的不只是阶级统治，而且也包括其他形式的统治，如种族压迫，性别压迫和殖民压迫。”①可见，想象主体在自身所处的现实中从利益出发而对社会矛盾进行意识形态的表述是全方位的，这就提醒我们关注社会矛盾对异国形象的影响的方式。

首先，当异国作为一种社会力量出现在想象主体所处的现实生活中时，想象主体是会用一种有利于自身的方式来表述他与异国的关系的，异国形象便会在这种意识形态话语中被塑造出来。在殖民主义时代，西方宗主国正是用殖民主义话语塑造殖民地形象的。萨义德的“东方主义”理论所批判的正是这种为了西方的利益而有意无意地东方化东方的意识形态，在西方话语中所塑造出来的东方形象，不仅是西方社会复杂矛盾的结果，而且也是为了西方的利益服务的。

其次，当想象主体所面临的社会矛盾并不与他国直接相关时，异国形象就成为想象主体所面临的本国现实生活中社会矛盾的投射。这种借异国题材表达想象主体所面临的问题的方式在跨文化想象中是一种普遍的表达方式。在本国无法直接表达的观念，便借助于异国题材来表达。所导致的结果就是异国形象成为主体本国的镜像，而本国的社会矛盾则成为异国形象形成的动力，成为一种潜在的根源。当然，这种由想象主体所面临的现实社会矛盾所推动产生的异国形象其实也是一种掩盖现实矛盾的意识形态。它不可能是对异国的真实记录，想象主体的根本目的不是记录异国的真实状况，而是表达自己对面临的社会矛盾的看法。这种镜像式的异国形象因此就具有双重性：一方面想象主体借用具体的细节将其转化为异国的整体形象，另一方面，这个象征化了的异国形象又隐含着主体对本国社会矛盾的认知。在这个双重符号化的过程中，异国形象形成的真正原因——想象主体所面临的社会矛盾反而被隐蔽起来。

就文化困境方面看，想象主体在自己族群中随着文化的剧烈变迁或僵化所产生的不适应也会引起其对自身文化的反思，从而为其想象异国文化构建一个基本的起点，自身文化的困境构成了想象异国形象的动力，投射到异国形象上，形成了对异国的想象。文化困境对于异国形象的影响有两种基本方式：

一是以“反向意指”的方式建构异国形象，即从自身的文化困境出发美化或丑化异国形象，将解决文化困境的构想作为塑造异国形象的胚胎，以此塑造出乌托邦式的或意识形态式的异国形象。在这种方式中，文化困境只

① 乔治·拉伦.意识形态与文化身份：现代性和第三世界的在场[M].戴从容，译.上海：上海教育出版社，2005：18.

是塑造异国形象的动力，对解决文化困境的方案的设计才是塑造异国形象的直接的模板。想象主体对自身文化困境的认知与判断以“反向意指”的方式存在或被表达出来的。这种反向意指的乌托邦形象在西方文艺复兴时期的“孔教乌托邦”中国形象中得到了经典的呈现。当时，西方文化的困境是基督教统治的僵化所造成的文化上的压抑，而解决这种文化困境的方式就是建立人文主义的充满活力的文化，“孔教乌托邦”就是在这样的文化困境中塑造出来的中国形象。这个以儒家人文主义为特征的文化形象，既是世俗的又是人文的，它不仅体现在社会的繁荣，也体现在文化的辉煌。这个“孔教乌托邦”就是与西方中世纪晚期文化困境相对照的，从相反的方向意指西方的黑暗现实是教会造成的文化困境。相应的是启蒙运动中的意识形态化的中国形象，则是因为西方需要解决现代性自我认同的困境而建构的。完成启蒙的西方要在文化身份上确立一套新的话语，给现代的西方建构一种新的认同，把东方想象成停滞与落后的形象就从反面完成了这个任务。这种中国形象也从反向意义上表达了西方的文化困境。这个困境就是建构现代性自我认同时与文化传统产生的矛盾。

二是想象主体对文化困境的感受导致其对异国形象的塑造带上虚幻色彩。比如异国形象的乌托邦性质超出了解决文化困境的具体方式的范畴，而带上心理救赎的意味。就塑造异国形象的方式而言，虚构与幻想成为重要的手段。文化困境给想象主体带来的不仅是现实的困扰，还有心理上的焦虑与绝望，当在现实中找不到出路的时候，幻想的乌托邦就成为心灵救赎的方式。希尔顿的《消失的地平线》中对于中国的想象就是一个典型的例子。在西方现代文明导致世界大战的背景下，无法找到出路的西方人只好幻想中国西藏的神秘境地有一种文化的力量能够拯救西方人的心灵，带领西方走出文化的困境。周宁先生指出：“我们可以在《消失的地平线》中看到乌托邦，但看不到孔教。……香格里拉作为最后的东方乐园，已与孔教乌托邦有不同的含义。在它所提供的启示中，有印度的神秘，中国的优雅，还有基督教天国的精华。香格里拉的首脑，佩罗大喇嘛，竟是西方传教士。香格里拉是人间最后一块净土。在世界劫难中负载着人类文明的薪火。”[①]香格里拉的特别之处在于它的虚幻性。与孔教中国这个能在现实中找到对应物的乌托邦不同，香格里拉是一个虚幻的想象中存在的。它的功能在于心灵的救赎，而不在于能对文化困境提供具体的解决之道。

---

① 周宁.著/编注.孔教乌托邦[M].北京:学苑出版社,2004:192.

（三）现实情势的分析方法

在跨文化形象学研究中，应该如何研究想象主体的处境与面临的情势？讨论这个问题的前提是这种处境与情势是与形象相关的，是想象主体在塑造某个特定的异国形象时的处境和情势。无论是历史境遇、社会矛盾还是文化困境都不是孤立于这个特定的异国形象的，它必然是与想象主体联系起来的，或被想象主体锚定的特定的处境与情势。所以，作为历史与社会文化现实的情势，与想象主体及其对异国的想象构成了一个完整的有机体。跨文化形象学所要分析与研究的是这样一种有机整体中的处境与情势。它不是漫无边际的，也不是牵强附会的。这个被想象主体锚定的现实应该如何分析？

首先，必须确定想象主体的身份。既然我们要分析的现实处境与情势是由想象主体来定位的，那么确认想象主体是谁则是一个理所当然的选择，这是探讨想象主体现实处境的切入点。那么，想象主体的身份如何确定？其一是要从他所书写的异国形象文本中来确认，找出作者，分析他的生平经历、思想状况，特别是他书写这个文本的时间、地点以及思想状况。这些基本信息直接与现实情势相关联，而作者也成为那个特定的现实情势的亲历者和见证人。对作者生平经历与思想状况进行分析，一方面可以确定现实情势的范围，另一方面也为分析现实情势找到一个切入点，把作者作为观察情势的一个窗口。其二，把特定文本的作者作为一种话语功能，或话语系统中的一个位置进行分析。这将把特定的作者纳入到异国形象的话语系统中，乃至一个族群的话语生产的系统中，借此可以对特定文本所身处其中的话语空间进行考察，这样就可以观察到这个话语空间背后的现实情势。正如福柯所说："我们可以断定，作者的名字不像专用名称那样，从话语的内部移到生产话语的，处于外部的真正的人，作者的名字仍然处于文本的外形线上——使它们彼此分开，限定它们的形式，表示它们存在的特征。它指向某些话语群组的存在，并涉及这种话语在社会和文化中的地位。……在这种意义上，作者的作用是表示一个社会中某些话语的存在，传播和运作的特征。"[①]对这种作为话语标志的作者的确定，就可以直接把一种话语的类型或群组放在社会文化历史背景中进行分析，并进而探究产生这些话语类型与群组的现实情势。尽管福柯反对将作者实体化、肉身化，但是即使把作者当成话语的标志，最终仍然要将话语与社会文化现实联系起来研究。所以，

① 米歇尔·福柯. 作者是什么？[A]. 逢真，译. 王逢振，盛宁，李自修，编. 最新西方文论选[C]. 桂林：漓江出版社，1991：451.

无论是将作者看成是一个独立的活生生的个体，还是作为话语群组的标志，都是不排斥这种从作者的角度锚定现实情境的方法的。

其次，对现实情势的跨学科分析。如前所述，现实情势作为想象主体的处境至少包括历史境遇、社会矛盾和文化困境三个方面。因此，对这种情势的分析与判断就需要运用跨学科的研究方法，综合运用历史学、社会学、文化研究的方法，来对想象主体所处的情势进行分析。尽管这三个领域有诸多交叉重叠之处，但是如果从单一的学科出发来讨论是难以对其进行全面把握的。这种跨学科的研究方法应该如何运用？其一是运用不同学科的理论方法分析想象主体在现实生活中遇到的问题，或现实生活中所发生的事件。在这个意义上，对现实情势的分析判断是一个在不同学科框架中解释现实的活动，研究者应该对不同学科的理论方法进行深入的研究，并从中汲取可以用来分析想象主体所处的现实环境的观念与方法，从而形成对于想象主体所处情势的理解与判断，探究他所面临的处境中主要的危机与困境何在。其二是从主体的立场与观察视角去发现他所处的现实情势的具体状况，捕捉其中的矛盾线索，揭示出对于想象主体而言真正的困境是什么。这种主体视角是一种身在其中的综合性视角，也是一种打破了学科界限的跨学科视角。其三，将不同学科的理论融合起来，形成一个分析想象主体所处情势的综合性分析框架，从而完成对这个现实情势的判断，找出导致想象主体塑造出特定的异国形象的总的根源或综合性的原因。总之，不同学科之间的协调是跨学科研究方法的关键，而无论什么样的理论方法，最终的目的都在于对想象主体所面临的现实处境进行全面透彻的分析、判断和解释，不同学科之间的协调是在解释现实情境的活动中完成的。

再次，是深描法，即围绕着形象学文本而对想象主体所使用的表达方式以及背后的现实原因进行探究的方法。想象主体所处的现实情势是被想象主体的身份锚定的，想象主体的身份划定了一个现实情势的时空范围，但是在这个时空范围内到底是哪些矛盾与困境导致了异国形象的形成，则要依靠反向推演，即从文本出发向现实情势进行挖掘，人类学中的深描法就是这种反向推演的有效工具。深描法本来是人类学中用来解释人类文化活动中的意义系统的一种研究方法，它把文化看成是依一套意义生产系统进行理解的实践活动。不光是语言，还有人类的具体行为甚至包括表情在内的所有能够传达意义的活动都属于文化，而要理解这种文化就必须掌握其中的意义生产系统。简言之，人类学不能只关注表面现象，要深入到意义生产系统中，才能明白一种文化的运作方式，才能与这种文化中的成员进行交流。格尔兹在讨论深描理论时所说的一段话，概括了深描理论与方法的基本内涵："我们的双重任务是揭示使我们的研究对象的活动和有关社会话语的'言说'具有意义的那些概念结构；建构一个分析体系，借助这样一种分析体系，那些结构的一般特征以及属于那些结构的本质特点，将凸现出来，与其他人类行为的决定因素形成对照。"①这种深描法实际上是追溯文化现象的意义生产过程与机制的方法，因此它必然要从一个具体的符号或文本出发，深挖到社会和历史文化的现实情势中，把文本放回到它所产生或被理解的语境中。格尔兹说："作为可解释性符号……的交融体系，文化不是一种力量，不是造成社会事件、行动、制度或过程的原因；它是一种这些社会现象可以在其中得到清晰描述即深描的脉络。"②可见，深描是对社会文化现象进行全方位的全景式描述的一种方法。解释一种社会文化现象，当然不能只分析到其概念结构或话语系统层面，最终必然要落实到现实情势上。不管是社会矛盾，还是历史境遇或文化困境，都是文化现象形成的真正动力和原因。

那么，在跨文化形象学中如何运用深描法来分析想象主体面临的现实情势？其一是对文本的表述方式进行征候式阅读，寻找文本中的缝隙或征候，这是想象主体有意无意地流露出他在特定的情势中的感受或心理状态与思想状态之处。如果跨文化形象学文本可以判定为想象主体对自身处境的隐曲式的表达，那么这些征候恰恰是值得关注的特殊标记。辨认这些征候当然又有特定的方法，将异国的其他文本与被解读的文本所描写的异国的状况进行比较（特别是与异国人自己的表述相比较）是一种容易发现差异或征候的方式。即使是重复已有的表述，运用已有的原型形象，也必然有其特定时代、特定语境中的含义。文本中出现的差异之处则更是应该特别关注的现象，由此深入挖掘，就会追溯到现实情势。这些征候的背后一定有它们产生的原因，而这些原因则是现实情势中影响异国形象形成的真正动力。其二，解析形象文本所使用的特殊手法。现实情势虽然是异国形象形成的最后动力，但是异国形象不是对想象主体所处的情势的直接记录，相反，形象文本与现实情势之间是间接的隐曲的关系，其中表达手法更接近于梦的表达方式。因此，通过分析文本回溯现实情势是一项复杂的工作。文本中大量的细节未必都能在现实情势中找到对应物。因此，有必要将单个符号分析拓展到主题分析和象征模式分析、原型分析。所谓主题分析就是对形象文本中的总体倾向或整体意蕴进行概括，然后再回溯想象主体所处的现实情势，寻找文本的倾向和意蕴与现实情境的联系，借此考察现实情势的具

① 克利福德·格尔兹.文化的解释[M].纳日碧力戈，等，译.上海：上海人民出版社，1999：31.

② 克利福德·格尔兹.文化的解释[M].纳日碧力戈，等，译.上海：上海人民出版社，1999：16.

体状况。象征模式分析是对形象文本中的叙事结构或意象的构成方式进行分析概括，找出其中基本矛盾冲突的结构，然后再回溯到现实情势中，解释这种矛盾结构的形成动因。在结构主义理论中，现实情势中的矛盾与困境也会以相同或相似的结构呈现出来，这就为象征模式分析提供了理论依据。原型分析是一种“向后站”以观察文本中的隐含结构或深层心理意象的方式。弗莱的原型批评理论所成功运用的这种方法的启示在于，可以从文本纷繁复杂的具体描写中概括出基本的思维模式或原始意象，然后再将其与特定的情势联系起来，以解释形象文本中异国形象形成的动因，并回溯到现实情势的具体状况。总之，想象主体所处的现实情势是异国形象形成的最终动力。异国形象一定不是凭空产生的，任何特定的异国形象的形成原因，最终都可以在想象主体所面临的历史境遇、社会矛盾和文化困境中找到。正是在这个意义上，异国形象所表达的不是对异国的认识，而是对想象主体自身处境的认识，他对自身处境的认知与判断、感受与期望都隐曲地潜藏在异国形象之中。

从跨文化的视角来研究异国形象，核心问题是想象主体对异国形象的决定性影响。巴柔说：“事实上，在许多情况下，人们所谈论的交流是单向的：他是某个个人，某个集团的行为，他们面向异国而不要求任何相互的效果，不要求任何反馈也不要求对方理解自己的感情。在所有这些情况下，当然都会有他者的形象，对他者的描述，但他者不仅仅‘被注视’，而且必须缄口不语。”①这种单向性在跨文化研究中导致了不同文化之间的不平衡性，将异国形象的研究集中在想象主体及其文化状况的研究上。但是跨文化研究的一个特性是采用跨越想象主体与被想象的他者之外的第三方视角，所以被注视的沉默的异国仍然会进入研究者的视野。异国形象作为一种象征形式表达着想象主体的状态，异国的自我表述也成为一种参照系，反衬出想象主体对异国的想象中出现的诸种征候。如果说在想象主体的话语中异国是沉默的，但是在跨文化形象研究中，研究者必须从异国的沉默中听出其自我表述，从想象主体编织的语言的牢笼中解救出异国，让它作为一个见证人与想象主体塑造的异国形象进行对质。跨文化研究中的想象主体与被想象的他者就因此而获得了平等的地位，尽管他者的言辞仍然少得可怜，但是他的权利却是与主体相同的。

① 达尼埃尔-亨利·巴柔.从文化形象到集体想象物[A].孟华，主编.比较文学形象学[C].北京：北京大学出版社，2001：141.

第三章　展示性文本中的异国情调乌托邦

从跨文化的视角来研究异国形象必须落实到具体的形象文本解读中。不同类型的文本对形象的形成一定会产生影响。展示性文本塑造的形象由于采用直接呈现材料的方式或亲历者的叙事视角，呈现出逼真效果，因此而使得形象具有开放性，需要读者自己去体悟异国形象的特性。

展示性文本这种不预设立场的特性为探讨其所塑造的异国形象提供了一个开放性的讨论空间。对于同一个文本，读者可能建构出相反的异国形象来。当然，这种开放性并不意味着展示性文本所塑造的异国形象就没有一个主导的倾向，这些主导倾向一方面来自作者对于这个文本所描绘的异国形象的基本态度，另一方面也来自文本产生的时代其他文本对于相同的异国所表达的立场。这种立场作为集体想象物中的元素将在塑造异国形象时产生至关重要的影响。它为展示性文本塑造异国形象提供了支持。当然，文本产生时的文化状况与现实境遇是异国形象形成的最终原因。那么我们为什么选择毛姆的《在中国屏风上》作为展示性文本来解读？首先，因为毛姆的这个文集是他在中国游历时的所见所闻的直接呈现，他没有预设立场。如果说有什么预设的话，就是他是带着调整自己抑郁心情的目的到中国来的。但他并没有因此就刻意美化中国，而是把的见闻“如实”地呈现了出来。其次与罗素、杜威等对中国的观察不同，毛姆的游记更直观更感性地展示了中国各个阶层的生活状况，展示了更丰富的素材，这对于塑造中国形象而言更具有形塑功效，可以把中国形象更直观更生动地呈现出来。再次，毛姆的这部游记在时间上正好出现在20世纪初西方的中国形象出现转折的关键时间节点上。西方人从“黄祸”的恐惧中逐渐恢复过来，第一次世界大战的灾难促使西方人开始重新审视自我，需要一个古老的异域文明作为参照，因此，中国再次进入西方人的视野，成为治疗西方创伤的一线希望。毛姆的《在中国屏风上》正是这种集体想象的代表。他用直观呈现的方式展示了一个虽然饱受摧残却仍然保持其祥和安宁的乌托邦形象。

那么，作为展示性文本的这部游记到底是如何塑造中国形象的？通过这个文本我们又如何发现当时西方面临的文化困境?

第一节　作为文学形象的中国形象

《在中国屏风上》是英国作家萨默塞特·毛姆(Somerset Maugham)根据1920年在中国的旅行经历写出的一本散文集。毛姆的文学家身份和这部作品的文体属性使我们有理由在分析他笔下的中国形象时从文学形象入手。在形象学的意义上,形象是一个民族通过对另一民族的集体想象而进行的表意实践。这个定义并不排斥文学形象,因为文学形象从广义上说也是一种通过集体想象展开的表意实践,只不过这里的集体想象是文学性的想象,是审美的想象。从狭义上说,文学形象只是作品中的一个层次,是作品的文本释放出来的意义所构建出来的具体可感的情景/画面,这些情景/画面的价值在于其审美的特性,至于这些情景/画面将产生什么样的意义则另当别论。[①] 形象学处理文学作品中形象的目的在于将文学的审美形象引导到文化想象的语境中,阐释文学作品中的形象是如何成为形象学意义上的表意实践的。它要实现文学形象与文化想象的整合。

那么,毛姆的《在中国屏风上》所塑造的中国形象是如何从文学形象转化为文化想象的?

一、具像的形成

作为展示性文本的《在中国屏风上》所塑造出来的作为文学形象的中国形象,从性质上说是东方情调的审美展现。在这部作品中,作者通过五十八篇短文完成了一个具体可感的具有东方情调的完整情景/画面。这个文学形象之所以让人感到美,一方面是由于东方情调的异域特征,让人可以欣赏、玩味,另一方面是由于作者高超的描写手法,他精巧地组织了各种素材,构成了一个有效的结构,使东方情调得以完美地通过可感的形象展示出来。这个充满东方情调的中国形象到底包括哪些要素,它们又是如何被展示出来的?

文学形象虽然只是作品中的一个层次,但是这个层次又是十分复杂的。它是由文本释放出来的意义建构出来的,但它又不是直露地展现的,其中经

① 当然,文本释放意义的过程也是读者理解文本意义的过程。文本中的意义是读者理解出来的,这些意义塑造的形象也是读者建构出来的。

过了复杂的过程，从而使形象本身又可以分成不同的层次。从复杂程度（同时在某种意义上也是先后顺序）而言，文本释放出来的意义所构成的形象至少可以分为具像、侧像和全像三个不同的层次。具像是文本所提供的构成一个完整形象的具体细节，它直接来自现实素材。当然，当它进入形象形成的过程，作为形象的一个构成要素时，它的意义已经脱离了现实语境，而进入到形象学的意义网络。因此，具像不是对现实的反映——这不是说它是作者凭空虚构的，而是说我们已经摆脱了具像与现实的关系来讨论它，简言之，它是不是现实的反映已无关紧要——它是一种形象学符号，是构成形象的一种要素，所以具像也可以称为具像符号。侧像是完整形象的某个侧面，它是若干具像符号组合以后构成的完整形象某个侧面——也是这个完整形象的组成部分。而全像则是完整的形象，是各种要素综合起来之后所构成的对某个对象的完整表现。全像当然不是各个形象学要素的简单相加，而是综合之后的总体特征。值得注意的是，这些总体特征有时也可以直接用一个句子生动地概括出来，但是其丰富内涵，则由那些丰富的细节/具像符号以及不同的侧面特征/侧像来展现。①

作为展示性文本的《在中国屏风上》对具像符号的选择具有鲜明的特征。首先，这些具像符号几乎都是可以观察到的物像，是由通过感官直接观察得来的对事物的外在形态的印象构成的。由于毛姆本人不懂汉语，他的旅行也基本上是走马观花式的，因此，他对中国的了解和印象主要来自他能亲眼所见、亲耳所闻的那些中国事物。像和辜鸿铭（毛姆没有提到任何中国人的名字）用英语进行深入交流的情况是绝无仅有的。毛姆只讲他对中国的观感，而没有讲中国的故事。在《山城》一文中毛姆说出了他的这种处境："你说不出在你身边涌动着的这些众多的生命意味着什么……借助你的想象，你差不多可以将他们当作你自己的一部分。但这些人对你来说毕竟是陌生的，正如你对他们也是陌生的一样。"②这种陌生感使毛姆虽然身在中国，却仍是一个旁观者，他所看到的中国也只是表面上的直观的印象。其中描写最多的是景物，比如第一篇《幕启》中的北京的黄昏、《天坛》中的天坛、《长城》中的长城、《罗曼司》中江上的温馨夜景、《小城风景》中的婴儿塔、《山城》中的喧嚣的重庆，甚至还有《鸦片烟馆》中安宁的烟馆等等。而写到中国人的时候，也主要是描写外表的，比如《小伙子》中的中国青年，《祭神》中的

① 这种用一个句子概括整体形象的现象在展示性文本中与证明性文本中都有，区别在于证明性文本中的概括是预先设定的，展示性文本中则是无意中表达出来被读者与社会大众认可并传播的。

② 毛姆. 在中国屏风上[M]. 唐建清，译. 南京：江苏人民出版社，2006：167.

中国老妇人，其中刻画最深刻的要算《内阁部长》中的那位爱好收藏的贪官了："我从一开始就知道他根本就是个恶棍，腐败渎职、寡廉鲜耻，为达目的不择手段。他是一个搜括的高手，通过极其恶劣的手段掠夺了大量财富。他是个虚伪、残忍、报复心强、行贿受贿的人，中国沦落到他所悲叹的这个地步，他本人也难辞其咎。然而，当他拿起一只天青色小花瓶时，他的手指微曲，带着一种迷人的温情，忧郁的目光仿佛在轻轻地抚摸，他的双唇微微张开，似乎发出一声充满欲望的叹息。"①毛姆没有说他何以知道这位内阁部长是个恶棍，他的描写仍然限于与这位中国高官的交流以及对他的观察。

其次，这些具像符号充满个性特征，融入了毛姆的个性情感和独特体验。正是因为毛姆只能从外在形态上观察中国的现实，对于自己所看到的东西就难以"客观"判断(其实即使在中国生活多年的外国人也难以客观)，他对中国的各种具体细节、材料的记述中总是充满着个人体验的成分。毛姆自己的创作主张就是写作本身最重要的是个性，而不是材料。在《漂泊者》一文中，他写了一位在中国生活多年，经历丰富的英国人，但是这些经历并没有把这位英国人变成一位有趣的人，毛姆说"他的经历仅仅是肉体的，从没有达到心灵的高度。""那就是为什么他有如此丰富的素材，写出的文章却索然寡味，因为在写作中，更重要的不是丰富的材料，而是丰富的个性。"②这种个人体验对具体材料的渗透不仅仅是对自己无法介入现实对象这个缺陷的弥补，而且更是作者自觉的艺术追求。他自己也坦承，这五十八篇短文是他在中国旅行时随手记下来的材料，稍加整理之后完成的。"……当把它们排列好，我从中发现了一种新鲜感，那些文字是在我记忆鲜活的时候记下来的，而如果我将它们精心加工成一个故事，这种感觉就会不复存在。"③这些鲜活的个人体验在具像符号形成的过程中起了什么作用？它的作用就在于通过作者的体验把从现实中获得的"客观材料"主观化，作者的体验就像是一把刀子从现实当中切取一块，放进了自己的主观世界之中。它帮助主体建立起了主观领域与现实世界之间的界面，进入主观领域的那些材料就变成了具像符号，成为构建完整的形象的元素。当然毛姆作为一位文学家，他的感觉与体验也是文学化的、审美化的。这些特殊的感受和体验与现实中具有独特特征的细节相融合，使得他所建构出来的具像符号又具有独特的审美品质，生动、鲜活、富有美的韵味。比如《江中号子》中毛姆

① 毛姆.在中国屏风上[M].唐建清，译.南京：江苏人民出版社，2006：12.

② 毛姆.在中国屏风上[M].唐建清，译.南京：江苏人民出版社，2006：9.

③ 毛姆.在中国屏风上[M].唐建清，译.南京：江苏人民出版社，2006：3.

这样描绘了江边纤夫们的号子："他们不停地上上下下，而在举步维艰时发出的有节奏的呼号也是不间断的，'嘿，哟——啊，嗬'。他们都赤着脚，光着上身，他们汗流满面，他们的号子是痛苦的呻吟，是绝望的叹息，是揪心的呼喊。这声音几乎不是人发出的，那是灵魂在无边苦海中的、有节奏的呼号，它的最后一个音符是人性最沉痛的啜泣。生活实在是太艰难、太残酷了，这是他们最后的绝望的抗议。这就是江中号子。"①这段文字中，纤夫们的举步维艰的身影，"嘿，哟——啊，嗬"的号子声是现实对象，但是这些对象不是没有意义的，也不是纯客观的记录，后面的那几个句子饱含感情，写出了作者对于号子的体验与感受。纤夫们自己也一定不知道他们的喊声中还有这么深刻的意义。这是毛姆的个人化的体验，在此"江中号子"便从一种中国语境中抽离出来，进入毛姆的视野，进入西欧语境。这个中国的素材就变成了西欧表现中国形象时的一个具像符号。当然，作为一篇文学作品，其中饱含感情。丰富的情感与简单的呼号之间的融合，加上纤夫们的身影形成了一个具有美感的画面。这个具像符号给人带来了审美的感动。

再次，毛姆在建构中国的具像符号时，还采用了间接的方式，通过其他人（主要是在华外国人）的眼睛来看中国。只不过此时毛姆多半采用反讽式的对比，即通过讽刺在华外国人对中国的蔑视与否定来表达毛姆自己对中国的看法。毛姆自己所要描绘的具像符号，就隐藏在那些在华外国人的言语和态度中，这也是毛姆独特的表达风格。比如《基督复临派教徒》一文通过一位美国传教士的眼来写长江上的景色："这是他第一次在长江上旅行，但他对周围的景色毫无兴趣。他从不欣赏一下从他身边流逝的滚滚江水，也不关心日出或日落时分，日光给景物染上一层忧伤还是柔和的色彩。挂着白色横帆的大船沿江平稳地顺流而下。月亮出来了，她给壮丽的大江披上一层银沙，给岸边绿树掩映中的庙宇添了一道奇异的神秘之光。而对这一切，他就是提不起兴致。"②这段文字中有两层视野，一是"他"即传教士的视野，对这些景物毫无兴趣，另一层是毛姆的视野，他是那景物的实际描述者。尽管我们可以看出作者可能是带有欣赏的态度来写这些景物的，但仍不能确定。直到作者把这位传教士的个性写出来，才有了确定的判断："也许他曾经对感化异教徒有过坚定的决心，现在已经一点看不出来了。他把所有的事都当成生意来做……他似乎认为中国人头脑简单，就因为他们不

① 毛姆. 在中国屏风上[M]. 唐建清，译. 南京：江苏人民出版社，2006：92.

② 毛姆. 在中国屏风上[M]. 唐建清，译. 南京：江苏人民出版社，2006：102.

了解他所做的真情，他就觉得他们愚昧无知。”①由于毛姆否定了这位传教士对待传教事业和对待中国的态度，这位传教士对于长江上景物的“毫无兴趣”也就确定无疑是一种平庸的态度。相应地，毛姆所描绘的这处中国风景也转变成一种具像符号，越发显得内涵丰富，更有文学的意味了。类似的情形也在《大班》中有直接的展现，英国大班在临死前的梦境中出现了许多中国的具像：“他害怕起中国城市的这些弯曲、拥挤的街道来，觉得中国庙宇重叠繁复的屋顶中阴森可怕，那儿游荡着狰狞和痛苦的鬼魂。他讨厌刺鼻的怪味，也讨厌这儿的人。他讨厌那一大群的一身蓝褂子的苦力和衣衫褴褛、脏兮兮的乞丐，也讨厌穿着黑色长衫，圆滑，满脸堆笑但不可捉摸的商人和地方官员。他们似乎都威胁着压过来。他恨中国这个国家。”②大班对中国的这些印象也是许多西方人的印象，但是毛姆在此通过大班的梦境来展现这些印象起到了反讽的效果。因为这个大班本人在毛姆笔下就是一个在年轻时很穷，在中国发了财，享受无尽的荣华富贵而到老已不想再回英国的英国人。他所有的财产都来自中国，也是中国人在伺候他，但他对中国人仍没有好感，却又不想离开中国。毛姆揭示这种矛盾的意图十分明显，就是构成一种反讽的效果，让这些中国具像中的负面意义变得滑稽可笑。同时，毛姆本人对这些具像的态度、情感与体验也得到表现。这种反讽的方式对建构具像符号的功能在于两个方面，其一是使得一个具像符号的含义变得复杂，其中至少饱含着两种相反的含义，一个是毛姆本人的，另一个是那些在华外国人的。这进一步证实了具像是一种文化符号，而不是客观反映，其中交织着西方人不同的态度和体验。其二，就文学性而言，这样的具像也获得了独特的审美价值。丰富的内涵、歧义的语句，都使得这些具像给读者留下回味的余地，也彰显出作者独特的风格。

概括起来看，具像在完整形象形成过程中的功能主要有三个方面，其一是切割出文化符号与现实世界之间的界面。具像是以作者的感受和体验等主观因素为基础对现实世界的捕捉。捕捉到的对象就由此进入到主观领域，并用文化符号表征出来，这就形成了具像符号。其二，具像符号在此过程中会形成若干意义，这些意义来自作者所处的文化传统，当然当这些具像符号在读者中传播时，读者会按照自己文化传统中的意义网络来理解它们。其三，具像符号也是构成侧像和全像的要素。它本身也像胚胎一样，包含着侧像或全像的基本信息或大致轮廓。当与其他具像符号相互关联、互相印

① 毛姆. 在中国屏风上[M]. 唐建清，译. 南京：江苏人民出版社，2006：103.

② 毛姆. 在中国屏风上[M]. 唐建清，译. 南京：江苏人民出版社，2006：145.

证时，就可以构成侧像或全像。此外，在《在中国屏风上》这样的文学作品中，具像也是形成作家个人风格和作品的审美价值、审美特征的重要依据和基础。

二、侧像的形成

虽然具像符号具有完整形象的胚胎的特征，但是它毕竟是零散的、与具体对象密切相关的单独的形象元素，形象学所研究的形象超越了这种具像符号层面。若干具像符号组合起来，构成一个完整形象的某个侧面，这是形象的第二个层面，它比具像符号更复杂，也更丰满。在毛姆的《在中国屏风上》中我们可以看到不同的单篇作品所描绘出来的具像符号连缀成关于中国的几个侧面的形象。这些侧面形象有时可以用一句话概括性地描绘出来，但是作为形象的一个层次，一句话的概括还是不够的，具像符号为其提供了更具体的细节，这样才成其为可以感知的“形象”。

《在中国屏风上》描绘了哪些中国的侧面形象？具像符号是如何构成这些侧像的？或者说侧像形成的机制是什么？毛姆所描绘的中国侧像主要有如下几种。首先是自然形象。中国作为一个现实存在的国家，其自然地理风貌是国家总体形象的组成部分，也是国家总体形象的一个侧面。对中国自然风物的描绘也是中国的整体印象的一部分。毛姆笔下的中国自然风物是优美而富有诗意的。大到长城、天坛这样的历史名胜（虽然是人造的，却已变成物质遗产，与自然风景融为一体），小到普通的江中夜泊、小镇黎明，在毛姆的笔下都是美好的。他用饱含深情的笔调来描写这些中国风物。比如在《路》一文中对一个普通的山区做了这样的描写：“这些圆润的小山丘，像一群羊似的簇拥着你，一座接着一座，直到你目力所不及的远处。在许多山上，会有独特的一棵树像是为了景致的缘故特意栽在那儿，它背对着蓝天，勾勒出一幅美丽的画面。那一丛丛同样可爱地斜着身影的竹子，几乎围住了一户户模样相同的农家，鳞次栉比的屋顶亲密地依偎在一片苍翠的山谷中。”①此外，在《黄昏》《原野》《罗曼司》《长城》《小城风景》《疑问》《天坛》《幕启》中都有对中国自然风物的刻画与描绘。这些作品中的中国自然风物相互关联，构成了中国形象的一个侧面：山川秀美，充满诗情，给人的精神带来启示、激励与慰藉。这些反复出现的对中国自然风物的正面的、肯定性的描写，作为中国形象的一个侧面，已经超越了客观记录的性质，而是作者主观精神世界的一种表达。毛姆在这些中国自然风物中看到了某种精神力

① 毛姆.在中国屏风上[M].唐建清，译.南京：江苏人民出版社，2006：58.

量,某种审美的情愫。比如在《长城》中对长城的描绘:

> 巨大、雄伟、令人敬畏的中国长城,静静地耸立在薄雾之中。长城是孤独的,它默默无言地爬上一座座山峰又滑入深深的谷底。长城是威严的,每隔一段距离就耸立着一座坚固的方形烽火台,镇守着边关。长城是无情的,为修建它,数百万的生命葬身于此,每一块巨大的灰色砖石上都沾满了囚犯和流放者的血泪,长城在逶迤而崎岖的群山间开辟出一条黑黝黝的通道来。长城是无畏的,它绵延着无尽的旅程,一里格接着一里格,直到亚洲最边远的角落;它完全不为外界所动,就像它所拱卫的伟大帝国一样神秘。巨大、雄伟、令人敬畏的中国长城,静静地耸立在薄雾之中。①

在这种对长城的剪影式刻画中,长城变成了象征,是孤独、威严、无情、无畏的化身。这些精神因素当然是作者赋予长城的。这样的长城作为具像符号与那些普通的优美的自然风物一起,相互印证,组合成毛姆笔下的正面的美好的中国自然形象。

其次是中国人形象。毛姆描绘了不少独特的中国人形象,由于他对这些人的内心世界以及这些人的身世经历缺乏了解,他的描写主要是以旁观者的视角进行的,描写的也主要是外在的面貌神态。但是这些局限并没有使得毛姆笔下的中国人的形象流于表面,他仍然揭示出了人性的光辉。比如《小伙子》中刻画了一位十七岁走向城市谋生的中国青年:"他的双眼又大又亮,只是有点斜,红润的嘴唇上挂着一丝微笑,举手投足透出年轻人的快乐和大胆。""他昂着头,对自己的力量十分自豪,而他全部的家当就是背在肩上的一个蓝色棉布小包。"②这样朝气蓬勃、充满活力、自豪、自信的中国人形象代表了毛姆笔下的中国人形象的主导性特点。《哲学家》中描绘的中国现代大儒辜鸿铭形象也是一位具有民族自豪感和深刻思想的人物。虽然许多中国知识分子对这位哲学家颇有微词,但是毛姆对他十分尊重,不仅亲自登门拜访,还对他的缺点持宽容的态度,包括寻花问柳的雅好:"我敢说,对做儿子的来说,如此放荡确实令人难堪,但对研究人性的学者而言,这又是可以平静看待的。……我是乐于宽厚地看待老夫子的这种雅好的。也许

① 毛姆.在中国屏风上[M].唐建清,译.南京:江苏人民出版社,2006:79.

② 毛姆.在中国屏风上[M].唐建清,译.南京:江苏人民出版社,2006:85.

他寻求的不过是去阐明人之假象的最不可理解的一面吧。”①这种宽容和同情也表现在毛姆所描绘的那些被称为“苦力”的下层劳动者身上：“不论心跳有多么快，疮疤有多么疼，也不论是大雨瓢泼还是骄阳似火，他们都在永远地走着，从早到晚，一年到头，从孩童走到垂暮。你会看到那些年老的苦力，瘦得皮包骨头，干瘪的皮肤垂了下来，他们枯瘦的脸上布满皱纹，像猿猴一样，而稀疏的头发早已斑白；他们挑着重担一路跌跌撞撞，直至走进坟墓才能休息。……当他们一路向前时，你再也不能悠然地欣赏这幅图景了。他们的劳苦让你心中觉得沉重，你充满怜悯之情却又爱莫能助。在中国，驮负重担的不是牲畜，而是活生生的人啊！”②除了中国人的朝气、活力、自信、自豪和勤劳之外，毛姆还在《民主精神》中描绘了中国人的平等友善，在《祭神》中描绘了中国人的虔诚，当然在《内阁部长》中也写了中国人的虚伪和贪婪，但这只是少数。在毛姆与中国人有限的接触过程中，毛姆对中国人的印象并不坏。这些各不相同的人物展现出来的中国人形象是勤劳、自信、友善又充满活力的。

再次，是中国的生活场景，主要是城镇中人群聚居地区的形象。与前两种侧像突出单个对象不同，这个侧面形象是中国形象整体中具有群体性的形象。这是一个旅行者还没有了解具体细节之前在某个地方留下的完整印象，也是走马观花式的旅行最容易获得的印象。对于完整的中国形象而言，这个侧面形象是整体想象中的基调，直接影响着对中国的总体印象。《在中国屏风上》中这样的生活场景包括拥挤的山城、已经失去昔日辉煌的港口、独具特色的特产一条街，还有安逸闲适的老北京街景等等。这些生活场景是中国社会生活的最直观的呈现，也构成中国形象的一个组成部分。对这些生活场景的描绘，表现出想象主体对中国的基本态度和印象。在毛姆笔下，这些生活场景的特点是喧嚣中充满活力，而这些喧嚣中的活力又是陌生而神秘的。比如《幕启》中对中国城市（北京）街道的描写：“穿过城门，里面是一条狭窄的街道，两边的商店鳞次栉比：很多店面装饰着红色或金色的细雕花窗格子，呈现出一种特有的衰败的光华，让你恍然之间觉得在那些昏暗的角落里，还陈列着各式各样东方的奇珍异宝。无论是高低不平而又狭窄的人行通道还是曲径深巷，到处熙熙攘攘；那短促的喊声是背负着沉重货物的苦力在开道，而沙哑的吆喝声则是小贩在沿街叫卖。”③这里描写的是观

① 毛姆. 在中国屏风上[M]. 唐建清，译. 南京：江苏人民出版社，2006：110.

② 毛姆. 在中国屏风上[M]. 唐建清，译. 南京：江苏人民出版社，2006：51.

③ 毛姆. 在中国屏风上[M]. 唐建清，译. 南京：江苏人民出版社，2006：1-2.

光客可以直观观察到的形象，也是中国的街道给毛姆留下的最直观的印象。那些充满东方情调的古老建筑、狭窄不平的道路、拥挤的人群以及各种嘈杂的声音构成了一幅生动的画面，这是中国的社会生活的直观呈现。它们构成了中国形象的一个组成部分。在不同的作品中反复出现的对各种生活场景的描绘，在互相补充、重叠的过程，作为中国形象一个侧面的生活场景侧像就形成了。比如在《客店》中，毛姆描绘了他投宿的一家客店的生活场景："这家客店有一个狭长的院子，部分地方堆放着杂物，两边房间的门向着院子。店里点着三四盏油灯，在近旁投下昏暗的光线，反而使周边的黑暗更为厚重。庭院的前边挤挤地摆着几张桌子，吃饭或喝茶的坐得满满当当，有几个人不知在玩什么游戏。大火炉上，大锅里的水冒着热气，大盆里盛满了米饭。店里面伙计照应着，他们飞快盛上大碗的米饭，沏满不停端来的茶壶。靠里边，两个苦力光着上身，肩宽背厚，正在用热水擦洗。院子的尽头，面对大门，用一道帘子当住窥视目光的是一间上等客房。"①表面上看这是琐碎的记录，其实在毛姆这样的西方人眼中，这个中国场景也充满异国风情，油灯、拥挤的院子、满满当当的食客、陌生的游戏、烧水的大锅、盛米饭的大盆，还有在院子里洗澡的苦力。这些对象之所以引起毛姆的注意，就因为对他而言，这都是新奇的。这幅图景所构成的中国社会生活的形象，也是毛姆所塑造的中国形象的一部分。除此之外，《小阁楼》中一个港口小酒馆中生活场景、《鸦片烟馆》中的吸鸦片的生活场景、《民主精神》中另一家客店的生活场景、《山城》中的拥挤嘈杂的街景等等，这些生活场景在毛姆笔下反复出现，成为他所塑的中国形象中的一个独特侧面。

这些侧面形象又是如何形成的？从具像符号到侧像的转换机制是什么？我们把这些侧像作为超越个别的具像符号之上的更高一个层次的形象元素看待。从具像符号到侧像的转换经过了几种不同的途径。

首先是互补成像，即若干个不同的具像符号互相补充，完成一个侧面形象。比如自然风物这个侧面形象，就是由不同的自然景观和历史文化遗迹的具像符号相互补充完成的。普通的山村景象、大都市的景象、山城的景象、港口的景象以及长城、天坛等历史文化遗产的景象，这些具像符号各具特色，相互补充，就产生一种连带效应，不同的具像符号互相补充，使中国的自然风物这个侧面形象由一个个具像符号的点向中国所有的自然风物这个面延展。尽管不可能把中国所有的自然风物都写完，但是不同的景象关联，形成了一个具有延展性和代表性的局部形象，来暗示出中国的自然风物这

① 毛姆. 在中国屏风上[M]. 唐建清，译. 南京：江苏人民出版社，2006：22－23.

个侧面形象的总体特征。相似的情况也存在于中国人侧像和生活场景侧像中。不同的具体人物互相补充,构成中国人群像,代表着毛姆对中国人的印象;不同的生活场景互相补充,也使中国社会生活侧像的涵盖面不断扩大,进而具有了代表毛姆所看到的中国社会生活总体特征的效果。

其次,是重影成像,即大致相同的具像符号重叠/重复,从而构成中国某个侧面的形象。因为具像符号的重叠/重复使得这些具像符号的含义超出了个别符号本身,而形成一种具像符号的纵向关联,原来的单个具像符号中所包含的作为中国形象的胚胎的意义在重叠/重复之后被强化,具像开始代表某个侧面的形象。由于这些具像符号是聚焦在某些细节或具体对象上,它所代表面的是这些对象或细节所属的那个侧面,还没有上升到全像的层次。比如在生活场景方面,尽管不同的空间里的具像有区别,但这些空间中生活场景的相似性也十分明显,至少嘈杂和拥挤是相同的,以至于毛姆自己也承认:"在异乡人的眼里,每个中国城镇都是大同小异的。"①这些大同小异的生活场景在不断的重叠/重复过程中构成了中国社会生活的侧像。一个地方是拥挤、嘈杂的,这可能是这个地方的特色,但几乎所有的地方都是拥挤、嘈杂的,那给人的印象就是中国的生活场景本来如此、普遍如此。重叠/重复就是在塑造着某个具有代表性的侧面形象。

总之,侧像不是具像符号的简单相加,它是在具像符号的互补之后形成的超越于具像符号之上的更高一个层次的形象元素,也是具像符号重叠/重复之后所形成的对具像符号的提升,是具像符号向更具有普遍性的侧面形象的延伸。

三、全像的形成

在对具像和侧像进行考察之后,我们似乎可以很容易发现毛姆笔下的中国全像,即他所塑造的中国的完整形象或他对中国的总体印象。但是对全像的分析,却有两个关键点值得注意。其一,全像不是侧像的简单相加,侧像的组合只构成了全像的轮廓,而全像则是这个轮廓引导出来的整体,它超越了侧像的组合。其二,全像是由主导性的倾向决定的,它具有自我调节的功能,那些与主导性的倾向不相符的具像符号或侧像都会被主导性倾向收编、征用或排斥压制,使之服从全像的整体特征。比如毛姆在《山城》中写到重庆的大街上的嘈杂声令人"感到困扰和烦躁,最后简直叫人发疯。"②但

① 毛姆.在中国屏风上[M].唐建清,译.南京:江苏人民出版社,2006:59.
② 毛姆.在中国屏风上[M].唐建清,译.南京:江苏人民出版社,2006:166.

是由于毛姆在整部作品中所描绘的中国形象是一个充满东方情调的乌托邦，这种令人发疯的噪声也就被淹没在其他侧像和具像符号中，被征用为表现中国的活力和蓬勃的生命力的细节。主导性压制了那些不和谐的因素。

毛姆在《在中国屏风上》塑造出来的中国全像是一个充满东方情调的乌托邦形象。这个完整的中国形象在毛姆的作品中主要是通过对东方情调的展现和对这种东方情调的乌托邦态度两个方面构成的。就前者而言，东方情调是统领各种具像符号和侧面形象的整体结构或总体印象。这种东方情调一方面表现出与西方文化特征的相异性，另一方面也是西方文化传统中的东方想象的具体呈现。在毛姆的笔下，这种东方情调首先通过各种新奇的与西方迥异的具像与侧像的汇集表现出来。这些与西方人所熟悉的事物不同的东方事物构成的具像与侧像汇集到一起，不是要告诉西方人中国有哪些东西，而是要让这些事物集中起来构成一个完整的中国形象。这些具体的事物相互之间有各种差异，特别是在中国的语境中，它们各有各的用途，但是在毛姆看来，它们的实际区别是微不足道的，重要的是它们都属于中国这个遥远的异邦，它们都展现出异国情调。就像他笔下的那位女主人在装饰客厅时所说的，“就是在英国，有一架中国屏风也是很不错的。”①中国事物的装饰性或文化意义大于它们的实际用途。这种东方情调是这些不同物品、不同侧像的共同特征。其次，东方情调也从这些中国具像与侧像所带有的东方性中表现出来。这些东方性是西方的文化传统所赋予的。西方人并不是把所有陌生的对象都看成是东方的，也并不是所有与西方迥异的对象都带有东方性。西方历史上对于东方性有特殊的限定。除了政治上的专制帝国，经济上的农业为主，历史上的古老/停滞之外，在审美方面，东方是一个感性的国度。在正面的肯定的意义上，这种东方性表现为给人带来心灵感动的、细腻的对象属性；在负面的否定的意义上，则表现为颓废、没落、糜烂的感性特征。在毛姆的笔下，他所塑造的中国形象主要是正面的东方情调的感性展示。自然风物之美不仅是为了抒怀，也不仅仅是为了表现作者对自由的向往，而且也在表现东方情调。这些自然风物本身展现了与西方的自然不同的特征，从而使读者可以感受到东方风情。比如中国的山村、山城、长城等等明显带有中国特色的景物，是构成中国全像的重要方面。那些与西方的景物相似的地方，比如《原野》中所写的原野，就使毛姆想到了莱茵河谷，《黄昏》中所描绘的景色使他想起了肯特郡肥沃的泥土和布莱恩森林。这些与西方相似的景物所表现的东方性则在于它们感性特征，它们

---

① 毛姆. 在中国屏风上[M]. 唐建清，译. 南京：江苏人民出版社，2006：4.

使人回忆、使人遐想、使人沉醉。这些感性心理特征也是一种东方性，一种东方情调。

勤劳、自信又乐观的中国人形象则是古老文明的生动展现，这些中国人以自己特有的方式生存，不为艰辛劳作所苦，而以特有的乐观态度面对世界。不管是带着希望进城的小伙子，还是潦倒的哲学家，或者是劳累了一天还不时说笑的苦力，所有这些人都是东方情调的诠释者，他们让毛姆感悟到了一种古老文明得以延续至今的神奇魅力。他在纤夫们的号子声中听见了人性的呼喊，也在苦力们沉重的脚步中感受到了奇异的力量，"最奇异的是有时候就好像大自然要让人适应挑担这种残酷的苦力活，他们的身体变得畸形，在挑担的肩上隆起一块，就像骆驼长出驼峰一样。"①这种被自然塑造出来的身体正是东方性的表现，这些身体因劳苦而畸形，因畸形而变得神秘，成为东方奇观。

那些生活场景的东方情调就更加明显。拥挤的人群和嘈杂的街道是生命活力的象征，它代表着一种难以控制、不可理喻的力量与欲望，与西方的秩序和理性相对，东方的这种拥挤嘈杂的生活场景是无序的，也是感性的。在毛姆笔下，这种无序不是混乱，而是包含着另一种与西方不同的秩序。就像他在《民主精神》中所说的："东方人的这种平等观念既不同于欧洲人也有别于美洲人。在他们看来，职位和财富造成的人与人之间地位尊卑完全是偶然的，并不妨碍人的交往。"②这是他看到一位官员与苦力一起聊天时所发的感慨。这种生活场景在毛姆生活的那个年代的英国还难得一见。他为这幅场景大为感动的时候，也赋予这种场景东方性——对生命的平等观念，对交往中愉快感觉的重视超过了地位等级的观念。

就乌托邦立场方面而言，毛姆所塑造的中国形象中包含着一种理想化的审美境界。中国形象成为毛姆审美理想的具体体现。这种乌托邦的因素主要通过三个方面表现出来。

首先，中国形象是一个正面的肯定的形象。毛姆对于中国寄予了浓厚的感情，对于中国的大多数事物都是带着欣赏的态度来描写的，极端的例子是对中国的"民主精神"的赞美和对鸦片烟馆的诗化描写。尽管他已在小说、新闻报道及其他历史文献中读到了关于鸦片烟馆的邪恶、残酷场景的描绘，但是他还是宁愿相信自己所看到的那个与柏林的小酒馆的气氛相似的"舒适而温馨"的鸦片烟馆形象。他也宽容地看待中国哲学家的放荡行为，

① 毛姆.在中国屏风上[M].唐建清，译.南京：江苏人民出版社，2006：51.

② 毛姆.在中国屏风上[M].唐建清，译.南京：江苏人民出版社，2006：100.

在纤夫们的号子声中听出了生命的呐喊，并在长城中读出了一种伟大的、无畏的精神。所有这些方面的正面描写都使得中国形象成为毛姆审美理想的直观表现。或者反过来说，《在中国屏风上》描绘的大量中国具像与侧像都指向一个理想化的乌托邦式的中国全像。

其次，毛姆对中国的理想化态度与西方人传统上形成的对中国的态度形成了对比，毛姆用反讽的方式批判了这些根深蒂固的偏见。这主要是通过对在华外国人的反讽表现出来的。比如在《宴会》中，一群西方的大人物们对中国的态度是："中国使他们厌烦透了，不想再提起。他们对中国的了解只限于他们的业务所需了解的，他们用不信任的眼光打量任何学中文的人。除非他是个传教士或公使馆的华文秘书，否则干吗要学中文呢？你可以每月花二十五个大洋雇个翻译，显然那些来这儿学中文的家伙脑子有问题。"这群大人物在毛姆眼中可不是什么正面角色："他们穿一身晚礼服，感觉有点不自在，像是对他们的国家尽一份义务，而不是为了舒适才换下套装的。他们来赴宴因为他们无事可做，但当他们可以得体地告辞时，他们又感到如释重负。他们相互之间也厌烦得要死。"①这群无聊的人对中国的厌烦态度在毛姆看来恰恰是一种无聊又愚蠢的表现。毛姆的批判态度不仅针对这些无聊的人，甚至热爱中国的汉学家也是批判的对象，他在《汉学家》一文中写道："这毕竟是一种职业生活，艺术和美似乎并未深及他的内心，当我听他动情地谈论中国诗人时，我不禁问自己，那真正的精华是不是从他的指缝间溜走了呢？他所接触到的真实只是来自书本。"②可见，仅仅出于职业需要而热爱中国还是不够的，毛姆所设想的是真正地把中国作为自己的理想，一种可以引导自己生活的乌托邦。

再次，毛姆塑造的中国全像也表现了对自由生活的审美化追求，是对平庸的现实生活的超越式逃避。毛姆在这本书的序言中称自己"喜欢旅行带来的那种无拘无束的自由感觉。""有时，自然是偶尔，你会遇见一个与你过去认识的完全不同的人，这种令人兴奋的经历无疑十分难得。""这个人也许不很聪明，他甚至会显得有些疯狂。他也许是邪恶、虚伪、粗鲁、低俗或野蛮的，但他是独一无二的！他简直就不属于我们这个群体。如果你爱研究人性你会为此兴奋异常，你觉得与他交谈会给你和聆听伟大音乐作品有同样的愉悦感。"③毛姆正是带着这样的愿望来到中国的，而他在中国也的确看

① 毛姆. 在中国屏风上[M]. 唐建清，译. 南京：江苏人民出版社，2006：16.

② 毛姆. 在中国屏风上[M]. 唐建清，译. 南京：江苏人民出版社，2006：160.

③ 毛姆. 在中国屏风上[M]. 唐建清，译. 南京：江苏人民出版社，2006：1－2.

到了许多新鲜的人与事。当然,他的中国之旅不是为了猎奇,他在中国找到了自由的感觉。一方面他在中国的自然风物和人物身上感受到了美好、浪漫与人性的力量,另一方面也在对那些在华外国人的嘲讽中感受到了一种批判的乐趣与自由感。总之,中国成了一个远离西方主流价值观的异度空间,在这里毛姆找到了逃离主流社会之后的自由。换个角度看,毛姆所塑造的中国全像就是一个乌托邦式的自由空间。

毛姆所塑造的这个具有东方情调的乌托邦形象形成的机制是什么?那些具像符号、不同的侧面形象如何构成了全像?从具像、侧像到全像的转换,基本方式有两种:其一是格式塔心理机制对具像和侧像的整合。毛姆具体描绘的具像和侧像对于中国全像来说只是有限的部分,这些有限的组成部分之间的关系既是分散的、断裂的,又属于一个整体。这些局部相互组合搭配,暗示出一个完整形象,这就是中国全像。比如,中国的自然风物、人物和生活场景这几种侧像对于整个中国形象而言还只是有限的局部,但是这些局部相互之间组合起来已足够建构出一个中国全像,即充满东方情调的乌托邦形象。自然风物优美壮丽、具有悠远的启示意义,与人物的坚定、自信、充满生命的活力相互映衬,再加上生活场景的喧嚣中所透露出的东方特有的生命力,它们共同展示出的是作为西方之他者的中国全像,一个东方的乌托邦形象。它是西方人在逃离日常平庸的现实生活时所渴望见到的理想化的新奇的异度空间,他们在此获得了自由的生存状态。其二是理想对感性经验的引导。中国全像并不是作者在中国游历时所获得的感性经验的胡乱堆砌,而是由作者的某种理想引导与控制之下,对感性经验进行了有效组织之后所得出的结果。这种理想在作者游历的过程中实际上起到期待视野或前理解结构的作用,决定着作者的所见所闻所感。哪些中国事物引起了作者的兴趣并非纯粹偶然的事件,他的所见所闻一定远远超过他记下来的这些内容,他之所以选择记下这些部分,遗忘其他部分,是由他的理想控制的,由他对中国的预期决定的。当作者对自己的经验进行加工整理时,这种理想就参与筛选剪裁,扩充修补,以至于最终展示出来的形象虽然还保持着经验中那些鲜活的特征,但一个总的印象已悄然形成。所保留下来的,也是与这个总的印象(即全像)相关,并对于完成这个总的印象有积极作用的那些材料。简单地说,是毛姆内心之中本来就有寻找一个东方情调的乌托邦的理想、愿望、范型,他才来到中国,他把在中国所见到的事物纳入到这个理想范型之中,才塑造出了一个中国全像。他描绘的那些事物都成为展示这个范型的具体材料。无论是中国的自然风物、人物,还是生活场景都是如此。当然,在这个展示性文本中,这些理想范型是潜在的,并没有直接表达出来，文本中直接展示的是具体的细节材料。比如在《黎明》一文中，毛姆描绘了中国乡村风光，表面上看是真实的记录，但其中却隐含着关于东方的理想范型："此时天色越来越亮，稻田中升起一片雾气，往上漫到山腰。眼前的景色千姿百态，美丽如画，这正是中国古代艺术大师最爱取之入画的。那些小山，树木一直长到山顶，沿山脊的一排松树背靠天宇，成为一道坚实的轮廓；群山绵延，烟雾缭绕，自有一种姿态，给这幅图画添上完美的一笔，但仍留下丰富的想象空间。竹林往下伸展到了堤边，纤细的竹叶在微风中婆娑起舞；它们有一种出自名门的优雅，看去宛若大明王朝的一群倦怠的贵妇在大道边休憩。她们刚去过某一座寺庙进香，丝绸衣服上绣着缤纷的花朵，头发上簪了珍贵的翠玉。她们有着一双小脚，三寸金莲。她们歇息片刻，娴雅地说些闲话，尽管她们不知道，教养的最佳用途正是美妙的闲谈……"①在这里毛姆展示了多种东方元素：烟雾缭绕的如诗如画的美景、婆娑起舞的竹林、优雅的贵妇、绣花的丝绸衣服、翠玉发簪、三寸金莲等等，而且这些东方元素都是来自作者关于中国的理想范式或既有印象。美景是在眼前可以看到的，但是正因为这种美景是中国古代艺术作品中常表现的，所以才引起了毛姆的注意。毛姆的这些知识当然是来中国之前就已具备的。这样的描写与其他的具像和侧像一起，展示出了一个完整的中国全像，而这些具体描写背后起着统领作用或控制作用的则是那个理想范型。

总之，从最具体的细节、具体的形象符号，到最终形成一个完整的总体形象，这中间经过了几次转换。这些转换依赖文本释放出来意义，在文本的细读中可以发现这些转换的机制。完整的总体形象完成之后，作为文学作品一个独立层次的形象也就完成了。但是作为形象学研究对象的形象还有待进一步分析。这种完整的形象在集体想象当中会产生出什么文化意义？这是形象学关心的问题。

第二节　作为文化想象的中国形象

广义的文化想象当然也包括审美想象，因为审美活动也是广义的文化活动。但是在形象学中文化想象指一个民族对其他民族的生活方式、思想观念以及民族特性的总体想象/印象。文化想象当中也离不开生动的细节、鲜明的个性以及形象化的表达（就其与抽象概念相对而言），甚至也少不了

① 毛姆.在中国屏风上[M].唐建清，译.南京：江苏人民出版社，2006：46.

情感成分。但是,文化想象所关注的是他者形象的文化意义,它倾向于把他者作为真实的存在来想象,或把想象的形象就当成真实的他者。而审美想象中更关注的是形象的生动性、想象的丰富性等审美价值。

文学作品中所塑造的文学形象作为文学作品的一个层次,主要表现出审美价值。细节的生动、想象的奇特、情感的真挚、内涵的丰富、表达的优美等都是其审美价值的具体体现。形象学所关注的文学作品中的形象与文艺学中所关注的审美形象之间有重叠,也有差异。对于同一部文学作品,文艺学由于研究的核心是审美价值问题,侧重于考察作品中具有审美意味的形象,而形象学由于讨论的核心是文化想象的表意实践问题,更侧重于考察作品中的异国形象,这种异国形象不一定具有审美价值,因而常常会被文艺学所忽略。相应地,具有审美价值的文学形象也很可能不是一个完整的异国形象,因而没有进入形象学研究的视野。在表现异国题材的文学作品中,异国形象与文学的审美形象往往是重叠的。尽管文艺学所关心的还是审美问题,形象学所关心的还是文化问题,但是在面对同一部异国题材的文学作品时,这两个学科所讨论的"形象"则可能是同一个形象的不同维度。它是文本释放的意义建构出来的关于他国的总体印象,这个他国形象即是审美的,也是文化的。

但是当这个由文本意义建构出来的他国形象超越出文本的范围之外,文艺学与形象学再度分道扬镳。文艺学将要对这个他国形象的深层审美意蕴进行考察,看它给人生的意义带来什么样的启示,给人带来什么样的心灵震撼和情感感动,或者考察它在文学史上具有什么样的地位和价值。而形象学将要考察的是这个他国形象是如何变成特定时代的集体想象的,这种集体想象的来源是什么,那个时代的文化语境又是如何建构出这种集体想象的。

毛姆的《在中国屏风上》正是这样一部异国题材的文学作品。在作品的内在构成意义上的文学形象恰恰就是作为异国形象的中国形象。这两者是重叠的,当然文艺学会更注重讨论那些生动的具体形象,而对中国的完整形象的研究只是其中的一个部分;形象学研究特别关注的就是作为文化想象的中国总体形象。当我们考察了这个完整的中国形象(即全像)的特性和形成机制之后,我们要沿着形象学的理路,考察它在那个年代是如何参与到集体想象中去的,在这个集体想象背后又有什么样的文化状况。这是在文本之外来研究形象,参与集体想象的问题是要在形象产生的特定时代,把该形象与其他同类形象相比照,考察该形象在文本之外所获得的类型化的意义和特征。这些同类形象使得这个文本建构的形象与其他形象联系起来,形象的层次中也因此而增加一个类像层，所谓类像就是同类形象建构出来与其他同类形象关联的形象类型。而讨论来源的问题则需要更进一步考察同一类型的形象在文化传统中的渊源，找到该形象中所隐含的最初形态（即原始意象）。这种原始意象作为形象的一个层次在形象学中称为型像。类像是同时代的不同文本所塑造的同一类型的形象在形象层次中的体现，没有其他文本塑造的同类形象，形象层次中的这种类像也无法显现出来，只有通过与其他的同类形象的联系，我们才能在形象层次分析出这个类像。而型像则是一个形象类型的原初形态，是形象类型的源头，即潜藏在形象深处的原始意象或文化原型。

《在中国屏风上》中的中国形象与同时代的哪些中国形象一起参与了西方人对中国的集体想象？毛姆笔下的中国形象可以归属到哪种类型？

一、同类形象的相互关联

当我们把毛姆塑造的中国形象放在西方的中国形象史上来看，这种对中国的东方情调的乌托邦式想象并非孤立的。启蒙运动之后到20世纪初的西方中国形象中占主流地位的中国形象是“衰败的帝国”，但是就在这个时期也仍然存在着另一种边缘的中国形象，就是对中国的东方情调进行浪漫想象的审美乌托邦形象。这种中国形象主要存在于文学艺术领域之中，特别是浪漫主义和现代主义艺术之中。“浪漫主义文学在东方情调背景下想象中国，不过是整个现代主义语境构筑的审美的‘中国情调’的一个开端，从浪漫主义到象征主义，从唯美主义到颓废派文学，中国形象始终是作为一个感性的、唯美的、超越的、神秘的异域想象空间出现的。”①这些作为审美形象出现的中国形象给人带来审美的愉悦，作为审美现代性的一种具体表现，它对社会现代性中过度的理性化、世俗化、工具化是一种批判。表现这种审美乌托邦的代表人物马拉美有句名言是“放弃一个残忍国度！”“模仿心灵澄澈细腻的中国人。”②这句代表着这一群人的思想倾向的话就可以看成以审美乌托邦对抗社会现代性的宣言。

到了毛姆写作《在中国屏风上》的年代，充满东方情调的乌托邦式的中国形象已超越了审美领域，进入到社会文化领域。这种充满东方情调的乌托邦式的中国形象已不仅仅作为文学的审美形象存在，也出现在社会文化

① 周宁.天朝遥远（上）[M].北京：北京大学出版社，2006：220－221.

② 钱林森.光来自东方——法国作家与中国文化[M].银川：宁夏人民出版社，2004：157－159.

话语系统中。其中最突出的代表有两个。一是罗素(Bertrand Russell)和凯泽林(Hermann Keyserling)所塑造的中国形象,二是威尔斯(Herbert George Wells)和斯宾格勒(Oswald Spengler)所塑造的中国形象。在凯泽林和罗素笔下,中国是一个文明的乌托邦。这两个人都是哲学家,先后到中国访问。凯泽林于1911年至1912年进行了环球旅行,并于1912年到达中国,1919年根据这次环球旅行的见闻和思考写出了《一位哲学家的旅行日记》,这本书在欧洲产生了广泛影响。罗素则是与毛姆同一年来到中国的英国哲学家,1921年回国,1922年写出了《中国问题》一书,也在欧洲引起了广泛的关注。凯泽林和罗素来中国的时间先后只差几年,但就是在这几年中发生了第一次世界大战。不过大战并没有对他们的中国想象产生实质影响,因为西欧的危机在凯泽林来中国时就很明显,如果说有什么影响的话,那就是罗素在战后到中国寻找文明乌托邦的愿望更迫切了,动机也更明显了。

(一) 文明乌托邦

凯泽林和罗素所塑造的文明乌托邦的中国形象主要包括如下几个方面的特点。第一,是高度肯定了中国的文明成就,具体表现就是中国的和平主义。凯泽林对中国人的平静感到惊讶,他惊讶于中国"一方面极为富有生气,另一方面则又保持着所有民族当中最为强大的自制能力。"①在他看来正是这种自制能力使中国人成为有教养的民族。罗素也说出了类似的话:"中华民族是世界上最耐心的民族,她用几个世纪的时间来思考别的国家花几十年思考的问题。它在本质上是不可摧毁的,而且能等得起。世界上的'文明'国家,可能会用他们的碉堡、毒气、炸弹、潜艇以及黑人军队,在今后的百年内相互毁灭,而把世界这个大舞台留给那些尽管贫穷而又软弱却由于坚持和平主义而得以生存的民族。"②这种耐心在罗素看来就在于中国人统治别人的欲望比白人弱得多。"如果世界上有'骄傲到不肯打仗'的民族,那么这个民族就是中国。中国人天生的态度就是宽容和友好,以礼待人并希望得到回报。"③中国不是没有活力,也不是没有西方人的英雄气概,或成为强国的能力,而是他们的文明成就已经达到了自我克制的高度,他们始终

---

① 赫尔曼·凯泽林.一位哲学家的旅行日记[A].何兆武,柳卸林,主编.中国印象——世界名人论中国文化[C].桂林:广西师范大学出版社,2001:285.

② 罗素.中国问题[A].何兆武,柳卸林,主编.中国印象——世界名人论中国文化[C].桂林:广西师范大学出版社,2001:87.

③ 罗素.中国问题[A].何兆武,柳卸林,主编.中国印象——世界名人论中国文化[C].桂林:广西师范大学出版社,2001:96.

能恪守和平主义。这种和平的中国形象正是这两位西方哲学家要寻找的文明乌托邦的直观表现。

第二，对中国的思想传统的推崇。当凯泽林和罗素分析中国的文明成就形成的原因时，他们不约而同地把儒家思想传统作为最重要的原因。凯泽林认为儒家思想为中国人提供了活生生的典范，提供了常人可以达到的道德标准，还提供了实践这些道德标准的具体途径。他说："儒家则把道德准则视为行动指南，一个有教养的人必须而且又自然地根据这些指南而行动。他们认为父子，夫妇，朋友和君臣，显示出互相之间的诚信与仁爱，乃是事物的天性。"①中国人在现实生活中实践了这些准则，所以中国人教养高于其他民族。罗素也指出，尽管孔子的书中充满了烦琐的礼仪细节，但是"他的体系，经过其追随者的发展，是一种纯伦理的体系，而没有宗教教条，没有导致强大的教士队伍，也没有导致宗教迫害，它确实成功地造就了一个彬彬有礼的民族。"②而且中国人的礼貌，在不同的阶层中都是一样的，中国人出于自己内在的真诚来完成道德上的实践。可见，在这两位西方哲学家眼中，具有中国特色的儒家思想不仅是中国文明的基础，也成为中国文明的具体表现。中国人的行为，中国文明的各个方面都集中在儒家思想中表现出来。

第三，为中国的"缺点"进行辩护。在这两位哲学家来到中国之时，"衰败的帝国"形象在西方已根深蒂固，关于中国各种否定性的观念也几乎成为定论和套话。但是凯泽林和罗素在 20 世纪初第一次世界大战的阴云笼罩西欧的时候对西欧传统上固定的中国形象进行了批判，对那些被认为是中国的缺点的方面进行了辩解。比如关于中国人爱"面子"的问题，曾经是西欧人嘲笑中国人的一个流行观点，凯泽林反驳道："在我们的社会生活当中，也同样是一切东西都依赖于名词、舆论以及谎言，在我们的情形当中，社会生活所导致的表面化到处都有。"他的结论是"中国人在他人面前所表现的行为态度，一如在他们自己面前一样。似乎较之我们的方式无疑是更为真诚的。"③罗素为中国辩护的言论更多，比如关于西方流行的中国的停滞问题，罗素写道："传统的中国文明已经变得故步自封，并且已无法在文学艺术

① 赫尔曼·凯泽林. 一位哲学家的旅行日记[A]. 何兆武，柳卸林，主编. 中国印象——世界名人论中国文化[C]. 桂林：广西师范大学出版社，2001：289.

② 罗素. 中国问题[A]. 何兆武，柳卸林，主编. 中国印象——世界名人论中国文化[C]. 桂林：广西师范大学出版社，2001：92.

③ 赫尔曼·凯泽林. 一位哲学家的旅行日记[A]. 何兆武，柳卸林，主编. 中国印象——世界名人论中国文化[C]. 桂林：广西师范大学出版社，2001：291.

方面产生富有价值的东西。我认为这并不是由于该民族的任何退化，而只是由于缺少新的材料……迄今为止中国文明虽然缺少科学，但并没有任何仇视科学的因素，从而，科学知识在中国的传播也就不像在欧洲碰上教会那样的阻碍力量。我毫不怀疑，如果中国人有一个稳定的政府，并且有足够的资金，那么他们在今后30年内将会做出优异的成绩来。他们很有可能超过我们，因为他们带有新的热情和复兴的激情。”①在罗素看来，中国的落后只是表面的，暂时的现象，中国文化的精神还在，那就是一种开放的学习吸收新知识、新事物的精神，再加上中国复兴的激情，中国很快就可能超过西方。再比如同样是关于“面子”问题，罗素的解释是：“中国人的‘要面子’，常常使得在中国的外国人感到荒唐。但它实质上是维护社会交往中的个人尊严。”②关于中国政府的腐败，罗素也有一种解释：“在中国，那里的政府既慵懒腐化而又愚蠢，反而有在世界上其他地方已经完全丧失了的个人自由。”③可以看出，在罗素眼中，中国的美好超出了一般人的想象，一好百好。在形象学研究中，这些例子恰恰说明了罗素和凯泽林已经把中国乌托邦化了。他们所描绘的中国是他们想象的中国，是一个被塑造出来的中国形象。尽管他们曾亲自来到中国，亲眼看到了中国，但是他们所描绘的仍然不是“真实的中国”，而是他们所乐于见到的理想化的中国。

第四，将中国与西方相对比，美化中国，批判西方。形象学中的乌托邦的基本含义是指想象出一个完美的社会，借此来对现实进行批判。乌托邦的中国形象在凯泽林和罗素的笔下都是作为西方的参照系存在的。他们常常将西欧与中国进行对比，在对比之中美化中国、批判西欧的倾向也十分明显。比如凯泽林在论述道德自觉性时说：“中国人总是不辞艰辛地刻意思考道德的意义，而自从古典精神消亡的那一天起，欧洲的青年就很少找这种麻烦了。”④再比如，“在对于自然的控制方面，我们欧洲人远远跑在中国的前头，但是作为自然的意识的一部分的生命却迄今在中国找到了最高的表现。然而，无论是作为自然的统治者抑或是自然的臣民，我们毕竟是自然的一部分，这种基本的综合(synthesis)是不变的。中国人是完全意识到这种综合

---

① 罗素.中国问题[A].何兆武，柳卸林，主编.中国印象——世界名人论中国文化[C].桂林：广西师范大学出版社，2001：95.

② 罗素.中国问题[A].何兆武，柳卸林，主编.中国印象——世界名人论中国文化[C].桂林：广西师范大学出版社，2001：102－103.

③ 罗素.中国问题[A].何兆武，柳卸林，主编.中国印象——世界名人论中国文化[C].桂林：广西师范大学出版社，2001：102.

④ 赫尔曼·凯泽林.一位哲学家的旅行日记[A].何兆武，柳卸林，主编.中国印象——世界名人论中国文化[C].桂林：广西师范大学出版社，2001：289.

的，而我们却没有。在这种意义上，他们比我们站得更高些。”①凯泽林在这样的对比之中表现了自我反思、自我否定的西欧精神传统，同时也进一步强化了中国形象的乌托邦性质。在罗素的笔下，这种对比更丰富也更深入。比如，罗素认为，“典型的西方人希望成为使其周围环境发生尽可能多的变化的原因；而典型的中国人则希望尽可能多而且尽可能雅致地享受生活。在中国同英语世界的众多差异中，这一差异乃是根本的。”②西方人希望改变环境，成为环境的主人，结果不仅导致对自然的破坏，也导致了与其他国家/民族的矛盾冲突，这是战争的根源，而中国人尽可能地享受优雅的生活，与世无争，这就带来和平与安宁。在第一次世界大战刚刚结束，西方世界正在承受战争的伤痛之时，这种对比之中所包含的褒贬态度是显而易见的。罗素在解释自己为什么欣赏中国文明时说得更清楚：“天性的幸福或生活的快乐，是我们在工业革命和生活环境的重压下丢失的最重要而又最平常的东西之一。但它在中国却很常见，这是我欣赏中国文明的重要理由。”③在这种基本的价值立场之下，罗素还看到了一些更具体的事物中的中西差异。比如对教育的重视，罗素讲述了自己离开北京时，北京的教师组成请愿团向政府讨工资，虽然与警察和士兵发生了冲突，但是在全国舆论的支持之下，教师们还是成功了。罗素感慨地说：“在中国，人们对教育的热爱是既深厚而又广泛的。”“我不认为在任何盎格鲁-萨克森国家里，教师的利益能激起同等程度的同情。”④罗素在此也像凯泽林一样，把中国美化成了文明的乌托邦。他所说的这件事虽然可能是真实的，但它在他的眼中所产生的意义却完全是罗素的主观判断，这个事件变成了罗素塑造中国形象的材料，被理想化了。

第五，用中国文明拯救世界的愿望。凯泽林和罗素都看到了西欧文明的弊端，特别是近代以来以进步观念为基础的文明，带来了诸多负面后果。他们都把希望寄托在中国，希望从中国文明中找到解救西欧困境的良方或启示。凯泽林虽然明确表示把儒家思想照搬到欧洲是行不通的，但是他仍然看到，要使西欧走出困境，出路就在于学习儒家倡导的和平价值观。他

① 赫尔曼·凯泽林. 一位哲学家的旅行日记[A]. 何兆武，柳卸林，主编. 中国印象——世界名人论中国文化[C]. 桂林：广西师范大学出版社，2001：296.

② 罗素. 中国问题[A]. 何兆武，柳卸林，主编. 中国印象——世界名人论中国文化[C]. 桂林：广西师范大学出版社，2001：101.

③ 罗素. 中国问题[A]. 何兆武，柳卸林，主编. 中国印象——世界名人论中国文化[C]. 桂林：广西师范大学出版社，2001：85.

④ 罗素. 中国问题[A]. 何兆武，柳卸林，主编. 中国印象——世界名人论中国文化[C]. 桂林：广西师范大学出版社，2001：104.

说:“在一个并不圆满的世界当中,如果人们假定有一种普遍适应性的理想的话,那么儒学不是最佳的选择么?”①“儒学是正常性的哲学,如果人们根据其精神而不是根据其字面上来对它进行本质的、深刻的了解的话,那么它毫无疑问地是一种适用于大众的最佳哲学。”②罗素也表达了相同的观念:“旅行家在中国所见的自然魅力不可能保存下去,它必将在工业主义的撞击下消失。但是某些东西也许会保存下去,这就是中国人至高无上的伦理品质,现代世界极需要它们。在这些品质中,我把和平的态度放在第一位,它寻求在公正的基础上解决争端而不是诉诸武力。”③罗素在第一次世界大战的伤痛之中说这样的话是真诚的,当然也是理想化的。他希望在中国能找到西方所需要的东西,他相信自己找到了。这是一位有良知的知识分子的信念,也代表了西方人的普遍理想。他动情地写道:“我去中国的目的是教学,但在那儿停留的每一天,我考虑得更多的并非我必须教给他们的东西,而是我必须向他们学习的东西。在许多长时间居住中国的欧洲人当中,我发现这种态度并不少见。……那些把智慧和美,甚至俭朴的生活享乐看得更有价值的人,则会发现这些东西在中国要比喧嚣扰攘的西方更多。而在这些东西很受重视的地方生活将是幸福的。我想我能够希望,中国,作为对我们的科学知识的回报,将会给我们一些她的伟大宽容与沉思的恬静心灵。”④罗素希望中国给西欧带去心灵的慰藉、安宁和幸福,这些东西只有在乌托邦世界才会存在。他所找到的仍然是一个乌托邦,文明的乌托邦。

(二)历史乌托邦

在毛姆塑造东方情调的乌托邦中国形象的时代,还有另一种中国形象在西方流传,这就是由斯宾格勒和威尔斯塑造的历史乌托邦。

所谓历史乌托邦是指在历史叙述中建立起来的对过去存在的某个国家或文化的美好想象。在毛姆写出《在中国屏风上》前后,西欧出现了两部引起强烈反响的历史著作,一部是英国作家韦尔斯(Herbert George Wells)的《世界史纲》,一部是德国人斯宾格勒(Oswald Spengler)的《西方的没落》。这两部历史著作的差别很大,《世界史纲》充满积极乐观的精神,其眼界也更

---

① 赫尔曼·凯泽林.一位哲学家的旅行日记[A].何兆武,柳卸林,主编.中国印象——世界名人论中国文化[C].桂林:广西师范大学出版社,2001:302.

② 赫尔曼·凯泽林.一位哲学家的旅行日记[A].何兆武,柳卸林,主编.中国印象——世界名人论中国文化[C].桂林:广西师范大学出版社,2001:303.

③ 罗素.中国问题[A].何兆武,柳卸林,主编.中国印象——世界名人论中国文化[C].桂林:广西师范大学出版社,2001:108.

④ 罗素.中国问题[A].何兆武,柳卸林,主编.中国印象——世界名人论中国文化[C].桂林:广西师范大学出版社,2001:98.

加开放，对于中国历史也有更多的正面论述；《西方的没落》则具有悲观阴郁的精神格调，在作者看来不仅西方没落了，其他文明/文化早就没落了。他虽然表面上反对西方中心主义，但仍把世界获救的希望寄托在西方人，特别是德意志民族身上。尽管如此，斯宾格勒还是承认中国在历史上曾几度辉煌，中国历史上的强大帝国也是他希望德国人在将来建立的帝国的楷模，从这个意义上说，斯宾格勒也塑造出了一个历史乌托邦的中国形象。

那么，这个作为历史乌托邦的中国形象有哪些特点？首先它描绘的是在中国历史上形成的强大的文明帝国。在韦尔斯的笔下，中国到了汉朝已经是一个强大的帝国，在后来的唐宋明很长的历史时期，中国都是世界上最繁荣的地方。他说："在唐朝，中国的极盛时代，其后又在优雅的，却颓废的宋朝(960—1279 年)，以后又在文化很高的明朝(1368—1144 年)，中国呈现了繁荣、幸福和文艺活跃的景象远在任何同时代国家的前头。"[①]在这样长的历史时期，中国都是文化发达、威震天下而又温文有礼的文明帝国。斯宾格勒尽管对历史持悲观态度，但也仍然承认在历史的遥远年代，中国已达到了高度发达的程度。在他奇特的历史框架中，按照前文化、文化、文明三个大的阶段来概括各不同民族的历史发展状况。前文化时期是原始时代，尚无政治，也无国家，是由部落首领统治的时代，在中国的历史上，相当于商朝(公元前 1700—前 1300 年)，而在西方历史上则相当于法兰克时期(公元 500—900 年)；文化时期，"具有确定风格与特殊世界感情的民族集团"形成，内在的国家观念发生作用，这个时期在中国的历史上相对应的是周朝(从公元前 1300—前 441 年)，而西方的历史上相对应的则是哥特时期到拿破仑时期；文明的时期，是城市大众兴起的时期，在中国历史上对应的是战国时期到东汉明帝时期，在西方的历史上对应的则是拿破仑以后的历史，也就是西方的近现代史和 20 世纪以及即将到来的 21 世纪的历史(从 1800 年—2200 年以后)。[②] 斯宾格勒的这种历史叙述一般被解读为是在为德国帝国主义提供理论支持，因为他明确地把当时的西方历史定位在"战国时代"，必将出现一个大一统的强权帝国。但是换一个角度看，他也把中国的历史发展的成熟时期大大提前了，中国早已完成了这种大一统的帝国统治，开始了新的循环。威尔斯对中国历史上强大的文明帝国形象的描绘实际上构成了对斯宾格勒抽象地建构起来的中国形象的补充和生动注释。斯宾格

① 赫·乔·韦尔斯. 世界史纲(下卷)[M]. 吴文藻，等，译. 桂林：广西师范大学出版社，2001：503.

② 奥斯瓦尔德·斯宾格勒. 西方的没落(下册)[M]. 齐世荣，等，译. 北京：商务印书馆，1995. 书后附表。

勒本人对于中国形象的描绘中充满了羡慕:“在中国这里则出现了秦王政,这个强有力的人物。他领导秦国,通过决定性的斗争,独霸了中国,并在公元前221年采用了‘始’(在字义上等于‘奥古斯都’)的称号与‘皇帝’的名号。他建立了‘中国和平’(我们可以这样称它),在疲敝的帝国中实行了规模宏大的改革,并像罗马那样迅速地开始建筑他的边界,即有名的万里长城,为此他在公元前214年吞并了蒙古的一部分领土。他也是第一个在一系列的大规模战役中征服了扬子江以南的蛮族的人,随后又以军用大道、堡垒和殖民地把自己的版图巩固起来。……”①值得注意的是斯宾格勒认为中国历史上从战国到秦的统一的历史,“也是西方欧美世界在19世纪和20世纪所必有的命运。”②这或许正是他的著作被指责为具有纳粹主义倾向的原因,因为他所期待在西欧出现的秦始皇的角色很不幸是希特勒扮演的。其实,斯宾格勒并没有办法预知希特勒的出现,他的书被纳粹主义利用也并非他本人的意志所能控制。从形象学的角度看,他在叙述中国历史时塑造出来的中华文明帝国形象在当时的西欧却是有重要意义的。这个中华文明帝国形象与威尔斯所塑造的文明帝国形象一起构建起了一个历史乌托邦。对于改变西欧启蒙运动后至19世纪以来的衰败的中国形象具有重要意义。虽然他们都没有放弃中国在当代现实中的落后形象,但是对中国历史乌托邦的建构仍然会从总体上改变西欧的中国形象。

其次,和平与稳定是这个历史乌托邦中国形象的内在特征。韦尔斯写道:“公元7世纪的中国人在一切方面都是文明化了的民族,就像他们在一千年后一样。”③这个说法表面上与中国停滞论相似,但是韦尔斯的意图却不是重复“停滞帝国”的老调子,而是带着羡慕与向往的语气,描绘了一个和平稳定的中国形象:“中国平静地代代相传下去而没有像罗马帝国富人统治下的那种普遍的厌烦、奴役、侮辱和苦难而最终导致了它的崩溃。中国国内也有很多的贫困,很大的不满,但还没有那么众多的赤贫的人,民众也没有被迫到普遍不满的地步。每次动乱以后,每次灾害以后,人口又恢复了,创伤又医好了。中国制度一千年来虽有时破裂和动摇,但似乎还能抑制衰

① 奥斯瓦尔德·斯宾格勒.西方的没落(上册)[M].齐世荣,等,译.北京:商务印书馆,1995:133-134.

② 奥斯瓦尔德·斯宾格勒.西方的没落(上册)[M].齐世荣,等,译.北京:商务印书馆,1995:133.

③ 赫·乔·韦尔斯.世界史纲(下卷)[M].吴文藻,等,译.桂林:广西师范大学出版社,2001:507.

退……帝王和朝代可兴可亡，士大夫、科举、经书和传统习惯生活却依然如故。”①在韦尔斯笔下的这个和平稳定的中国形象与西欧的那些迅速崛起又迅速崩溃的帝国形成了鲜明的对比。这是在叙述中国历史，但是也在塑造历史乌托邦。中国的朝代更迭，战乱饥荒都被一笔带过，中国历史就在这样的叙述技巧中乌托邦化了。当然，韦尔斯也说明了中国的和平与稳定之所以能维持的原因，比如中国人的头脑被禁锢在复杂难学的文字之中；中国教育使人专心攻读古代经典而变得保守僵化；中国没有通用的钱币避免了金融风险；中国也没有大量的奴隶，从而也就消除了奴隶暴动的可能。但是最重要的还是中国所取得的文明成就：“中国过去巨大的成就，早期的繁荣和普遍的满足必定使我们人类中那个国家的人都把自然的自满和守旧思想都看成正当的了。……19 世纪以前的两千多年，中国历史上很少能引起中国人头脑中对于他们自己的文明一般优越于世界其他各处文明，发生过任何认真的疑问，因此显然也没有任何改变的理由。”②因此，在韦尔斯看来，中国的历史是和平稳定的而不是停滞的，它维持于一种繁荣的状态，而不是通过动荡和革命来推动进步。斯宾格勒并没有像威尔斯一样明确地描绘中国的和平与稳定，他看到了中国历史上的动荡与朝代更迭，比如他颇为推崇的秦朝建立不久就灭亡了，接下来汉代帝国又建立起新的强大政权。斯宾格勒在这些朝代变更替中仍然找到了中国历史中的稳定因素，那就是“道”。他认识到中国人把世界上万事万物的变化都归结为“道”。“变化发生于阳和阴两种要素自发的相互作用之中，这二者被设想为周期的而非两极的。”③他本来就认为历史是循环式的，中国的“道”正好为他塑造一个既处于动态过程中，但又脱离不了一个稳定的结构的中国形象提供了依据。“所有这一切都集中在一个最根本的‘道’字里边。……世界具有道，因之它具有节奏、韵律和周期性。它具有理，张力，因之人能认识它，并且从中概括出固定的关系以为将来之用。**时间、命运、方向、种族、历史**——这一切，用周代初期博大而无所不包的眼光来加以考察，都包容于这一个字中间。”④中国的历史在政治、思想、宗教等方面的变化是在这个“道”的笼罩下，循环往

---

① 赫·乔·韦尔斯. 世界史纲(下卷)[M]. 吴文藻，等，译. 桂林：广西师范大学出版社，2001：507.

② 赫·乔·韦尔斯. 世界史纲(下卷)[M]. 吴文藻，等，译. 桂林：广西师范大学出版社，2001：506－507.

③ 奥斯瓦尔德·斯宾格勒. 西方的没落(下册)[M]. 齐世荣，等，译. 北京：商务印书馆，1995：470.

④ 奥斯瓦尔德·斯宾格勒. 西方的没落(下册)[M]. 齐世荣，等，译. 北京：商务印书馆，1995：471.

复地进行着。其稳定是内在的，和平是动态的。

在毛姆写作《在中国屏风上》的年代，西方出现的文明乌托邦和历史乌托邦的中国形象与毛姆所塑造的那个具有东方情调的乌托邦形象之间有什么关系？

首先，这两种在思想文化领域中的乌托邦形象为毛姆的中国形象提供了直接相关的接受语境，读者在阅读毛姆的那些精美的短文时便有了一个参照系。关于中国的话语空间至少在成分上发生了改变，在19世纪的衰败帝国形象之外，出现了文明乌托邦和历史乌托邦的话语领地。这个话语领地为毛姆的中国形象提供了意义支撑，使得毛姆所塑造的中国形象不再像挂在墙上的画作一样仅仅是供人欣赏、引起情感上的感动的对象，而是关于现实生活、关于西方历史文化命运的重大问题的文化想象。毛姆自己在书的序言中所说的写作这本书的目的也才真正地落到实处，他说："我希望这些文字可以给读者提供我所看到的中国的一幅真实而生动的图画，并有助于他们自己对中国的想象。"①毛姆本人也希望自己所塑造的中国形象能够加入西方读者对中国的想象活动中，其实就是参与到罗素、凯泽林、韦尔斯、斯宾格勒以及其他人所共同构建的中国形象的空间，相互补充、相互呼应，丰富西欧的中国形象类型。

其次，从毛姆笔下的中国形象自身来看，文明乌托邦和历史乌托邦形象使得毛姆所塑造的中国形象中形成了一个新的层次，即类像的层次。毛姆的《在中国屏风上》所塑造的中国形象在文本内部形成了具像、侧像、全像这三个形象层次，当毛姆笔下的这个中国形象从文本走入更大的空间，直接与同时代的其他中国形象相遇，他所塑造的中国形象就直接进入到了文明乌托邦和历史乌托邦等中国形象共同建构的形象类型之中，毛姆的东方情调乌托邦就获得了同时代的中国形象类型的意义，从而在他的中国形象中构成了一个与这个乌托邦类型直接对应的类像层次。这个作为形象内在构成层次的类像与它的同类形象构成了对话关系。一方面，这个类像层次的存在就是由同类形象决定的，有了同类的其他形象，我们才可能在一个形象中找出这个类像层次；另一方面，这个类像层次的意义也是在与同类形象的对话与参照关系中产生的。毛姆笔下的东方情调乌托邦形象的类像意义既在文明乌托邦中得到印证，也在历史乌托邦中得到丰富。东方情调因此而变得更加深刻，也更具有厚重的历史感。

① 毛姆.在中国屏风上[M].唐建清，译.南京：江苏人民出版社，2006：3.

二、东方情调乌托邦形象中的原型

如果我们沿着类像层次继续向更深的层次追问，我们将遇到形象学中形象构成层次中的最后一个层次。我们要追问的问题是在这些同类的形象背后潜藏的共同基础是什么？是什么因素使不同的作者塑造出了同一个类型的中国形象？就我们在此讨论的毛姆笔下的中国形象而言，为什么在那个时代罗素、韦尔斯、凯泽林、斯宾格勒还有其他人共同地都要把中国想象成一个乌托邦？当然我们可以找到西欧的中国形象历史上就有美化中国的历史传统，那么，这种传统的根源又在哪里呢？这种追问的结果是我们将在这种乌托邦的中国形象中找到一个更深层的原因，那就是西方文化传统中的原始意象，在古希腊神话时代就已经形成的一种稳固的深层的心理要素/成分。它以形象的方式存在于人的深层心理结构中，规定着人与世界的认知、感受和想象性关系。诺思罗普·弗莱在论述文学中的原型时说："全部文学史为我们提供了一种机会，即使我们有可能看到文学不过是相当有限和简单的一组套式的复合，这组套式(formulas)可以通过对原始文化的研究而获得。随后，我们又意识到后来的文学与这些原始套式的关系并非仅仅是单纯的一种复合，即如我们看到的那样，这类原始的套式在最伟大的经典作品中不断重现，而且在事实上，这些伟大的经典作品似乎本来就存在有一种回复到这些原始套式去的基本倾向。这与我们全都有的一种感情相吻合，即对平庸艺术品的研究仍然是一种随意的和表面的批评经验的形式，而深刻的作品却吸引我们，让我们能够看到数量巨大的作品聚集成一些意义的定式(patterns)。我们开始想我们是否应该认识到文学不但随着时代的演进日益复杂化，而且可以就中找出中心点，批评就可以在这个中心点立足，并由此展开其概念的空间。"[①]弗莱在此所说的套式、定式就是原型。这种情况不仅存在于文学中，也存在于所有的文化活动中。卡西尔指出："神话和语言一样，在心智建构我们关于'事物'的世界的过程中执行着做出规定和作出区别的功能，对于这种功能的洞见，似乎是一种'符号形式的哲学'所能教导我们的全部内容。"[②]神话中隐藏着一些基本的原始意象，规定着人们感知世界、认识世界的方式和内容，形成人的基本认知图式，这是神话——原型理论的基本观念。在形象学研究中，我们要探讨隐藏在类像背

---

① 诺思罗普·弗莱.批评的剖析[M].陈慧，等，译.天津：百花文艺出版社，1998：21.

② 恩斯特·卡西尔.语言与神话[M].于晓，等，译.北京：生活·读书·新知三联书店，1988：42.

后的更深层的要素，也就必然要追溯到原始意象之中。从形象内在构成的角度看，这些隐藏在形象最深处的构成要素就是型像，是原始意象在形象中的积淀，也是原始意象在形象中的表现或存在形态。

那么，在乌托邦式中国形象中隐藏的是什么样的型像呢？型像来自神话中的原始意象。在西方神话中(其他民族的神话也类似)，最初出现的是关于世界的起源，同时也是关于世界的性质的神话。世界本来是一片混沌的，后来分出了白天和黑夜、天空和大地。卡西尔用了一个例子来说明这个现象："在印度——日耳曼语诸民族的宗教中有大量迹象表明，对作为尚未区别的整体经验而出现的光崇拜要先于对个别天体的崇拜；个别的天体仅仅是作为光的媒介，作为特殊显现才占据一席之地。"①他从这样的例子中引申出了对神话的理解："在这个具体的例子中我们可以看到，神话概念最初是怎样只在把握光明与黑暗之间那种宏博的、基本的和数量的对比的，它又是怎样把光明与黑暗看作是一个原质，一个复杂的整体，确定的特质只是在后来才逐渐从这个整体中显现出来的。和语言精神一样，神话制作的精神只是在它'界定'了分别的、个别化了的形式之后，只是在它把这些形式从其原始意象的浑然整体中雕琢出来之后，这才'具有'了这些分别的、个别化了的形式。"②从卡西尔的这段论述中我们可以得到两点启示：其一，起源神话是一种区别和界定的活动，它把一个复杂的原质整体区分出了特定的个别化的形式；其二，这种区分最初的也是最基本的形式是光明与黑暗，这成为最基本的原始意象。在这种最基本的区别观念支配下，人类形成了二元对立思维方式。

卡西尔的这个观点，也得到了弗莱的支持。弗莱在著名的《批评的剖析》一书中也区分出了两种神话原型，即神启式世界和魔怪式世界，也称为神启意象和魔怪意象。"神启式的世界——宗教中所谓的天堂——首先为我们展现人类所向往的种种现实，在人类文明的创造所呈现的种种形式中对此已有所揭示。例如：人类创造和理想所施加于这些植物世界的形式，是花园、农场、丛林、公园等等。"③而"与神启象征相反的是人的愿望彻底被否定的世界之表现：这是梦魇和替罪羊的世界，痛苦、迷惘和奴役的世界……

① 恩斯特·卡西尔．语言与神话[M]．于晓，等，译．北京：生活·读书·新知三联书店，1988：41.

② 恩斯特·卡西尔．语言与神话[M]．于晓，等，译．北京：生活·读书·新知三联书店，1988：42.

③ 诺思罗普·弗莱．批评的剖析[M]．陈慧，等，译．天津：百花文艺出版社，1998：158.

这里到处都有摧残人的刑具、愚昧的标记、废墟和坟墓，徒劳的和堕落的世界。”①这就是魔怪式世界。这两个相对立的原型与形象学中讨论的意识形态与乌托邦的形象类型也正好吻合：乌托邦形象中潜隐的原始意象或型像是光明的、神启式世界；意识形态形象中潜隐的原始意象或型像则是黑暗的、魔怪式世界。

毛姆笔下的东方情调乌托邦形象是光明的神启世界的又一次具体展现。这种光明的神启世界也成为这个东方情调乌托邦形象的最深层次，即型像层次。那么，这种古代神话中形成的原型又是如何在毛姆笔下展现出来的？毫无疑问，我们无法相信，毛姆在研究了古代神话之后，才在去中国的旅行中找出各种相关的形象素材，来塑造一个植根于古代神话的中国形象。相反，神话原型发生作用的方式是无意识的，毛姆本人（也包括其他作家）都是在不自觉的情况下，在写作中流露出了神话原型的蛛丝马迹，以及总体的心理意向。这正是神话原型的魔力所在，它控制着人对世界的认知感受与想象，人无法摆脱它的影响来面对世界。但是这并不意味着我们对于神话原型在作品中所产生的影响就无从查证。弗莱的原型批评恰恰就是要分析后来的文学作品是如何受到神话原型的影响与控制的。他采用“向后站”的方法，对作品进行整体透视，把握住作品的大致轮廓，从而分析这些总的轮廓与神话中某个原型的相似之处，以此来判断神话原型在作品中的呈现方式。他说：“在文学批评中，我们也时常需要从诗歌‘向后站’，以便清楚地看到它的原型组织。倘若我们从斯宾塞的诗篇《变化》‘向后站’，我们就会看到一个由秩序井然的环形光线形成的背景，以及一块不祥的黑色伸入到较低的前景之中——同我们在《约伯记》的开篇所看到的原型形状一般无二。”②通过这种向后站的方法，我们可以在毛姆的《在中国屏风上》看到什么样的轮廓？这些轮廓与光明的神启世界相似吗？

在弗莱的理论中，神启世界也不是单纯的由一种象征符号展示出来的，而是由多重世界构成的，其中包含着各种不同的象征符号。他以《圣经》中的神启世界为例，分析出了五个世界，即神的世界、人的世界、动物世界、植物世界、矿物世界。神的世界是对神的社会的描写，其符号或代表是神；人的世界是对人的社会的描写，其象征符号或代表是人；动物世界是对羊舍等动物群落的描写，其象征符号或代表是一只羊；植物世界是对花园或公园的描写，其象征符号或代表是一棵（生命之）树；矿物世界是对城市等人造世界

① 诺思罗普·弗莱．批评的剖析[M]．陈慧，等，译．天津：百花文艺出版社，1998：167．

② 诺思罗普·弗莱．批评的剖析[M]．陈慧，等，译．天津：百花文艺出版社，1998：156．

的描写，其符号或代表是一幢建筑物、一座庙宇、一块石块等。在毛姆的《在中国屏风上》这个文本中，我们发现其中对神的世界和动物世界的描绘是空缺的，毛姆集中描写的是人的世界、植物世界和矿物世界。在毛姆的笔下，具体表现为中国人，中国的自然和中国的建筑物（包括城市）。当我们从毛姆在这本书中描绘的各种具体的形象世界向后站，我们就会发现这三个世界与弗莱所说的神启世界的一致性。①

就人的世界而言，毛姆在《在中国屏风上》主要描绘了两种人，一种是被讽刺的对象，主要是在华的西方人，当然也有中国的内阁部长这样的极少数中国人；另一种人是被同情的对象，主要是一般的中国人，这些中国人纯朴、友善、乐观、自尊、勤劳。毛姆对这些中国人的肯定，实质上是把他们当成了自己的同类。除了我们前面所提到的那个充满自信与希望走向城市的小伙子、那些为作者服务的苦力、纤夫之外，还有一些弱小的生命，比如被修道院收养的弃婴，"他们这么小，这么无助；当你看他们的时候，你勉强笑着，但同时你觉得喉咙里一阵哽咽。"②这种同情心不仅是针对这些弱小生命的，也是针对作为一个群体的中国人的。毛姆正是在中国人这里，而不是在他表面上所属的在华西方人群体那里找到了自己认同的群体。这种把中国人作为自己的同类的认同感意味着什么？在原型批评的意义上，这就意味个人与他人是一体的，整体社会构成了一个完整的整体，个人成为了他所想要成为的那个人，也就是实现了自己的理想。这是一种乌托邦式的人的世界，在现实之中是难以找到这样的。神启世界中的人的社会正是这样的一个整体，全体社会成员都是一个整体的组成部分，个人在整体中占有自己的位置，整个社会井然有秩，个人也就有了归属感。因此，在毛姆笔下，中国人作为一个整体是一个值得同情的正面的形象，而毛姆自己也正好认同于这个整体。这些描写出于他的无意识心理，这是他的个人归属感的流露。对于他笔下的中国形象而言，这种归属感、整体感也是中国形象中最深层的型像的一项重要内容/要素。

就植物世界而言，毛姆描绘的中国形象世界中虽然没有直接描写现实中的花园或公园的意象，但是在一个宏观的意义上，我们向后站以后可以把他所描绘的中国的自然山水看成是一个花园。比如我们前面所引用的《黎

---

① 弗莱所分析的神启世界是以《圣经》的描绘为依据的，与古希腊神话中的光明的乌托邦世界之间在具体意象方面并不完全相同。由于希伯来文化与西欧本土的文化之间有上千年的融合历史，越过这种融合来讨论神话原型的影响是难以成立的，讨论这两种文化的融合超出了本书的论题，笔者直接采用了弗莱的理论来讨论毛姆作品中的型像。

② 毛姆. 在中国屏风上[M]. 唐建清，译. 南京：江苏人民出版社，2006：122.

明》一文中的那段对中国山村的自然风光的描写，虽然是自然天成的，却又像画一样。毛姆甚至也用了花园的比喻："山谷里长着松树和竹子，好像有个灵巧的园丁加以种植，既巧于安排，又自然天成。在这迷人的时刻，你无须将此视为卑微劳作的田地，而可以看成皇帝行乐的御花园。"①除此之外，毛姆在《路》、《罗曼司》、《黄昏》、《原野》等文中都有类似的描写。从大致的轮廓上看，毛姆把中国的自然风景描绘成了一个巨大的花园，那里的一草一木都是美好的。这样，毛姆笔下的植物世界（其实是自然世界）就与神启世界中的花园意象建立起了对应关系。花园意象之所以是神启世界的组成部分，原因在于花园寄托着人的美好想象，是人对于纯粹的自然世界按照自己的理想改造而成的，是一个实现人的理想的地方。因此，对于中国自然山水风光的描绘就不光具有审美意义，同时也有更多的文化意义，它代表着一种原始意象，也是中国形象的最深层次型像的另外一项内容。同时，由植物世界扩展而来的是对于其他自然现象的描写，其中所隐含的原型意义也与神启世界中植物世界的扩展领域所包含的意义相似。在神启世界中，"在天空意义上的上苍——容纳着太阳，月亮，星球等炽烧的天体——一般与神启世界里的天堂视为同一，或被视为通往天堂的道路。"②在毛姆的笔下，他对于在中国所看到的黎明有着特别深的印象。对黎明的赞美，就隐含着这种天堂的原型，也是神启世界的花园的另一种形态。毛姆写道："身后的黑暗渐渐淡去，化为一片紫色的晨霭，我知道它很快就会变成玫瑰色的红晕。我已能清楚地辨认出那条道路，稻田的水泛出暗淡而朦胧的光来。现在已不再是黑夜，但还不是白天。这是一个最具有魔幻之美的时刻，山坡和谷地，树林和河流，都有着一种仙境般的神奇。"③这样的黎明景色，从原型批评的角度看，也无疑是天堂的一种隐喻形态。对它的美的欣赏与对一种光明理想的向往是一致的。

就矿物世界而言，那些城市、建筑物等意象在毛姆笔下的中国形象中也有对应之物。其中最具有代表性的就是长城。我们前面已把毛姆描绘长城的全文都抄录出来，从中可以很清楚地看到，毛姆所写的长城是一副剪影，它本身就是一个轮廓。除此之外，神秘又崇高的天坛、高大的城墙、纵横的街道等等，也都在毛姆笔下的中国形象中共同构成了一个人类建造的世界。这个世界在毛姆笔下不是作为破败的废墟存在的，而是作为充满活力的意

① 毛姆. 在中国屏风上[M]. 唐建清，译. 南京：江苏人民出版社，2006：46.
② 诺思罗普·弗莱. 批评的剖析[M]. 陈慧，等，译. 天津：百花文艺出版社，1998：164.
③ 毛姆. 在中国屏风上[M]. 唐建清，译. 南京：江苏人民出版社，2006：45.

象存在的，其中处处弥漫着生命的力量，一种积极地走向光明的理想之地的力量。弗莱在分析矿物世界中的意象时指出："人化的无机物世界之运用，这种意象包括公路，车马小道以及街道纵横的城市，而且'路'(way)这一隐喻是与所有的文学中的追寻故事分不开的，不管它是否如在《天路历程》中明显地富有基督教色彩。"①毛姆对路描写也具有类似的意义："道路逶迤着将一座座城市连接起来，两千多年前的这片土地上就有了城郭乡镇。道路在稻田间迂回，历经人世变故而淡然处之。"②这些道路联系起来的世界是什么样子的？毛姆说："每一个黎明，多少都有些不同，你可以想象，每一天，世界就被重新创造，不完全是昨天那个样子了。"③这当然是一个充满生机活力的世界。最终，毛姆想象出了人们的生活圈子被打破(生命的终结?)时所能看到的情景，"你可能看到，在雾气中隐隐呈现出的是一座寺庙的奇异的屋顶，它高耸于一座巨大的城堡之上，环绕城堡的是一条天然的壕沟，绿莹莹的河水静静流淌，当太阳升起来，你似乎看见梦幻般的中国式宫殿，它的富丽堂皇完全比得上阿拉伯说书人为之魂牵梦萦的那些宫殿。或者，黎明时分，你经过一个渡口，你可能看见，在你上方不远处，在日出的霞光中，有一条舢板；一个艄公正在渡送一群过客；你恍然大悟，那就是卡戎，你知道他的渡客都是忧愁的亡灵。"④毛姆在此所描绘的是天堂的景象，而不是地狱。虽然卡戎是斯塔克斯河上渡亡灵往冥府的神，但是在这里，他却把忧愁的亡灵渡送到了天堂，而这个天堂竟然是中国！毛姆在这里对人创造的世界(包括城市、建筑、道路)的描写是中国形象的一个缩影，其中隐含的正是神话原型中神启世界中的矿物世界。它象征着人的美好愿望，是人按照自己的理想建造出来的一个乌托邦。

总之，毛姆的《在中国屏风上》描绘了丰富的具体形象符号，我们可以辨认出其在中国的实际来源，但是毛姆选择这些具体形象进行加工处理，塑造出中国形象，又有其深层的根源。作为一个乌托邦形象，我们在他对中国人的认同、对自然的诗意描绘和对城市等人造世界的展示中找到了在神启世界中的对应元素。他所塑造的中国形象中最深的层次也就显现出来，成为可以直观把握到的形象元素。

---

① 诺思罗普·弗莱. 批评的剖析[M]. 陈慧，等，译. 天津：百花文艺出版社，1998：163.

② 毛姆. 在中国屏风上[M]. 唐建清，译. 南京：江苏人民出版社，2006：57.

③ 毛姆. 在中国屏风上[M]. 唐建清，译. 南京：江苏人民出版社，2006：58.

④ 毛姆. 在中国屏风上[M]. 唐建清，译. 南京：江苏人民出版社，2006：59 - 60.

第三节 从文学形象到文化想象的转换机制

从具像到型像的不同层次的转换是在形象内部进行的，但是这种转换不仅是一个有机体在内部进行新陈代谢的过程，而且是一个更复杂的社会文化活动过程。从文学形象到文化想象的转换还应该放在更大的社会文化语境中考察。我们把毛姆《在中国屏风上》所塑造出来的中国形象分成了两个大的构成部分。从具像到全像呈现出鲜明的文学的审美特性，而类像和型像则呈现出更多的文化特性。那么，从文学的审美形象到文化形象之间的转换除了我们所分析的形象内部不同层次之间的转换关系之外，还有哪些因素在这个转换的过程中发挥了作用呢？笔者认为，起关键作用的因素至少有三个：一是文学审美形象的多义性，提供了阐释的多种可能性；二是毛姆本人的思想观念对转换的引导；三是社会意识形态对转换的调控。这种转换的过程最终又是由这个文本所处的文化语境与文化状况决定的。从这个意义上说，对于这种转换机制的分析就必然要延伸到对文化状况的分析。

一、审美形象的多义性与诱导性

就文学审美形象的特性这个角度看，文学形象转换成文化想象的活动得以顺利完成，其中主要有两个原因：

首先是审美形象本身的多义性，可以使接受者对形象的意义进行多种解释，而文化意义至少是其中的一种解释，是文学审美形象所包含的意义之一。虽然读者对某些类型的作品的关注焦点不一定会集中在这些方面，但是文化意义始终是理解作品意义的一个视角。比如萨义德在《文化与帝国主义》一书中就对简·奥斯汀的小说进行了文化阐释。在萨义德眼中，简·奥斯汀的那些在一般读者看来不具有帝国主义倾向（其实是没有从后殖民视角来阅读）的作品中，也包含确定的帝国主义思想倾向。萨义德说："我们一定不能说，由于《曼斯菲尔德庄园》是部小说，它和一种肮脏的历史牵连在一起这一事实就是无关紧要的，它就是超然的。这不仅因为这样做不负责任，而且因为我们了解得太多，这样说也是不诚实的。在我们把《曼斯菲尔德庄园》当作一个正在扩张的帝国主义冒险的结构的一部分加以阅读之后，就不能再把它仅仅归结为一部伟大的文学杰作。它无疑是属于伟大的文学杰作。我认为，相反，这部小说虽然不引人注目，却稳步地开拓了一片帝国主义文化的广阔的天地，没有这种文化，英国后来就不可能获得它的殖民领地。”[①]萨义德对文学作品的这种文化解读说明文学作品的意义与解读者所采用的视角和立场是直接相关的。在一般读者作为审美对象来阅读的作品中，也同样可以从文化的角度解读出文化的含义来。作为审美对象的文学形象也是文化活动的要素，参与文化运行的过程，发挥文化的功能。

其次，文学的审美形象不仅是多义性的，而且具有诱导和激发性，它可以通过特殊的方式把读者引领到一个与现实世界相似的对跖性世界之中，从而完成文化意义的建构。审美形象的这个特点使得其多义性构成了一个完整的整体，而不是若干意义的随意拼贴。文化意义不是随意地牵强附会地添加上去的，而是在审美形象的诱导之下的自然而然地形成的。希利斯·米勒在解释文学的特性时说：“文学中的每句话，都是一个施行语言链条上的一部分，逐步打开第一句话后开始的想象域。词语让读者能到达那个想象域。这些词语以不断重复，不断延伸的话语姿势，瞬间发明了同时也发现了(即‘揭示’了)那个世界。”[②]米勒的意思是说文学作品中的语词构建出一个与现实世界相似的世界，这个世界与现实的区别在于我们无法证实它的存在，也无法说明它不存在。它是一个想象的世界，我们可以生活在这个世界中，欣赏它，把它作为审美对象，同时这个想象的世界中也有着我们在现实世界所遇到的各种问题，文化、经济、政治、军事、宗教、法律，一应俱全，它是现实世界的一个对拓性的世界。当语词把我们引领进这个世界，我们就可以在其中发现各种意义，表达自己对各种问题的看法。所有这些看法、这些意义当然都是由审美活动激发出来的，阅读文学作品中的语词，然后想象出这样一个世界，这就是审美活动。在这个想象的世界中理解出各种不同的意义，要归功于这种审美的激发与诱导。

毛姆的《在中国屏风上》这部文学作品中，文化的意义是如何被诱导出来的？细致的文本细读可以从中找出许多具体方式，笔者在此仅举两个基本的方式来说明这个问题。其一是转喻，转喻是指在一个文本中隐含着超出其字面意义之外的多种不同的含义，而且这些隐含的意义与字面意义之间具有关联性。这是文学文本的最基本的特征之一，也是文学审美价值的主要来源之一。毛姆在描写中国形象时，大量使用了这种手法来构建审美形象，并实现审美意义到文化意义的转换。我们在《长城》、《路》、《黎明》、

---

① 爱德华·萨义德. 文化与帝国主义[M]. 李琨，译. 北京：生活·读书·新知三联书店，2003：131－132.

② 希利斯·米勒. 文学死了吗[M]. 秦谚，译. 桂林：广西师范大学出版社，2007：57－58.

《原野》、《罗曼司》、《小伙子》等篇章中可以看到这种转喻的运用。以《长城》为例，开头一句“巨大、雄伟、令人敬畏的中国长城，静静地耸立在薄雾之中”和最后一句是完全相同的，这种重复使得整个文本被从日常语言系统之中整齐地切割下来，形成了一个特殊的文学语言的片段。此时，这个片段的意义也开始脱离日常语言系统，它传播出一个重要信息，这不是对长城的工程学、建筑学、历史学的实用性的描写，它要建构一个多义性的语言空间。读者在这个信息的暗示之下，放弃对那些实用意义的期待，转而希望发现一个由多种意义组成的全新的意义空间，即审美的空间。这正是米勒所说的“词语让读者能到达那个想象域”。在第一句之后的那些语句之中，文本所提供的是长城的精神特征：孤独、威严、无情、无畏、不为外界所动。这些特征是从长城的具体形态中引申出来的转喻意义：“孤独”是“它默默无言地爬上一座座山峰又滑入深深的谷底”这句具体的形象化描写隐含的意义；“威严”是由“坚固的方形烽火台，镇守着边关”这句形象化的描写引申出来的……每个精神性含义都有一句具体的形象化描写作为依托，从而把长城的姿态引领到精神性的世界。除了这些可以在文本中直接找到证据的转喻意义之外，长城的整体形象也是中国的象征，它的隐喻意义是中国的令人敬畏的威严。在这个意义上，长城既是一个审美形象，也是一个文化形象。毛姆所写的长城中表达的那种精神内涵在其他作品中也可以得到证实，比如《小伙子》中那个充满希望、朝气和自信的中国年轻人；还有《副领事》中那位临死不惧、大义凛然的中国人；甚至还有《哲学家》中固执而又自尊的哲学家辜鸿铭，以及《江中号子》中那些纤夫，都提供了充足的信息来支持我们对毛姆笔下长城所隐喻的精神内涵的理解。同样地，这里所列举的这些作品也都不仅仅具有文本表层的含义，其背后相互关联地构成了一个关于中国的总体精神品格的转喻意义，也就是《长城》中所揭示出来的那种精神内涵：中国有着令人敬畏的威严。

在《黎明》一文中，毛姆表达了另一种更加隐晦的转喻意义，不像《长城》中清晰明确地说出每一种隐含意义与长城本身特点之间的联系。《黎明》中开头的一段写了叙述者走出客店等待黎明时在街道上所见到的不同人物的活动，第二段就是我们前文中所引的被毛姆称为“最具有魔幻之美的时刻”的仙境般景色。随后，毛姆展开想象，把层层梯田想象成皇帝与妃子们游乐的御花园，然后又把中国的竹林想象成明代的贵妇，最后将中国的这些美景与英国的肯特郡长满蛇麻子草的原野和英吉利海峡的美景相比。这种跨越时间（历史）和空间（中国到英国）的想象打开了一个多义的世界，这些现实的与想象的景物的重叠暗示出了一个更深层的转喻意义：中国的东方情调之美构成了一个乌托邦。英吉利海峡上在寒风中飞翔的海鸥的忧郁叫声让人难以承受，而中国的黎明却让中国皇帝可以把国事放在一边与妃子们游乐！这种对比之中已经把这些互相重叠的景象所隐含的转喻意义揭示出来了。

其二，反讽也是文学的审美形象诱导文化想象和文化意义的重要方式。反讽“就是表象与事实的对照。”①“它们既有表面又有深度，既暧昧又透明，即使我们的注意力关注形式层次，又引导它投向内容层次。”②这种表象与深层内容之间还是相反的，它们之间构成了反差和对照。这种反讽现象是构成文学的审美形象的多义性的重要机制，它构成了一个文本、一个审美形象之中的多个视点，读者只有同时看到一个文本或审美形象中存在着相反的视点，才能把握反讽的意义。这恰恰是文学作品的长处，“因为它所使用的语言极易处理人们的话语、思想、感情和信念，因而也极易处理人们的话语与思想之间，信念与事实之间的差别。而这种差别，正是反讽活动的天地。”③文学中的这种多种意义的反差对照所构成的反讽是文学审美形象的重要特征之一。在这种反讽之中，读者在领悟到反讽的精妙对照时，可以感受到审美的愉悦。与此同时，构成反讽的若干个不同意义中就有文化想象存在。反讽只是反差效果，构成反差的那些内容或意义则可能是文化想象。比如，马克·吐温在《哈克贝利·费恩历险记》中写了一段对话：“……我们有个汽缸盖爆炸了。”“老天爷！伤着人了吗？”“没有，太太。炸死了一个黑小子。”“呀，还算走运；因为有时候要伤人的。”④这段对话中有两个视点，一是对话者的视点，他们认为炸死了一个黑人不算伤到人；另一个视点是作者（或叙述者）的视点，他认为黑人也是人，而且这个视点也代表了大多数人的视点，特别是读者的视点。这两个视点的反差、对照构成了反讽效果。而构成这种效果的两个视点则是具有文化意义的。对话者不把黑人当作人，而且说得理所当然，就是他们对黑人的文化想象的直接表达。因此，构成文学的审美形象的反讽就把文化想象和文化意义也引渡到文学形象之中，或者换个说法，反讽促使文学的审美形象转换到文化想象。

《在中国屏风上》通过反讽的方式来完成文学形象到文化想象的转换成为一大特色。我们在前文中曾用《宴会》一文中一群无聊的在华外国大人物作为例子分析过这个问题。在其他那些描写在华外国人的作品中（占到这

① D. C. 米克. 论反讽[M]. 周发祥，译. 北京：昆仑出版社，1992：14.
② D. C. 米克. 论反讽[M]. 周发祥，译. 北京：昆仑出版社，1992：7.
③ D. C. 米克. 论反讽[M]. 周发祥，译. 北京：昆仑出版社，1992：10.
④ 这是米克举的例子。D. C. 米克. 论反讽[M]. 周发祥，译. 北京：昆仑出版社，1992：13.

本书的一半以上)几乎每篇都用到了这种方式。比如《亨德森》中描写了一位自称社会主义者的来华英国人亨德森,刚到中国时还说自己不忍心坐黄包车,可是不久就因为自己坐的黄包车错过了一个拐弯路口,而在车夫的屁股上狠狠地踢了一脚。也是这个亨德森,对中国的看法是:“你不必去关心中国人。你明白,我们在这儿是因为他们害怕我们。我们是统治的民族。中国人总得要有主人,而他们总是愿意如此。”①在这里毛姆运用反讽的手法刻画了一个虚伪的英国人形象,其中包含着两个相反的关于中国的文化想象:一是亨德森作为帝国主义/西方中心主义者对中国的想象,把中国看成是一个需要主人的被统治者;另一个是毛姆把中国作为一个值得同情甚至赞美的乌托邦的中国想象。毛姆的视点是借讽刺亨德森传达出来的,当然,当我们把这篇文章与这本书中的其他的文章联系起来,可以证实毛姆把中国想象成一个美好的乌托邦形象是他一贯的稳定的态度。

二、作者的阅读指令

毛姆本人的思想观念在文学形象到文化想象的转换中所起的作用是给作品设定了阅读的指令,为读者的阅读提供了一个基本的理解方向。这并不是说读者就一定要按照毛姆的意图去理解,但是忽视作者的意图也是一个明显的错误。那么,什么是阅读指令?所谓的阅读指令是作者在文本的表述中呈现出来的一种暗示或召唤,指引读者向这种设定的方向去阅读文本。正如朔贝尔所说:“从作者方面来说,在作品本文中已经写进了‘潜在意思’以及诉诸读者的‘效应意图’,这种意图至少在多数情况下使人不能随意地接受作品本文。”②这些“潜在意思”与“效应意图”就是阅读指令或接受指令。瑙曼说得更明确:“任何一部作品都要以它的生产方式为中介,以它的历史与社会的、语言与文学的、个人经历与个人特点的生产条件为中介,获得一种质的规定性,一种个体特征,一种我们所谓的‘接受指令’,这种‘接受指令’的性质将决定作品从它的特性出发潜在地能起什么样的作用。”③可见,阅读指令或接受指令是文本的一种规定性与引导性,潜在地影响读者对文本的理解。

实际上,毛姆的《在中国屏风上》所发出的阅读指令包括三个层面。其

---

① 毛姆.在中国屏风上[M].唐建清,译.南京:江苏人民出版社,2006:44.

② 朔贝尔.文学的历史性是文学的难题[A].孙君华,译.瑙曼,等.作品、文学史与读者[C].范大灿,编.北京:文化艺术出版社,1997:207.

③ 瑙曼.论文学理论中的“效应美学”[A].林克,译.瑙曼,等.作品、文学史与读者[C].范大灿,编.北京:文化艺术出版社,1997:145.

一是这个文本本身对读者的期许。毛姆想在这部作品中告诉了读者什么？他希望读者如何来阅读这部作品？其实，他在书的序言中已经明确地说出了自己的设想。这个设想的总体指向就是“希望这些文字可以给读者提供我所看到的中国的一幅真实而生动的图画，并有助于他们自己对中国的想象。”①这说明毛姆是想要读者通过这本书想象出一个新的中国形象。

其二是作为描写中国的文本，它与毛姆其它的同题材作品表达的共同主题，也成为引导读者理解这个文本的指令。作为一个展示性文本，《在中国屏风上》到底塑造了什么样的中国形象毛姆并没有明确的预设，但是一个总的倾向或理解的框架还是存在的。毛姆希望读者把中国想象成一个具有东方情调的乌托邦。毛姆的另一部作品《面纱》也表达了这样的主题。“在《面纱》一书中，毛姆一方面塑造了满族格格这样一个极具象征性的形象来寄寓自己对中国文化的思索；另一方面以韦丁顿这样一个热爱并熟知中国文化的英国人之口来表达自己对道家哲学思想的理解与认可，而且还以对韦丁顿和满族格格的异国婚恋的描写来表达中国文化对西方文化的一种融合。因而在正遭受着情感危机，灵魂找不到归属的主人公凯蒂眼里，中国这块大地分明已是精神的乐园，中国的文化强烈地吸引着她，使他这个西方人找到了灵魂的皈依，走上了新生之路。”②毛姆在作品中所流露出来的是对中国的友好态度和赞美之情对于读者具有引导作用，这些不同的文本都表达了对中国文化的肯定态度，对于读者引导读者对文本的理解一定会产生积极影响。毛姆的另一部中国题材的作品是以北京为背景的七幕戏剧《苏伊士以东》，这是一部关于东西方文化冲突的悲剧，女主角黛西是中英混血儿，一方面热爱中国文化，另一方面又渴望嫁给白人，她的情人乔治是英国人，却不敢娶一位具有中国血统的女人，这是矛盾的总根源。这个矛盾最终引起了黛西嫁给了自己不爱的另一位白人哈利后又与乔治偷情，以至于乔治羞愧自杀，黛西也结束了自己的生命。毛姆在这部作品中批判了西方中心主义的虚伪，也表达了对中国的同情。他对中国的生活场景的描写更是表达了对异国情调的欣赏与向往之情。如第一幕中有一段对北京城市景观的描写就是如此：“几个蒙古人经过此地，他们骑着毛发蓬松的小马，穿着高筒靴，戴着羔皮帽子。之后，一峰峰骆驼悠然自得地在穿过街道，他们背负着厚重的皮囊，由几个长相粗犷的人牵引着，从蒙古沙漠一路而来。两个身材魁梧的中国绅士正在带着他们的宠物鸟放风，这些鸟站在鸟笼的小木架

① 毛姆.在中国屏风上[M].唐建清，译.南京：江苏人民出版社，2006：3.

② 张艳花.毛姆与中国[D].上海：复旦大学博士学位论文，2010：55－56.

上，腿上系着绳子，而两位中国绅士正在探讨着这几只鸟的优点。几个孩子在他们身边捉迷藏，他们在人群中跑来跑去，你追我赶，好生热闹。”①这部戏剧作品是毛姆从中国回英国后创作的，这些场景中带有在他在中国的直观感受与体验，也表达了他对中国一贯的向往之情。这对于读者理解他笔下的中国形象无疑是有引导作用的。

其三，毛姆本人的思想状况和性格特点也对文本中的阅读指令产生了影响。首先，他内向孤僻的性格使他具有逃避西方社会的心理倾向。毛姆自幼父母双亡，由伯父抚养，加上他严重口吃，在学校倍受同学欺负，形成了内向、孤僻、敏感的性格。他对英国的社会生活是反感的，反而向往东方的生活。他说：“我属于英国，但是，在英国我从未有过家的感觉，在英国人面前，我总觉得拘谨，不自在，对我来说，英国只意味着我无法履行的某种义务和令人烦恼的责任，只有和英国划清界限，我才能找到自我。”②而他自己也明确表达过对东方的向往：“我整个心灵都渴念着东方，渴念着埃及，印度和日本。我想了解一下马来人的那种热烈的生活和海南诸岛上的那些奇特的事物。我可能找不到这生活之谜的谜底，但我知道到东方去肯定比待在这儿知道得多一点，从书本和文明社会中我是再也找不出更多的东西来了。”③这些想法对他后来的文学创作产生了重要影响，他在自己最重要的作品（如《人性的枷锁》、《月亮和六便士》、《刀锋》等）中都表现出了对一个自由的精神世界的向往。他也是一位喜爱旅行的作家，有大量的作品写世界各地的生活（如短篇小说集《叶之震颤》等）。在这样的背景下来理解“我喜欢旅行带来的那种无拘无束的自由感觉”这句话，应该能明白其背后的深意。因此，不妨说毛姆的心里一直有一个乌托邦世界，这个世界不在西方，而在东方，在一个远离给他带来痛苦的西方世界的地方，而中国是他心中乌托邦世界的一个缩影。其次，毛姆虽然以一种孤僻的尖刻来剖析人性，但他又有着强烈的同情心和正义感，这是他内心之中存在一个美好的乌托邦世

① 张建风. 七幕戏剧《苏伊士以东》(1～3 幕)英汉翻译实践报告[D]. 呼和浩特：内蒙古大学硕士学位论文，2019：74.《苏伊士以东》目前没有正式出版的中文译本，中国学者对这部剧的评价以批判毛姆对中国人形象的丑化为主，如，吴超平. 毛姆戏剧的创作宗旨管见[J]. 淮北煤炭师范学院学报(哲学社会科学版)，2010，(6)：188－189. 庞庆. 浅析毛姆对中国文化的解读——以戏剧《苏伊士之东》和《信》为例[J]. 戏剧之家，2020，(29)：4－7. 朱文杰张之燕. 毛姆笔下的中国人形象——以《苏伊士之东》为例[J]. 名作欣赏，2018，(35)：62－64. 实际上异国形象的性质是由文本的主导倾向决定的，而不是个别的具像与侧像决定的，不能因为作品中描写了反面的中国人物，就判定作品塑造了意识形态化的中国形象。

② 转引自张艳花. 毛姆与中国[D]. 上海：复旦大学博士学位论文，2010：59.

③ 特德·摩根. 人世的挑剔者：毛姆传[M]. 梅影，等，译. 长沙：湖南人民出版社，1986：114.

界的思想基础。他对人性的冷酷解剖没有熄灭他内心深处的人道主义情怀,他的尖刻的讽刺并不是让人悲观而是让人在反省中走向光明。在第一次世界大战中他曾参加了火线救护伤员的工作,后来到英国情报部门工作。他虽然因作品的畅销赚钱而受到批评家质疑,但他却设立了基金会为有困难的青年作家提供资助。这些思想观念和行为与作品相印证,都说明毛姆不是个亨德森式的伪社会主义者,而是一位真正的具有人道主义情怀的知识分子。他对中国的同情和友好态度是有思想基础的,同情中国是他的人道主义情怀的一种具体表现。同样以中国为背景的小说《面纱》中所表现出来的对中国人的同情态度也证明了这一点。换一个角度看,毛姆的性格和思想状况也为读者理解《在中国屏风上》中的中国形象提供了一种主导性的符码,指引着理解的方向。

《天坛》一文可以作为毛姆的性格和思想引导读者想象乌托邦中国形象的代表性例子。开头一句就是"它向着苍天而立。"①接着描写了每一朝的天子在冬至带领百官祭天祈年的仪式,语调庄严肃穆,再接下去的一段写了一位名叫魏拉德·B·安特梅耶的美国人在中国皇帝向天叩首的地方刻上了自己的名字和家乡:哈斯丁、内布拉斯加,后面的描写表明了毛姆对此事的看法,也表明了他对中国的想象(或他为读者提供了他的想象):"他试图将自己转瞬即逝的生命附丽于那神圣的缅怀之地。他认为通过这样做,在他死后人们仍能记住他的名字。他希望以这种直率的方式获得不朽。然而人的希望永远是虚幻的,当他刚走下台阶,旁边一个斜倚着拉杆,悠然望着蓝天的中国管理员便走上前去,在安特梅耶写下名字的地方狠狠吐了口唾沫,又用鞋就着唾沫在上面来回擦拭。片刻之后,魏拉德·B·安特梅耶到此一游的痕迹就荡然无存了。"②毛姆在这里肯定不是在批评中国人随地吐痰的陋习,而是在讽刺安特梅耶想在中国的神圣之地留下名字以获得不朽的丑陋行为。毛姆在第一段中对中国庄严肃穆的祭天仪式表现出了欣赏和尊重,读者不难领悟到毛姆对中国文化的向往之情,他希望看到的是世界各地各不相同的人和事,特别是那些脱离了所谓"世界潮流"的人和事。天坛所代表的中国,天坛管理员所代表的中国人,就是这样的人和事,获得了他的尊重。庄严神圣的天坛与安特梅耶的粗鲁、野蛮之间的对比,已经表明了毛姆的态度,他当然也希望读者作如是观。

那么,毛姆是如何将这些具体的因素运用于引导读者想象出乌托邦中

① 毛姆.在中国屏风上[M].唐建清,译.南京:江苏人民出版社,2006:17.

② 毛姆.在中国屏风上[M].唐建清,译.南京:江苏人民出版社,2006:17-18.

国形象的？除了表达技巧与修辞层面的具体方法之外，毛姆设置了特殊的转换方式。首先，毛姆设立了一个以独特个性为指向的审美标准。他写的是一个异国题材的文学作品，以欣赏的态度来描写那些与西方不同的事物，这就为化解西方中心主义的价值标准提供了可能。当然这种欣赏不是猎奇，而是对西方主流社会生活的一种批判性逃避。毛姆在书的序言中就说："有时，自然是偶尔，你会遇见一个与你过去认识的完全不同的人，这种令人兴奋的经历无疑十分难得。……孤独和不同寻常的人生使他自成一格，而不像芸芸大众，因为受到我们西方文明至少是表面的影响(外界对人的内在生活有多大的作用啊！)而失去了个性。这个人也许不很聪明，他甚至会显得有些疯狂。他也许是邪恶、虚伪、粗鲁、低俗或者野蛮的，但他是独一无二的！他简直就不属于我们这个群体。如果你爱研究人性，你会为此兴奋异常，你觉得与他交谈会给你和聆听伟大音乐作品有同样的愉悦感。在他们身上有一种令人振奋的特质。因为，在我看来，正是借助自然之力，他们使自己脱离了那引导世界的潮流而变得与众不同，而大自然是用来塑造他们独特个性的工具。"①毛姆设定的这个欣赏的标准把读者对文学形象的理解引向了对社会和文化的独特性的认同。文学形象的鲜明个性在毛姆这里不是仅仅停留在无功利的审美欣赏领域之中，他之所以塑造出鲜明独特的个性原因也不仅在于一种纯粹的文学技巧、手法，而且也在于一种文化差异。毛姆设定的这个标准实际上打破了文学与文化的边界，把文学与文化融为一体了。所以在他的笔下，中国的哲学家、苦力、死囚、烧香的老太婆都是他欣赏的对象，甚至明知是恶棍的内阁部长，他也以欣赏的态度去看待(当然对他的欣赏中包含着批判)。他用作品表明了自己的立场——对异域文化的欣赏。

其次，毛姆从普遍的共同美的角度来观照中国事物，从而使美的肯定性价值转换到中国形象之中。美本身具有超越差异的特性，这就是美的共同性，不同民族对于某些审美对象会产生共同的审美愉悦。毛姆充分利用了这种共同美的特性来观照中国事物，以欣赏的态度来面对中国事物，发现其中所具有的能为全人类共同欣赏的美的因素，完成审美形象的塑造。因此在把中国事物作为审美对象的同时，文化意义上的中国形象也得到了肯定。审美形象当中所包含的善与真、合目的性与合规律性的统一、人的本质力量等肯定因素都转换到文化意义上的中国形象之中。

这些肯定性的价值因素主要有两个方面：一是自然之美。对自然美的

---

① 毛姆. 在中国屏风上[M]. 唐建清，译. 南京：江苏人民出版社，2006：2.

欣赏是人类普遍的价值特性，人们面对优美的自然风光总是会产生一种心灵自由、回归本真生存状态的心理体验，从而形成对这些具体景物的肯定和赞美。毛姆在描写中国的自然山水时，就时常采用这种对自然进行审美观照的方式，中国的原野、江河、山林、黎明、黄昏都让他陶醉。这些优美的自然风光描写所产生的正面的积极的肯定性价值由于其对象先在地属于中国，因而对于中国形象也产生了正面的影响，中国形象在对自然之美的描写之中被乌托邦化。

毛姆在《罗曼司》一文中有一段精彩的描写，可以作为这种从自然之美转化到文化乌托邦形象的例子："……现在，这同样的狂喜抓住了我，仿佛肉身般存在似的，罗曼司又一次呈现在我面前。但它来得如此出其不意，我被迷住了。我说不出它是否从灯光照到的篾片的阴影中爬出来，还是顺流来到我从敞开的船舱能看到的水面上。我很想知道是什么因素产生了眼下这种无法形容的欣喜，于是出舱来到船尾。与我们并排停着的还有六七艘帆船，是走上水的，所以桅杆竖着，船上一片寂静。他们的船工都在熟睡。夜不很黑，虽然有云，但正好满月，然而朦胧月光下的水面，还是阴森森的。稍远处的河岸上，薄雾中的树木影影绰绰。这是一种迷人的景致，但其中又没有什么陌生的，我要寻找的不在那儿。我转身走开。但当我回到用篾片搭成的船舱时，那曾给予这斗室非同一般的品性的魔力也离去了。天啊！我就像一个把蝴蝶撕成碎片要找出它美在何处的人。……我的小船舱、我的炭火盆、我的防风灯，甚至我的行军床也都仍然有着某种令人激动的东西，这种激动是我曾经拥有的。我不能再那么无动于衷地看待它们了，因为我有一刻是如此着魔般地看着它们。"①毛姆在此所写的不是什么名山大川，只是一次普遍旅行中的江上夜泊。但他却在这个夜晚产生了美的体验，这种体验足以引起读者的共鸣，那是人的心灵受到美的感召的时刻，每个人都有类似的经历。毛姆所写的恰恰是在中国的一个普通的夜晚，这个美的形象，美的体验就与中国联系在了一起，转换成了中国形象的一个部分，甚至就直接变成了中国形象的一个缩影。

二是人性之美。毛姆在人性的描写上完成这种转换，将中国事物提升到人性的高度来进行刻画，也是塑造审美形象的一种方式。人性是人的共同性、普遍性，是人的求真与向善的基本特性。揭示中国事物中所包含的人性光辉，也同样会起到将审美形象转换为文化乌托邦形象的作用，促成从文学的审美形象到文化想象的转变。《驮兽》和《江中号子》是这类作品中最具

---

① 毛姆. 在中国屏风上[M]. 唐建清，译. 南京：江苏人民出版社，2006：66－67.

有代表性的两篇，这两篇所写的都是中国最底层的劳动者。毛姆没有像有些西方人那样不把这些苦力当人看，相反，他从人性的高度描写这些人。毛姆说："当他们一路向前时，你再也不能悠然地欣赏这幅图景了。他们的劳苦让你心中觉得沉重，你充满怜悯之情又爱莫能助。"①他从江中号子中听出的是"痛苦的呻吟，是绝望的叹息，是揪心的呼喊。这声音几乎不是人发出的，那是灵魂在无边苦海中的、有节奏的呼号，它的最后一个音符是人性最沉痛的啜泣。"②毛姆所描绘的这些中国人形象无疑是具有震撼人心的审美冲击力的，这种审美价值来自一位有良知的知识分子的人性关怀。在这里，作品给人带来的审美感动与对中国人的怜悯与同情交融在一起。值得注意的是那些苦难之中的中国人并没有让人把中国想象成一个贫穷、落后、衰败、萧条的负面形象，因为在这种苦难的形象中，蕴含着人性的力量，这些苦难塑造出来的是坚韧、不屈与抗争的中国人形象。从描绘人性之美到揭示中国人的坚韧不屈，转换的关键在于毛姆调动了人类共同的人性关怀。在这个层次上，审美的价值、人性的力量与中国的正面形象完成了对接与重叠。

三、意识形态语境对形象的建构

毛姆所描绘的中国形象之所以能完成从审美形象到文化想象的转换，当然不是毛姆本人所能完全控制的。在形象学研究中形象是一种集体想象形态的表意实践，任何一个能成为"形象"的意象都是一个时代社会大众集体心理的产物，是社会群体共同建构出来的。毛姆所塑造的中国形象从审美形象转换到文化想象是由西欧的社会心理决定的。当然，说到底这种社会心理是文化状况的产物。这种社会心理具体是以意识形态语境的形态呈现出来的，既包括学术著作中严密的学说，包括大众流行文化中的幻想与抒情。正是这些现实的语境直接决定着西方读者如何阅读毛姆这本书，决定着他们从中读到了什么、想象出了什么。

那么，在毛姆写作《在中国屏风上》的时候，西欧的意识形态语境是什么样的？如果用一句话来概括这个时代西欧意识形态语境的特点，那就是西方没落的悲观主义盛行。这也是当时西欧的文化状况。这个特点与当时西欧的现实处境直接相关，1914—1918 年的第一次世界大战使西欧文明受到重创，西欧从启蒙运动以来连续几个世纪的大发展所积累的矛盾到了这个

① 毛姆. 在中国屏风上[M]. 唐建清，译. 南京：江苏人民出版社，2006：51.

② 毛姆. 在中国屏风上[M]. 唐建清，译. 南京：江苏人民出版社，2006：92.

时候终于在内部爆发了。这在当时是有史以来最激烈的冲突,战争给西欧带来的打击当然是沉重的,以至于斯宾格勒那本并不精彩的书由于其题目“西方的没落”概括出了那个时代的普遍心理/思想主题而备受关注,流行一时。当然西欧的这种悲观主义思潮并非始于一战以后,它有更长的历史,至少从19世纪末开始,就已有西欧人预感到了这种没落。彼得·李伯庚写道:“严肃分析社会的人们则看到:工业化带给社会与文化的许多变化,诸如新精英阶层的兴起、大众教育水平的提高、大众消费的增加、‘老’的价值与传统的没落,再加上经常的战争威胁,都使人们心理上有一种感觉:灾难几乎难以避免的。”①这是19世纪以来欧洲人普遍的心理状态。

19世纪末到20世纪初的这种悲观主义思潮和不祥的预感,到毛姆写作《在中国屏风上》的时候经过一次大战的证实而达到了高潮。这个意识形态话语空间主要包括了三个主要内容:一是相对主义所带来的不稳定、不安全感,这种情绪在文化艺术之中表现得十分明显。李伯庚说:“19世纪末和20世纪初,一切存在的事物都不确定的看法十分流行。许多人认为,这是一个革命的时代。这种观点也以文化的各种形式表达出来。在绘画、建筑、文学和音乐中出现所谓‘先锋派’(Avande garde),要求重新检视艺术使用的语言,并把激进的新技术引入艺术,音乐创作中采用‘无调性’;美术中,在画面上拼贴各种互不相干图案和对象残片的抽象派美术、立体主义、表现主义手法,希望能创作有意义的东西。他们的确产生了影响,但这类创作实际表现的情调是悲观主义的。”②在科学领域,1900年德国物理学家麦克斯·普朗克(Max Planck)创立的量子力学、其后爱因斯坦(Albert Einstein)的一般相对论、物理学家玻尔(Nils Bohr)和海森堡(Werner Heisenberg)的“测不准”理论都产生了意识形态功能,为人们的不安心理推波助澜;而在人文社会科学领域中,弗洛伊德在1900年出版的《梦的解析》把人的行为动机归结为无意识心理这个无法控制的领域,以及此前尼采对理性的攻击、法国人古斯塔夫·勒庞(Gustave Le Bon)在《乌合之众》中对大众社会带来的不稳定所做的分析,都使得西欧人的不安全感雪上加霜。一时间,西欧几乎找不到一块安稳的地方了。

二是对进步观念的怀疑。启蒙运动建立起来的进步观念是西方现代性思想的重要内容之一,也正是进步观念推动了西方在科学、政治、经济、文化

---

① 彼得·李伯庚.欧洲文化史(下)[M].赵复三,译.上海:上海社会科学院出版社,2004:531-532.

② 彼得·李伯庚.欧洲文化史(下)[M].赵复三,译.上海:上海社会科学院出版社,2004:535-536.

等方面持续了几个世纪的发展。然而第一次世界大战给西方带来的灾难使西方人对这种进步的观念产生了怀疑。罗素就明确说："……随着对我们智慧怀疑的逐步增强，人们就会认为，我们称做进步的东西，大部分只是无休止的变化，它并没有使我们向任何所愿望的目标更靠近一步。"①当然，这种对进步的怀疑不是在一战之后才出现的。在西方思想史上，斯宾塞是最早开始对进步表示担忧的思想家，他根据熵定律知道了无限进步是不可能的，而随着宇宙能力的逐渐耗散，生命本身就会停止。这种理论使他不安，因为他想到了欧洲文明也会走向它的尽头。随后，在 1864 年，美国人考姆第安·约翰·W·德拉波在《欧洲理性发展史》中写道："欧洲正在加速步中国的后尘，从中国身上不难看到我们的未来。"②当然，这些担忧还没有导致真正的反思，而只是对西方进步的前途的忧虑。一战以后西方人才看到进步所带来的后果并不都是正面的，进步在给人带来生活的便利、生存条件改善的同时，也可以带来毁灭性的灾难。这种对进步观念的反思才成为那个时代的主题之一。"有英国'忧郁的教长'之称的威廉·英奇，在 1920 年出版的一本书里，称进步的观念是'西方 150 年来的实际信念'，并且发现它是一场骗局。"③这种对进步的反思是那个时代痛定思痛之后产生的普遍的社会心理，成为那个时代西欧人看自身文化传统的一个流行的视角。它与那种一切都不确定、不可靠的不安全感也是一致的，战争实际上摧毁了西方几百年来树立起来的以进步为基础的自信。

三是对西方文明衰落的认识。相对主义所产生的不安全感，对进步的怀疑与批判所带来的幻灭感，集中到一起形成了对于西欧文明的总体认识，那就是西欧文明的衰落。斯宾格勒在《西方的没落》中所要探讨的主题是对西方没落的拯救之道，也像是一种警示：如果没有一个强权人物出现，西欧的没落将是不可避免的。但是在更多的人看来，西欧已经衰落了。正如阿瑟·赫尔曼所说："到 1890 年人们日益形成共识：衰退的趋势，正横扫工业化的欧洲，欧洲在它的激发下出现了一系列混乱状态，包括日益增加的贫困、犯罪、酗酒、道德扭曲和政治暴力。"④这种共识导致了文化悲观主义，它

---

① 罗素. 中国问题[A]. 何兆武，柳卸林，主编. 中国印象——世界名人论中国文化[C]. 桂林：广西师范大学出版社，2001：97.

② 转引自阿瑟·赫尔曼. 文明衰落论——西方文化悲观主义的形成与演变[M]. 张爱平，等，译. 上海：上海人民出版社，2007：40.

③ 罗兰·斯特龙伯格. 西方现代思想史[M]. 刘北成，赵国新，译. 北京：中央编译出版社，2005：445.

④ 阿瑟·赫尔曼. 文明衰落论——西方文化悲观主义的形成与演变[M]. 张爱平，等，译. 上海：上海人民出版社，2007：118.

对西方现代文明的基本判断是“现代世界和现代人已经陷入道德堕落、精疲力竭以及不可避免的沮丧颓唐的泥潭而无力自拔。文化悲观主义滥觞于弗里德里希·尼采的哲学，源于他对当时‘病态’和‘衰朽’的欧洲社会的猛烈抨击。尼采在1885年时写道：‘现代人的每一特性中都蕴含着走向衰落的因子’。”[①]这种对西欧文明衰落的总体判断在意象派诗人庞德（Ezra Loomis Pound）笔下变成一个生动的形象：“一个老掉牙的婊子。”[②]而到了一次大战以后，西方文明的衰落几乎成为笼罩整个西欧的魔咒。罗兰·斯特尤伯格说：“20世纪20年代回响着告别欧洲时代的挽歌。”[③]

四是对东方文明的向往。重新审视东方文明，也是19世纪末20世纪初西欧意识形态话语中的一项重要内容。对西欧文明的担忧以及由此引起的不安全感使得到西欧文明之外去寻找希望成为一种合情合理的选择。这种选择并不意味着完全放弃西欧文明，实行全盘东方化或美国化，而是要在东方或美国找到对西欧有价值的因素，能拯救西欧文明济世良方。罗素明确表示：“我考虑得更多的并非我必须教给他们的东西，而是我必须向他们学习的东西。在许多长时间居住中国的欧洲人当中，我发现这种态度并不少见。……我想我能够希望，中国，作为对我们的科学知识的回报，将会给我们一些她的伟大宽容与沉思的恬静心灵。”[④]同时，罗素也希望看到在中国现出一种新型文明：“受过欧美教育的中国人认识到，为使他们的旧传统产生活力，需要一种新的要素，他们指望着我们的文明能提供这一要素。但他们并不希望建立一个同我们一样的文明。最好的希望恰恰就在这一点上。假如他们不进入军国主义的行列，他们可以创造出一种真正新型的文明，这种文明比我们在西方所能创造出的任何一种都好。”[⑤]罗素的这些美好愿望，也正是西欧人在一战以后普遍的愿望。当然，他们不一定都把希望寄托在中国，但是中国无疑是可供选择的地方之一。即使有人不选择中国，他们对于西方文明的逃避也代表了一种普遍的乌托邦心理。“很难想象这

① 阿瑟·赫尔曼.文明衰落论——西方文化悲观主义的形成与演变[M].张爱平，等，译.上海：上海人民出版社，2007：7.

② 转引自罗兰·斯特龙伯格.西方现代思想史[M].刘北成，赵国新，译.北京：中央编译出版社，2005：445.

③ 罗兰·斯特龙伯格.西方现代思想史[M].刘北成，赵国新，译.北京：中央编译出版社，2005：446.

④ 罗素.中国问题[A].何兆武，柳卸林，主编.中国印象——世界名人论中国文化[C].桂林：广西师范大学出版社，2001：98.

⑤ 罗素.中国问题[A].何兆武，柳卸林，主编.中国印象——世界名人论中国文化[C].桂林：广西师范大学出版社，2001：105.

一时期的大作家——D·H·劳伦斯、安德列·纪德、欧内斯特·海明威、詹姆士·乔伊斯、T·S·艾略特——会不反对他们生活于其中的文明，虽说在大多数情况下这种反感在战前就已经存在。……与远离故土、身处异乡的同时，他们在想象中远离西方文明，这一点表现在劳伦斯对伊特鲁里亚人和阿兹特克人的崇拜上，表现在庞德引进汉字或他所想象的中国文学上。”①对西方文明的逃避和对乌托邦的想象是同一枚硬币的两面。不管这个乌托邦存在于何处，它都不在西方。换言之，对乌托邦的想象在西方具有坚实的思想和现实基础。这也再一次证实了西方的中国形象史上反复出现的现象——当西方文化出现危机或转型的时候，中国的乌托邦形象就会现身。

那么，西方的这个意识形态语境与文化状况又是如何促使毛姆的《在中国屏风上》这部作品中所塑造的作为审美意象的中国形象向作为文化想象的乌托邦形象转换的？这个意识形态语境与文化状况为审美的中国形象向文化的中国形象的转换提供了两个至关重要的契机：第一是将个人体验扩大为集体想象，毛姆作为一位作家所塑造的中国形象中个人体验是构成这个形象的审美属性的重要因素。正因为这个中国形象中保留了大量的新奇体验和新鲜材料，它才被人们首先看成是审美形象。毛姆本人在书的序言中也强调了自己对这些个人体验的重视：“那些文字是在我记忆鲜活的时候记下来的，而如果我将它们精心加工成一个故事，这种感觉就会不复存在。”②但是这些个人体验在意识形态语境之中就会产生超出个人的意义。尽管这些意识形态意义与毛姆本人的体验并不矛盾，但是这些意义已远不是毛姆的个人体验，而是那个时代西欧世界普遍的心理、情绪、观念和愿望。比如我们前文所举的《罗曼司》一文中的那段描写，当然是作者的个人体验，但是放在意识形态语境之中，毛姆个人对于那个美妙瞬间的体验就扩大为西方人对于一个乌托邦世界的向往。它让西方人感动，但感动的原因与毛姆个人的感动有所差异。（不可否认，毛姆作为那个时代的作家也会受到意识形态语境的影响）对于西方的社会大众而言，西方文明已陷入衰落，进步的信念已然动摇，一切都处于变化不定的状态，在中国还能找到的那片刻的美好感觉就尤其显得珍贵。这是在遥远的乌托邦中才有的一丝温馨，给西方带来的不仅是对伤痛的慰藉，也是对未来的希望。在这个意义上，毛姆在

① 罗兰·斯特龙伯格. 西方现代思想史[M]. 刘北成，赵国新，译. 北京：中央编译出版社，2005：444 - 445.

② 毛姆. 在中国屏风上[M]. 唐建清，译. 南京：江苏人民出版社，2006：3.

中国所获得的个人体验扩大到全社会，就成为一种乌托邦，既是审美的，也是文化的。

第二是意识形态话语对形象的征用，审美形象到文化想象的转换其实是文本意义的形成问题，任何一个文本的意义都是在一个它所归属的话语系统中产生的。《在中国屏风上》虽然是一部文学作品，但是在它出现的时代的意识形态话语中对于“中国”这个话题的表述不是审美的，而是文化的。中国在意识形态话语中是作为一个拯救西方文明的乌托邦出现的，在这个宏大叙事话语中，毛姆的这部作品不可能独善其身地拒绝意识形态话语对它的征用。它必然被纳入这个宏大叙事之中，它的审美意义退居第二位，而文化意义突显出来，加入西欧对中国的言说之中。关于中国的意识形态话语为什么有如此强大的力量，可以征用审美形象，使之向文化想象转换并产生文化意义？因为这种意识形态话语是对西方的现实利益的表达，是关于西方的历史命运和文明发展方向的重大问题的探索与言说。在西方受到一战沉重打击的关键时刻，这些重大的问题远比审美欣赏更迫切地需要讨论。尽管美学家会认为审美对于人的存在具有更根本的意义，但是为西方文明寻找一个切实的出路是更迫切的任务，除非人们能证明审美就是唯一的出路，否则，意识形态话语所讨论问题的现实性和迫切性都会使它有权将审美形象引渡到意识形态话语之中。比如在前面我们讨论过的通过反讽来实现审美形象到文化想象的转换方式之中，构成反讽的那些文化意义在意识形态话语的强力辐射之下，就会突显出来，反讽的效果反而会成为强化文化想象的因素，成为意识形态话语的一种有效的表征实践。在《恐惧》一文中，毛姆用反讽的方式描绘了一位传教士温格罗夫对中国表面的喜爱和背后刻骨的憎恨。这个例子就十分生动地说明了意识形态话语对审美形象的征用。在文章的结尾，毛姆提出了一个对于来华传教士十分粗鲁的问题：“要是中国人不接受基督的信仰，你相信上帝会判他们以永恒的惩罚吗?”这等于是在问：如果传教事业失败，你要不要采用其他方式来征服中国人？这位传教士温格罗夫的回答是：“福音的全部教导势必让人得出那个结论。没有什么例外，也没有耶稣基督的明白有力的话语人们可以引证而得出相反的结论。”[①]这等于是说，我们一定会用别的方式来让中国人得到应有的惩罚！在一次世界大战之后那个特殊的意识形态语境中，西欧人对于毛姆的反讽艺术的欣赏，应该比不上对到底应该如何对待中国这样的东方国家这个问题的思考来得更紧迫。反讽在这里也变成了对于温格罗夫这一类人的批

① 毛姆. 在中国屏风上[M]. 唐建清，译. 南京：江苏人民出版社，2006：32.

判，对于把中国作为一个乌托邦希望所在之地的肯定。意识形态话语就这样渗透到作品的文本之中，征用其中的可以利用的因素，使其产生出意识形态的意义，把文学的审美形象转换成文化想象。

总之，当我们把毛姆的《在中国屏风上》放在它所由产生的文化传统和时代背景之中来考察它塑造出来的中国形象，它所牵动的既有文本内部的不同层次，也有其他同类形象以及更深层的神话原型。这些因素在文学形象的特性、作者的意图和意识形态语境的共同作用之下，完成从审美形象到文化想象的转换。从另一个角度看，我们对于这个文本的解读也成为对其产生于其中的文化状况的分析。

第四章　展示性文本中的意识形态王国

意大利电影导演米开朗基罗·安东尼奥尼(Michelangelo Antonioni)于1972年在中国拍摄了一部纪录片《中国》。作为西方表现中国形象的经典之作,其中所塑造的中国形象是负面的,电影展示在人们面前的是一个贫穷、封闭、过度政治化的国度。在西方的中国形象史上,这个中国形象不仅重现了以往出现过的衰败的帝国形象,也正好与20世纪70年代再度兴起的意识形态化的中国形象一起构成了新一轮对中国的否定想象。1973年《中国》在罗马首映,1974年又在威尼斯艺术双年展上公映,在西方世界引起了巨大轰动。1974年1月30日《人民日报》发表了题为《恶毒的用心,卑劣的手法》的文章,在中国掀起了批判安东尼奥尼的《中国》的浪潮。[①] 中国人的愤怒是有理由的,因为这部电影所展示的中国形象与当时中国媒体宣传中所塑造的国家形象形成了巨大的反差。安东尼奥尼的《中国》所展示的影像已不是真实与否的问题,而是一个对中国的态度是否友好的问题。时过境迁,当我们回顾历史,对这个文本进行跨文化形象学解读,我们有三个理由将其作为塑造意识形态化的中国形象的展示性文本的代表。其一是它以纪录片的方式展示中国的社会面貌,作者的意图是隐蔽的而不是事先预设的;其二是它塑造的中国形象是一个意识形态形象,在形象类型的意义上代表了西方世界对中国的一种极端负面的想象;其三,它在20世纪70年代这个特殊的历史时期完成,在冷战的背景下,加上东西方的文化差异所造成的影响使这部作品在西方的中国形象历史上具有特殊的意义,特别是因其在西方世界产生的巨大冲击力而使其具有独特的价值。

那么,安东尼奥尼的这部纪录片是如何塑造负面的中国形象的?这种负面的中国形象又是如何与其他的有关中国的文本相互交织,共同完成70

---

① 2004年该影片在北京电影学院正式公映,时隔三十二年后终于得到了中国的认可,2019年3月16日至20日中国中央电视台播出了五集专题片《从〈中国〉到中国》,第一集《寻找〈中国〉》全面介绍了安东尼奥尼的这部电影的拍摄经过,并重访了当年出现在电影中的人物。这部专题片赞扬了安东尼奥尼与中国的友谊。

年代西方的意识形态化中国形象的？

第一节　从具像到全像：文本意义的释放

形象学中所讨论的形象是以集体想象为基本形态的表意实践。集体想象是一种社会心理，要依托特定的文本才能完成，而表意实践的概念所揭示的正是这种文本的生产、流通背后所隐含的社会思想、心理或意识形态的运作过程与机制。因此，研究一个形象的形成机制，就必须从文本分析入手。文本中的具体材料为形象的形成提供了基本要素，同时这些材料组织到一起又可以构成一个侧面形象，并进而完成一个完整的印象。形象从基本要素到完整印象的形成过程，就是文本意义的释放过程。当然，文本意义的释放又是接受者参与完成的，文本释放的意义是接受者理解与想象出来的意义，在这个活动过程中，形象作为一种想象开始运行。

那么，安东尼奥尼的纪录片《中国》的文本是如何释放意义，组织建构出完整的中国形象的？

一、具像的直观呈现

《中国》中所选择的拍摄对象构筑了一个具像符号的世界。这些对象已经不再是客观记录，而是符号化为形象中最基本的具像层面，形象就是由这些具像作为基本要素构成的。在《中国》中，安东尼奥尼所选择的拍摄对象是一些令西方人感兴趣的事物，所谓感兴趣其实是对于西方人来说新奇的事物。与西方不同的事物最容易引起他们的兴趣，其中主要包括两大类：

一是具有鲜明的时代特征的事物。《中国》拍摄于1972年，那时中国社会生活高度政治化。安东尼奥尼作为一位电影大师，敏锐地把握住了这个特点，特别关注这类事物。比如在影片开头，就特别突出了天安门广场上的马克思、恩格斯、列宁、斯大林等革命导师的巨幅画像；在工人家里，也特别拍摄了桌子上的《毛泽东选集》"红宝书"，以及毛泽东的瓷像；在国棉三厂内，拍摄工人们的讨论会时，安东尼奥尼还专门设计了一个镜头将毛泽东的画像放在占画面的将近3/4的位置上，而将工人们放在占1/4位置的角落里；除此之外，南京大街上的巨幅工农兵宣传画，工厂、商店、医院等公共场所的巨幅标语，甚至河南山区村庄中农民房屋的墙上所贴的"衷心祝愿毛主席万寿无疆"的条幅也都成为作者关注的对象。这些对象对于当时的中国人而言已习以为常，但对于一位来自西方国家的电影导演而言，却特别显眼，成为一种独特的中国景观。虽然这些对象的确在中国随处可见，但作者拍摄这些对象也绝不是为了告诉西方人中国到底有什么，而是在向西方传达一个中国是什么样的国家的信息，这些对象在进入西欧的视野之后，它们已从单纯的一个物体，变成了一种符号。这些对象转化成了具像——一种符号化了的对象，一种包含了超出其原有意义的符号。

作为这种明显的政治化具像的派生之物，安东尼奥尼又选择了当时中国人特定的行为作为拍摄对象，比如青少年排成整齐的队伍进行集体活动。在北京的十三陵外，参观的人先按半军事化的方法排成队伍再入内；前往农村参加劳动的青年学生也是排着这种队伍，高喊口号；在南京，小学生也排成这样的队伍，类似的镜头还有好几处。这种排队活动是一种高度组织化的行为，在以个体自由为基本行为规范的西方国家的人看来，这种动作整齐划一的活动也是一个难得一见的景观。这种现象并不仅仅是中国人日常生活中的一个小小的细节，在《中国》中，这一排排整齐的队伍也变成了中国的思想观念高度统一的象征，这个小小的细节也符号化了，变成一种中国具像。

二是超越时代的具有东方性的具像。这些具像是西方中国形象史残留下来的模糊印象，展现出的是对一个遥远的国家根深蒂固的记忆。在《中国》中安东尼奥尼几次引用马可·波罗对中国的叙述，比如称北京城墙为“鞑靼古城墙”，称故宫为“大汗的宫殿”；在苏州，又引用马可·波罗对苏州的描绘：“6 000 座石桥”，“每座之高足以让船只通过”，“也许两条船相叠也能通过”；在上海，则用了西方人对上海的固定印象：“上海这个名字让联想到犯罪、毒品和腐朽”。安东尼奥尼用摄影机直观地向西方世界展示了他们记忆中的中国事物，这种展示也让这些事物的东方性直接呈现出来：遥远而神秘、富丽又充满罪恶。除此之外，《中国》中还拍摄了小脚、针灸、中草药、佛寺、园林、十三陵等具有代表性的东方景观。这些景观至少在两个层面上完成了向具像符号的转化：其一是将历史时间空间化，即将历史上的文化记忆转变成现实对象。历史上关于中国的传闻在《中国》中得到证实，而且这些历史记忆不仅存在于历史之中，也还存在于中国的现实之中。对于中国人而言，我们以为经过了辛亥革命、五四运动、新中国建立等一系列斩断与“封建”历史关联的革命性事件，中国已经变成了“现代”国家，但是在西方人眼中，历史的遗迹仍然随处可见，中国仍然是传说中的中国，历史的记忆仍在延续。历史上的中国形象也仍然在现实的中国依稀可辨。其二是将中国的具体事物观念化，以西方视角审视这些中国独有的现象，将它归入西方中心主义的观念体系之中。我们所列举的那些具体事物，在中国人看来是习以为常、本来如此的，但是在西方人看来，这些事物都不一般，它们与西方有着明显的差异，比如小脚代表着东方的荒淫、残忍；针灸则是显示出东方的神秘；佛寺中面目奇特的塑像则是偶像崇拜的象征；园林则是一种东方趣味和风雅、享乐的体现；十三陵和故宫则无疑展示了东方式的奢靡和专制。总之，这些具体对象都纷纷脱离了它在中国语境中的含义，转入到西方的视野中，在西方的文化语境中释放出另一种意义。在形象学领域中，我们关注的是这些被西方人选中的中国事物在构建中国形象中的意义，此时它们是构成中国形象最基本的材料，是一种符号，一种具像。

二、多面的侧像

具像符号还只是形象的最基本的构成要素，由若干个具像要素组织到一起，就可以形成一个国家某个侧面的形象，即我们所说的侧像。这些侧像既可以是一个国家经济、政治、法律、文化生活，也可以是普通人的精神面貌、日常生活等方面。总之，侧像已不再是一个个独立的符号，而是若干个符号组织成一个符号群所展示出的更大领域中的形象。

在《中国》中，安东尼奥尼表现得最鲜明、最突出的侧像还是中国的政治生活的高度统一化。各种表现政治生活的具像，从巨幅标语、领袖画像到人们的语言都在构建这个侧像。比如在北京国棉三厂一个工人家庭拍摄时，女主人说“要建设社会主义社会，家庭还是小一点的好”；工人们在工厂的院子里讨论时也说“我们必须为革命纺织”；在十三陵，导游也在向游人讲述明代农民起义的故事；而河南林县农村的农民们讨论麦收工作前也要先学几段毛主席语录；影片拍的所有幼儿园的孩子都在唱革命歌曲……所有这些具像符号联在一起，从范围上说覆盖了许多个领域，从方式上说，则是在不断地重复（特别是孩子们的歌声），共同构建起了中国政治生活的侧像——高度统一、遍及全国、单调却又占据着强有力的地位。

在经济生活方面，《中国》展示出来的是中国的贫穷落后的侧像。影片在开头就有清晨的北京街头马车拉着货物缓步前进的镜头。安东尼奥尼好像对中国的人拉板车和牛车特别感兴趣。在南京街头，他特别用跟拍的方式盯住一位赤膊的拉板车男子拍了近1分钟。在北京、上海、南京这些在当时的中国最发达的城市，大量出现这些牛车、马车及板车，实际上已经展示出了中国的经济面貌。除此之外，河南农村的贫穷更让安东尼奥尼忍不住直接站出来说：“这个省份的贫穷一目了然。”“每个队员收到一份微薄的年薪和一份够吃的粮食。”在北京农村的段落他也做了这样的介绍：“如果我们自以为发现了农业天堂，那就太天真了，这里农活也一样极其辛苦。”在苏州的段落，他拍摄了苏州农民收获蔬菜、挑运蔬菜、用手摇的小船送菜进城的全过程。劳动号子此起彼伏，这种热闹的场面，当时的中国人自以为是“热火朝天”，在西方人看来，这种完全靠肩挑手搬的体力劳动，恰恰是经济落后的表现，与西欧的机械化生产相比，中国农村的这种劳动还停留在中世纪。当然，安东尼奥尼也拍摄了北京的一个农贸市场中丰富的农产品。解说词却是这样写的“在首都的主要大街上这个大棚中的市场，如同把农村的赶集搬进了城里，牲口被活着带来……价格很低，商品很丰富……虽然并非每个地方都像这个市场那样丰盛。”可见，这些丰富的商品所展示的还远不是一个物产丰富的形象，它没有城市化，没有经过深加工，“大棚”还是农村集市，而不是城市里的超市，而且，这样的商品丰富的农贸市场在北京也才只有少数的几个，其他地方远没有达到这样的水平。后来，在河南安东尼奥尼不顾中国的陪同人员的反对拍到的农村集市证实了他的说法。那里只有农民们极其有限的几种产品在交易。这些经济领域中的具像符号联在一起所构成的是中国经济“一穷二白”的侧面形象。

老百姓的日常生活在安东尼奥尼的作品中也是贫乏单调的。从北京到河南到苏州到南京再到上海，每一个地方的人服装都几乎是统一的。作者在解说时明确说“北京的色彩不多，衣着相当简陋”，但实际上不光北京如此。他所拍摄到的这几个地方都是一片蓝色或灰色，也几乎看不到有什么特别的款式，只有中山装最为普遍，女性也几乎没有人穿裙子。体育运动中占主要地位是广播体操，北京国棉三厂一个工人家里墙上挂了一幅羽毛球拍也成为安东尼奥尼关注的对象，因为这已经算是有特色的东西了。学生们在学校里的体育活动是高度组织化的集体项目；独具特色的是北京城墙下的几位打太极拳的人。作者解说道：“这是种锻炼也是舞蹈和仪式。它训练四肢，增强精神，他们很有节奏地运动，似乎是跟随无声的音乐。这个传统是如此古老以至于新的领导人想要取缔它，仿佛它是过去的遗物，一种迷信。”在上海，安东尼奥尼又拍到了一群练武术的人，总算是为老百姓的日常生活增添了一抹亮色。但是如果太极拳面临着被取缔的命运，那么上海这些人练的武术也只能是处于边缘状态。就在这些人旁边，更多的人在做广播体操。安东尼奥尼也拍摄到了两次文艺演出，一次是北京的木偶剧团的表演，一次是上海的杂技表演，这些演出在纪录片中的象征意义大于其展现中国人的文艺生活的实际意义。木偶表演技艺精湛，但内容却是政治化的，而杂技表演一开场也是用杂技动作表现民兵打靶，政治色彩也是不言而喻的。总之，老百姓的日常生活这个侧面形象绝对称不上丰富多彩，而是单调、僵化的。这种单调、僵化特点形成的原因在于两个方面：其一是各个生活领域中的具像符号联系在一起，没有增加其多样性，反而使统一性突显出来。从服装到行为都有一种统一又简单的模式在规范着、制约着。如果把这些不同领域看成是话语系统，就会发现其中存在着一种统一的语法规范，一种统一的深层结构。其二是对多样性和异质性因素的排斥，比如太极拳算是在高度模式化的日常生活中的一项异质性活动，但是它处在被取缔的危险之中，理由很简单，就因为它是过去的遗物，是一种迷信，而不是新时代所提供的科学的体育活动。政府提倡的是广播体操，一种象征着高度统一、模式化的活动。

三、全像的时代特征

不同的侧像交织重叠完成了安东尼奥尼对中国的总体印象，这就是我们所说的全像。这是一个高度模式化的封闭贫穷的国度。这个总体印象首先是各种具像符号和局部侧像相互关联到一起构建出来的，这些材料相互之间既有互补性，又有重叠性。互补性使得零散的印象互相印证，一个方面的材料难免有片面性，不同侧面、不同领域中的材料相互联系起来，就会构成覆盖面更广的总体印象。这是展示性文本塑造异国形象的特点，具体的材料与整体形象之间形成转喻关系。比如人们仅仅从大街上的几个标语还很难得出结论说这个国家是高度政治化的，但是在工人农民的讨论会上也不断背诵语录，在老百姓的日常谈话中也开口就讲革命道理，这些材料相互联系就会让人形成一种完整的印象，一个高度统一、高度僵化的印象。同时，不同领域中出现的具像符号的同质性在不断重叠/重复之中也强化着这个整体印象，单调的服装、单调的行为、僵化的语言、木讷的表情其实都在重复中强化人们的形象记忆。

其次，安东尼奥尼也在作品中设置了一些表现总体印象的因素来突出这个全像。比如，贯穿在作品中的童声合唱《我爱北京天安门》就不仅仅是作为一首广为流传的歌曲存在的，导演并不是要告诉西方观众这首歌在中国很流行这个事实，而是让这首歌变成了这部纪录片的主题歌。它贯穿在作品之中所显现出来的意义就是表现那个时代的中国高度模式化单调的形象。除此之外，用现代革命京剧作为背景音乐也起到了相同的作用。这些样板戏有时是具体场景中的广播里播放出来的，有时是作者故意设置的。比如在苏州的西园寺中，冷清的大殿中只有两位游客，当他们撞响大钟的时候，影片立即接上了“三爷有令，带六子”的唱段，构成了绝妙的讽刺效果。这里的音乐不是西园寺的广播里播出的，而是安东尼奥尼加进去的，其含义就是展现一个单调的僵化的中国形象。

再次，中国全像也通过作者的直接解说被塑造出来介绍到西方。影片开头拍摄的是天安门广场，作者解说道："对他们来说，这是世界的中心，天安门是北京的心脏，而北京是中国的政治革命中心。中国，中央之国……世界文明的古老核心，这是展示、讨论和游行的地方。"在西方人心目中，世界的中心并不是中国，从而中国的封闭形象就在这种潜在的对比之中形成了。接下去，作者继续说道："从欧洲到达时，我们期待着爬山和跨越沙漠，但很大一部分中国是可望不可及，非请莫入的。"在这里，中国的封闭与神秘形象得到强化。西欧人的记忆中，中国还是像马可·波罗这样的商人或像利玛窦这样的传教士可以自由行走的中国，然而现实并非如此，中国的大部分都不让外国人进入，它的封闭性变得确定无疑。这种总体印象变成了一个控制整部作品的主导性意义符码，制约着以后各种具像符号的意义和侧像的形成。对于观众而言，其后的那些具像符号和侧像都在反复印证、强化这个封闭僵化的中国形象。与证明性文本中预设一个概念化的异国形象不同，展示性文本中这些主导性的意义符码仍然是通过具体的材料展示出来的，它们也是构成整体形象的一个组成部分。

总之，通过对《中国》文本的解读我们可以看到，从具体的具像符号到具像联结而的局部侧像，再到具像和侧像共同构建的总体印象——全像，这部作品之内就已经形成了僵化、封闭、贫穷的中国形象。我们可以从文本中找到直接的证据来说明这个形象是如何形成的。从这个意义上，我们把它说成是文本意义的释放而构成的形象，而这种文本意义虽然借用了中国素材，拍摄了中国对象，但是由于作者的西方视角和知识背景的制约，这些素材在被拍摄进作品之后，就已经脱离了在中国语境中的意义，转化为西方视野中的中国形象符号，一个个中国事物转化为一个个具像符号。解释这些符号的意义必须采用跨文化形象学的方法，把它们放在西方的中国形象意义网络之中，看它们所释放出来的形象学意义。作为展示性文本，这些材料在塑造中国形象的过程中是直接呈现给接受者，由接受者自己去建构形象的。中国形象正是由这些材料联结起来构成的。

具像符号、侧像和全像还是文本生成的，是文本释放的意义构建的，那么这种个别文本产生的形象又是如何与西方语境中其他文本产生的形象联系起来，成为西方特定时期内的集体想象的？

第二节 类像与型像

文本意义的释放所构成的形象不是孤立的。要成为一种集体想象，成为一个特定时代人们的普遍印象，这种个别文本中形成的形象就要与其他文本中的形象联系起来。在西方的中国形象历史上，从中世纪晚期开始，中国形象就不再是个别文本独立塑造出来的，而是若干个文本相互补充、交织、重叠共同完成的。中国形象作为一种集体想象，也往往以类像的形态出现，即由不同的文本塑造出的大致相同的多个中国形象互补重叠构成的总体形象。我们把这种关于同一个国家的多个相似形象中的相同部分或相似属性构成的总体形象称为类像。

安东尼奥尼的《中国》拍摄于1972年，在那个时代西方还有哪些类似的中国形象，这些中国形象的共同性在哪里？

一、西方的心理阴影

进入20世纪以后，西方的中国形象变化的速度比以往更快。新中国建立以后到70年代就经过了两次巨大的转变：先是在50年代初由于对于新中国的恐惧而产生的"红祸"想象，把红色中国当成对西方世界的威胁；继而在50年代后期至60年代由于西欧的左翼思想盛行，中国又成为红色乌托邦，成为世界革命的中心。然而进入70年代以后，这种红色乌托邦开始褪色，中国又被想象成了集权、专制、封闭、落后的国度。

在西方的中国形象史上，安东尼奥尼的《中国》是一部处于转折点上的作品。20世纪50年代以美国为主导的丑化的中国形象在50年代末已开始在西欧受到质疑。1955年波伏娃(Simone de Beauvoir)来到中国，并根据自己的在中国的观察写出了《长征》一书。她满怀深情地把新中国描绘成了一个有着美好未来的国家："终有一天，中国会成为世界上最发达的国家之一，在中西之间将不再有截然不同之处，大家都将是世界文化的一分子。这意味着每一个国家都有自己独特的地位，中国也将屹立于未来，中国将在创造生机勃勃的未来的过程中自新……"[①]1958年尼尔伦夫妇(Scott & Helen Nearing)访问中国，写出了《美好新世界》(The Brave New World)，把中国描绘成了一个人类实现伟大理想的乌托邦："美好的前景在人们的心里，也在人们的眼中。随着一筐筐泥土的倾倒，大坝一点一点地升高。而日

① 西蒙·波伏娃．长征[A]．周宁．著/编注．龙的幻象(上)[M]．北京：学苑出版社，2004：215.

复一日的劳动成绩，就体现在不断堆高的土坝上。所有的人都为着一个他们所了解所希望的目标而努力。夜晚他们会带着对胜利完成一天工作的喜悦沉沉入睡，并热切盼望着明天能再做出自己的贡献。"①除此之外，西欧1968年的造反运动中也把中国作为一面革命旗帜，特别是法国的《泰凯尔》(Tel Quel)知识分子群体，把中国看成既不同于西方资本主义世界，又不同于苏联专制集权的革命成功典范，只有在中国才真正实现了人人平等。②

然而，这种狂热的幻想和朝圣在持续了近十年之后被改变了。安东尼奥尼拍摄的中国与西方人想象的奇迹般崛起的红色乌托邦完全不同，他的镜头中的中国是政治挂帅、经济贫困、思想僵化的封闭国度。这个负面的中国形象又把人们带回到了50年代对红色中国的扭曲、丑化的幻想之中。那时西方所想象的中国是一个红色的城堡，人们在精神奴役之中失去人的基本个性，变成一个个复制品，就像一群蓝色的蚂蚁。③"20世纪50年代西方人记忆中联想中国最有代表性的词汇，恐怕除了'镇反'(suppression of counter-revolutionaries)之外，还有'洗脑'(Brain washing)，这些词汇都是形象鲜明特异的。"④尽管这种负面的中国形象主要是美国人塑造出来的，但在西欧也广为流传。英国福音派传教士吉奥弗里·布尔(Geoffrey Bull)写成的《就是铁门也会被打开》更是以其生动的细节为西欧提供了关于红色中国的恐怖想象。所有被认为思想有问题的人都被当成了病人："管教干

---

① 尼尔伦夫妇. 美好新世界[A]. 周宁，著/编注. 龙的幻象(上)[M]. 北京：学苑出版社，2004：226. 尼尔伦夫妇是美国人，但他们的这本著作却是英国出版的，也首先在西欧产生影响。

② 作为泰凯尔的主要成员巴尔特在1974年4月14日达到北京时对北京的印象是"阳光灿烂，微风徐徐。这一切都具有魅力……"(罗兰·巴尔特. 中国行日记[M]. 怀宇，译. 北京：中国人民大学出版社，2012：11.)在后来的参观中得到的初步印象也是"非常干净，秩序井然"。(罗兰·巴尔特. 中国行日记[M]. 怀宇，译. 北京：中国人民大学出版社，2012：16.)他在日记中还专门写了一条："这一点非常重要：废除体力与智力的差别，也就是说废除等级制、官僚制度。"(罗兰·巴尔特. 中国行日记[M]. 怀宇，译. 北京：中国民大学出版社，2012：29.)但是随着在中国参观旅行的深入，巴尔特也产生了与安东尼奥尼一样的感受，他在日记中甚至这样写道："在我为整理出一种索引而重读这几本日记的时候，我发现，如果我发表它们，那正好就是安东尼奥尼式的东西。"在《亲爱的安东尼奥尼……》一文中巴尔特承认"是您有关中国的电影使我产生了中国之行的愿望"。(罗兰·巴尔特. 中国行日记[M]. 怀宇，译. 北京：中国民大学出版社，2012：304.)

③ 这是吉兰对20世纪50年代中国人的形象比喻，在西方世界广泛流传，用来指失去了个性，身穿蓝色制服的中国人。他写道："今天的中国人已经陷入纪律的罗网中了，这是全新的东西。他们被集合起来混成一团，清除掉任何个人个性的东西，再分类分组，一层一层地被管理起来；他们越来越柔软、顺从、最后变成一群绵羊，或者说，一座蚂蚁山。"周宁. 著/编注. 龙的幻象(上)[M]. 北京：学苑出版社，2004：181.

④ 周宁. 著/编注. 龙的幻象(上)[M]. 北京：学苑出版社，2004：178.

部、单位领导、各级官员们负责收集病人的病症,分析病症,并对症下药。所谓药,就是适合他们读的书、特殊的谈话、批斗大会、关单人禁闭、上镣铐,或者'劳动改造'……"①这些幻想对于西方人而言是可怕的,他们的心理阴影应该也是深重的。

50年代的这些负面的中国形象虽然在60年代受到红色乌托邦形象的冲击,受到了怀疑,但是十几年的时间还不足以让西方人忘记这种可怕的幻想。在红色乌托邦形象达到顶峰的时候,安东尼奥尼的《中国》又对红色乌托邦的"真实"状况给予了适时地报道。50年代初的那个红色城堡的形象再次被唤醒,成为西方理解《中国》中所塑造的中国形象的一种前见,或认知背景。《中国》中所展示出来的中国已不是红色城堡,而是一个经历了镇反和洗脑之后留下的废墟。如果西方人要找到安东尼奥尼所塑造的中国形象得以存在的依据,他们应该很容易就联想到50年代的红色城堡。相应地,如果他们要想进一步了解红色城堡故事的后续情节,也可以在安东尼奥尼的《中国》中得到答案。我们可以说与安东尼奥尼的中国形象构成相似关系的中国形象,首先就是50年代的红色城堡形象。这种在西方还令人记忆犹新的形象是20世纪下半叶负面的中国形象类型中的第一个组成部分。安东尼奥尼的中国形象在溢出《中国》文本之后首先遇到的同类形象就是红色城堡形象。有了这个红色城堡形象作为背景,《中国》中的中国形象开始获得类像的意义,或者说《中国》中的中国形象的类像层面才可以得到确认。

但是50年代初的红色城堡形象毕竟经过了红色乌托邦形象的冲击,而且也已经是十几年前的记忆中的形象了。安东尼奥尼所塑造的中国形象要成为西方普遍的想象,还需其他的同类形象支持。尽管纪录片的形式直接展示出来的中国情景具有巨大的冲击力,同时,在西方那样对于异质性声音特别敏感的文化语境中,安东尼奥尼以强有力的方式打破乌托邦的神话也有震撼效果,但仅仅一部电影仍不足以改变西方已流传十年的红色乌托邦形象。就在安东尼奥尼的《中国》拍摄完两年之后,1974年原比利时驻华使馆的文化参赞彼埃尔·莱克曼(Pierre Ryckmans)化名西蒙·莱斯(Simon Leys)②以法语在法国出版了《中国阴影》一书,在西方掀起了轩然大波,风靡一时。这本书不仅揭示出了红色乌托邦的黑暗面,同时也印证了安东尼奥尼的《中国》对中国的展示。而且,书的内容远比电影更丰富、更深入,我

---

① 吉奥弗里·布尔.就是铁门也会被打开[A].周宁.著/编注.龙的幻象(上)[M].北京:学苑出版社,2004:179.

② 西蒙·莱斯(Simon Leys)这个名字很容易让人联想到谢阁兰的小说《勒内·莱斯》(Rene Leys)中的主人公勒内·莱斯,他是晚清时期潜入紫禁城的外国间谍,揭开了皇宫内的秘密。

们不妨把这本书看成是安东尼奥尼的《中国》的补充与注释。这使它成为《中国》的最有力的支持者，也正是由于有了这本书，《中国》中的中国形象的类像层面才全面地展示出来。或者反过来说也一样，这本书参与了《中国》中的中国形象的类像的建构，把一个负面的中国形象带出了具体文本，引向了社会大众的集体想象之中。

那么《中国阴影》中所塑造出来的中国形象与安东尼奥尼的《中国》中的中国形象之间有哪些类似的地方？它们又如何构成了负面的中国类像？

首先是在认知中国的途径上，莱斯和安东尼奥尼都明确表达了对于中国刻意安排西方人参观的那些形式主义的表面文章的不信任。这使得他们所塑造的中国形象具有明显的针对性，不信任这些表面现象其实就是不信任那些天真狂热的左翼知识分子对于中国的乌托邦想象，他们也就可以以"揭示真相"自诩。安东尼奥尼在《中国》的开始部分就已经点明"导游让我们跟随他们严格规定的路线"，而他们却要拍那些他们自己感兴趣的东西，为此陪同人员与安东尼奥尼一行还在河南农村因为许不许拍摄农村集市而发生了争执。莱斯也是在书的一开头就指出，到中国来的西方记者"他的旅行会跟所有其他人一样，跟着同样的导游，住在同样的酒店里，参观同样的机构，会见同一些人，而这些人又告诉他同样的一些事；他会参加同样的宴会，听同样的致辞，永远是一套单调虚伪的、不中不西的仪式，这套仪式属于一个抽象的世界，这个世界是……专门为西方人设计的。"①安东尼奥尼在《中国》的结尾部分引用了中国的一句俗语来概括他对中国的看法，"画虎画皮难画骨，知人知面不知心"。虽然用得不那么恰当，但也说出了他对被安排参观的那些表面的东西的怀疑态度。

其次，尽管《中国阴影》与《中国》塑造了同一类型的中国形象，但是这两部作品之间仍然有互补性，有些侧面的形象并不完全相同。比如在关于中国的平等问题上，安东尼奥尼是相信的，他说："让我们惊讶的是生活上的平等跟我们那边很不一样。"在《中国》中，导演关注的是普通中国人的生活，一般的工人、农民都生活在贫穷单调的生活模式之中，看上去的确是平等的。但是莱斯却揭示出了这种平等也只是假象，因为中国存在着特权阶层："各行各业的工资差别很大(年轻的大学讲师的起薪是每月 50 元，而教授的月薪可以达到 340 元；工厂工人的工资从 35 元起到 210 元不等)，最突出的是政府官员。他们的月薪低起 20 元，高达 728 元。而且，对于那些高层官员，

---

① 西蒙·莱斯. 中国阴影[A]. 周宁，著/编注. 龙的幻象(上)[M]. 北京：学苑出版社，2004：261.

高工资相对于他们从影响与权力中获得的其他特权，还只是一小部分：他们可以出国，送子女上大学，替亲戚找好工作，买紧俏商品，诸如此类等等，用一句俗语概括，就叫‘走后门’。”①这是在中国生活很长时间的外国人才能了解到的情况，安东尼奥尼只是走马观花地在中国转了一圈，他所拍到的很表面。莱斯的揭露对安东尼奥尼的介绍是一种补充，在他的笔下中国形象更加负面。其实，除了这种补充作用之外，莱斯的描述也是一种展示，引导着人们对于中国的想象。就在安东尼奥尼的《中国》中，他拍摄了一个茶馆。如果我们把这个长达 5 分钟的段落与莱斯的描述联系起来看，这又构成了一个印证，同一个中国形象的类型中不同的文本塑造出来的形象之间是可以互相参照的，这种互文关系使得中国形象超越文本的边界，在想象中衍生。

安东尼奥尼的《中国》和莱斯的《中国阴影》在西欧构建出来的中国形象互相呼应，相互印证，基本上构成了一种可以与红色乌托邦抗衡的负面中国形象类型。这种类像在此后又有后续发展，其中具有代表性的文本是 1976 年伦敦夫妇(Miriamand & Ivan London)在《世界观察》(World View)上发表的长文《另一个中国》和布洛耶尔等三人(Clandie Broyelle, Jacques Broyelle, Evelyne Tschirhart)在 1980 年出版的《重返中国》。

伦敦夫妇所塑造的中国形象具有三个突出的特征，首先是虚假性，他们在文章一开头就指出“中国那些漂亮的开放性城市和富裕的专供人参观的公社制造了一个安逸平静的假象，在这个假象后面隐藏着一个巨大的混乱不堪的国家。”②这种对虚假性的描述一方面是针对红色乌托邦形象的，它告诉西欧红色乌托邦只是幻想，是假象；另一方面也是在展示中国存在弄虚作假的形式主义，在西方人看来这种虚假性的实质是中国在故意掩盖内在的危机。揭穿这种虚假性，也就塑造出了一个负面的中国形象。

其次是经济上的饥荒。1960—1962 年的“自然灾害”不仅导致了全国性的大饥荒，而且这种饥荒被严密地掩盖了。“在这个中国，饥荒大行其道，乞丐从受灾的北方纷纷流向幸运些的南方。”③但是“乞丐在中国那些通常

---

① 西蒙・莱斯. 中国阴影[A]. 周宁. 著/编注. 龙的幻象(上)[M]. 北京：学苑出版社，2004：262－263.

② 米里亚姆・伦敦，伊凡・伦敦. 另一个中国[A]. 周宁. 著/编注. 龙的幻象(下)[M]. 北京：学苑出版社，2004：823.

③ 米里亚姆・伦敦，伊凡・伦敦. 另一个中国[A]. 周宁. 著/编注. 龙的幻象(下)[M]. 北京：学苑出版社，2004：823－824.

对外国人开放的城市——尤其是北京、上海和广州——里也是看不到的。”①看不到乞丐，并不是因为没有乞丐，而是因为政府进行了严格的控制，利用“规劝收容所”将外流人口遣返回乡，还不许报道受灾人口流入城市或其他受灾地区人口变为乞丐的事实。官方还在利用宣传工具灌输正确的思想。伦敦夫妇写道：“一个广州的年轻人说过：‘社会主义制度下，乞丐是不可能存在的。’所以，乞丐就真的不存在了。”②

第三，在政治上中国是一个表面上高度统一的同时又面临深刻危机的国家。他们注意到了阳光普照的美好的中国形象与阴影笼罩的中国形象之间的强烈对立，而他们相信的是后者。理由也很简单：一方面，1974—1976年的中国已进入大变革时代的前夜，潜在危机已时有爆发；另一方面，他们仍然对官方的信息表示怀疑：“中国不是个可以随便进行调查的地方，信息总是来自官方，并且杂乱、深奥而且不可靠。”③因此，要理解中国，就必须甄别材料，在光鲜的表面背后找到真相。

《重返中国》所塑造的中国形象则是对三位作者以前关于中国的美好幻想的反思。1967 年和 1971 年三位作者曾到中国做短期旅行，他们对中国官方安排他们所看的一切都留下了美好的印象，像许多法国同胞一样，他们把中国想象成了红色乌托邦。但是，1972 年到 1975 年他们又来到中国，对中国的了解更加深入以后写出了《重返中国》。这本书改变了红色乌托邦想象，把中国描绘成了一个封闭的红色城堡。这个形象主要由四个方面组成：其一是用单位在组织上控制人的一生。单位就像一道道围墙，把人牢牢困住，人的生老病死都由单位管理，没有人能离开它而独立生存。其二是思想上没有自由，全国的舆论都被统一控制，全国只有一种声音。其三是群众专政，党发动群众来打击“敌人”。道德与法律混为一谈，刑事犯与政治犯也混为一谈，在声势浩大的群众运动面前，任何异类都将难以生存。其四是毛泽东思想神圣化，变成了灵丹妙药，不仅可以解决思想问题，还可以解决身体问题，可以使哑巴说话、瞎子复明。这四个具体的侧面所展示出来的中国形象是一个政治上统一，思想上教条、僵化，社会组织上严格管制的封闭形象。

从我们所列举的这几个在 20 世纪 70 年代形成的中国形象看，集权、僵

① 米里亚姆·伦敦，伊凡·伦敦.另一个中国[A].周宁.著/编注.龙的幻象（下）[M].北京：学苑出版社，2004：828.

② 米里亚姆·伦敦，伊凡·伦敦.另一个中国[A].周宁.著/编注.龙的幻象（下）[M].北京：学苑出版社，2004：833.

③ 米里亚姆·伦敦，伊凡·伦敦.另一个中国[A].周宁.著/编注.龙的幻象（下）[M].北京：学苑出版社，2004：834.

化、贫穷、封闭、教条、单调的负面中国形象类型已然在西方确立。对于安东尼奥尼的《中国》而言，我们可以断定它所塑造的中国形象中除了从具像符号到总体全像这些文本释放出来的意义所构成的形象层次外，还有超越了文本之外的类像层。《中国》是一个转折点，它唤起了50年代初红色城堡的形象记忆，又开启了以后的这种封闭、僵化、贫穷的形象。它之前与之后的其他文本所塑造出来的形象都参与了《中国》中的形象建构，被吸纳到同一个类像之中。

二、负面形象的原型

那么，这些不同文本所塑造出来的中国形象为什么可以构成类像，形成一种类像的形象学根基又是什么呢？这个共同的基础就是型像，即形象之中隐含的原型或原始意象。形象的形成都不是对对象的临时性的镜子式地反映，相反它是由想象主体根据历史上遗留/积淀下来的既成模式对对象的符码化。想象主体的大脑不是一块白布，而是一种被先在的知识与形象建构成的一个想象的机体。其中最深层的就是原型意象，它是人在远古时代所获得的知识和体验的遗存。这些原始意象具有四个基本特征：其一是深层性，它是人类集体无意识的内容，潜藏于人的心理结构的最深处，主体自己也难以察觉；其二，它具有集体性，它是一个民族共同的心理遗产而不是个人所特有的东西，因此同一民族群体中的不同个体在表达相同的题材时，往往会形成共同的主题；其三，它具有延续性，那些基本的原型意象在以后的历史时期不断以各种不同面貌出现，但万变不离其宗，其基本结构是一致的；其四，它有制约性，原型意象可以制约人们对于世界的理解与态度，它是一种超级符码，把各种新事物纳入其意义结构之中，赋予它特定的意义，那些无法被纳入这个意义结构的对象材料，将会被排斥或者被筛选掉，流落到无意义的黑暗王国之中。

在形象学研究中，要解释类像的共同基础，就必然要分析这些类像中所隐含的型像。

隐含在安东尼奥尼的《中国》以及其他同时代的负面的中国形象中的型像是西欧在古希腊时代就已形成的东方的黑暗地狱形象。在那个古老的年代，东方的异邦已经形成了正面和负面两种原始意象。正面的东方形象包括了富有、安逸、强大、质朴、长寿、友善等特征；而负面的东方形象则包括几个相反的特征。首先，这里是地狱所在的地方，其中满是黑暗与痛苦。其次，这里是专制暴政的国度，东方人靠强权统治聚集了强大的力量，因而对西方是一种强大的威胁。再次，东方世界内部又是混乱不堪、不讲法律的，也没有合理的秩序。在古希腊神话中，反抗宙斯的阿特拉斯就被放逐到了大地的尽头。在那里可以看见地狱之河塔尔塔罗斯，这也许是西欧关于东方的最初想象之一。到了公元前 487 年，埃斯库罗斯的悲剧《波斯人》上演，代表东方人形象的波斯人被描绘成狂妄暴虐的群体，他们纠集了亚洲众多民族组成了乌合之众大举进犯希腊而被击败。溃败之后的东方军队作鸟兽散，失去了凝聚力。这种东方形象也是希罗多德的《历史》表现的主题之一。而亚里士多德的《政治学》中，非希腊的东方是专制的，而希腊则是自由的。这些具有代表性的思想观念和想象说明在古希腊负面的东方形象就已经成型。而在以后的历史中，我们又在中世纪的鞑靼形象和 18 世纪以后的衰败的帝国形象中看到这种负面的东方形象多次现身。

那么，在 20 世纪 70 年代出现的这些负面的中国形象类型中，我们所看到的这种型像又有哪些具体表现？在安东尼奥尼的《中国》中，我们可以看到哪些方面表露出了这种原始意象的痕迹？

分析具体作品中的原始意象有特定的方法。诺思罗普·弗莱说这种方法就是“向后站”。他说：“如果离开画面一段距离，那么我们就可以更清楚地看到整个构图，从而更着重于研究画面所表现的内容。……我们越往后站，那么我们就越能够意识到它的组织结构。……在文学批评中，我们也时常需要从诗歌‘向后站’，以便清楚地看到它的原型组织。”①通过向后站的方式，我们可以从一部作品中看到什么样的原型或原始意象？弗莱认为主要是两种模式：一种是神启式的，一种魔怪式的。前者代表着光明美好的天堂世界，而后者则代表着黑暗邪恶的地狱世界。这两种原型在文学作品以及其他艺术作品中以两种方式表现出来，一是非移用式的，即表现原始意象的符号在文学艺术作品中直接现身来表现或是神启式的或是魔怪式的原始意象。这些原始意象符号是形成这两种原始意象的远古神话中就已经用过的，可以比较容易地辨认出来；二是移用式的，即对原始意象符号经过了改造，用作品产生时代人们可以接受的那些形象来表现原始意象。这种移用的方式，需要向后站才能看清楚深层的含义，解读出其中到底隐藏了什么样的原始意象。

安东尼奥尼的《中国》中所塑造的中国形象是一种负面的中国形象，其中所隐含的型像属于魔怪式原型。它是古希腊神话时代形成的地狱式的东方形象的现代版本。在《中国》中，我们也可以发现非移用式和移用式这两种表现原始意象的方法同时存在。在“非移用式”方面，我们至少可以找到

① 诺思罗普·弗莱．批评的剖析[M]．陈慧，等，译．天津：百花文艺出版社，1998：156.

如下几种原始意象符号：第一是被崇拜的领袖，《中国》以及《中国阴影》等作品都反复表现了中国大地上铺天盖地的领袖像和语录，这是魔怪式世界的典型特征。弗莱指出："人的魔怪式的世界是指一种为自我之间分子般的张力所聚合在一起的社会，其特点是对团体或领袖的效忠，从而抹杀人的个性或者在最好的情况也是把人的欢乐与其职责和荣誉对立起来……在这个邪恶的人类世界里，个人的极端之一是独裁领袖，他叫人难以捉摸、残忍无道、阴郁消沉而且欲壑难平，当他的自我中心意识足以表现其追随者的集体自我时，他就要求无条件地对他效忠。"①这种魔怪式的原型不正好与《中国》及其他相关文本中反复出现的中国形象相吻合吗？这种魔怪式的原始意象在古希腊人的东方想象中被确定为东方的特点，变成了东方的型像。在被称为西方的东方主义最早文本的埃斯库罗斯的剧本《波斯人》中，波斯人与希腊人的不同就表现在波斯人更关心自己的统帅如何指挥、军人如何忠心；而希腊人则是为自己而战，他们不做臣民也不做奴隶。比如波斯太后阿托萨关心的是希腊军队中"谁是他们的牧人，谁是他们军中的统帅?"歌队的回答是："他们不做臣民与奴隶。"信使在描述战斗的过程时所突出的也是希腊人为自己战斗，波斯人却因为忠于国王薛西斯而死。② 几千年后安东尼奥尼等人仍然用这个型像来想象中国。

第二是荒芜的原野。这个原始意象符号在《中国》中得到了充分的展示。特别是在河南农村，山上岩石裸露，几乎没有什么绿色，也只有少数几个镜头中的土地上有庄稼。在北京郊区和苏州农村，看不到麦浪翻滚或稻田金黄的画面，庄稼和蔬菜都是瘦小枯干的。如果向后站看这些荒芜的土地，其中所隐含的原型是明显的，那就是一个没有生气的世界。

第三是废墟。它代表着辉煌的壮举已成过去，这是魔怪式世界的典型意象。在《中国》中，安东尼奥尼主要是用长城来表现这个意象的，他所拍摄的长城突出的是坍塌的几段，掉下的墙砖散落在荒草之中。他说："如果有一座丰碑来记载军事艺术的无用性，那就是这一座，有人称它为'世界上最长的墓地'。因为建墙时，反抗的奴隶就被活生生地用作砌墙的灰浆……"虽然他也说长城阻挡了来自草原的风，并改善了农业；把士兵全家动迁到偏远的地区，又帮助传播了中国的文明，但是这些功能都是副产品，而且从画面上也看不到任何迹象，这些附带产生的功能早已消失了。在安东尼奥尼

---

① 诺思罗普·弗莱.批评的剖析[M].陈慧，等，译.天津：百花文艺出版社，1998：168.

② 埃斯库罗斯，索福克勒斯，欧里庇德斯.古希腊悲剧经典[M].罗念生，译.北京：作家出版社，1998：100.

的眼中，长城已变成废墟。它传递出的是一个魔怪世界的信息。

第四是坟墓。与长城这个隐喻的墓地相比，十三陵则是一个真正的坟墓。十三个明朝皇帝埋葬在这个巨大的坟墓群中，加上神道两旁“奇怪的石头动物”，构成了一个死亡的世界。“它们只是一些地下巨室和洞穴”。这些形象所表现的原型是魔怪世界中的地狱，这个意象通过“向后站”的方式可以被看成中国形象中所隐含的负面原型中的组成部分。因为这个中国形象是负面的，安东尼奥尼也并非带着欣赏文化遗产的心态来表现这些陵寝的。在这种负面的价值取向的引导之下，十三陵成为直接表现魔怪式世界的原始意象符号。

第五是迷宫。魔怪式的世界是一个让人迷失方向、无法认识的世界，迷宫是它的代表性意象符号。安东尼奥尼的《中国》中，故宫就是一座迷宫。他虽然引用了马可·波罗的话，说故宫是大汗的宫殿，但是他没有表现大汗宫殿的富丽宏伟，而是关注这个宫殿内的两重生活：皇帝们用太和、乾清、坤宁、养心这些美好的字眼来评价自己，但如解说词所说“现实却是另一回事”，他们在残忍、贪婪的宫廷过着大肆铺张的生活。“大殿和宫室通向遥不可及的权力，访客和官员在厅室中轻步行走，无休止地等待皇帝的召见。经常在完成整个行程之前，他们就去世或放弃了他们的初旨。”对于这些人来说，这个宫殿就是一个他们永远也走不出去的权力的迷宫。它让中国人捉摸不透，让外国人更加难以理解。这种不可理解的特点，甚至成为《中国》这部纪录片对中国的基本印象之一。

从“移用”方面看，有些原始意象符号在《中国》中也是以变形的形态出现的。我们至少可以找出三种变形的原始意象符号：首先是农民们的体力劳动形象。弗莱认为农场以及人们用锄头辛苦地劳作是神启式世界中花园形象的对立面，属于魔怪式世界。[①] 这些体力劳动者生活在没有欢乐、没有尊严的境地。在《中国》中，安东尼奥尼也对农民们的劳动特别感兴趣：在北京郊区，他拍摄了农民们在田头挖沟修渠的劳动场面；在河南农村拍摄了农民们锄地碾场的情景；在苏州又用很长的时间拍摄了农民们挑担的过程……体力劳动在此不仅是中国的真实生活场景，也是一种原始意象的现代表达，表现的是贫穷落后的意涵，展示的是苦难的形象。它属于魔怪式世界。

其次是水利设施意象。这是东方专制主义的标志性符号。在弗莱所说的魔怪式世界中，并没有提到水利设施的意象，也许可以算作是水的意象与巨大建筑物的结合，水利设施所要控制的是邪恶之水，可以淹没农田、危及

---

① 诺思罗普·弗莱．批评的剖析[M]．陈慧，等，译．天津：百花文艺出版社，1998：180.

生命的大江大河里的水，而不是给人带来滋润和愉快的灵泉甘露。靠人力控制这种邪恶之水就需要强大的力量。水利设施就变成强有力的权力的象征，因为只有这种强权才能聚集起足够的力量。因此，卡尔·魏特夫(Karl Wittfgfl)的东方专制主义理论把水利设施作为一种标志性符号也就有了理论上的依据。① 水利设施因此也成为魔怪式世界中领袖独裁的意象符号的变形。在《中国》中这种水利设施的意象就是河南林县的红旗渠。安东尼奥尼在展示红旗渠时，对河南省作了意味深长的介绍："两千五百年前，最早的国家在河南建立。……最重要的是1958年时通过创立最早的人民公社，河南第一个实行了集体制生产。"在介绍完红旗渠之后，作者又补充了一句："林县现在被称为'社会主义的第一座大山'"。这些信息都指向"集体的强大力量"这个意义。在介绍红旗渠时，安东尼奥尼又突出了体力劳动的因素："它靠双手挖成"，"这一切只是借助于最原始的工具。"这些信息传达出的含义都在把"红旗渠"这个水利工程的意义引向一个依靠原始的方式建造浩大工程的组织力量上。

再次是拥挤的人群。在弗莱所描绘的魔怪世界中，与被崇拜的领袖相反的另一个极端是"替罪羊"式的暴民，这些人是被牺牲了来成全领袖的人。乌合之众、铺天盖地、喧嚣嘈杂是这些人群的特点，也是魔怪世界的标志之一。在安东尼奥尼的《中国》中，解说者一开头就说："中国的人民是这部片子的明星，我们不企望解释中国，我们只希望观察这众多的脸、动作和习惯。"虽然文本中声明"不企望解释"，但是这些拥挤的人群仍然在展现着它的意义。从这部作品向后站，我们所能看到的最清晰的轮廓就是这些拥挤的人群在中国大地上蠕动。不管作者怎么解说，把这些人描绘得多么勤劳、善良，但是这过度拥挤的人群都不是一个可以传达正面意义的形象。它代表的不是旺盛生命力和无限生机，而是过度的欲望和难以控制的力量。

总之，通过对安东尼奥尼的《中国》进行深层解读，我们发现这部作品中所表现的中国形象中隐含着超过了文本直接展示出来的形象之外的深层型像。这种来自神话时代的魔怪式世界的型像使得《中国》这部纪录片深深地融入西方的中国形象历史之中，也完成了这部作品自身对中国形象的建构。

---

① 魏特夫认为："治水的组织和工作方式对治水国家的管理者的作用具有决定性影响". 卡尔·A.魏特夫. 东方专制主义——对于极权力量的比较研究[M]. 徐式谷，等，译. 北京：中国社会科学出版社，1989：13."要有效地管理这些工程，必须建立一个遍及全国或者至少是及于全国人口重要中心的组织网。因此，控制这一组织的人总是巧妙地准备行使最高政治权力。"卡尔·A.魏特夫. 东方专制主义——对于极权力量的比较研究[M]. 徐式谷，等，译. 北京：中国社会科学出版社，1989：18.

第三节　意识形态的介入

20世纪西方的中国形象不管是光明美好的正面的形象，还是黑暗的丑化的负面形象都是与20世纪西方的思想观念及社会文化状况密切相关的。两种不同的中国形象，并不代表中国自身有什么不同，而是代表着西方的想象主体在思想观念上的差异。安东尼奥尼的《中国》所塑造的中国形象也不例外，它不是西方的中国形象史上出现过的负面的中国形象简单重复，而是某种思想观念的形象学表征。那么，影响安东尼奥尼的中国形象的是什么样的思想观念，它又是如何在这部纪录电影中表现出来的？

安东尼奥尼是受中国政府邀请到中国来采访拍摄的意大利电影导演。当时，中国政府邀请的西方人士都是具有左翼倾向的人，从波伏娃到《泰凯尔》学派的学者都是如此。安东尼奥尼也不例外，他是1972年5月受中国外交部和国务院文化组（代行文化部之职）的邀请来中国拍摄的，政治背景是1970年中意建交，拍摄关于中国的纪录片是增加双方了解的一种友好的交流方式。安东尼奥尼本人具有"左倾"思想，他此次中国之行的助手（后来成为他的妻子）的恩里卡也是一位怀着到中国朝圣梦想的意大利共产党人的女儿。但是安东尼奥尼却并没有完全按照中国政府安排的计划来拍摄，而是拍摄了一些他作为西方人所感兴趣的对象。尽管他不可能完全随心所欲，但是他的行为还是招致中国政府的不满。他拍摄的《中国》也与政府的设想大相径庭，受到中国人的批判声讨。① 为什么会出现这种矛盾？这当然不能仅仅归结为安东尼奥尼的个性，其背后是思想观念的矛盾与冲突。在安东尼奥尼之后西方出现了一批塑造负面中国形象的文本，这种现象背后的原因一定不仅仅是个人性的，而是思想观念与文化方面的。那么到底是什么样的思想文化原因导致了西方人对中国的意识形态化想象？

一、西方左翼思想的复杂性

安东尼奥尼虽然具有左翼倾向，但是西方的左翼思想不像苏联、中国等社会主义国家那样单纯、坚定。西方的文化特征是多元化、多样性，各种思想互相渗透是一个总体的特色。左翼思想包括各种各样的社会主义、社会

① 1974年1月30日《人民日报》发表了署名"本报评论员"的文章《恶毒的用心，卑劣的手法——批判安东尼奥尼拍摄的题为〈中国〉的反华影片》，此后形成了全国范围的声讨。1974年二三月份发表的部分文章被编成《中国人民不可侮——批判安东尼奥尼的反华影片〈中国〉文辑》，同年由人民文学出版社出版。

民主主义都多少带有自由主义色彩，吸收了自由主义的基本观念。陈乐民先生指出："在整个20世纪中，自由主义作为欧美西方文明的主流价值观已经逐渐确定了。在欧洲，虽有社会主义各种思潮与之并立和抗衡，但自由主义在总体上居于主流是确然无疑的，何况，社会主义各派——尤其是社会民主主义——随着时代的推移不能不接受自由主义的影响。"①所谓自由主义主要包括三个方面的基本内涵："首先，'自由主义'的基础是人，是个人，它充分尊重个人的权利、利益、意愿；认为，只有个人的意志、创造力、积极性得到充分的发挥，由个人所组成的社会才能进步。……这种个人主义是西洋近代文明的核心。"但是个人自由不能妨碍他人的自由，所以个人的自由也是要限制的。"所谓'限制'就是对那些妨碍他人的自由和权益的行为加以'限制'，以保证自由的普遍性。'法律'就要执行这种'限制'的任务。""第三，自由与平等，在本质上是一致的。"②这意味着每个人都平等地拥有自由，也平等地受到法律的限制。总之"在思想家那里，'自由主义'是一种信念，一种理想；它成为一种包括个人自由，法治，平等权利，民主政治，理性思维的政治哲学。"③而左翼思想吸收自由主义思想也主要是吸引这些方面。左翼人士不会放弃这些已成为西欧文化传统的基本信念。华勒斯坦也说："……自由主义提出了使右派和左派摆脱政治困境的解决办法。对右派，它念让步经；对左派，它念政治组织经。对两派，它同念耐心经：从长远看来，走中间道路（对所有的人）都会有更多的好处。自由主义是中间派的化身，所宣扬的主张十分迷人。""自由主义者们可以一方面宣称：个人应该受到国家（集体）规定的约束，同时另一方面又可宣称：国家的行动必须尽量不侵犯个人的权利。……这一合理的改良主义思想在实践中证明是极具吸引力的。这一思想似乎满足了所有人的需求。"④由此可见，自由主义思想在其他思想派别中的渗透是有其原因的。安东尼奥尼也不例外，他与中国方面的矛盾，其实与他受到这种自由主义的基本信念的影响不无关系。

我们如何解释波伏娃、尼尔伦夫妇以及《泰凯尔》学派的左翼知识分子对中国的乌托邦想象呢？这些西欧知识分子难道没有坚守这种已成为西欧

① 陈乐民. 20世纪的欧洲[M]. 北京：生活・读书・新知三联书店，2007：164.

② 陈乐民. 20世纪的欧洲[M]. 北京：生活・读书・新知三联书店，2007：160－161.

③ 陈乐民. 20世纪的欧洲[M]. 北京：生活・读书・新知三联书店，2007：163.

④ 伊曼努尔・华勒斯坦，等. 自由主义的终结[M]. 郝名玮，张凡，译. 北京：社会科学文献出版社，2002：253. 华勒斯坦认为1968年革命是自由主义的影响力终结的转折点，但是这种终结不是短时间内完成的，这次革命既反对资本主义体制，也反对老左派，可见自由主义的影响仍在。伊曼努尔・华勒斯坦，等. 自由主义的终结[M]. 郝名玮，张凡，译. 北京：社会科学文献出版社，2002：260－261.

文化传统的自由主义基本信念吗?这涉及两个问题:一是西方文化传统中这种自由主义的基本信念中还包含着自我否定、自我批判的因素。这种自我否定、自我批判也是自由主义信念的一种具体表现。只有允许这种自我批判存在,那才是真正的自由主义。波伏娃等左翼知识分子正好代表了这种西方文化的自我否定性力量。他们在对待中国的态度上与安东尼奥尼等人大相径庭,但是在精神品质上却又是一致的;二是这些赞美中国、向往中国的西方左翼知识分子的态度也是与西方的具体历史语境密切相关的,这些知识分子的向往中国的观念大多形成于50年代后期至60年代,《泰凯尔》学派来华访问的时间虽然是在1974年,晚于安东尼奥尼来华,但在此之前他们已在法国形成了自己的思想观念,而且来华以后,他们的思想也有了明显变化。

为什么在50年代后期到60年代在西方会形成这种反思西方的自由主义传统、向往中国的社会主义的思想倾向呢?从西方的政治发展史上看,二次大战及其以后的几年时间,西欧经历了严重的政治经济危机,1946年西欧大多数国家的工业生产水平仅达到1930年的一半,1947年燃料危机遍及西欧,使西欧渡过了一个最可怕的寒冬,西欧各主要国家甚至对面包、糖、马铃薯、肉类等食品实行了配给制。在此状况下,经过二战洗礼的西欧共产党却不断发展,特别是在法国和意大利共产党甚至成为本国排名第一、第二的大党,左翼思想也迅速传播,形成一种声势浩大的政治力量。

1946年丘吉尔就担心共产党在西欧主要国家已成为第五纵队,威胁着西欧的基督教文明,这就是著名的"富尔敦讲话"中提出的概念。西欧共产主义思想是作为西欧文化传统中自我否定的因素出现的,作为世界共产主义运动的一部分,当然也对中国的社会主义事业怀有天然的亲切感。1956年,赫鲁晓夫批判斯大林、1956年波兰和1957年匈牙利事件都使西欧的共产主义运动受到沉重打击,但却也推动西欧左翼力量把目光投射中国。他们把中国想象成与苏联不同的、最成功最彻底的社会主义国家。波伏娃1958年来到中国,就是在这样的思想背景下完成了描绘理想化中国形象的《长征》。而罗兰·巴特和克里斯蒂娃等《泰凯尔》学派的左翼思想家对中国的想象又有所不同,他们是带着无政府主义的激进梦想来到中国的。他们所追求的是比传统意义上的个人主义和自由主义更激进的民主政治,他们也是反对资本主义的,然而却是在与社会主义不同的方向上来反对的,所以到了中国以后只能失望而归。

但是对苏联的失望和批判在西欧的左翼阵营中仍然占据着主流,因此也就必然涉及对中国的态度,把中国作为乌托邦理想的最后希望只是其中一部分人的想法,更多的人对社会主义信念产生了动摇和怀疑,中国的社会主义实践对于这些人来说也是不可信的。经过这些政治和思想事件之后,自由主义从 20 世纪 60 年代开始就已经在西欧占据着优势,社会主义思想则进入衰退时期。"70 年代初起,东西双边在'欧洲安全与合作'的框架里进行持续接触……从欧洲政治社会和文明的意义上看,则是西方的自由主义得以向东方大规模传播并产生持续的影响……"①可见,1970 年在西欧的历史上是一个分水岭,西方的自由主义对苏联的社会主义的攻势就是从那时发生了决定性的转折,那一年也是整个冷战时代的转折点。

在这样的语境中,安东尼奥尼没有按照中国官方的意图去为中国做宣传,而是用自己的眼光看中国。他的这种做法与其政治立场并没有直接的关系,只有间接关系,而与其对艺术的理解与追求则有更密切的关联。作为新现实主义电影的代表人物,他认为:"今天的电影应该系身于真实,而不是逻辑。我们日常生活的真相既不机械化亦不传统化、人工化,就连故事也是如此;如果电影以这种方式拍成就会显露无遗……因此我认为重要的是电影转向……表现的方法绝对要自由,像抽象的绘画一样自由"。② 这说明他只愿意以自己的方式来观察拍摄对象,也更相信自己的观察。当然,他也并不认为自己所看到的就是真相,但他更愿意以自己的方式探究真相。他说:"我的作品就像在挖掘,就像在我们的时代里一堆贫瘠的材料中所做的考古研究"。③《中国》就是这样的艺术追求的结果,体现出了新现实主义的理念。既然自由主义思想影响了安东尼奥尼对中国的想象,那么这种思想在《中国》中是如何表现出来的?

自由主义思想在《中国》中主要表现在如下几个方面:首先是对中国官方安排的排斥。自由主义的基本含义中就包括思想自由,作为一名电影导演,安东尼奥尼坚守着这种职业信仰和职业道德。在影片的一开头他就点明了自己是按安排好的路线拍摄的。这种解说,其实带有揭露的意味,当然也是一种抱怨。这为整部影片定下了一种基调,那就是自由主义的个人视点与刻意安排之间的冲突与张力。在影片中又有两处直接因这种"安排"与不服从安排而产生的矛盾:一次是拍摄毛泽东住处附近的一条街道,另一次是在河南农村拍摄农村集市。另外还有一次安东尼奥尼在河南不顾村委会

---

① 陈乐民. 20 世纪的欧洲[M]. 北京:生活·读书·新知三联书店,2007:173.

② 转引自威廉·艾洛史密斯为安东尼奥尼的《一个导演的故事》所写的英译本序言。安东尼奥尼. 一个导演的故事[M]. 林淑琴,译. 桂林:广西师范大学出版社,2003:7.

③ 转引自威廉·艾洛史密斯为安东尼奥尼的《一个导演的故事》所写的英译本序言。安东尼奥尼. 一个导演的故事[M]. 林淑琴,译. 桂林:广西师范大学出版社,2003:5.

主任的阻挠进入一个“没有做准备”的山村拍摄。这些矛盾冲突并不仅仅是一些事务性交涉上的不协调，而是自由主义观念与中国的管理体制的直接碰撞。除了这些明显的直接冲突之外，安东尼奥尼的摄影机在拍摄安排好的地方时也不安分，他用自己的镜头突破了官方安排的程序。比如他在拍摄长城时故意选择坍塌的部分；在工人家里拍摄时，他既拍摄了《毛泽东选集》、毛泽东瓷像，也特别拍摄挂在墙上的羽毛球拍；在河南农村一位农民家里，他不去拍那些大队干部和农民们被安排好的谈话，而是闯入农民的卧室，拍了他们的床和房间里简陋的家具……他总是想在官方安排好的路线中找到缝隙来逃脱官方安排的束缚。当这些特殊的镜语还不能表达他的思想观念的时候，他就直接站出来，用解说的方式表达他的立场。

其次，是对社会生活过度政治化的讽刺与批判。安东尼奥尼不愿接受中国官方的安排，坚持拍摄自己感兴趣的对象，其实也是坚持自己的思想信念。这导致了安东尼奥尼以讽刺和批判的立场来展现中国形象，主要表现在影片的结构安排上。表面上看，该影片是按照在中国的行程拍摄的，但是作者有意识地把影片分成了三个段落或板块，每一板块都安排了一个意味深长的结尾：第一板块主要拍摄的是北京，其结尾是一场木偶表演，那些少先队木偶形象逼真，表演也活灵活现，但是木偶表演的象征意义在于中国人都像木偶一样在进行一场被历史规律操纵的表演。而安东尼奥尼自己却不愿做这样的木偶。第二板块的内容是河南、苏州、南京这几个地方的生产生活情景，结尾是南京一所小学举行的接力赛跑。接力棒从一个学生传到下一个学生，那长长的队伍中一直有人在等待，接力赛似乎也永远没有结束的时候。这显然又是一个象征，孩子是一个国家的未来，这些从小就接受集体主义教育的孩子也会把这个集体主义接力棒一直传下去。影片用这个永无止境的接力赛展示了集体主义的强大力量。第三板块拍摄的是上海的景象，结尾是一场杂技表演。虽然没有魔术，但那些高难度的动作也令人眼花缭乱。杂技的象征意义也是明显的，这些高难度的动作看上去很美，但无实用价值，同时杂技表演又需要高超的技巧，一不小心就会酿出惨剧，这不正好象征着中国社会生活的脆弱性吗？那些过度的政治活动也与杂技表演十分相似。安东尼奥尼通过对文本结构的精心安排，传达出的主题就是对这个僵化教条的国度的生活状况直观展示与冷峻批判。

再次，是对个性的关注，特别是对普通人个性的关注。这本是自由主义思想的核心观念之一，也是西方文化传统中的基本信念之一。安东尼奥尼在中国的拍摄总是试图在那些蓝灰色的人群中发现一点新鲜的、不同的对象。为此他把镜头对准了普通民众。在北京的大街上，他拍摄了一个撒开手骑自行车的人，这在当时的北京已经是一种新奇的举动了；在皇城根下，他拍摄了几个打太极拳的人，这也是不多见的，与当时常见的广播体操相比显得格格不入；在南京街头，他又捕捉到了一男一女两位军人并肩行走的画面，跟拍了近三分钟，这也是难得一见的，在那个社会生活僵化的年代，一对男女军人并肩行走也成为独特的景观。除此之外，安东尼奥尼还把摄影机藏起来，到王府井等人多拥挤的大街上偷拍行人的面部表情。他试图捕捉到更丰富的个性、更丰富的表情，试图通过这种瞬间流露出来的表情来窥视中国人内心世界。他最终得出的结论是“画虎画皮难画骨，知人知面不知心。”这是他的真实感受。在那个年代，要中国人表露内心的真实状态，展现自己的个性是不现实的。但安东尼奥尼想要把握中国人不同个性的立场和态度却是清晰明朗的。

二、西方文化传统中东方主义的影响

除了政治思想领域中这些因素之外，文化思想也是影响安东尼奥尼的《中国》的一个重要因素。当然文化思想中也仍然摆脱不了政治的成分。这种文化思想就是东方主义。对东方的认识与态度实际上是超越现实中的政治思想的。一个社会主义者也可能是一个东方主义者，对东方有着根深蒂固的偏见甚至仇恨；而一个自由主义者也可能抱着同样的东方观念。中国是一个东方社会主义国家，在西方自由主义思想中，对社会主义的批评与对东方的偏见可能重叠起来。在塑造出一个负面的中国形象时，这两种思想因素也会夹杂在一起。我们在分析西方的中国形象时，必须将东方主义思想与现实政治思想区分开来讨论。萨义德说：“我们可以将东方学描述为通过做出与东方有关的陈述，对有关东方的观点进行权威裁断，对东方进行描述、教授、殖民、统治等方式来处理东方的一种机制：简言之，将东方学视为西方用以控制、重建和君临东方的一种方式。”①“由于东方学占据着如此权威的位置，我相信没有哪个书写、思考或实际影响东方的人可以不考虑东方学对其思想和行动的制约……这并不是说东方学单方面地决定着有关东方的话语，而是说每当‘东方’这一特殊的实体出现时，与其发生牵连的整个关系网络都不可避免地会被激活。”②东方主义话语是在西方产生的，塑造东方的话语系统在西方有着根深蒂固的影响，西欧人对东方的言说都自觉不

① 爱德华·W. 萨义德. 东方学[M]. 王宇根，译. 北京：生活·读书·新知三联书店，1999：4. Orientalism 可译为“东方学”，也可译为“东方主义”。

② 爱德华·W. 萨义德. 东方学[M]. 王宇根，译. 北京：生活·读书·新知三联书店，1999：5.

自觉地会受到它的制约。安东尼奥尼的《中国》也不例外。在《中国》拍摄的年代，也正好是西方的东方主义兴盛的年代。“20世纪七八十年代是近代史上东方主义著作层出不穷、最为丰富的二十年。”①其中大量的著作是对伊斯兰世界的攻击，但如果我们把前文所论及的那些塑造负面的中国形象的文本放在这个大背景中看，他们对中国的这些描述也在这股东方主义的浪潮中起到了推波助澜的作用。更重要的是，它们唤醒了西方人对东方的古老记忆，文化思想上的东方主义意识形态是显而易见的。

那么，东方主义思想观念是如何在《中国》中表现出来的？

东方主义思想在《中国》中是以潜在的方式体现出现的。因为纪录片作为真实记录的话语类型追求的是客观真实，这种所谓的真实性掩盖了用纪实的方式建构东方形象的东方主义本质特征。站在反思东方主义的立场上，我们可以在展示性的记录中发现其中的东方主义痕迹，展示性的纪录其实并不是在反映中国的现实，而是反映出西方人对中国的想象。

首先，安东尼奥尼借用了大量的西方历史上关于中国的东方主义话语元素。他所关心的正是西方历史上的东方主义所关心的对象，而且也没有超越那些东方主义倾向。比如对于小脚的兴趣、对于长城的表现、对于故宫的表现、对于上海是一座罪恶之城的印象，以及水利设施与专制主义的关系的表述，等等。特别是解释中国的水利设施时，安东尼奥尼说：“中国的生存依赖这些河流和渠道，国家的集中管理或集体化，就是出自建设和维修这些水渠和水坝网的需要。”这是布朗杰与魏特夫关于东方专制主义话语的重复。这些东方主义元素证实了萨义德的观点，西方人关于东方的表述总是会牵动、激活西方历史上的东方主义话语。这些元素作为安东尼奥尼的知识背景使他无法摆脱这张无形之网，而他自己也许是不自觉地陷入这张网中的。

其次，除了这些可以直接找到源头的东方主义话语元素之外，安东尼奥尼的摄影机中还隐藏着一种粗暴的拍摄方式。它将镜头对准中国人，有时逼视，有时窥视，其视角中充满着西方中心主义的暴力，把中国人当成一种奇怪的动物，粗暴地观看。其中最直接地显露这种暴力倾向的是在北京拍摄的剖腹产手术，当手术刀在大肚子上划出一道口子的画面用近景平视的拍摄角度展示在世人面前时，那种西方主义的猎奇视点也暴露出来。第二板块开头拍摄河南农村时，安东尼奥尼用一个远景镜头拍摄了远处的荒山，山脚下一个农民正在匆匆赶路，镜头突然拉近跟拍，仿佛在原始丛林中发现

---

① 齐亚乌丁·萨达尔.东方主义[M].马雪峰，苏敏，译.长春：吉林人民出版社，2005：130.

了一种野生动物，这里暴露出来的是一种窥视的视角。而这种窥视运用最多的是在拍摄拥挤街道上的行人的面部时，安东尼奥尼自己已明确说出他们把摄影机藏起来，进行偷拍。这些镜头盯着一个个中国人的脸拍摄，其实就是盯着这些人的脸粗暴地端详。这不是平等交流之道，安东尼奥尼的那些自由主义思想信仰在此被东方主义的倾向颠覆了。

再次，安东尼奥尼对于自己的西方身份也有清醒的意识，这为理解他的作品设定了一种东方主义的主导代码，它指引人们把他拍摄的中国放入西方人的视野中，放入东方主义话语系统中来理解。影片结尾时说出了一句总结性的话，来概括他眼中的中国形象："中国在开放它的大门，但它仍然是一个遥远的基本上不为人所知的国度。"这里所说的"遥远"不是地理空间上的距离，而是文化上的差异，"不为人所知"其实是不为西方人所知。安东尼奥尼自己的西方文化身份在此充分暴露出来。他的困惑是东方主义的困惑而不是自由主义的政治理想带来的困惑。在河南农村拍摄时，他还就自己的西方身份做出更明确的表述："我们继续拍摄，但很快就意识到外国人和怪物是我们自己，是在镜头的这一边的人，我们对他们来说仍是不明物体，也许还有一点可笑。这是对我们身为欧洲人的自豪的一盆冷水，对于世上四分之一的人口来说我们太陌生了，以至于让人害怕。我们的大眼睛、卷头发、又长又大的鼻子、白皮肤、夸张的动作、不合场所的时装。……"在这里"我们"与"他们"的对峙让双方都感到了几分难堪。"我们"欧洲人带着自豪来观看"他们"，结果发现自己只是陌生的闯入者，自己反而成了被看的对象。但是奇怪的是，安东尼奥尼在自己感受到被看的难堪时，他没有设身处地地去想一想这些中国人在被看时的感受，他发觉了："他们虽然害怕，但相当礼貌，他们担心走开会冒犯我们，所以他们在镜头前能熬就熬，常常僵硬如石，一动不动。在我们闯入这个山区小村的所有时间中，我们看到了众多神色非常惊奇的脸，但他们从未表现出敌意。"对于这些闯入者中国人是礼貌的，没有敌意。但中国人也还是害怕的。安东尼奥尼没有因为他们害怕就停止拍摄。我们不禁要问，这场令双方都感到了难堪的相遇又是如何发生的？是谁主动地来到这个山村小村，打破了这里平静的生活？是安东尼奥尼吗？他只是一个执行者，指使他闯入这里以一种令人难堪地方式进行"工作"的是东方主义观念。

东方主义是西方塑造与呈现东方的话语系统，其核心是代表西方的利益，不管是政治上、经济上还是文化上的利益。从这个意义上说东方主义是西方的意识形态话语，是西方在解释东西方关系时所做的对西方有利的表述。与东方主义相呼应，自由主义在20世纪70年代也已成为反对社会主义的思想观念,代表着西欧的主流文化传统。这两种思想在安东尼奥尼的《中国》中重叠,将它所塑造的中国形象意识形态化。这个中国形象所包含的文化意义是对中国这个东方社会主义国家的否定,相应的是对西方自由主义的肯定。通过他者形象的塑造认同自我、否定他者,这是跨文化形象学中意识形态概念的基本含义。至此,我们也可以清楚地看到安东尼奥尼的《中国》虽然是以纪录片的话语形式出现,但是它绝不是真实地记录中国的现实的。它采用了中国的素材,这些素材被编码进一部完整的作品时就已变成具像符号,当这些具像符号组织成一部完整的作品后,它们就脱离了在中国语境中的意义,变成了西方人塑造中国形象的元素,而最终塑造出来的中国形象只是西方意识形态的表征到文化想象转换的结果。这种转换正是形象学中所要讨论的表意实践的具体方式,意识形态话语征用了文化想象,或者说文化想象也逃脱不了意识形态化的命运。

第四节　超越东方与西方

安东尼奥尼的《中国》明显具有自由主义和东方主义特征,在作品中东方与专制集权又是重叠的,而西方是与自由民主相对应的。但是由于《中国》所拍摄的对象是 20 世纪 70 年代早期的中国,当我们从安东尼奥尼的《中国》中分析出以西方为中心的东方主义与自由主义特征并进行批判时,我们是否陷入了后殖民主义批评的陷阱中?当我们从东方的立场应对西方中心主义时,我们自己又如何摆脱民族主义和文化相对主义的困境?

回答这个问题,要从东方主义和后殖民主义批评自身的特点或立场切入。东方主义是以西方为中心对东方的言说,东方主义所塑造的东方形象是以西方为中心的。在此,东方与西方成为一对解释性范畴,用来分析不同文化之间的关系。后殖民主义批评是从殖民地的立场来批判宗主国对殖民地的伤害,而宗主国主要是西方国家,殖民地主要是以东方为主的非西方国家。宗主国与殖民地也是一对解释性范畴,用来分析国家之间(也是文化之间)的关系。东方主义中的西方中心论与后殖民主义批评中的殖民地文化本位论都是在二元对立的关系中思考问题的。它们的背后有一种本质主义的思考方法,就是强调文化的差异——以自我文化为中心强调不同文化的差异。当然,这种差异中包含着不平等关系,东方主义理所当然地以西方为中心表述东方,把东方描述为他者,是一种和西方不同的、不可理喻的另类。后殖民主义也是如此,把西方宗主国表述为欺压殖民地人民的外国人。所以，虽然东方主义和后殖民主义批评在政治立场上是针锋相对的论述，但是本质上它们都是强调差异的，它们都是以自我为中心建构起来的理论。

后殖民主义批评在批判东方主义时也试图要消解这种自我中心的本质主义思维，从而真正实现不同文化的平等，尊重不同文化之间的差异，消解二元对立关系中的西方中心，也消解东方/殖民地的中心，在东西方互动对话关系中建立东西方的新型关系。然而，由于西方对东方的压迫是一个历史事实，也是后殖民主义批评的基本前提，后殖民主义批评为了反抗这种压迫无法不采用反对西方的路径。对于后殖民主义批评而言，必然是要站在东方/殖民地立场争取解放与独立的。消解东西方二元对立关系，强调东西方的平等对话只是一个美好的愿望，前提是争取东方/殖民地的独立地位。这就必然导致在文化差异中突出东方/殖民地的中心地位，这是走向东西方平等对话的前提条件，也是一个必经阶段。如果越过这个阶段，越过这个前提而直接建构东西方的平等对话与互动，那么在西方强势压迫东方的历史惯性中，后殖民主义批评就必然是不彻底的，东方/殖民地的独立性无法得到保证，这样的状态下谈东西方平等对话也只能是空谈，因为不平等关系仍在延续。

既然东方主义与后殖民主义批评都具有本质主义性质，那么后殖民主义批评对东方主义的批判是否就没有价值呢？当然不是，后殖民主义批评针对东方主义塑造东方形象时的西方中心主义话语的批判是尖锐而深刻的，只有揭露出东方主义中的西方霸权才有可能争取东方的真正独立，这是消解西方中心主义的有效方法。原因主要有两个方面，其一，东方主义本身是一种本质主义，它顽固地在各种具体的学科话语中延续，甚至成为一种政治无意识，变成不同学科的基本前提，控制着关于东方的各种论述。因此，只有针锋相对地进行批判与揭露，才有可能改变其根深蒂固的对东方的偏见。其二，东方主义又具有隐蔽性，它巧妙地隐藏在各种艺术形象、艺术表达方式中，隐藏在话语符号的微妙运用技术中，不进行尖锐苛刻的分析，就无法提示其运行机制，也就难以消除其影响，它将在文化活动中无限蔓延，不断复制。因此，只有从东方/殖民地的立场针对东方主义不懈地进行批判，精准的揭露，才有可能暴露东方主义中隐蔽的不平等关系，才可能打破西方对东方的成见。

面对安东尼奥尼的《中国》，我们必须用文本细读的方法，通过对画面构图的分析、叙事结构的分析、拍摄视角和镜头运用分析，以及解说词的文本分析，来揭示其中隐藏的东方主义成见。比如安东尼奥尼对天安门广场的解说就明显是一种东方主义偏见，他宣称中国人自认为这里就是世界的中心，这就把当代中国与封建帝国等同起来，征用的是西方人关于中央帝国的想象与传说。对这样的细节及其传递的东方主义意义我们必须进行关注，否则我们就默认了自我膨胀的天朝大国的负面形象。

但是，后殖民主义批评的陷阱也正在于此，当我们反驳东方主义话语中的西方中心主义立场时，我们是否应该把东方想象成一个神圣不可侵犯的圣地？我们是否只能为东方自我进行辩护而拒绝任何批评？当后殖民主义批评在反对东方主义之际走向了这种民族主义之路，那么这样的后殖民主义批评就走向它的反面了。东方主义扭曲东方，为了西方的利益而利用东方，这固然是应该批判的，但是后殖民主义神圣化东方也仍然是需要反思的。东方有摆脱西方控制的权力，但是独立后的东方并非一片乐土，它也可能产生新的问题，其中就包括为了争取独立而采用的凝聚力量的方式，都可能是存在局限，甚至是存在严重问题的。东方主义将这些问题归结为东方的本质属性之一，把这些现象说成是东方的集权主义和专制主义的文化传统或民族文化特性，这当然是应该反对和批判的。

那么，我们应该如何反思这样的问题？安东尼奥尼展示给我们的那个中国形象，我们应该从什么样的立场来进行反思？哪怕是站在东方的立场上，我们也会认为十年浩劫是错误的。错误与否的判断标准是什么？东方主义将这种错误归结为东方的本质当然是一种西方中心主义的偏见，那么自由主义者将这种错误归结为专制集权又是否合理呢？自由主义也是一种意识形态，以个体为本位的自由理念和民主追求有两个致命的弱点，其一是忽视了社会秩序的重要性，在强调个体自由的同时忽视了保障自由的社会秩序。其实只有在维护社会秩序正常运行的前提下，才可能有个体的自由。其二是忽视了历史条件的重要性，个体的自由是以社会经济发展到一定的程度为前提的，在尚未解决社会贫困的阶段，个体自由远不如发展社会经济、积累社会财富、保障民生更重要。中国当时的社会状况是中国经济发展的条件导致的结果。

反思安东尼奥尼所拍摄的中国存在的问题，应该有超越东方与西方，也超越自由主义的新的标准，这个新的标准首先应该是一个具有普遍意义的社会治理的标准。它包括至少两个大的方面，一是社会秩序的平稳运行。这主要指社会管理合理有序和个体在社会中有适当的位置和发展空间，这样的社会秩序才是正常的合理的。二是经济繁荣，社会财富稳步增加，民众安居乐业。一方面个体可以在经济上有生活保障，另一方面国家的经济实力不断增强。当然这两个方面是相辅相成的，社会秩序的平稳运行应该以经济发展为基础，反过来，社会秩序的平稳运行也促进经济繁荣。在此基础上才可能有繁荣的文化，才可能有个体的自由与个性发展。

用这样的社会治理标准评判安东尼奥尼所拍摄的中国，问题是显而易见的。首先就是对社会秩序稳定的过度强调，导致了思想的僵化和社会生活的单一化、政治化。其次，对经济活动的忽视导致了社会的贫困化，民众个体与国家的经济状况都处在危机的边缘。社会失去了应有的活力，更谈不上个体的自由与文化的繁荣。

这种状况并不是东方的特性，任何国家都可能出现这样的状况。但是它只是阶段性的现象，没有一个国家、没有一种文化会让这样的现象持续下去。只不过解决这样的问题的方式不同而已，中国是通过改革开放解决这些问题的。

其次，从跨文化研究角度看，既然东方主义和后殖民批评都是以文化差异为潜在的理论前提的，它们都以自我的文化为中心，那么，是否存在一种超越东方西方文化差异的路径可以用来反思东方主义与后殖民主义的问题？我们认为这个路径就是世界主义。所谓世界主义不仅仅是把不同文化放在一个全球视野或场域中进行审视的思考方法，更是一种强调不同文化处于同一个整体中、休戚相关的理念。世界主义是对西方中心主义的解构，是对西方鼓吹的“普世价值”的超越。世界主义强调不同文化应该平等交流对话，世界是一个有机的整体，随着全球化的深入，不同文化的交流日益频繁，文化的融合是不可避免的大趋势。美国学者阿皮亚在《世界主义》一书中说：“最终，我希望人们不再把世界划分为西方与东方，不再对区域性与现代化作出划分，不再对追求利润的冷酷伦理与血肉相连的国家认同作出划分，不再对‘我们’和‘你们’作出划分。”①在世界主义中，不再以某个民族国家的文化价值或文化认同作为唯一正确的标准，尤其不再把对自我文化的认同作为标准评判其他文化，而要在参考各不同文化价值的前提下寻找全人类共同的基本价值标准。这当然不是反对文化差异与民族国家的存在权利，而是希望寻找不同文化共同拥有的共性的价值标准。这样的共同标准应该是什么？答案就是人类命运共同体中的全人类共同价值。这是不同文化共同参与，共同协商建立起来的为全人类共享的共同价值。从这个意义上说，世界主义虽然是西方学者提出来的，尽管在思想深度上还有局限性，但是它与人类共同价值的理念是相向而行的。正如有中国学者所说：“世界主义的基因更倾向于个体和个体主义价值，而人类命运共同体的基因更倾

---

① 奎迈·安东尼·阿皮亚. 世界主义——陌生人世界里的道德规范[M]. 苗华建，译. 北京：中央编译出版社，2012：15.

向于共同体和集体主义价值。但是，由于世界主义和人类命运共同体分别表现出从个体主义走向全球主义，从国家主体走向人类主体的演进趋势，所以，人类主体和人类共同体价值便成为两者的共同选择。”①可见，世界主义的目标也是走向人类共同价值，只不过它的出发点是具体的个体，但这并不妨碍它对人类共同价值的追求。世界主义与人类命运共同体在构建人类共同价值方面是殊途同归的。

阿皮亚所提出的世界主义中的一个观点与我们所讨论的安东尼奥尼的《中国》直接相关。他说：“我们接受民族国家，意味着我们接受这样的观念，即我们对自己的生活与公正负有一份特殊的责任，但是，这也意味着，我们有责任确保所有国家尊重其公民的权利，满足其需求。如果政府不能做到这一点，我们必须不必顾及他们的态度，但我们所有的人必须承担起集体性的责任，去改变这样的政府；如果政府愿意，可以通过政府履行这一责任；如果政府不能保障其公民的权利，无法满足他们的需求的原因是缺乏必要的资源，那么，向他们提供必要的资源，将成为这种集体性责任的组成部分。这也是世界主义同样重要的基本使命。”②可见，世界主义并不必然是反对民族国家的，它追求的是一种全人类共享的基本价值。保障民众的基本生存权利和公正性，是任何民族国家的政府都应该做好的事情。这不是西方国家才有的价值标准，在中国文化传统中同样把保障民生和维护公正作为基本价值理念，许倬云先生说：“儒家‘安百姓’和‘安人’是两个志业。‘人’是自己四周的人，‘百姓’是天下所有的人，因此，儒家所关怀的对象不仅是国家公民，国内人民的福祉，也有人类全体的福祉，这是普世和永恒的价值观念。在他们心目中，有志者须‘修己’即整顿自己，才可以进而‘安百姓’，这是最高的境界，甚至古代的‘圣王’也未必能完全做到。”③儒家所提倡的“仁政”，虽然历朝历代未必全能实现，但其理念却是被普遍接受的。以农为本作为中国历代政府的国策也体现了保障民生的基本价值；爱民如子、广施仁政则是维护社会公正的基本政治伦理，也是一项持久的价值取向。这些价值标准虽然具有中国文化的特色，却又与其他文化中的价值标准相通的。这也是世界主义与人类共同价值理念得以形成的基础。

从这种世界主义的视角来看，安东尼奥尼所拍摄的《中国》对于中国的

① 蔡拓. 世界主义与人类命运共同体的比较分析[J]. 国际政治研究(双月刊)，2018，(06)：9-24.

② 奎迈・安东尼・阿皮亚. 世界主义——陌生人世界里的道德规范[M]. 苗华建，译. 北京：中央编译出版社，2012：246.

③ 许倬云. 中西文明的对照[M]. 杭州：浙江人民出版社，2016：50-51.

批评，就不能视为西方反华势力对中国的抹黑。当时中国的社会生活状况的确值得反思，当然反思与批评的标准不应是东方主义和自由主义，而应该是全人类共同价值的标准。民众的生活需求没有得到满足，公正的价值被冲击，甚至破坏，这样的状况不仅在中国应该反思，如果出现在西方，出现在任何国家都应该反思。

再次，全人类共同价值标准适用于不同文化，是人类共同遵守的标准。不同文化对于这些标准的表述方式有所不同，但是其核心内涵应该是相同的。那么是不是只要是全人类共同拥有的价值都可以成为普遍的标准？其实全人类共同拥有的价值标准中应该还有一个限定，那就是文明的尺度。只有那些体现了文明价值的标准才是值得遵守的。不同文化中都有一些负面价值，人性的贪婪、残暴、对于权力的欲望也常常被称为人之常情，但是这些负面价值并不值得维护。在全人类共同的文化中，只有那些正面的对于人类的共同利益和发展具有积极意义的价值标准才是应该遵守的，这才是文明的价值。所谓文明，是一个价值论范畴，而不是实体论或认识论范畴，与文化概念的不同之处就在于文明是有价值尺度的。马修·梅尔科在解释文明的含义时说："文明是巨大而庞杂的文化，常常凭借着对环境的更大程度的控制，而与更为简单的文化区分开来。这种对环境的控制包括大规模的农业生产及动物的驯养。这些文明在技术上的进步足以让他能够使用金属并利用轮子进行运输。而这些经济上的优势又让他们有足够的剩余粮食和必需品，至少部分地，可以让一些人不用为维持生计而工作。而这种自由通常使得城市得以建设，更为复杂的艺术形式得以产生，传达思想观点及保存历史记录的写作得以发展。"①梅尔科所说的虽然是文明产生时期的状况，但是他的解释中所透露出来的信息是文明是具有复杂的系统和高度成就的。因此，世界上不同的文化的发达程度构成了相似的特征，它们之间共同的价值标准也应该是文明的标准，这种标准是不同的发达文化达到的文明程度的展现。当然，全人类共同的价值标准就是文明交流融合所达成的成就。在这个意义上，这种人类共同价值就与西方中心主义的价值不同。从构成方面看，西方中心主义并不包含其他文明的价值观，甚至要以西方的价值观取代其他文明的价值观，而人类共同价值是包容所有的人类文明的；从目标方面看，人类共同价值的目标是促进人类不同文明共同繁荣，西方中心主义的价值观则是西方的利益优先的；从形成方式看，人类共同价值是不同文明以平等协商、对话交流的方式形成的，西方中心主义价值观则是通过

---

① 马修·梅尔科. 文明的本质[M]. 陈静，译. 北京：中国社会科学出版社，2017：8－9.

强制推行的方式强加于其他文化的，甚至通过武力征服的方式强迫其他文化接受的。就长远的历史趋势而言，西方中心主义价值观必将被人类共同价值观超越。

既然人类共同的文化价值标准具有文明的尺度，那么按照这样的尺度衡量一个社会的现实状况就会有高低好坏的区别。什么样的社会是文明的？答案也在讨论过程中，但文明的社会一定有许多美德，值得概括总结与传承。与安东尼奥尼的《中国》中所呈现出来的中国形象直接相关的文明标准可以借用雅克·布道提出的两个要点来说明。他写道："呼唤同情和对人类同胞的爱，不是沉溺于情感世界，而是要强调，利己主义——无论是个人的利己主义，还是集体的利己主义——不是一种美德，也不能成为一个可行的世界共同体的基础价值。坚持把责任当做享受人权所不可或缺的条件，不是想基于这样一种假设——即自从某一个神话般的'黄金时代'过后，道德已然衰落——来祈求改革，而只是想提醒人们注意：基本的体面乃是一种能够超越各种文化的可理解的道德品性，对（人类）共同体的责任将随着财富、能力和权力的增长而加重。"①雅克·布道所说的两个标准，一是爱与同情，二是基本的体面。能够维护社会成员的爱与同情，给予民众基本的体面（尊严）的社会就是文明的社会。这是全人类不同文化中共同的价值标准，也是文明的尺度。

用这两个标准来对照安东尼奥尼塑造的中国形象，当时的中国正在强调阶级斗争而不是同胞的爱与同情，个人的利己主义当然受到了批判，但集体的利己主义却是一种普遍的现象。而在维护民众基本的体面方面，那时的中国也没有做到，民众处于贫困状态，温饱尚未解决，谈不上维护基本的体面，国家的贫困导致无法为人类共同体承担责任，因为承担责任是以财富、能力和权力为基础的。

安东尼奥尼的《中国》用东方主义和自由主义的观念塑造的中形象是值得反思的，但是反思不是辩护。我们不赞同安东尼奥尼的立场，因为我们可以从社会治理、人类共同价值和文明的尺度这些更合理的角度进行更有效的反思。我们对于安东尼奥尼的《中国》中所展现出来的东方主义和自由主义倾向持批评的态度，尽管他对中国形象的塑造的确揭示了那个时代的中国所存在的问题，但是这些问题既不是中国这个东方国家的东方特性的表征，也不是中国的政治体制的固有问题。它是社会治理上的偏差导致的。

---

① 雅克·布道.建构世界共同体：全球化与共同善[C].万俊人，姜玲，译.南京：江苏教育出版社，2006：17.

改革开放 40 年来中国所取得的举世瞩目的成就证明，当社会秩序平稳运行，并与经济发展良性互动，中国是可以实现文化复兴，达到人类文明新高度的。这是中国在人类命运共同体建设中宝贵的经验，值得不同文化借鉴。

第五章 证明性文本中的乌托邦希望

20 世纪 70 年代初，中美之间的那次震惊世界的乒乓外交开启了中美关系正常化的大门。两个曾长期对抗的大国终于开始了正常交往。主导了 20 世纪西方的中国形象的美国也开始了对中国新的想象。巧合的是，正是在这个历史关口，中国走到了一个转折点上。70 年代后期，政治挂帅的治理模式走到了尽头，以经济建设为中心的改革开放新时期即将来临。理查·威廉斯正是在这个时候来到中国，担任 1949 年以来第一个美国驻中国总领事馆的第一任总领事。更巧合的是，他的妻子郭雪珍是中国人，1948 年从天津去了香港，两人在香港相识，后来去了美国。1978 年也是郭雪珍时隔 30 年首次回国。威廉斯在中国的见闻因此就比一般美国人的见闻更具有历史纵深感。根据他在中国做总领事时的日记整理出来的回忆录《中国新时代的黎明》也就成为一个具有历史价值的文本。首先，由于威廉斯是在中美关系改善的大背景下来到中国的，他的外交官身份也使他肩负改善中美关系的使命，因此这个文本先入为主地为中国预设了一个正面的形象，至少美国人是期待中国向美国预设的光明方向发展的。“中国新时代的黎明”这个书名就证实了这个预设，因此这个文本是典型的证明性文本。其次，从西方的中国形象历史来看，中国形象也随着中国历史转折点的到来而发生了变化，转向对改革开放的正面想象。威廉斯由于工作的便利和作为中国人女婿的特殊身份而得以较早地推动了中国形象的转变，塑造出了一个充满希望的新的乌托邦中国形象。他笔下的中国形象少了一些误解与偏见，多了几分真诚与务实。

从跨文化形象研究的角度来解读《中国新时代的黎明》，我们关注的是威廉斯到底看到了什么？这些素材如何将他对中国形象的预设具体化？在西方的文化背景与现实境遇中，威廉斯笔下的中国形象又有什么特别的价值？

第一节　变化中的中国:威廉斯的笔触

1978年这一次来中国对威廉斯而言已不是第一次，他在1973年曾带领一个美国游泳队到中国访问，大概是乒乓外交之后的后续访问。1978年，当他作为驻广州的总领事来到中国时，他们感受特别强烈，正如他的书中有一章的标题所显示的，“一切都不一样了”。“变化”是威廉斯在中国最强烈的感受，也可以说这是对中国形象的一种预设：中国正迎来巨大的变化。

一、预设的立场与经验的证据

作为一部日记体的回忆录，威廉斯在《中国新时代的黎明》中所描述的变化是多方面的。从国际关系来看，威廉斯反复强调了自己作为一位美国外交官，在中国建立广州总领事馆的经历。这种身份意识中所包含的意义就是预设了中国正在改变——中国与美国之间从相互对抗转变为现在的正常交往，互建领事馆，这本身就是一种变化。隔绝了三十年之后，中国向美国打开了大门。这是中国外交政策的重大变化，当然也意味着中国从封闭走向开放。威廉斯已经很敏锐地捕捉到了这种变化：“一年前，当我们抵达广州东方宾馆时，宾馆大堂墙上迎面挂着毛和华两位的巨幅肖像，高高俯视着我们。此后每天，这两位神灵一直在那里俯瞰他们的王国和我们这些下界的凡人。今天早上，我们习惯性地抬头往上看，相框还是老样子，可是画像换成了桂林风景，美丽的峭壁，雾蒙蒙的江水。在看不见的新神灵授意之下，华悄然退出了历史舞台，不再为公众服务。”①这个细微的变化在威廉斯这位外交官眼中也成为中国正在变化的证据。他似乎也在刻意收集这种预期的变化证据，来证明美国对中国的预设。

当然，威廉斯所看到的变化不止这些。无论是在广州为领事馆选址还是去天津探亲，或是在桂林、海南等地旅行，威廉斯所到之处总是能发现一些让他惊喜的变化。这些变化不仅仅是重大的政治变革，而且也有渗透在日常生活之中的细微改变。比如，在天津，当威廉斯的夫人郭雪珍与家人时隔三十年之后再次团聚，一家人决定到照相馆拍一张全家福，威廉斯在照相馆看到：“墙周围挂着相馆拍照的年轻漂亮姑娘的色彩艳丽的照片，一式地

① 理查·威廉斯. 中国新时代的黎明[M]. 陈文妍，肖锦银，胡雅莉，译. 广州：花城出版社，2010:210.

戴着大概是摄影师提供的帽子。一个身穿黄色短衫的姑娘向后戴一顶粉红色的小圆帽，一个身穿绿领衫的姑娘将一顶蓝色小圆帽时髦地翘向一侧。我被告知，这是时兴的照相款式，因为当局批准了'现代和外国'的东西。"[①]日常生活中的细节变化对于威廉斯而言是社会生活变化的一部分。作为美国人，他对这些变化留下深刻的印象不是因为这些变化有多么新颖，值得他欣赏，而是因为变化本身是一种"进步"的表现。他甚至刻意地留意身边的变化来印证他对"进步"的期待。虽然他在中国仅仅待了两年时间（1978—1980），但是这两年中国的确在不断变化，可以用日新月异来形容。1981年美国的广东领事馆电传中写道："过去一年间，广州已计划或签约建造约四千所酒店房间，四至六座办公大楼，至少一座综合性公寓大楼……一系列主要由美商投资的连锁酒店，一家美资银行，以及一家与美、日合资的金融机构，已经初步签订合约……以造一座拥有两千房间的酒店，一幢价值六千万美元的商住两用综合大楼，以及一幢价值一亿二千万美元的酒店/商用/住宅综合大楼。"[②]随着这些投资项目而来的是所谓的社会风气的迅速改变。威廉斯注意到："最初的时髦玩意儿舶来的太阳镜，通常打香港来。一个镜片上方还粘个小标签，写着港元价。广州的花花公子们就让标签留在那儿。"[③]尽管威廉斯觉得这样子很怪，但是他也同样注意到在中国的女孩们眼里，这可真酷。但是1979年10月，当威廉斯第一次在天津见到妻子的家人时，他看见"他们一式的穿着，蓝色短上衣和黑裤子"[④]。这应该是当时绝大多数中国人的装束，不是地域特征，也不是年龄特征。一年前，他们在衣着上追求时髦还只是在照相馆中偶一为之，可是一年之后，在日常生活中也已经开始时髦起来。不管这种时髦是否具有美感价值，是否因不伦不类而显得滑稽可笑，但是追求时髦的意识已经觉醒了。

威廉斯在中国的经历并不总是这样充满惊喜与惊奇的。中国仍有一些尚未变化的部分让他苦恼、无奈，甚至愤怒。在那个黎明的曙光刚刚出现的时刻，阴暗面不可能马上消退。威廉斯带着耐心和乐观应对着那些尚未改变的一切。这也从一个侧面说明威廉斯预设了中国正在向美好的方向改变

① 理查·威廉斯. 中国新时代的黎明[M]. 陈文妍，肖锦银，胡雅莉，译. 广州：花城出版社，2010:45.

② 理查·威廉斯. 中国新时代的黎明[M]. 陈文妍，肖锦银，胡雅莉，译. 广州：花城出版社，2010:252.

③ 理查·威廉斯. 中国新时代的黎明[M]. 陈文妍，肖锦银，胡雅莉，译. 广州：花城出版社，2010:251.

④ 理查·威廉斯. 中国新时代的黎明[M]. 陈文妍，肖锦银，胡雅莉，译. 广州：花城出版社，2010:27.

的乐观立场。

陈旧的基础设施让威廉斯这样来自发达的资本主义国家的美国人感到生活太不方便。他来到中国遇到的第一个问题就是为美国驻广州的领事馆选址。中方建议他们用越南留下的旧领事馆，威廉斯考察了以后发现那是一栋又小又旧又脏的房子，根本无法使用。迫不得已，他们只好选择当时广州最好的东方宾馆作为领事馆的临时办公地点。但即使这个最好的宾馆，其陈旧与落后的程度也令威廉斯一行人难以想象。“在这个城市，除了两三家晚上九点就打烊的不错的中餐馆，没有夜生活；没有英文电视或电影；没有熟悉的娱乐健身设施，酒店只有两三个差劲的羽毛球和三张桌球台……”①他对广州市的总体印象是：“稠密的人群，弯弯的街道，灯火昏暗的店铺里晃动的人影，给人一种温暖、幽闭的感觉，宛若是在中世纪。”②这里令他想起了香港远离皇后大道东的旧城区，20 年前的台湾老城镇，甚至东南亚的西贡和仰光之间的地方。硬件条件差还只是一个方面，与其相关的是环境的恶劣。最让这些美国人记忆深刻的是在宾馆里出没的各种类型的老鼠。厨房里、卧室里、抽屉里到处都可以看到它们的身影。威廉斯甚至有一次看到了一只大老鼠吓走了一只猫。③ 与这种环境相应的是服务水平也跟不上。这个号称中国最大的拥有 1200 个房间的宾馆里专门为美国总领事服务的服务员竟然不知道床罩为何物。威廉斯夫人不得不挨个地教她们如何把自己带来的床罩铺到床上。④ 当然，这不是服务员的错，这些普通的劳动者没有机会见世面。他们不仅在知识上变得贫乏，而且在工作的方法甚至态度上也贫乏了，他们与外面世界的人接触往往会不知所措，不知道从何处下手展开工作。威廉斯亲眼看到的几位大陆工人与香港工人一起为东方宾馆装窗户的情景，生动地说明了中国的这种“落后”。“一天下午，大陆工人在一边敲一个旧窗，而香港工人在另一边装新窗。大陆组有九个，其中两个在懒洋洋地工作，四人在聊天提建议，三个坐着不动。香港组的任务更重，只有三个人，其中两个香港人，迅速而熟练地安装，一个广州帮手给他们递工具。”见

① 理查·威廉斯. 中国新时代的黎明[M]. 陈文妍，肖锦银，胡雅莉，译. 广州：花城出版社，2010：12.

② 理查·威廉斯. 中国新时代的黎明[M]. 陈文妍，肖锦银，胡雅莉，译. 广州：花城出版社，2010：10.

③ 理查·威廉斯. 中国新时代的黎明[M]. 陈文妍，肖锦银，胡雅莉，译. 广州：花城出版社，2010：121.

④ 理查·威廉斯. 中国新时代的黎明[M]. 陈文妍，肖锦银，胡雅莉，译. 广州：花城出版社，2010：99.

此情景，威廉斯忍不住发出这样的感叹："可怜的中国，路漫漫啊。"①

最让威廉斯难以接受的是在中国社会中普遍存在的对外国人的双重标准。他们不止一次遇到对外国人的消费收费高于中国人的情况。其中一次是威廉斯与其夫人的家人在天津团聚，一家人到饭店吃饭，中国人去付钱就比外国人付钱便宜很多。"中国人这种做法，盛行而令人生厌，对几乎所有在中国购物的外国人收取两倍的价钱——餐馆吃饭，机票等等。"②这种情况不仅仅是国有企业里的公开行为，即使是街边的小贩也是如此。威廉斯有一次在公园门口买冰激凌时，小贩收了他的钱后故意少找一毛钱。威廉斯坚持把这一毛钱要回来。这倒不是因为他太小气，而是因为他对双重标准太反感。当然，这种反感有时会导致误会。就在他们这次去越秀公园的时候，他们在售票亭又遇到了双重标准。中国人的门票是五分，而外国人是五毛，相差十倍。威廉斯坚称自己住在广州，应该按中国人的价格，售票员只好按中国人的票价卖给他。可是进入公园喝茶吃蛋糕时才发现，外国人的门票中已包含这些东西，不需另外付钱。中国人的门票不包括这些东西。威廉斯为此感到了羞愧，但是奇怪的是售票员为什么不向外国人解释呢？③

另外一件让威廉斯愤怒的事是中国人办事的不负责任，推诿，甚至说谎。从为领事馆选址时，威廉斯就领教了这种作风。由于美方拒绝了用原越南的领事馆作为美国领事馆，而希望建一座新的领事馆，威廉斯必须与中方交涉，要求中方划出一块地来。但是"他们回应说，市内方圆 20 公里已经没有合适的地方了。这显然在说谎，因为往北八到十公里就是稻田"④。尽管威廉斯要求十月份解决这个问题，事实上，在他 1981 年离任以后的很长时间都没有解决。另外一件让威廉斯愤怒的事是为广州领事馆争取在中国的旅游机会。1980 年 3 月，威廉斯得知北京的美国大使馆和上海的美国领事馆都由中方安排去黄山旅游一次。这样的安排已有十年，每年去中国的一个景点。广州领事馆被忽略了。威廉斯让行政助理给外事办打电话，外事办却拖着迟迟不答复。当威廉斯找到中方外事办主任时，中方的解释是："北京每隔一两年会为大使馆的人安排一次旅行，上海偶尔会给那里的领事

① 理查·威廉斯. 中国新时代的黎明[M]. 陈文妍，肖锦银，胡雅莉，译. 广州：花城出版社，2010：96.

② 理查·威廉斯. 中国新时代的黎明[M]. 陈文妍，肖锦银，胡雅莉，译. 广州：花城出版社，2010：31.

③ 理查·威廉斯. 中国新时代的黎明[M]. 陈文妍，肖锦银，胡雅莉，译. 广州：花城出版社，2010：67 - 68.

④ 理查·威廉斯. 中国新时代的黎明[M]. 陈文妍，肖锦银，胡雅莉，译. 广州：花城出版社，2010：21.

馆人员安排旅游……至于北京的大使团和上海的领事团都去过黄山，完全是巧合而已。”威廉斯说：“我不想让这件事情就这么了结，坚持指出大使馆的不只是‘每一两年’去，据我了解，他们每年春天都去，至少去了十年了。上海和北京的团行程完全一致，也不可能真的是巧合。”威廉斯的较真得到的结果是：“广州今年秋天也有望做出类似的安排。”①这样的事情一旦发生在旅途当中，就更让人愤怒了。1980 年 9 月至 10 月间，威廉斯一家在中国旅行，其中有一段旅程是从武汉去西安。他们一个月前就通过中国旅行社预定了从武汉去西安的机票，但当他们乘船从四川到武汉时，却被告知飞机几月前取消了，只能改乘火车。旅行社也没有帮他们订火车票，导游说火车票好买不用订，可是等到快出发时导游又说没有软卧了，只能换一趟有硬座票的火车。这一下可把威廉斯夫人惹火了：“她拿起电话，质问对方是否让邓小平坐硬座，毫无疑问是不可能的。然后她提及中美友谊，指出(威廉斯)是三十年来第一位驻华美国总领事，假如他们不在一刻钟内给我们拿到软卧车票，我们便会向外交部和北京的中国旅行社总部抗议。”结果，“二十分钟后电话响了，我们的票到手了”②。威廉斯对这件事的认识是：“只有反抗的方式才能得到本该属于我们的东西，因为我们早已预定了。然而在中国，那些有权有地位的人只需稍稍动用一下权势就可确保拿到他们想要的票。”③尽管他没有就此事再进一步评论，但是我们已经可以很清楚地看出他对中国的印象：这里还远远没有公平可言，或者说特权远胜于公平。

二、带着美好的期许回望历史

与现实中所遇到的这些烦恼事相比，历史事件所造成的社会创伤更让威廉斯感到触目惊心。如果说威廉斯在中国看到的变化让他感到惊喜，他经历的那些麻烦事让他感到烦恼，那么历史往事则是让他感到痛心。这种感受一般美国人不一定能体会到，但是威廉斯是中国人的女婿，在情感上多了一层感同身受的亲切感。威廉斯的夫人郭雪珍女士的兄弟姐妹及其子女的遭遇得到了威廉斯更多的同情。异国形象形成的过程中文化想象与情感体验是相伴而生的，中国之前带给威廉斯的情感冲击也必然会让他对中国

---

① 理查·威廉斯.中国新时代的黎明[M].陈文妍，肖锦银，胡雅莉，译.广州：花城出版社，2010：116－117.

② 理查·威廉斯.中国新时代的黎明[M].陈文妍，肖锦银，胡雅莉，译.广州：花城出版社，2010：190－191.

③ 理查·威廉斯.中国新时代的黎明[M].陈文妍，肖锦银，胡雅莉，译.广州：花城出版社，2010：191.

留下一种印象，尽管这印象是属于过去式的。这种印象正好与他预设的改革开放的中国形象形成对比，从而证明了改革开放的中国形象的正面意义。

威廉斯对于中国最直接的印象是贫穷。当他带着夫人和女儿在1979年回到天津，见到夫人的兄弟姐妹时，这些亲人都生活在贫困之中。他的住房破旧简陋，没有抽水马桶，只有蹲厕（只有大姐的家里有一个座式马桶），家里更不可能有可洗澡的卫生间。“他们与其他公寓合用走道上的壁橱；在一边有一个做饭用的双头煤气炉，另一边是一个亚洲式的蹲厕。还有水管，自从1976年附近的唐山地震以来就没有水了，用一个没盖的水桶盛水，水是从下面的大街提上来的。”①由于威廉斯一家住的是高级宾馆，“家里人轮流在浴缸里洗澡，这是兄弟姐妹们三十年来的第一次，也是孩子们有生以来的第一次”②。

这种贫穷在当时的中国是普遍的，但是对于郭家这样1949年以前的资本家家庭而言反差特别大。威廉斯的岳父曾是英美烟草公司的地区经理，掌管对中国烟草进口的垄断权。在那时已有自己的一幢房子，并收藏古玩。但是，1949年以后一切都改变了。郭家由于阶级成分问题又有海外背景，房子被分给了多户人家不说，古玩也被洗劫一空（有些是自己销毁的，以免带来更大麻烦）。尽管如此，郭雪珍的弟弟杰瑞还是被送到农村劳动改造将近二十年，大哥杰克本是圣约翰大学学生，说一口地道的英语，1949年以前过着花花公子的生活，之后他却靠冬天烧锅炉、夏天卖雪糕为生。“生活夺去了他做人的尊严，这是家庭成员在经历所有磨难时设法保护的东西。”③这也正是威廉斯对于中国的理解。但是，威廉斯并没有因为自己的亲属的惨痛经历而产生怨恨，相反，他的眼光是向前看的，他仍然带着乐观的态度期待中国走向光明的未来。

威廉斯对于中国美好未来的期许中还包括对普通中国人改变自己命运的期许。这种期许具体表现在一位普通的服务员身上。对于更年轻一辈的人来说，失去的已不仅仅是工作的机会和尊严，还有青春年华。威廉斯特别提到了他所居住和工作的广州东方宾馆的女服务员“笑笑”。笑笑是美国人给这位热情、勤奋又大方的女孩起的外号。“她父母都是医生，父亲是广州

---

① 理查·威廉斯.中国新时代的黎明[M].陈文妍，肖锦银，胡雅莉，译.广州：花城出版社，2010：29.

② 理查·威廉斯.中国新时代的黎明[M].陈文妍，肖锦银，胡雅莉，译.广州：花城出版社，2010：29－30.

③ 理查·威廉斯.中国新时代的黎明[M].陈文妍，肖锦银，胡雅莉，译.广州：花城出版社，2010：52.

第一人民医院的科室主任，母亲生在越南。第二次世界大战结束时，她母亲的父母和兄弟姐妹都在法国定居了。但她母亲愿意成为新中国的一分子，于是来到广州生活。她的爱国热情遭到了无情的打击：结果，这一家变得加倍脆弱——受过教育，又有海外关系。首先是父亲被降了工资，全家遭到批判。然后，父亲，母亲，笑笑，一个弟弟和一个妹妹一个不落地下乡当农民，安排在不同的公社……那一年笑笑 17 岁。① 改革开放后，父母恢复了工作，弟弟妹妹完成了医学培训，继承了父母的衣钵。然而笑笑没有了出路，到东方宾馆当了服务员。威廉斯感叹地说："葬送了她的求学年代，她也没有机会继续深造。32 岁的她，是'迷失的一代'中的一员。"②尽管笑笑只是千千万万牺牲品之一，但是这个活生生的普通人却恰恰让威廉斯对之前的中国有了直观的深切的认识，笑笑与郭家人一样是一个时代的见证者。他们成为威廉斯所预设的中国正迎来光明的未来的美好想象的一部分，他们虽然经历了苦难，却又乐观地迎接未来，这是中国走向光明的基本保证。《中国新时代的黎明》这个证明性文本的独特之处也正在于此，它处在中国社会转型的关键节点上，这些过去的痛苦记忆恰恰强化了对中国必然走向光明未来的预设的证明。

威廉斯在中国的所见所闻，温馨美好的一面还是胜过了痛苦与无奈的一面。现实生活中所遇到的各种麻烦总是一个一个地解决。大多数中国人虽然由于长期的封闭而变得无知甚至愚昧，但毕竟还是善良的。中国的自然风光和历史古迹仍然值得欣赏。威廉斯毕竟在中国生活了两年，在许多地方旅行过，他的见闻中这个部分是温暖的。他对中国的美好预设也通过这些细节得到了有力的证明。他从中国的文明历史与自然之美中找到了中国必然走向光明未来的证据，这是他回望中国历史时所看到的正能量。

威廉斯从香港入境中国的那一刻，他就欣喜地感到了中国的变化并由此而产生了愉快的感受："我立刻感受到这里自从我 1973 年访问中国以来的变化了。这种变化不仅仅是在我脑海里，也是这个国家本身发生的实实在在的根本变化。那时，当我走过罗湖桥进入只有说话声和脚步声在回响的寂静的中国海关小屋，使人感到自己在造访另一个星球，有一种敬畏的感觉，其陌生的程度胜过当年哥伦布登上遥远的巴拿马群岛。现在，竹帘已经掀开。穿过滨海的山岳，迎面是珠江三角洲肥沃的稻田，再过几个星期，就

① 理查·威廉斯. 中国新时代的黎明[M]. 陈文妍，肖锦银，胡雅莉，译. 广州：花城出版社，2010：73－74.

② 理查·威廉斯. 中国新时代的黎明[M]. 陈文妍，肖锦银，胡雅莉，译. 广州：花城出版社，2010：74.

开镰收割了。"[①]这种前后对比似乎奠定了威廉斯对中国的美好预设的情感基调。他以后在中国许多地方的旅行也都满怀欣喜，哪怕是贫困落后地区，存在着让人难以忍受的风俗习惯，他都能以同情的态度，欣然面对。比如，去广西考查水电站选址时，他对中国山区农村的景色就赞赏有加，而不把这种贫困看成是落后。他把那里比作布鲁格尔的画。路上不仅有牛车、马车、人力车，还有"或单只或成群的猪、鹅、鸡、水牛。人们有的走路，有的用扁担挑着担子，聊天，锄地，撒尿，修路，休息的都有……"[②]房屋的墙则是用土夯成的，顶上用的是当地产的釉面瓦。"沿途的小山看起来就像旧时的中国山水画卷走下来的，拔地而起，奇峰罗列，层峦叠嶂，每一座都比前面一座更加缥缈。"[③]这些美妙的印象冲淡了那里的官员用果子狸肉来招待美国客人时所引起的不快。他觉得广西的自然山水是令人愉快的，这种愉快一方面产生于旅行本身带来的放松、惬意，另一方面当然也来自对中国的了解与感悟。无论中国多么贫困落后，但是中国人的生活态度让威廉斯常常感动。他在重庆看这座充满历史记忆的城市时的感想，说明了他对中国的欣赏态度产生的原因："我想到史迪威尔将军在他的日记中写道，从印度飞回来，越过通往昆明的险境再前往重庆，与印度街景的冷漠与呆滞迥然不同。中国的街上有一种积极和意志坚强的气氛。这种活力在40年后依然穿透着这些山城的街道。"[④]威廉斯在中国的城市所感受到的这种气氛，应该就是他能在艰苦的环境中保持对中国的欣赏态度的原因。二战时期中美联合反抗法西斯所形成的坚定勇敢的中国形象也成为威廉斯预设中国改革开放的美好想象的历史依据，在威廉斯所预设的充满希望的中国形象中，作为美国的盟友的中国又回来了。

当然，中国的风景名胜的历史文化底蕴和审美内涵也深深地打动了威廉斯，使他在中国的旅行增添了感人的温情。比如，他这样描写北京的北海公园："秋高气爽，北海公园沐浴着阳光，蔚蓝的满面湖面上矗立着树木、苍翠的小山。我思考着，北京，就像华盛顿一样，是如何吸吮着整个国家的血液。在这两个国家，你不可能找到别的地方的公共场所能保持如此辉煌，如

① 理查·威廉斯. 中国新时代的黎明[M]. 陈文妍，肖锦银，胡雅莉，译. 广州：花城出版社，2010：2.

② 理查·威廉斯. 中国新时代的黎明[M]. 陈文妍，肖锦银，胡雅莉，译. 广州：花城出版社，2010：109.

③ 理查·威廉斯. 中国新时代的黎明[M]. 陈文妍，肖锦银，胡雅莉，译. 广州：花城出版社，2010：110.

④ 理查·威廉斯. 中国新时代的黎明[M]. 陈文妍，肖锦银，胡雅莉，译. 广州：花城出版社，2010：186.

此整齐漂亮。"[①]"我们在卧佛寺和碧云寺两处作极短暂的停留,这两座古寺庙离香山很近,却很美,适合遐想,我一定要再来。"[②]在上海,拥挤的人群也成为他欣赏的对象,他说"上海的街道上挤满了人,是一道亮丽的风景线……他们挤出了马路,给人一种温暖,安全的感觉。"[③]在杭州,飞来峰给他带来了美妙的体验:"飞来峰峭壁上的洞穴里的石刻更为神奇。这些雕刻可以上溯至一千多年前的五代时期。或许它们曾经靠油灯或蜡烛照明,这点我不清楚;现在仅仅依靠从头顶高处看不见的缝隙透入的少量的自然光。身处在狭窄洞隙的宁静之中,透过从洞口外伸入的枝叶朝上看,一开始你什么也看不见,然后你的眼光模糊,过往一千年一直坐在这儿的菩萨的头轮廓一直在伸展。这是隐约可见的超越现在的最美好的感觉。"[④]

这些风景名胜给威廉斯带来的美妙感受无疑影响着他对中国的印象。无论现实生活中会遇到什么样的与美国人不同的思想观念,无论中国的贫困落后以及推诿说谎让他多么失望,这些自然的风景与文化遗迹仍然是值得欣赏的,其中所蕴含的正能量也是令人鼓舞的。当然,现实生活中的人并不都那么不堪,仍然有些熟悉或不熟悉的中国人让威廉斯感动。比如前面曾提到的东方宾馆的服务员笑笑,不仅工作热情勤奋还乐于助人。威廉斯的女儿玛丽亚因为学舞蹈找不到合格的舞鞋而发愁,笑笑就把自己小时候的舞鞋送给她,这让威廉斯很感动。笑笑还邀请威廉斯一家到自己的家里做客,这对于想走进广州市民的日常生活,了解广州人生活习惯和生活方式的威廉斯来说是难得的机会,也是增进友情的一次有益的活动。在汕头参观时,中山公园的园林主管热情地邀请威廉斯一行人品尝地道的工夫茶,无论是茶的香、浓、烈,还是泡茶的复杂程序,都让威廉斯印象深刻,当然主人的热情好客更让威廉斯感到友善与温暖。正是这些普通的中国人为威廉斯对中国的美好想象提供了证据。

令人惊喜的变化、现实中令人无奈的旧习惯、特殊历史时期所留下来的痛苦记忆与面向未来的乐观态度、体现在历史文化与现实中普通人身上的友善,威廉斯在中国的见闻主要就是由这四个方面组成的。他既看到了中

① 理查·威廉斯.中国新时代的黎明[M].陈文妍,肖锦银,胡雅莉,译.广州:花城出版社,2010:195.

② 理查·威廉斯.中国新时代的黎明[M].陈文妍,肖锦银,胡雅莉,译.广州:花城出版社,2010:197.

③ 理查·威廉斯.中国新时代的黎明[M].陈文妍,肖锦银,胡雅莉,译.广州:花城出版社,2010:204.

④ 理查·威廉斯.中国新时代的黎明[M].陈文妍,肖锦银,胡雅莉,译.广州:花城出版社,2010:208.

国的明显变化，也感受到了中国的贫穷落后；既耳闻目睹了社会动乱带来的巨大的破坏，也体验到了中国人的温情。所有这些具体的感受在威廉斯的书中都证实了他对中国形象的预设。这种中国形象虽然是通过威廉斯的眼睛看到的，通过他的笔描绘的，但它不仅仅属于威廉斯这位与中国有特殊关系的美国人，而是属于 20 世纪 80 年代初的美国社会中集体想象。这些细节不仅证明了美国人对中国迎来光明未来的预设是正确的，而且也使这个预设的中国形象更加生动鲜活，也更可信。这个在改革开放中走向光明未来的中国形象也让美国人感到亲切。威廉斯的夫人是中国人，这虽然是巧合，却又是象征。威廉斯所描绘的中国形象是中国人的女婿眼中的岳父母家的形象，亲切而温暖。当然，作为美国的外交官，他所肩负的是促进中美关系友好发展的使命也使他对中国的美好预设拥有了现实的正对性。

威廉斯描述的经历生动而亲切，但是这些构成中国形象的具体细节只是形象的具象元素，我们要进行跨文化形象学讨论，还必须追问威廉斯所描述的这些经历在什么样的文化语境中塑造了中国形象？他的那些生动的具体的讲述，又是如何塑造中国形象的？

第二节 黎明中的中国：充满希望的形象

威廉斯笔下的中国形象是一个“黎明中的中国”形象：中国正处在现代化的起步时刻，中国还远远不是现代化国家，但是它已经开始起步，它前进的方向是现代化，严重内乱时代已经过去，中国正在迎接新一个崭新的历史阶段。威廉斯作为一位美国人，他对中国的想象是带着友好态度的。这位美国人对于中国的这种友好态度在威廉斯来到中国之前就已形成，他对中国的美好想象也成为一种预设，他在中国的经历所形成的那些具体细节其实都是印证这个预设的证据。黎明中的中国形象是一个美好的形象，威廉斯没有刻意美化中国，也没有刻意丑化中国。他对中国的描述与其改善与中国的关系的任务是一致的，这个任务成为他塑造中国形象的直接意图，也决定了他笔下的中国形象是一个美好的形象。

可是，威廉斯的书中描述了他在中国的四个方面的见闻与经历，其中既有美好的、温情的一面，也有落后的甚至是令人愤怒的一面，这些见闻与经历是如何构成这个友好的“黎明中的中国”形象的？

一、美好想象的主导性

威廉斯的文本中的确有所谓的正面的描写和负面的描写。但是跨文化形象学所说的异国形象，不是这些正面与负面材料的简单相加。异国形象是一个超越于文本中所提供的素材之上的概念。那么，在威廉斯的文本中，那些正面与负面兼备的素材如何生成“黎明中的中国”这个形象？首先，正面与负面的素材（具象）在威廉斯的文本中所起的作用是不同的。正面的素材在文本中占有主导地位，这导致威廉斯的文本所产生的意义是以正面的肯定的意义为主。他的书的主题是肯定中国的改革开放。在我们所概括出来的那四个方面的见闻中，“变化”是全书的主线。这奠定了全书的主调，也是全书的基本预设。威廉斯在书的第一章（也是他刚踏进中国的见闻）中就欣喜地描写了这种变化给他带来的愉快的也是震撼的感受。在以后的各个章节中，他总是不停地记录着中国发生的变化，小至人们的发型、服饰，大到城市建设和经济发展的各种数据，以至于人们的思想观念的变化都是他报道的对象。当威廉斯即将离任时，他用这样的语句来总结他在中国所看到的变化：

> 我从楼顶阳台放眼眺望这座城市。当我乘坐副总统蒙代尔的列车末厢到达时，它还没有搞建筑。现在，眼见建筑工地上数十台起重机同时工作，推倒陈旧破烂的房子，盖起新的高层大厦。在江边，运用香港资金，称作“白天鹅”的第一座现代宾馆已现雏形，盖到了十二层，而且还要往上发展。这巨人已从它沉睡的噩梦中惊醒——这里正发生着历史性的变化，即便远远比我们希望的要缓慢。我们见证了一个极不寻常的时刻——伴随着中国人民跌跌撞撞驶入现代世界的航程走了一两步……①

这段话已经很清楚地点明了这本书的主旨，也表明了作者在中国的总体感受。那就是中国在发生巨变，巨人已觉醒。这个主旨当然决定了威廉斯所描绘的中国是一个“黎明中的中国”。全书的总体意向是将中国形象定位在一个刚刚发生巨变、走向现代化的国家。这也是黎明中的中国的基本含义，也是对全书的预设所进行的具体说明。全书中所提供的材料、细节都

---

① 理查·威廉斯. 中国新时代的黎明[M]. 陈文妍，肖锦银，胡雅莉，译. 广州：花城出版社，2010：262.

是为了证明这个总体印象，也是为了丰富这个印象，使其更生动、更真实可信。正是全书的这个预设主导了对中国形象的建构。

其次，如何解释威廉斯书中对中国的负面描写？社会动荡所造成的灾难性后果，现实生活中的那些荒谬的行为难道不是说明中国仍然是一个落后的国家吗？其实，这些负面的素材仍然要放在文本的整体框架中来理解。负面的素材与负面形象之间并不是一一对应关系，并不是写了负面的素材，就一定塑造出负面的异国形象。异国形象是一种整体形象，它的性质是正面还是负面是由一个完整的文本的总体意向决定的。威廉斯的《中国新时代的黎明》总体的意向是把中国描绘成了一个正在走向现代化的充满活力的国家。以这个友好的态度为前提，书中所写的那些负面的素材就被纳入到一个变化的过程中：中国正在向现代化国家发展，社会动荡所造成的灾难已成为过去，黑暗已经结束，而现实生活中所存在的各种陋习，各种官僚作风，各种推诿、说谎都是即将被改变的。有些难以改变的则是伴随着改革开放出现的新的丑恶现象，这些不和谐的现象也是现代化过程中产生的具有现代性的现象。但这些现象都无法阻止中国走向现代化的脚步，也不影响美国人对中国的总体印象。

再次，从作者的叙述策略看，在讲述一件不愉快的事情之后，作者一般都会接着讲述事情最终如何解决，或者用历史发展的总趋势来化解这些不愉快的事所带来的负面影响。这种叙述策略无疑缓解了负面材料带来的冲击，使得他眼中的中国形象仍然是正面的美好的。之前混乱的时代给无数的家庭造成了伤害，给社会带来了巨大破坏。特别是威廉斯的夫人郭雪珍女士一家受到了巨大影响。但是这些影响却被一家人的乐观态度化解了。比如威廉斯第一次见到郭雪珍女士的家人，听他们讲述之前的遭遇。这个家庭的遭遇被威廉斯叙述得温和而圆满，没有怨恨，只有庆幸。对于整个国家的历史，威廉斯也用了相似的叙述策略。之前是一个动荡混乱的历史阶段，但是现在已经结束了。现在，人们的生活已经多姿多彩，而且可以自由地表达自己的观点。沉重的负面主题之后加上了一抹清新的亮色，画面顿时显出了生机。

最后，对自然风景和历史名胜的欣赏中所表达的对中国文明的尊重，是构成“黎明中的中国”形象的底色。威廉斯眼中的中国是一个拥有美丽风光和悠久历史的国家，对中国友好，是一个现代人的文明素质的表现。正是对这些超越政治的自然与文化遗产的欣赏成为威廉斯将中国想象成一个正面形象的基础。如果我们将这些素材与现实中历史性变化联系起来，我们就可以看出，在威廉斯笔下中国是一个历史悠久的文明古国，它在经历了磨难之后，正在走向新的繁荣与辉煌，自然风景与历史文化成为美好的中国形象的有力支撑。这种来自历史与文化的正能量也是威廉斯想象美好的中国形象的合理依据。

二、美好的中国形象形成的现实基础

仅仅从威廉斯的这本书的主题与叙述策略和内部结构上来分析它所塑造的中国形象还不足以说明问题。因为异国形象是在读者的阅读中被建构出来的，读者群体的期待视野将决定着他们从文本中理解出什么样的意义，想象出什么样的形象。《中国新时代的黎明》出版于 2005 年，对于这本书的读者而言，这是一本迟到的书，它所讲述的事件已是三十年前的事了。为了更好地解释威廉斯笔下的中国形象形成的机制，笔者将把这本书还原到它写作的那个年代，还原到威廉斯在中国担任驻广州领事馆总领事的 1979—1981 这两年中。看一看那个时代的美国人对中国想象，是如何参与到威廉斯笔下的中国形象建构的。

那么，在 20 世纪 70 年代末 80 年代初，美国社会的哪些因素影响到威廉斯对中国的态度，并进而影响着那个时代的美国人对中国的想象？我们把威廉斯对中国的见闻还原到历史的现场以后，必须考察影响美国人对中国的想象的历史语境的复杂性。从跨文化形象学的角度看，影响异国形象形成的因素有很多，小到一个日常生活中的言行，大到国际关系的微妙变化，都可能影响一国对另一国的想象。具体到威廉斯写作《中国新时代的黎明》这本日记体的回忆录的那个时代，对这本书塑造中国形象产生影响的至少有三个大的因素。一是政治因素，二是文化因素，三是历史因素。在政治方面，自从 1972 年中美两国开始接触，美国政府就开始为中美建交做准备。这当然就包括舆论上的准备。在美国官方对中国的言论中，中国已经从一个敌对的共产主义国家向一个友好的盟友的方向转变。基辛格在叙述中美建交的过程时曾说："一年内，中美外交从不调和的冲突状态进入了总统使节去北京为总统访华筹备的阶段，其间双方避开了 20 年来的敌对宣传，聚焦于最重大的战略目标，即开展地缘政治对话，重塑冷战时期的国际秩序……尼克松认为，对华开放是他宏大战略规划的第一部分，而不是各自罗列对方过错的机会。"①在中美建交的准备阶段，双方已开始避开敌对宣传。对于美国人而言，对待中国的态度发生了变化，中国形象也开始发生变化，从残暴的红色帝国转变为战略伙伴。这种转变的重大意义怎么估计都不过

① 亨利·基辛格. 论中国[M]. 胡利平，等，译. 北京：中信出版社，2012：228.

分，但是对于美国人而言，有一点是至关重要的，那就是它是冷战结束的起点，或者说是冷战思维终结的开始也许更准确。因为冷战思维的基本模式是西方的自由民主阵营对抗东方的专制集权阵营，西方的资本主义对抗东方的共产主义。而中美建交则意味着地缘政治替代了意识形态冲突。在东方的共产主义阵营中，苏联和中国这两个最大的国家之间公开决裂，中国开始谋求与美国建交，这说明意识形态的同盟并不像想象的那样牢固。这样的国际秩序重建一旦启动，冷战也就必然要走向终结。中国现在不再是冷战中敌对阵营中的力量，而是可以合作的共同抵抗四处扩张的超级大国苏联的同盟军。与中国建交符合美国的利益，对于冷战后的国际秩序的重建也是有利的。在这样的国际政治格局中，美国没有任何理由不改变对中国的看法。这种战略大格局，身为外交官的威廉斯不可能不知道，他自己的专业领域就是中国事务，他的妻子是中国人，中美关系的改善对于威廉斯本人来说也是福音。因此，无论是从国际关系、国家利益还是个人情感来说，威廉斯都必然对中国持友好的态度。他笔下的中国形象既是他个人的印象，也是那个时代美国人共同的想象。当然，这样说并不意味着所有的美国人无一例外地都认同威廉斯对中国的描述。但是，美国仍然有主流舆论，在中美关系正常化刚刚开始的那个蜜月期，美国人对中国的看法是以友好为主流的。

从文化因素方面看，美国对中国的想象中一直都存在着美好的中国形象与丑恶的中国形象交替或并存的状况。美国人眼中的中国既有美好的一面也有丑恶的一面。这种状况在 20 世纪的美国已经成为一种文化现象。它是美国人想象中国的期待视野或先在成见，是美国人想象中国的基本模式。美国学者伊罗生在《美国的中国形象》一书中指出："对这些美国人来讲，中国人的形象在很大程度上趋于以相互对立的两面出现。中国人被看作是优等民族和劣等民族；异常恼人的野蛮人和极具吸引力的人道主义者；贤明的哲人和虐待狂般的刽子手；勤俭而令人尊敬的人和狡猾阴险的无赖；喜剧的战士和危险的战士。这些和其他许多对立面反复出现。随时间和地点的不同，其强度和来源往往混淆在一起，不断变化着的环境就像是移动的光线，被这束光线照射到的某一方面就会清晰地被我们所看到……"①可见，在美国人的期待视野中，中国同时具有正反两个方面的特征，在某一个历史时期中国到底是一个正面形象还是一个负面形象，要看当时美国的社会历史状况。那么，在威廉斯写作《中国新时代的黎明》的时候，一般美国人

① 哈罗德・伊罗生. 美国的中国形象[M]. 于殿利，陆日宇，译. 北京：中华书局，2006：43.

眼中的中国是什么样的形象？另一位美国学者莫舍尔(Steven. W. Msher)在《被误解的中国：美国的幻觉与中国的现实》一书中给出了答案。他把1949—1989年美国的中国形象分为四个时期：(1) 敌视时期(1949—1972),(2) 二次钦佩时期(1972—1977),(3) 二次幻灭时期(1977—1980),(4) 二次仁慈时期(1980—1989)。①

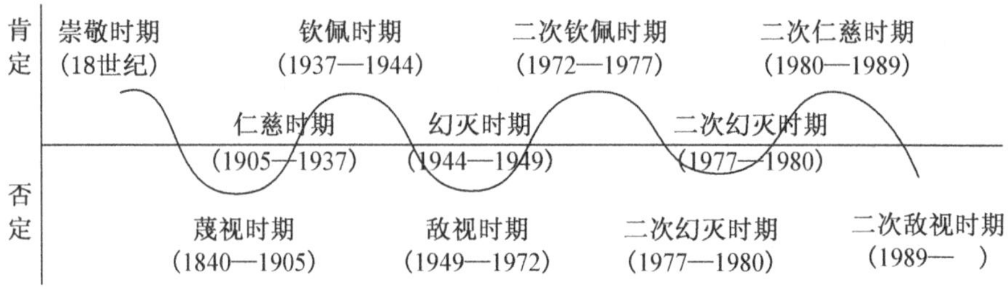

美国的中国形象波动示意图②

这四个时期也是正面与反面形象的两次转换与替代。威廉斯在中国任广州总领事的这段时间(1979—1981)正好处在幻灭到仁慈转换的转折点上。威廉斯对中国的友好态度可谓符合美国人想象美好的中国形象的趋势。这也再次证明,威廉斯笔下的中国形象不仅仅属于他个人的偏爱,而是代表了美国人对中国的主流态度。这种主流态度也得到了费正清的证实。他说:"70年代,中美开始恢复外交关系,原先中国给外国观察家留下的美好印象。1979年,中美关系正常化,毛泽东时代已经结束,中国进入了新的时期。美国人像以往一样对中华人民共和国抱有希望,并出现了旅游中国的热潮。"③这些到中国来旅游的美国人以及那些对中国重新抱有希望的人应该就是威廉斯的同路人。

从历史因素方面看,美国人对于中国抱有特殊的感情,这就是所谓的恩抚主义。美国一直对它与中国之间特殊的友好关系感到自豪,他们觉得自己有责任帮助中国变成一个现代的基督教国家,为此他们可以给中国提供经济的、政治的、文化的帮助。费正清说:"美国在一种特殊环境下抓住了使中国基督教化的时机。美国人最初只是为了贸易和传教而渡海到中国,并没有领土扩张的要求。对比来看,英国人、法国人、俄国人、德国人以及后来的日本人,都为的是侵占中国领土。只有带着新世界民主的美国人才认为

① 转引自周宁,著/编注. 龙的幻象(上)[M]. 北京:学苑出版社,2004:318.
② 周宁,著/编注. 龙的幻象(上)[M]. 北京:学苑出版社,2004:318.
③ 费正清. 观察中国[M]. 傅光明,译. 北京:世界知识出版社,2001:10 - 11.

自己是反帝国主义的。这种极易被中国人理解的自我认可，成了中美'特殊关系'的根基。"[①]这种特殊关系一直保持到1949年，当美国扶持的国民党在中国溃败的时候，美国的恩抚主义承受了一次巨大打击，美国人产生了一种"失去中国"的痛心与愧疚心理。邹谠先生在他的名著《美国在中国的失败(1941—1950年)》一书中分析了美国"失去中国"时的沉痛感受："正如我们已经看到，迅速完全撤退意味着跟一个长期受美国支持的政府突然割断纽带，即断绝军火装运，经济援助和政治上的牵连；意味着必须放弃可以用有限援助方案以某种方式不让中共占领部分中国的幻想，意味着放弃阻滞共产党全部征服中国也许会带来的任何利益。它将不得不抛弃一个国家——一个美国在感情上跟它联结在一起达一个世纪以上的国家。它将成为面对共产党人的公开的敌意，轻蔑的挑战和蓄意的侮辱之下不得不采取的行动。"[②]失去中国既然是一个惨痛的教训，美国人在与中国重新修好的时刻无疑就会带有"找回中国"的希望。前文中曾引用过威廉斯在重庆时回忆起史迪威日记中对中国的描写，就有一种旧梦重温的欣悦之情。还是在重庆，威廉斯又意味深长地记下了一位厨师的故事："店老板五十六岁，长得很胖，从他在这入行算起，已经有四十二个年头。开始时为国民党，后来是美国人和大轰炸时期，战后又到过天津为外交官做饭，共产党掌权后他回到重庆，经过这么多年，历史的车轮转了整整一圈，美国人又回到了这里。"[③]威廉斯在广州华南植物研究所了解到的情况也让他产生同样的感受："……所长年纪较长，30年代在美国获得博士学位。他对我的热情欢迎清楚地表明他对美国仍然抱有羡慕与尊重。现在中美关系恢复了，他正在安排他的得力助手，一名四十出头的妇女，去美国深造。看到原先的联系重新恢复并且得以延续真是让人高兴。"[④]1979年中美建交，在美国人看来是断裂了三十年的历史的再次延续，是在失去中国之后找回中国。这种失去之后又找回的欣喜之感，使得美国人对中国格外友好，对中国的新希望再次燃起。这是历史年轮的回转，也是友好剧目的重演。

① 费正清. 观察中国[M]. 傅光明，译. 北京：世界知识出版社，2001：36－37.

② 邹谠. 美国在中国的失败(1941—1950年)[M]. 王宁，周先进，译. 上海：上海人民出版社，2012：435.

③ 理查・威廉斯. 中国新时代的黎明[M]. 陈文妍，肖锦银，胡雅莉，译. 广州：花城出版社，2010：187.

④ 理查・威廉斯. 中国新时代的黎明[M]. 陈文妍，肖锦银，胡雅莉，译. 广州：花城出版社，2010：79.

三、证明性文本对中国形象的建构机制

政治的、文化的与历史的因素是威廉斯的塑造中国形象的历史文化语境，也是他在来到中国之前就已预设好对中国的想象与态度的原因。当我们在这样的历史文化语境中解读威廉斯的文本，这个文本所产生的意义当然就超出了字面含义，超出了文本本身。但是，文本与语境到底是如何互动而建构出异国形象的？威廉斯的文本与那个时代的历史文化语境如何呼应，让这个特殊的具体的个人化的文本产生出那个时代美国主流舆论认同的意义，塑造出美国公众认同的中国形象？这种互动呼应的机制可以从三个主要方面讨论，一是作者的身份，二是文本的扩音效果，三是集体想象物的互文性。这三个方面实际上也是这个证明性文本塑造中国形象的机制。

从作者身份方面看，威廉斯作为一名美国外交官的身份既决定着他在自己的作品中所写的内容，也决定着他与同时代的美国人之间的联系。正是这种外交官身份将他的作品（文本）与它所产生的历史文化语境直接联系了起来。外交官在自己的工作中所代表的是自己的国家，而不是个人。尽管他所写的日记体的回忆录（应该是根据日记编写的回忆录）带有个人色彩，也的确写了大量的私人活动。比如访问天津的亲戚，自己的儿女上学的私事，甚至还写到了夫妻吵架。但是这些私人事务也难以摆脱外交官的特色。外交官的身份渗透到了他的日常生活细节中。比如为女儿玛丽亚安排学校本来是一件私事，不是一件正式的外交活动，但是威廉斯的外交官身份使他总是带着职业眼光看待他所见到的一切："按照美国的标准而言，这学校很普通，而且有点灰扑扑的，我们走进校园后，唯一让我们觉得真正不同的东西是混凝土制的乒乓球台，用低矮的混凝土挡板权当球网。经过一间科学室时，我瞄到爱迪生和爱因斯坦的海报，这表明中国最近重新转向外面的现代世界。我看到的中国，在 1973 年时还是对外封闭的，禁止对外国人（当然不包括马克思和列宁）表示类似敬意。"①这种职业习惯使得威廉斯虽然是这本书的作者，但他却不是在代表他个人发言，而是代表了一个国家或者至少可以说代表了这个国家的主流舆论。因此，他所塑造的中国形象就是美国的主流人群对中国的想象。外交官身份是美国官方赋予他的职业身份，代表的是美国的主流民意与意识形态。这个身份本身就是公共性的，是那个时代美国的历史文化语境支撑起来的官方话语的象征或具体化。这种

① 理查·威廉斯.中国新时代的黎明[M].陈文妍，肖锦银，胡雅莉，译.广州：花城出版社，2010：59.

身份是美国历史文化语境的化身，这本书的署名作者虽然是理查·威廉斯，但是它的未署名的话语主体却是美国，是美国的官僚机构，是美国的意识形态话语系统。当我们在说威廉斯塑造了一个友好的中国形象，其实是在说美国塑造了友好的中国形象。

这样的判断会不会有作者决定论的嫌疑？当然不会，因为我们的讨论不是建立在威廉斯个人对于其作品的权威性之上的，我们说威廉斯塑造的中国形象具有广泛的代表性不是因为他个人在中国生活过，亲眼看见了中国的各种状况，或者他个人具有独特的文学才华使我们认同了他所说的内容。相反，威廉斯的权威性来自他的外交官身份。他的外交官身份与作者身份在此统一了起来，他是一个作为外交官的作者，他是所有美国人的代表，他代表着美国的主流民意和意识形态话语，这个外交官作者的身份本身就是美国的意识形态话语系统建构出来的。罗兰·巴特在1967年宣布作者已死，但是死去的那个作者是作为独创性天才和文本意义决定者的个体化的作者。如果作者不再是特立独行/独断专行的天才，而是一种意识形态话语的化身，他就不会死去，而是会借助于这种意识形态话语的力量而永生。正如安德鲁·本尼特(Andrew Bennett)所言："对于作为权威和控制者的作者观念构成挑战的是这样的观念，这种观念把个体或'主体'看成完全代理者的/被意识形态控制，被无意识撕裂，甚至是臣服于语言，或自身就是语言的主体。……当代文学理论中关于作者的争论涉及的是关于人类主体特性的错误观点，是关于主体性与代理者的含义以及这些含义对于人类而言有何意义的争论。"①这就意味着作为一个实体的个人的作者，一个具有独创性和权威性的作者是值得怀疑的。这样的作者应该被语言系统建构出来的、被意识形态话语和无意识话语所控制的代理人(agency)所替代。这样的代理人是联系一个具体文本与其背后的历史文化语境的纽带。威廉斯作为一名外交官，正是这样的代理人。这意味着他在写作他的文本之前已经被这个控制他的话语系统设定好了他要说的内容，特别是他的立场与态度是这个话语系统规定好的，他的所见所闻只能是这种立场与态度的具体化与证明材料，因此他写的文本只能是证明性文本。

从文本的扩音效果看，威廉斯的《中国新时代的黎明》也是一个产生社会文化意义的场域。所谓文本的扩音效果是指任何文本都必定在众声喧哗的语义场中产生出多重含义，就像是一个声音在特定空间中传播之后声音就会增大一样。这种现象之所以会产生，一方面是因为文本有其自身的组

① Andrew Bennett, *The author*, London: Routledge, 2005: 8.

织结构，可以从不同的角度理解，产生不同的意义，另一方面则因为文本一定会处于一个社会文化空间，即一个多种话语交织而成的意义场中。任何一个文本都不是单纯的意义生产机器，而是置身于多种话语系统交错形成的意义空间。

那么，威廉斯的《中国新时代的黎明》又是如何展示这种扩音效果的？

首先是这个文本所处的那个时代的各种话语构成的意义场为文本的意义提供了一个基本的意向，即证明性文本中预设的意图。如前文所述，在20世纪70年代初，美国已开始与中国接触，美国国内的政治环境已发生了变化，美国的官方舆论中，对中国已经不再进行敌对的宣传。朝鲜战争之后在美国形成的反共浪潮也已衰退，谴责中国在美越战争中支援越南的声音也开始减弱。因为随着中苏关系的破裂，越南已经倒向苏联，成为威胁中国的力量。1979年邓小平访美后不久，中国就与越南开战，成为美国从越南撤兵以后又一个与越南发生军事冲突的大国。这种政治形势成为影响威廉斯的文本产生社会文化意义的主导性因素。在中美建交的历史性事件震惊全世界的语境中，美国的驻广州总领事写出一本对中国友好的书，理所当然地被看成顺应时代潮流之举。他的书所塑造的中国形象也必然是那个时代美国人共同的想象。

其次，就文本本身来看，威廉斯的书中也的确设置了放大其文本意义的写作技巧或文本关节，使其文本更容易与那个时代的意识形态语境相呼应，形成其文本的扩音效果。与一般的文学作品刻意强调个人化，回避意识形态话语的故作清高不同，威廉斯则对自己的外交官身份毫不掩饰，在文本中形成了与其身份一致的叙述视野。他的整个文本都是统一在这个外交官视野中的，无论是正式的官方活动，还是私人生活或个人对某些见闻的私下评论，都是从外交官的角度来叙述的。这一点在前文中引述的他对女儿学校的考察那个段落中已提及。这种统一全文的叙述视野变成了这个文本的风格特征，是这个证明性文本的构成方式。文本中所提供的材料都是围绕这个预设的立场并证明这个立场的。

另外，威廉斯在自己的日记中大量引用官方文件，甚至有些是秘密级的文件，也是其文本特征之一。这些由领事馆向大使馆和国务院提交的工作汇报，使得威廉斯的日记带上了半官方的色彩，这些文件直接把这个以日记体出现的个人文本编织到了公共话语系统中。比如1979年11月6日威廉斯给国务院的电报就被他全文引入自己的日记。这份电报的主题是报告领事馆所在的办公地点广州东方宾馆的变化。提要为："广州东方宾馆从香港汇丰银行贷到400万美元硬通货贷款，正在进行全面装修，包括新建一个港式露天餐厅，桑拿浴室和弹球机。”①全文包括七个方面，详细描述了东方宾馆的装修情况，甚至包括宾馆中的服务员的发型由马尾辫到大波浪的变化。由外交官向政府部门提交工作汇报是一种惯例，也是其工作的一部分，这些报告的性质是官方文件(甚至是情报)，它是公共性的，而不是私人性的。当它们大量出现在私人文本中时，就变成了联结私人文本与公共话语的纽带。私人文本因而被带入公共领域，私人文本的声音被放大为公共话语。

从集体想象物的互文性看，威廉斯的《中国新时代的黎明》并不是孤立的文本。在其同时代以及以前，塑造美国的中国形象的文本中都已有大量的文本与威廉斯的文本构成互文关系，它们不仅为读者理解威廉斯的文本中的中国形象提供参照，甚至也在某种程度上影响着威廉斯本人对中国的想象。威廉斯笔下的中国形象不是他凭空想象出来的，也不是他从中国的经历中直接得来的，而是他作为一名热爱中国文化、从事与中国相关的外交工作的美国官员的职业训练中形成的。作为一位在美国成长起来的外交官，他的知识系统中一定包括美国社会的集体想象物。这种集体想象物的互文性使得威廉斯的文本归属于美国的中国形象文本系统，也归属于美国的集体想象的总体系统。

那么，什么是集体想象物？所谓集体想象物是指由想象构成的象征世界。巴柔说：“形象因为是他者的形象，故而是一种文化事实；此外，我们说的也是文化的集体形象。它应被当作一个客体，一个人类学实践来研究。它在象征世界中占有一席之地，且具有功能，我们在这里把这一象征世界称之为‘集体想象物’。它与一切社会文化组织都无法分开，因为一个社会正是通过它来反视自我，书写自我，反思和想象。”②这种集体想象物是一种由各种心理现象构织出来的象征世界，它是一种文化中人们感知世界、反思自我的一种方式或工具。在这个象征世界中，不同的心理现象之间相互交织、互相应答，构成了一个复杂的有机的整体。它与文化语境的不同之处在于文化语境中各种不同的话语是系统的、理性的，而集体想象物则是心理的、想象的，甚至也是片段的、零散的。巴柔说：“这个用词汇构成的形象或这个想象的词汇表所反映出的集体想象物就是一种形象汇编或辞典：这是一代

① 理查·威廉斯. 中国新时代的黎明[M]. 陈文妍，肖锦银，胡雅莉，译. 广州：花城出版社，2010：76.

② 达尼埃尔-亨利·巴柔. 从文化形象到集体想象物[A]. 孟华，主编. 比较文学形象学[C]. 北京：北京大学出版社，2001：124.

或几代人，一个社会阶级或多个社会文化阶层共有的观念、情感的工具。"①一个文本是无法摆脱这样的集体想象物的，文本要产生形象学意义，就要在这个集体想象物中与其他的形象对话，或肯定或否定，或引用或隐喻其他的形象。

与威廉斯的文本相关联的集体想象物是什么样的？这个问题其实很复杂，因为威廉斯所塑造的中国形象属于美国的中国形象的整体系统，要描述清楚与威廉斯文本相关的集体想象物就意味着要梳理美国的中国形象历史，甚至要放大到梳理整个西方的中国形象历史。笔者在此只考察威廉斯写作《中国新时代的黎明》时美国的中国形象的基本情况，以说明威廉斯笔下的中国何以不是他个人的印象，而是代表了美国的主流观念。

威廉斯笔下的中国形象至少与如下这几个集体想象因素相关。首先是美国的舆论氛围。1979 年邓小平访问美国，在美国媒体引起了巨大轰动，以至于他成为 1979 年《时代》杂志的年度新闻人物，并登上《时代》杂志封面。《时代》杂志在专题报道中对中国的描述基本上印证了威廉斯的那些见闻："中国希望到 2000 年建成一个相对现代化的，在经济和军事上有一定实力的国家……中美关系正常化，不仅开启了可能的潜在的贸易之路，也拓展了世界政治的视野……邓和他的支持者已经走上了一条有可能是资本主义的道路。"②这段论述中对中国已发生重大变化的判断与威廉斯在中国的见闻正好相互印证，相互支持。美国的主流媒体所塑造的走向现代化的中国形象与威廉斯笔下的那个在各个领域都正在发生变化的黎明中的中国形象是完全一致的。因此，我们完全可以说威廉斯的这个证明性文本所证明的就是美国主流媒体上所表述的这个关于中国的判断。

其次，民意调查的数据也支持着威廉斯笔下的中国形象。美国学者麦克拉斯在其《西方的中国形象》一书中使用了一组调查数据，证明了 1979 年和 1980 年美国民众对中国的态度是向肯定的方向变化的。1979 年，美国民意测验（Gallup Poll）的调查结果显示，对中国的态度偏向肯定的占 29%；1980 年，肯定中国的美国人则上升到了 42%。因此，麦克拉斯总结说："80 年代尽管绝对反面的中国形象还在，但已不占主要地位，公众意见大多数支持肯定的中国形象。"③

① 达尼埃尔-亨利·巴柔. 从文化形象到集体想象物[A]. 孟华，主编. 比较文学形象学[C]. 北京：北京大学出版社，2001：132.

② Visionary of a New China, Time, 1979, January(1): 12 - 13.

③ 麦克拉斯. 西方的中国形象[A]. 周宁，著/编注. 龙的幻象(上)[M]，北京：学苑出版社，2004：287.

再次,美国的中国形象中正面与反面的因素在其内容与性质上也出现了变化。反面的因素已成为过去,正面的因素是对当今政策的肯定,这代表着未来。当然,对于中国走上资本主义道路的期许是美国的一厢情愿,中国走的始终是中国特色社会主义现代化道路。但是美国人的这种对中国的正面想象与威廉斯的文本中那种正面与反面共存,以正面形象为主导的美好的中国形象或黎明中的充满希望的中国形象不仅在价值态度上相似,在其结构构成上都是相似的。有这样的国内的集体想象物为基础,威廉斯的文本中的中国形象得到美国民众的普遍认同是理所当然的。

总之,威廉斯在《中国新时代的黎明》中所塑造的中国形象就其性质而言已不单是他个人的印象,而是他写作此书的那个时代美国人对中国的普遍印象。这个黎明中的中国形象与美国国内的舆论、文化语境与政治情势保持一致。在那个由多种因素构成的集体想象物中,威廉斯的文本产生了超出了个人层面的意义,它作为文化文本参与到塑造美国的中国形象的活动中。

第三节　中国的黎明,美国的期待

跨文化形象学的基本假设是异国形象映射出的是想象主体的需求与欲望。一个国家之所以会想象出这样或那样的异国形象,并不是因为异国的独特,而是因为想象主体自身需要通过异国形象表达他们自己的诉求。当然这些诉求往往是隐蔽的,想象主体自身也难以清晰地表达出来,它在很大程度上是一种难以言说的心理欲望或无意识冲动。当然这些心理欲望与无意识冲动又不是纯粹的个体生理反应,它仍然是文化建构出来的难以用清晰准确理性的语言表达的心理状态。但是不可言说并不意味着它就不重要。相反,它恰恰是潜藏在那些清晰准确理性的语言背后的力量,想象主体的真实意图往往就隐藏在这些难以言说的心理世界。精神分析学理论对于跨文化形象学的贡献就在于它给予这些超越语言的内心世界应有的地位。

一、黎明中的中国形象的文化意义

威廉斯笔下的中国形象中包含有哪些隐蔽的含义?其实隐蔽是相对而言的,隐蔽的含义与掩盖它的物体是同时存在的。言说活动的结果并不仅仅是产生出语句,同时也透露出了所有的信息,所有的秘密。只不过这些秘密不一定在语句的字面含义中,而更有可能在言说行为中,在言说的语气中，在语词的夹缝中。齐泽克曾说："关于幻想的心理分析概念并不能把它简单地化为使其真实情景中的恐惧模糊、淡化的幻象。首先，也很明显，我们要说，幻想同它所要掩藏的真实的恐惧间关系很含混：幻想掩藏住恐惧，可同时它又产生出它意图掩藏的东西——它所要压抑的参照点。"①在精神分析的理论中，象征界、想象界和真实界是三位一体的，我们所能实际接触到的是象征符号，可以感受到想象的他者形象，但不能被幻象的表面含义所迷惑，更不能被象征符号的字面意义的束缚，真实界是那个隐而不显，难以言说的黑洞。在跨文化形象学中，异国形象也只是一种想象界的幻象，我们不可把它与现实中的异国对号入座，而应该对异国形象进行表征分析或征候阅读，分析出想象主体的难以言说的内心秘密。一旦我们采用这样的分析方法，异国形象的隐蔽含义将会昭然于天下。

威廉斯笔下的中国形象中所包含的意义至少有如下几个方面：首先是对美国文化价值的认同。威廉斯所塑造的黎明中的中国形象是一个处在转折时期的异国形象，中国正在由意识形态为核心的治理模式，向注重经济发展的更灵活务实的治理模式转变。威廉斯所塑造的这个正面的形象中所包含的恰恰是美国的价值观，或者也可以说是在美国价值观主导下形成了这个中国形象。这样的中国形象是美国人按照其价值观想象出来的。尽管威廉斯写的是在中国发生的事，可是这些事件之所以会引起威廉斯的注意，背后还是威廉斯的美国价值观在起作用。比如在关于东方宾馆的改造的记述中，他这样写道："在努力进行经济改革的中国，东方宾馆的经理是比较富于企业家精神的。他率先出国从一家香港银行贷到一笔硬通货贷款……"②威廉斯所赞赏的企业家精神其实正是美国的价值观的具体体现。当然这种对美国价值观的自觉表现也在威廉斯的自我表述中一览无余。比如，在为1980年7月4日美国独立日举行庆典时，威廉斯写道："我听国歌容易动感情，因此好几天吃早餐时我要用房间里的录音机播放三四遍，因为我觉得我很可能会没出息地哽咽，先听惯做好准备……"③一位外交官热爱自己的国家无可厚非，在国庆庆典上听国歌动感情也是人之常情，但是激动到会哽咽，要靠每天多听几遍来让自己"习惯"，这就有点特别了。这种特别当然是

---

① 斯拉沃热·齐泽克.幻想的瘟疫[M].胡雨谭，叶肖，译.南京：江苏人民出版社，2006：6-7.

② 理查·威廉斯.中国新时代的黎明[M].陈文妍，肖锦银，胡雅莉，译.广州：花城出版社，2010：75-76.

③ 理查·威廉斯.中国新时代的黎明[M].陈文妍，肖锦银，胡雅莉，译.广州：花城出版社，2010：155.

以对美国价值观的强烈认同为基础的。这些小小的细节中所包含的作者的态度并不是可有可无的闲笔，相反，它正是整个文本中贯穿的主线。正是这种美国价值观成为组织整个文本的统一视野，也理所应当地成为全书的主题。这本书不是对中国事物的客观记录，而是一位美国外交官表达其美国视野、美国立场、美国价值的文本。

如前所述，威廉斯笔下的中国形象是由正面和反面的因素构成的，既有对中国的变化的惊喜，也有对动荡所造成的灾难的痛心；既有对中国的自然和文化名胜的欣赏与赞叹，又有对现实中各种落后现象的烦恼与愤怒，这些正面与反面的因素到底是如何体现美国价值观的？

从正面因素看，威廉斯肯定中国改革开放政策带来的社会生活方面的新变化，是按照美国的价值观来判断的。赞扬东方宾馆的经理具有企业家精神是一个有趣的例子，肯定东方宾馆按照“现代化”标准进行改造是另一个类似的例子。不仅仅改善卫生环境、消灭鼠患、安装空调是值得肯定的，增设游戏室、引进新的游戏机也是值得肯定的。他在广交会上看到各种广告时，甚至兴奋地宣布：“铺天盖地的广告煽起的消费主义时代已经到来了！”①这些正面的因素中所包含的价值标准正是以西方的资本主义市场经济理念为基础的，这是以对财富的追求为动力推动社会发展的观念。威廉斯所表现出来的兴奋，与其说是因为他看到了中国的变化，不如说是他看到了美国的价值观已进入中国，或者说他是带着美国的期待看待中国的变化的，把中国的变化理解成了美国价值观在中国得到认可。这种美国价值观的潜在作用在威廉斯的另一些观察中所发挥的微妙作用更值得仔细玩味。比如关于在领事馆放映美国电影的事，威廉斯就带着潜在的优越感。美国高层决定每年在中国播放五部新电影：“5 部电影中有四部是动作片和轻喜剧爱情片。美方还在犹豫第五部要不要选《克雷默夫妇》，因为这部电影具体描述了当代美国的大都市生活和家庭问题，我们担心离中国的实情太遥远了。结果，《克雷默夫妇》是五部电影中遥遥领先的赢家，中国观众对它有强烈的认同感，欣赏它对当代都市家庭矛盾的写实手法，因为他们自己也深受其苦。”②美国人凭什么判断中国人只能欣赏动作片和轻喜剧，而不能欣赏《克雷默夫妇》这样的艺术电影？凭什么认定中国人就不能理解当代都市家庭矛盾？《克雷默夫妇》得到中国人的欣赏，表面上看是威廉斯在称赞中

---

① 理查·威廉斯. 中国新时代的黎明[M]. 陈文妍，肖锦银，胡雅莉，译. 广州：花城出版社，2010：119.

② 理查·威廉斯. 中国新时代的黎明[M]. 陈文妍，肖锦银，胡雅莉，译. 广州：花城出版社，2010：159.

国观众，其实潜在的观念还是认为中国人的审美品位是低俗的，中国人还欣赏不了美国的电影艺术。或者是认为中国的发展水平不够，还没有出现美国大都市中才存在的家庭问题。在对待中国社会中所观察到的一些现实问题的态度上，威廉斯的美国价值标准更直接地表现出来。对于那些敢于表达不同意见的人，威廉斯又特别感兴趣。在广州郊区的一个生产队，队长对这些年来的领导表示蔑视和失望。他说，他们不管我们还更好，至少不要变来变去。一会叫你这么做，过两年，刚刚做得有点上路了，又叫你做别的，结果做什么也做不成。对于当地农民大量要求移民澳门，威廉斯说这反映了“这个地区农民醒悟的程度”①。这种判断并不能说明威廉斯希望中国出现“不稳定”因素，而是证明了威廉斯仍然是在用美国人习以为常的价值标准看待中国，批评政府、要求移民在美国是再正常不过的事，所以威廉斯也把中国人的这些行为看成是“醒悟”，是一种“进步”。

这些发生在现实生活中的变化是中国人也看得到的，但是中国人对于这些变化的理解是不同的。即以所谓的企业家精神而言，中国政府虽然也鼓励打破计划经济的僵化体制，鼓励个人为搞活经济而采用灵活的手段，但在改革开放初期，仍然是把市场经济的因素作为社会主义经济的必要补充。对东方宾馆经理那样到香港借贷款来投资的行为还是有自己的政策规范的。东方宾馆毕竟不是私营企业，政府给予的灵活政策也不同于资本主义市场经济中的那种自由竞争的政策。这位经理后来因为贪污而被捕，也证明了他本人也没有西方企业家那种法律意识和守法精神。中国民众对政府的批评也不是以言论自由或个人主义为思想基础的。相反，更倾向于对工作方法上的不同见解之间的争论，其目的不是争取个人权益，而是为了把工作做好，其根本目标也可以说是维护“集体”利益。因此，表面上看是同一件事，在不同国家的人看来其实意义不同。不同国家的价值观或思想观念之间的差异使得同一件事情呈现出不同的含义。威廉斯所塑造的中国形象只是美国人能够看到，并希望看到的中国。

如果美国人和中国人对现实中的具体问题的理解存在着价值观上的差异，那么他们对于历史古迹和风景名胜的观感是否更客观，不带文化差异形成的偏见？威廉斯对中国的正面描述中，自然风光和历史文化遗迹是很重要的部分，但是这种欣赏仍然是以美国人的立场为基础的。比如他对故宫的描写，就隐含着这种我们今天的读者已习以为常的西方的视角：“庭院，拾

---

① 理查·威廉斯.中国新时代的黎明[M].陈文妍，肖锦银，胡雅莉，译.广州：花城出版社，2010：115.

级而上的大台阶，宫殿，向下延伸的台阶；庭院，拾级而上的大台阶，宫殿，向下延伸的台阶；循环往复，重复着一种对称美——中国人精神的一个标志，直到你来到最后一座宫殿，面对皇帝的龙椅。整个建筑群透发着对迄自史前蒙荒时期一直延续到公元一千多年的中国社会秩序恒久不变的巨大自信——这种自信在过去的一个世纪遭到背弃，其标志是无数的中外游客漫不经心地漫步走过宫殿，令其庄严荡然无存。”①威廉斯在赞叹故宫的雄伟壮丽之后，马上想到的是它的政治含义，作为一座废弃的宫殿，其皇室威严不再，变成了游客闲逛休闲的场所。这种态度，离中国人对于自己的文化遗产的自豪感相去甚远。在威廉斯眼中，不管宫殿多么雄伟，那也只是“他们的”，与美国文化还是隔了一层。不错，威廉斯在杭州飞来峰一线天的那种超越时空的美好感觉的确与中国人的感觉相似，可是在西湖乘船游览三潭印月时他的感觉又是一个地道的老外了：“那艄公，站在船的后方，摇着一支向外伸的桨，与船舷成直角。我对它的流体动力感到好奇，他怎么可以摇桨令小船笔直前进。”②中国人肯定没有人在游西湖时关心艄公划船的流体动力问题而不去欣赏湖光山色。威廉斯也不是故意为宣传美国的文化价值才这么描写的，但是他的文本就是如此，他对美国文化的认同是无意识的。但对读者而言，这些无意中流露出来的感觉，却又真真切切地体现出了跨文化形象学的基本假设，塑造中国形象的文本，所展现出来的是想象主体的价值立场。

从反面的因素来看，威廉斯笔下的中国形象中所包含的也是美国的价值观念，用这样的理念来思考中国的问题是无法理解中国的。对于中国现实中仍然存在的那些僵化的、低效率的办事程序所带来的烦恼，威廉斯的愤怒中也不自觉地流露出美国人的思考方法和视角。比如前文提到的，为了从武汉乘火车去西安买不到火车软卧票，威廉斯夫人摆起总领事太太的架子，最终买到了车票那件事。威廉斯对此事的评论是，“我们酸涩地回想起，只有以反抗的方式才能得到本该属于我们的东西，因为我们早已预定了。然而在中国，那些有权有地位的人只需稍稍动一下权势就可确保拿到他们想要的票。”③这个感慨的背后就是以美国制度或文化作为参照系的。像买票这样的事，美国人以为根本不可能这么麻烦，里面有这么多的门道。尽管

① 理查·威廉斯. 中国新时代的黎明[M]. 陈文妍，肖锦银，胡雅莉，译. 广州：花城出版社，2010：195.

② 理查·威廉斯. 中国新时代的黎明[M]. 陈文妍，肖锦银，胡雅莉，译. 广州：花城出版社，2010：266－207.

③ 理查·威廉斯. 中国新时代的黎明[M]. 陈文妍，肖锦银，胡雅莉，译. 广州：花城出版社，2010：191.

中国人也应该遵守公平的原则，但是中国的现实中的确有这样的现象存在。中国人已经习惯了，威廉斯还不习惯，这就是差异。另一件让威廉斯愤怒的事更直接地表明了他的头脑中根深蒂固的美国价值观。1980 年的秋天，有一次威廉斯夫人和儿子从香港回广州，在海关入关时，他们直接走到外交护照检查口，因为威廉斯夫人是中国人，儿子也长得像中国人，海关人员就叫他们到中国人的队伍后面排队。结果所有的人都在嘲笑他们。当他们拿出护照后，海关人员竟然没有一句道歉的话。威廉斯因此事向广州外事办主任提出了批评意见："原以为你们国家在改革，半是因为外国人处于有利地位你们要取消——可是看你们现在怎么对待自己的人民！真让人痛心疾首！"①这种批评的背后是一种美国式的态度，这个观点背后是美国人关于政府与人民之间关系的政治理念。按照这种理念他们难以理解中国政府部门的工作人员所说的"为人民服务"，与美国人那种个人权利和自由至上的理念相比是很不一样的。在中国，海关人员的这种做法也应该批评，但是这种批评背后的判断标准是它们没有为人民服务的意识，是工作作风问题，与威廉斯所坚持的那种政治伦理是不同的。

二、黎明中的中国形象背后的美国期待

威廉斯的这个文本当然并不仅仅通过这些具体的细节表现美国的立场，他所塑造的黎明中的中国形象也体现了美国自身的文化需求。因为黎明中的中国仍然处于走向强盛的起步阶段，远远没有与美国比肩的实力。美国人眼中的黎明中的中国形象说到底还是一个贫穷、落后的中国，美国人塑造黎明的中国形象至少包含两层意涵或两个潜台词。其一是希望中国未来的发展走美国式的发展道路，像美国所希望看到的那样发展；其二是美国人对中国的肯定是因为中国还不至于威胁到美国的利益，美国已足够强大，不畏惧中国。这两个意涵共同的基础就是美国的自信心。这是美国的价值观念的另一种表现形态，美国人的自信也是价值观念上的自信，其自信是以价值观念的优越感为基础的。当然，这种对中国的肯定态度中还包含对中国的战略需求，以巩固其世界霸主地位，甚至还有借对中国改革开放的肯定来证明美国所提倡的自由民主价值观在全球胜利的意味，从而为扮演历史终结者的角色而自豪。

说威廉斯所塑造的黎明中的中国形象表现出了美国的自信心，理由何在？

---

① 理查・威廉斯. 中国新时代的黎明[M]. 陈文妍，肖锦银，胡雅莉，译. 广州：花城出版社，2010：230.

首先，从黎明中的中国形象中所包含的美国人的期待看，这种黎明是美国式现代化的黎明。美国人希望中国的改革开放按照美国模式进行。威廉斯讲的一个例子说明了美国人希望中国向哪个方向发展：美国一家投资银行将与广州市政府签一项合同，美方投资 6 000 万美元在珠江边建一座 35 层的双塔建筑，这可能是改革开放后建设的第一座现代化办公设施。且不说这座建筑在象征意义上与纽约的世贸大楼双塔（911 事件中被毁）之间有什么关联，就实际的投资过程看，中国认为几个月前签署的原则协议已经是正式的文件，但美方认为还需要再签一份最后的正式合同，原则协议并不具有法律效力。威廉斯对广州外经委副主任说："这是国际贸易的一部分，中国的对外开放将迫使她进行这方面的活动。"而他本人对此事的评价是："做生意是握手就算数，还是签订冗长的合同，这就是一个没有法制传统的国家与一个有着几百年法制传统和很多很多律师的国家的差别。"①在威廉斯看来中国要与美国打交道，就应该学习美国的做法，按照美国的方式做事，威廉斯的自信来自其几百年的法律传统和成熟的法律体系，还有美国人已熟练掌握的国际贸易规则或惯例。中国对外开放，与外国人交往，这是美国人肯定的，他们希望中国学习美国，走美国的道路，这样他们就会更欢迎中国。当然，希望中国重返世界舞台时按美国的期许向现代化迈进不仅仅是威廉斯的个人愿望，而是很多美国人的愿望。美国著名中国历史专家史景迁在他那本名著《追寻现代中国》中叙述中国的改革开放时，采用了精彩的以小见大，意味深长的文学化手法，表达出了美国人对中国未来发展道路的希望："十一届三中全会于一九七八年十二月二十二日闭幕。就在闭会前三天，即十二月十九日，总部设于华盛顿州西雅图市的'波音飞机制造公司'，其高级干部向外界宣布，中国未来将订购三架波音七四七巨型喷射客机。同样在十九日，乔治亚洲亚特兰大市'可口可乐公司'的总裁宣布，可口可乐公司已与中共达成商业协定，将于中国大陆销售可口可乐，并在上海设置装瓶工厂。"②这个历史细节得到重视并不是偶然的，将作为中国改革开放的历史性转折点的十一届三中全会与中国和美国的标志性商业品牌进行合作的新闻放在一起叙述其象征意义应该是明确的，那就是预示（期待）中国的改革开放走美国的发展模式。史景迁在接下去的段落中就写邓小平访美，再次提到邓小平到这两家公司访问，并在回国途中顺道访问了日本，更强化

① 理查·威廉斯. 中国新时代的黎明[M]. 陈文妍，肖锦银，胡雅莉，译. 广州：花城出版社，2010：146.

② 史景迁. 追寻现代中国（之三）[M]. 温洽溢，译. 台北：时报文化出版企业股份有限公司，2010：904.

了这种象征性暗示。中国的现代化被美国人满怀希望地描述成美国化，其原因当然就在于美国人相信，他们的道路是最适合中国的，也是全世界后发现代化国家的楷模。

另一位历史学家费正清说得更直白："在邓小平领导下，旨在把现代技术应用于中国生活各个领域的另一场革命，现在正在进行，我们应该帮助它取得成功。但它到底能取得多大成就，北京是否会把它当作长期的主要国策？这在某种程度上取决于我们的行为。"①这种居高临下的态度再明显不过地表达了美国的自信。那种帮助中国走上现代化道路的救世主姿态多少有些夸张，但这种心态却又不是费正清个人的态度，而是美国这个国家的态度。当然，费正清本人对于过度的自信已有警惕，他在给美国记者奥维尔·谢尔描写中国的新书《警惕这些外国客人！》所写的书评中指出："谢尔描绘出一个正在实现现代化的美国，一个自由到了自我约束的美国。美国想把它在文化方面的混乱提供给骄傲然而羡慕美国，正在搞现代化的中国，但是中国不能接受，至多只能有选择地接受一部分。"②可见，费正清作为一位正直的学者并没有被美国的优越感所迷惑，他提醒中国不能全盘接受美国模式。但是，美国对中国的那种自信心仍然是不言而喻的。这正是威廉斯写作《中国新时代的黎明》一书时美国人的普遍心理。

其次，美国对于重建冷战后的世界秩序有强烈的意志。在威廉斯来到中国并塑造正面的中国形象之际，美国正处在与中国建交的兴奋点上，美国的战略规划似乎正在实现。基辛格在回顾这段历史时明确说："两国领导人从不同角度审视了他们的共同目标。在毛泽东看来，和解是一种战略手段，尼克松则将其视为一个改变美国外交政策和世界领导地位的机会。他想利用对华开放向美国公众表明，即使在一场大伤元气的战争中，美国还是能制定长治久安的蓝图。"③从美国的现实处境看，美国对越南的战争已经使这个国家陷入困境，不仅经济、军事力量损耗超乎人们的想象，而且在国际国内政治中也是危机四伏，反对越南战争的声浪此起彼伏。但是即使在这样的境况中，美国的那种争当世界领导者的自信心却没有减弱，规划世界格局，重建世界秩序的雄心壮志仍然坚定不移。在这样的背景中，与中国建交只是美国重建世界秩序的一个步骤。美国当然要在这个新秩序中处于主导地位。相比之下，中国在与美国建交中的战略意图则要保守得多。基辛格

---

① 费正清. 观察中国[M]. 傅光明，译. 北京：世界知识出版社，2001：262.

② 费正清. 观察中国[M]. 傅光明，译. 北京：世界知识出版社，200：272.

③ 亨利·基辛格. 论中国[M]. 胡利平，等，译. 北京：中信出版社，2012：207.

说:“在他们看来,认为呼吁重返现有的国际秩序毫无意义。他们并未参与建立现有的国际体系,因此这个体系与中国无关。他们从不认为中国的安全要扎根于主权国家的什么法律协定。至今美国人还常常把对华开放看成是建立永恒不变的友谊,但中国领导人从小就学到这么一个观念:一切事情都是变化无常的。”①中国其实只是要争取一个对于自己的安全有利的国际环境,并不想规划出一个世界秩序,更不想主导这个世界秩序。美国的自信,它对自己的价值观念的固守,都是与它在国际社会中的地位相关的。萨义德在描述美国人的这种自信心时带有更多的嘲讽意味:“冷战结束后,美国政府关于‘世界新秩序’的修辞,它那种孤芳自赏的气味,难以掩饰的胜利情绪和它对责任的庄严承诺,都是康拉德在霍尔洛德身上描写过的:我们是老大,我们注定要领导别人,我们代表着自身和秩序,等等。没有美国人能够逃脱这种感觉体系。”②美国人的这种自大/自信当然不是从冷战结束才开始的,而是它在历史过程中逐渐形成的。在那些寻求美国支持的国家这种自信是一种恩赐,而在那些不希望美国插手其国内事务的国家,美国的这种自信就变成了粗暴干涉甚至侵略。但无论如何,美国的这种自信,这种对国际秩序的整体布局与规划,几乎成为美国文化的一个独特特征,也是威廉斯塑造的中国形象中那种美国元素的无意识背景。费正清已经承认了这种自信/自大的感觉:“在与当地民族打交道时,美国的民主主义者总是以我们国内新的民主制度感到自豪,总是愿意用国家独立、改革和社会平等之类的主张去帮助当地的反叛者。我们感到我们是恩赐的一方,并有自我陶醉之感。”③这种自我表述证实了黎明中的中国形象中美国的价值观和自信心的由来,那就是美国的传统中对世界的总规划——所有的国家都应该像美国这样自由、民主、独立、公平。

再次,美国人的自信心还来自他们对自己在对外关系中纯洁性的自我标榜。美国人认为自己在对外关系中总是支持弱者、维护公平正义,总是帮助弱者获得独立自主的权力,没有像其他西方国家那样在扩张的过程中采用暴力手段,所以美国人认为自己在道德上是纯洁的。正是基于这种道德纯洁性,美国人获得了足够的优越感,在想象中国以及其他非西方国家时采用居高临下的姿态。美国人当然也参与了西方列强瓜分世界的殖民扩张,但是美国人自认为在这个瓜分世界的活动中是后来者。西班牙、葡萄牙、荷

---

① 亨利·基辛格. 论中国[M]. 胡利平,等,译. 北京:中信出版社,2012:228-229.

② 爱德华·萨义德. 文化与帝国主义[M]. 李琨,译. 北京:生活·读书·新知三联书店,2003:10.

③ 费正清. 观察中国[M]. 傅光明,译. 北京:世界知识出版社,2001:292.

兰、英国以及后来的法国、德国、俄国都比美国更积极主动。美国只是利用了门户开放政策才享有了其他西方国家在中国的同等利益。费正清甚至从美国的建国历史中证明了美国的“纯洁性”：“我们按照我们自己的革命传统，自觉地反对殖民主义，怀疑欧洲人施展阴谋，总觉得我们在早期避免从事帝国政治甚至强权政治这一点上比他们纯洁些。”①这种道德上的优越感被美国的援助弱国政策反复强化之后，又变成支持美国的对外政策的道德基础。这种道德纯洁性并不仅仅是美国人的自我陶醉，更不是虚伪的自我欺骗，或干涉他国的狡猾借口，而是基督教精神在现实中的具体表现。美国人的道德纯洁性追求，是一种基督教精神追求。当年林肯就曾告诫美国人：“我们如不能以崇高的气度拯救世界，就会卑鄙地失去世界，这是世界最后的希望。”②这种拯救世界的使命感是美国人向世界（主要是非西方）传播基督教福音的献身精神的具体化。美国传教士们所传播的不仅是上帝的福音，还有现代文明的福音。他们把宗教的与世俗的，精神的与物质的，一切能够改变异教徒的东西一起传播开来。传教士们发现：“在那里，一切都迫切需要‘解决’，而只有美国基督教传教士才能办到。他带来全新生活方式的福音，目的不仅是使个人皈依基督，而且要把铁锹，铁犁介绍给‘异教’徒，使他们学会使用汇票，学会‘文明生活的整个组织方式’，以便加速‘从异教过渡到文明；从彻头彻尾的毫无指望的懒惰过渡到勤劳；从野蛮人过渡到基督徒。”③这种以传播基督教为精神支柱的对外扩张，无论给当地带来什么样的震荡，都被美国人自信地认为是纯洁的、正义的，包括他们对异族的偏见与幻想，都抹上了道德纯洁的温暖色调。

最后，就美国与中国的关系而言，美国的自信心来自一些更加具体的援助政策，或称恩抚政策。美国人自认为从他们来到远东之时开始，就一直对中国恩抚有加。如前所述，他们没有像其他的西方列强那样对中国动武。按照费正清的说法，美国人一开始就是同情中国的：“我们不愿放弃让中国人民享受民族自决和个人自由的理想，但我们不知道怎么从来不能采取行动，使这些理想成为现实。我们珍视这些理想，把它们当作我们文化的一部分；而中国的现实却是中国文化的一部分。两者始终不能调和一致。结果是在执行我们的传统政策时助长了人道主义的理想与策略上的现实主义之

---

① 费正清.观察中国[M].傅光明，译.北京：世界知识出版社，2001：297.

② 转引自丹尼尔·布尔斯廷.美国人民主历程[M].中国对外翻译出版社公司，译.北京：生活·读书·新知三联书店，1993：629.

③ 丹尼尔·布尔斯廷.美国人民主历程[M].中国对外翻译出版社公司，译.北京：生活·读书·新知三联书店，1993：635－636.

间令人感到困窘的分歧。美国的远东政策素以合乎道义著称，其值得注意之处是我们从未认为战争是政策的实用工具。”[①]这种不愿诉诸武力又极力为中国提供人道主义援助的美国对华政策似乎成为美国与中国关系中的关键因素，美国人对中国的各种帮助都可以在这个框架中解释。比如20世纪初的门户开放政策，本来只是列强在中国瓜分利益的一项协议，但是美国人在其中加入了一个条件，就是保持中国的独立完整。因此这项政策不仅仅具有列强之间利益平衡的意义，也具有了保护中国的独立主权的意义。再比如，庚子赔款问题：“由于1908年退还一部分庚子赔款，1924年又退还其余的部分，以及作出类似的姿态，美国政府开始着手帮助中国自我振兴的工作。”[②]这项政策的重要之处在于在那个年代，美国的对外援助主要是通过教会，救灾团体，企业财团的基金会等民意组织完成的，政府主动退还战争赔款是罕见的。其目的在于“帮助中国自我振兴。”这种帮助背后的主动与被动关系是十分明显的。

美国对中国的抚恩无须更多的例证。关键问题是，这种抚恩背后的自信心来自何处？丹尼尔·布尔廷斯关于外援问题的论述提供了可信的答案：“他们认为，具有较高生活水平，也即接近美国生活水平的人民，更容易接受民主，因此也就更倾向于热爱和平并对美国友好。另一个不言而喻，有补充作用的假设是，贫穷，困苦，工业落后使任何国家的人民变得不那么热爱和平，不那么民主，因此也更容易接受共产主义，更倾向于成为美国的敌人。”[③]这个分析的依据似乎可以追溯到1949年1月20日杜鲁门总统在就职学说中提出的援助非欧洲国家的计划，即著名的“第四点计划”。杜鲁门说：“为了使我们能够利用现有的先进科学和发达的工业来改进和发展落后地区，我们必须着手拟定一项新的大胆的计划。全世界半数以上人口正濒临悲惨境地。他们食不果腹，疾病缠身。他们的经济生活是落后的，停滞不前的。他们的贫困对他们自己和比较繁荣的地区来说，都是一种障碍和威胁。”[④]美国的对外援助不是因为它乐善好施，而是因为他们认为贫穷落后是一种不安定因素，是对文明世界的威胁。为了保卫文明世界，美国有责任帮助那些贫穷落后的地区走向富裕与繁荣。这种观念的背后，美国的使命

① 费正清.观察中国[M].傅光明，译.北京：世界知识出版社，2001：298.

② 费正清.观察中国[M].傅光明，译.北京：世界知识出版社，2001：308.

③ 丹尼尔·布尔斯廷.美国人民主历程[M].中国对外翻译出版社公司，译.北京：生活·读书·新知三联书店，1993：652.

④ 转引自丹尼尔·布尔斯廷.美国人民主历程[M].中国对外翻译出版社公司，译.北京：生活·读书·新知三联书店，1993：650.

感得到充分表现。

威廉斯的《中国新时代的黎明》中也秉持这样的信念。对中国的友好态度,对中国改革开放走向现代化的殷切企盼,背后隐含的也是这样的使命感与自信心。威廉斯摘录了1979年9月1日《华盛顿邮报》上美国驻广州总领事馆开幕的报道,其中写道:“中国努力实现经济现代化对美国的安全是至关重要的,‘如果中国不能实现现代化,它将会是第一个失败的拥有核武器的不发达国家,后果将会如何?’在这里的一位资深观察员问道。”因此,美国人将“尽其所能帮助促进中国经济的增长,以此作为世界稳定的一个因素。”①由此可见,在威廉斯驻广州时,美国人在援助中国的问题上,仍然秉持几十年来的一贯想法。抚恩变成美国的使命,这是他们的自信心的根源。

第四节 现实性的乌托邦形象

美国的中国形象是在意识形态式的丑化贬低与乌托邦式的美化褒扬之间转化摆动的。在20世纪之前的所有西方的中国形象中都存在这两种基本的形象类型。除了前文所提及的莫舍尔的《被误解的中国:美国的幻觉与中国的现实》和伊罗生的《美国的中国形象》两本书中明确地概括出了这两种形象类型在美国的中国形象历史中出现的周期性变化之外,费正清也在其《美国与中国》一书中叙述了美国人心目中的中国形象时好时坏的变化脉络。他说:“我们关于中国的民意传说和公众态度,使人产生一些不一致的印象:异国情调的,理想化的或惘然若失的。这些印象在我们历史的思想中都同时存在过,但始终调和不起来。”②用猎奇的眼光看待中国时,美国人看到的是男人有辫子,妇人裹小脚,文人留长指甲,吸鸦片之类的怪现象,当然除此之外,还有更令美国人失望的现象,比如腐败,贫困,肮脏,疾病和混乱,所有这些现象都令美国人对中国产生负面的想象,丑化中国,形成意识形态化的中国形象。但是费正清也看到,美国人对中国的印象并不总是坏的。美国人也会受到18世纪欧洲人想象的儒教乌托邦的影响,把中国想象成一个开明的君主专制国家,更不用说在二次大战中,美国人把作为同盟的中国想象成为争取民族独立与日本侵略者浴血奋战的英雄。按照前文所引伊萨

---

① 理查·威廉斯.中国新时代的黎明[M].陈文妍,肖锦银,胡雅莉,译.广州:花城出版社,2010:23.

② 费正清.观察中国[M].傅光明,译.北京:世界知识出版社,2001:299-300.

克斯的说法，单单是1949年以后，美国的中国形象就又经历了1949—1972年的敌视时期，1972—1977年的钦佩时期，1977—1980年的二次幻灭时期，1980—1989年的二次仁慈时期和1989年以后的二次敌视时期。总之，反复出现的正面与负面不同的想象之间的摆动与转换表明，美国的中国形象是意识形态与乌托邦两种类型以不同方式在不同的背景中交替向前发展的。

可是，在美国的中国形象中，甚至推而广之，在所有的异国形象中，是否只能有这两种类型？威廉斯笔下的黎明中的中国形象可以归入这两种类型中的一种吗？它在异国形象的类型研究中具有怎样的意义？

一、独特的乌托邦形象

要考察黎明中的中国形象属于哪一种类型首先要分析意识形态与乌托邦这两种异国形象的基本特征。所谓意识形态形象是指想象主体认同于自己所处的社会，倾向于肯定自己社会的主流价值观，而排斥异国文化，借助于丑化、贬损异国文化来表达对自己民族文化的认同，从而形成的扭曲的异国形象。所谓乌托邦形象则相反，想象主体对于自己社会，对于本国、本民族的文化不满，而借助于对于异国文化的美化、褒扬来批判本国文化，从而形成的理想化的异国形象。正好莫哈所说："凡按本社会模式，完全使用本社会话语重塑出的异国形象就是意识形态的；而用离心的，符合一个作者（或一个群体）对相异性独特看法的话语塑造出的异国形象则是乌托邦的。"①他具体解释说："意识形态形象（或描写）的特点是对群体（或社会，文化）起整合作用……这些形象将群体基本的价值观投身在他者身上，通过调节现实以适应群体中通行的象征性模式的方法，取消或改造他者，从而消解了他者。"②"相反，乌托邦的描写则具有颠覆群体价值观的功能。这由于向往一个根本不同的他者社会而对异国的表现，是对群体的象征性模式所作的离心描写。"③由此可见，意识形态形象是否定他者而肯定自我的；乌托邦形象则是否定自我肯定他者的。这样的概括未免简单化，但也说出了两种不同类型的异国形象之间的基本区别。

---

① 让-马克·莫哈.试论文学形象学的研究史及方法论[A].孟华，主编.比较文学形象学[C].北京：北京大学出版社，2001：35.

② 让-马克·莫哈.试论文学形象学的研究史及方法论[A].孟华，主编.比较文学形象学[C].北京：北京大学出版社，2001：35.

③ 让-马克·莫哈.试论文学形象学的研究史及方法论[A].孟华，主编.比较文学形象学[C].北京：北京大学出版社，2001：36－37.

当然,这种基本区别又不是绝对的。在具体的文本中,或具体的某一个时代的异国形象中,仍然可以包含有相反的两种形象类型的成分。意识形态的形象中可以有某些肯定的,正面的描写;乌托邦的形象中也可以包含丑化的负面的描写。构成形象的具体细节在不同类型的形象中是可以同时存在、整合渗透在文本之中的。但是形象的总体倾向却又是泾渭分明的,不同类型形象的差异是这种总体倾向的差异。另一方面,不同时代的同类形象之间也有差异,不可能是完全相同的。在美国的中国形象中同为意识形态化的中国形象,20 世纪 50 年代朝鲜战争时期的中国形象,和 70 年代竹帘掀起之后揭露出来的中国形象之间还是存在明显不同的。这些不同当然也不会影响到意识形态形象中的总体倾向。因此,意识形态与乌托邦两类异国形象之间的差异不在于它们有没有描写异国的丑恶或美好的一面,而在于总体倾向是美好的,还是丑恶的。至于是什么样的美好或丑恶,那些具体的细节上的差异不能作为判断形象类型的标准。那么,这些细节是否就可以忽略不计了呢?当然不是,细节可以在总体倾向中产生作用,一个完整的文本,其总体倾向总是由细节呈现出来并构成某种类型的异国形象的。另一方面,当某些细节在不同的文本中反复出现,也可以构成一个跨越不同文本的异国形象。比如缠足、吸鸦片这些细节在不同的西方文本中都被反复提及甚至绘声绘色地描写,尽管在某一个文本中,由于文本的总体倾向是乌托邦式的,这些细节尚不至于破坏乌托邦中国形象,但是这些细节与其他文本中的相同细节叠加起来肯定加深了读者的印象,从而形成一个潜在的意识形态化的中国形象。当一个以丑化中国为主要倾向的意识形态文本产生巨大的社会影响,那些出现在乌托邦形象中的负面细节也会被吸纳进意识形态形象中,那个潜在的意识形态化的中国形象就会被唤醒。这是跨文化形象学中奇特的互文现象,需要在特定的文化语境中进行讨论。

不论是意识形态形象还是乌托邦形象,其形成的决定性因素都是想象主体所面临的文化困境,想象主体将自身的困境投射到异国的想象中,才形成不同的异国形象。因此,判断一个文本中所塑造的异国形象是意识形态形象还是乌托邦形象,最终还是要看想象主体所面临的文化困境是什么。乌托邦的异国形象中所体现的是想象主体对自己的文化状况与社会矛盾的不满,其具体的矛盾可以是多种多样的,但一定是在想象主体的语境中无法解决甚至是难以直接讨论的,所以才会借助于异国形象隐喻性地表达出来。意识形态化的异国形象中表达的文化困境是维护自身文化的完整性并将其扩展到自身的边界以外的困境。否定他者就是在肯定自我,同时也希望改造他者,甚至消灭他者。

那么，威廉斯笔下的黎明中的中国形象属于哪一种类型，是意识形态形象还是乌托邦形象？从意识形态形象的特点看，黎明中的中国形象应该不属于这种类型。理由很简单，按照文本本身的特点分析，如前文中所分析的那样，威廉斯的《中国新时代的黎明》一书中虽然有相当多的关于中国的落后、贫穷、低效率甚至撒谎、推诿等方面的细节描写，但是全书的总体倾向仍然是中国处在改革开放的起步阶段，已经开始走向现代化的道路。因此，黎明中的中国是有一个光明的未来的国家，威廉斯在中国生活的短短两三年时间中已经感受到了这种变化。在这样的故事情节中，中国形象就不是那种被刻意丑化贬损的形象，那些负面的细节在文本中被正面的细节平衡了，甚至被正面细节引导着去证明中国正在改变。从威廉斯及其同时代的美国人所面临的文化状况来分析，美国所面临的主要问题不是向远东扩张，而是缓和与中国的关系，以缓解国内的矛盾，特别是 20 世纪 60 年代以来国内的民权、妇女、越战等一系列问题所造成的困境。在冷战的国际格局中，美国的主要敌人是苏联而不是中国。尽管在朝鲜战场上中国军队与美国军队曾正面交锋，但战争毕竟已结束多年。这些困境都导致美国对中国的态度不是那种剑拔弩张的敌对态度，美国所想象中的中国已不再是一个作为“黄祸”变种的可怕的中国形象。黎明中的中国形象符合美国的利益，代表美国的愿望与期待，美国希望中国走向现代化。当然，最好是按照美国模式建设现代化。

黎明中的中国形象从总的倾向上看的确是肯定中国的乌托邦形象，它把中国描绘成走上现代化的正确道路的国家，一个一切都在变化之中，充满希望的国家。如果仅仅把乌托邦形象理解为总体上肯定的形象，那么，黎明中的中国形象的确是一个乌托邦形象。但是这个乌托邦形象中还有其他的因素，还有它的独特性。其中重要的一项是对想象主体文化状况的强烈不满，将美好的愿望寄托在异国形象上，以批判本国文化，并推动本国文化向乌托邦的美好世界发展。以此为标准来审视黎明中的中国形象，显然，这个中国形象是不符合乌托邦形象中这个更重要的标准的。威廉斯虽然对美国政府部门的官僚化也颇有微词，但是还没有美化中国政府的办事效率来反批美国的迹象，更没有从总体上否定美国文化，讴歌中国文化（哪怕是借中国之名进行的乌托邦想象）。相反，威廉斯却是一个爱国情怀很强烈的外交官，他可能比一般美国人更热爱美国，认同美国文化。因此，从这种自我与他者的关系看，威廉斯笔下的黎明中的中国形象并没有推崇中国批判美国。因此，这种中国形象并不是一般意义上的乌托邦形象。更进一步看，美国的国内矛盾也没有严重到需要彻底改变发展方向，转换文化范式才能解决的程度，美国国内的文化状况也不具备产生传统意义上的乌托邦形象的条件。随着美国从越南撤军，中美关系的和缓，以及苏联在世界上的影响力的衰减，美国已经处在冷战获胜的前夜。在这样的局势中，美国不需要借助于构想一个乌托邦中国形象来表达自己的焦虑。

黎明中的中国形象既不是意识形态化的形象，也不是传统意义上的乌托邦化形象。那么它是什么样的形象？要确认黎明中的中国形象的类型还需要回过头来再讨论形象的分类问题。形象分类的标准是什么？当然是想象主体与被想象的他者之间的关系。当想象主体狂热地追求一个美好的他者，这就形成了乌托邦化的异国形象。当想象主体厌恶憎恨他者，就形成了意识形态化的异国形象。那么在狂热崇拜与厌恶憎恨之外，还有没有其他的态度？当然有，这就是平等对待他者的友善态度，既不狂热追求，也不厌恶憎恨，而只把他者当成与自己平等的伙伴。这时候，他者形象中既有正面的美好的一面，也有负面的、丑陋的一面。但是这些不同的面貌都不影响想象主体将他者当成朋友，真诚地与之交流。如果说狂热崇拜与厌恶憎恨都不是正常的态度而多少将他者扭曲了，那么友善的态度则是正常的态度，比较接近于他者自身的现实状况。这样说当然并不意味着友善的形象就是客观的，改变了异国形象作为文化想象的基本前提，而是说友善的形象作为他者想象与被想象的他者对自己的想象有更多的相似性或一致性，其作为文化想象的性质并没有改变。

关于意识形态与乌托邦之外的友善形象（或友善态度），巴柔曾有清晰的论述。他认为想象主体对于异国文化有四种不同的态度："第一种态度：异国文化现实被一个作家或集团视作是绝对优越于本'民族'文化，本土文化的……其结果是本土文化，注视者文化被这个作家或集团视作低劣的。对应于异国文化的正面增值，就是对本土文化的贬低。"①"第二种与第一种正相反：与本土文化相比，异国文化现实被视为低下和负面的：对它就有一种'憎恶'之情，而这种态度反过来又发展出一种正面的增值，一种对本土文化所做的全部或部分的'幻象'。"②"第三种态度：异国文化现实被视为正面的，它来到一个注视者文化中，在其中占有一席之地；而注视者文化是接受者文化，它自身也同样被视为正面的。这种相互的尊重，这种为双方所认可的正面增值有一个名称：'友善'……'友善'则尝试着指定一条困难的、严格

① 达尼埃尔-亨利·巴柔.从文化想象到集体想象物[A].孟华，主编.比较文学形象学[C].北京：北京大学出版社，2001：141.

② 达尼埃尔-亨利·巴柔.从文化想象到集体想象物[A].孟华，主编.比较文学形象学[C].北京：北京大学出版社，2001：142.

的道路，此路必须经由对他者的承认：他者就生活在我的左右，既不更高，也不更低，甚至也没有区别……他者只是简单地作为他者来承认。”①“还剩下第四种，也是最后一种态度：交流，对话的现象消失了，以让位于一个新的正在统一起来的整体。在试图重建已失去的联盟或制定新体系的运动中这一现象尤为明显：如泛拉丁主义、泛日耳曼主义、泛斯拉夫主义；同样也表现在各式各样的世界主义、国际主义中。”②在这四种态度中，巴柔认为前三种是基本的。“狂热、憎恶、亲善这三种态度以清楚、固定不变和恒久的方式构成了诠释异国、阅读他者的各种最明确的表现。”③这三种基本态度中，第一种构成了乌托邦的异国形象，第二种构成了意识形态的异国形象，第三种构成了友善的异国形象。

威廉斯笔下的黎明中的中国形象是否符合友善的异国形象的特征？我们的确可以在黎明的中国形象中找到友善形象的因素。首先，威廉斯承认中国的独立性、独特性，的确是把中国这个他者当成平等的国家看待的。中国是这个世界上可以成为美国的伙伴的国家，威廉斯为代表的美国人对于中国采取的是务实的态度。其次，威廉斯笔下的中国形象包含着一种对话交流的愿望，既不是简单地美化中国，把中国当成学习、崇拜的对象，也不是把中国变成批判与征服的对象刻意贬低中国，而是坦诚地与中国进行交流，希望中国能更有效地进行变革，走上现代化之路。当然，由于中国与美国之间在现代化程度上的差异，美国作为已完成现代化的国家，拥有更丰富的经验，所以在这种交流过程中，对中国提出的意见和建议比从中国学习到的东西更多。黎明的中国形象中所呈现出来的中美关系中的不平等是一种现代化程度造成的现实的不平等，是一种友善的不平等。再次，威廉斯本人的外交官身份，以及美国的文化语境也确保黎明中的中国形象是一个友善的形象。作为一名外交官，威廉斯既代表美国的利益，但也是文化交流的使者。他来到中国的目的是建立起中美两国之间的正常交往，这一工作的性质决定了他不可能是带着憎恶来到中国的。他不是殖民官，而是一位驻外国总领事。他是在一个独立的主权国家工作，交往与合作是基本前提。

就美国所面临的文化状况而言，黎明中的中国形象中所包含的又不是

① 达尼埃尔-亨利·巴柔.从文化想象到集体想象物[A].孟华，主编.比较文学形象学[C].北京：北京大学出版社，2001：142－143.

② 达尼埃尔-亨利·巴柔.从文化想象到集体想象物[A].孟华，主编.比较文学形象学[C].北京：北京大学出版社，2001：143.

③ 达尼埃尔-亨利巴柔.从文化想象到集体想象物[A].孟华，主编.比较文学形象学[C].北京：北京大学出版社，2001：143－144.

一般意义上的友善，而是还包括更多的期许。美国需要与中国建立正常的交往来改变越南战争带来的创伤与颓顿的社会气氛。到 20 世纪 80 年代初，里根政府在经济、政治、军事、外交领域里的一系列政策才让美国人再次找回了自信，而 70 年代末 80 年代初与中国发展友好关系就成为美国地缘政治战略的一部分。在某种意义上说，与中国的友好关系是美国复兴的一种表现。英国历史学家保罗·约翰逊在分析那个年代美国的社会状况和精神状况时写道："里根还使人们广泛认识到美国人经历了 70 年代的累累债务之后，再次成为一个生机勃勃、所向披靡的民族……结果美国作为一个民族，经历了 70 年代自杀性尝试之后，开始恢复自信心……美国人在 20 世纪 80 年代重新树立起来的自尊治愈了越南战争给他们带来的自虐症，使从不反对美国合法使用其巨大力量的里根总统得以从容地在世界舞台上表演。他不是一个轻率的人，当然也不是一个好战分子，但却是一个在国际事务中分得清正义与否，并坚信行动的绝对价值的人。"① 约翰逊的这段话揭示出了 20 世纪 70 年代末到 80 年代（里根时代）美国由颓顿到繁荣转折的状况。而这个转折时期，美国对于已经改革开放的中国只会友好相待，并希望将中国引导到对美国更有利的方向上。这种历史的大趋势是黎明中的中国形象最可靠的依据。正是这个对于历史大趋势的想象使得黎明中国的形象是作为乌托邦形象而不是作为友善的形象存在的。原因有两个方面：其一，美国对于历史大趋势的想象是一种乌托邦想象，他们认为这是一个由美国主导的世界，在这个未来的美好图景中，中国被纳入其中并且正在向这个方向前进。其二，这种乌托邦想象作为对未来世界的期许也是为了摆脱美国社会中存在的反（越）战运动、民权运动、妇女运动所引发的困境与危机。里根政府所进行的美国形象重塑政策与这种未来乌托邦想象是一致的。而黎明的中国形象则是这个未来乌托邦的组成部分。

当然，黎明的中国形象与传统意义上的乌托邦形象还是不同的，这种不同之处主要有三个方面：其一，黎明的中国形象没有作为独立的乌托邦形象出现，美国没有把中国作为未来学习的榜样，而是仅仅把中国作为未来乌托邦的组成部分；其二，黎明的中国形象是由现实中的素材塑造出来的，而不是由夸张的幻想塑造的；其三，黎明的中国形象中包含有大量的意识形态形象因素，它的美好一面是由对未来的希望支撑的。从这三个方面看，黎明的中国形象是一个面向现实的乌托邦形象，是一个具有强烈的现实色彩的乌

① 保罗·约翰逊. 现代：从 1919 到 2000 年的世界（下卷）[M]. 李建波，等，译. 南京：江苏人民出版社，2001：896.

托邦形象。现实性是它的呈现方式，乌托邦属性则是由对未来的希望与期许建构出来的。它与友善形象类型的相似之处实际上只是乌托邦形象的现实因素导致的。

二、现实性乌托邦的文化意义

黎明中的中国形象作为现实性的乌托邦形象对于跨文化形象学研究来说有什么特殊意义？首先，这种乌托邦形象说明跨文化想象并不都是扭曲的，意识形态与乌托邦形象所呈现的丑化与美化他者的现象只是两种识别度最高的极端的形象类型。想象主体处在理智的状态中，而不是处在焦虑或愤怒的状态中，他对于自我与他者都有冷静的明智的判断。就黎明中的中国形象而言，威廉斯与他那个时代的美国人，以平等的态度看待中国，既看到了中国贫穷落后、低效率的一面，又看到了中国改革开放所形成的新面貌，并把这种变革看成是中国未来发展的方向。这种冷静、理智的态度使得黎明中的中国形象是善意的、清醒的。这是否意味着现实性的乌托邦形象比意识形态与乌托邦这两种形象更客观更真实？当然不是。现实性乌托邦形象仍然是想象主体对他者的想象，这个性质没有改变。哪怕是亲身经历的事，亲眼所见的现象在塑造他者形象时也仍然会变成想象性的。威廉斯在塑造黎明中的中国形象时的确用了大量亲身经历的事件，通过具体的细节来完成这个形象，但是这并不能证明黎明中的中国形象就是真实的、客观的。威尔赖特(P. Wheelwright)曾对想象的不同类型进行划分，说明这种亲身经历的事件仍然属于想象的范围，而不是客观事实。他说："心灵有主动的、感应的、统合的能力，据我看来，外在世界从心灵的这种能力获得意义和价值，事实上一般有四种主要方式。换句话说，想象力既在认识外界又在营造外界的作用，共有四个方面。第一是把事物独特化和强烈化，这是和事物'面临的想象'(Confrontative Imagination)。第二是给事物以风格，对它保持适当距离；这是'风格的想象'(Stylistic Imagination)。第三是把个体事物当作普遍性的体现和透露；这是'典型的想象'(Archetypal Imagination)。第四是把不同的因素合并成某种统一；这是'比喻的想象'(Metaphoric Imagination)。"①威尔赖特在解释"面临的想象"时认为认识事物不能完全从概念出发，因为"我们每一个人都是独特的，每个人都是具体

① 威尔赖特. 燃烧的泉源[A]. 钱钟书，杨绛，译. 中国社会科学院外国文学研究所，外国文学研究资料丛刊编辑委员会，编. 外国理论家. 作家论形象思维[C]. 北京：中国社会科学出版社，1979：204.

的存在，有他的本质，和任何人不完全相同。每一个经验、每一个灵感或痛苦的一刹那，也都是独特的……亲切地见到经验里各别和独特的地方是想象的成就。”①可见，亲身经历的事物也仍然是靠想象才能把握住的。这其中的原因，克罗齐进行了更清晰的解释。他说：“假如我们设想一个人第一次心里发生形象，那些形象只可能是当前事物的形象，换句话说，只可能是对真实事物的感觉。但是，真实事物的认识必须以真实形象和虚幻形象的辨别为基础；一个人初次心里有形象的时候还不会辨别真幻，所以他有的只是纯粹的形象，不是感觉，因为对他来说，无所谓真实或虚幻。对他来说，一切都真，也就是一切都幻……形象观感就是对真实存在事物的感觉和对可能存在事物的想象二者的无区别的混合。”②所谓客观真实的认识在第一次面对对象的时候应该是最直接最纯粹的，也就是威尔赖特所说的“面临的想象”，直接面对事物时可以排除概念的干扰，直面事物本身。然而，这种直面的结果却是真幻不分，无法分辨是真是幻，更何况在人们面对对象时是不可能真正地不带任何干扰、任何杂念地直接面对对象。杜威对此已经做出明确的论述：“一切有意识的经验都必定多少有些想象的性质。生物和环境的彼此起作用是一切经验的根本。从过去经验里获得的意义渗入了这个经验，才使它成为有意识的经验，成为感性的事物。只有通过想象的门径，过去经验里获得的意义才能掺和到当前的互起作用里去。换句话说，我们已经看到，有意识地把新的和旧的配合调整就是想象。”③新的经验里不可能排除旧的经验，否则就没有意义；而旧经验一旦与新经验融合，这就是想象，就不再是纯粹的客观真实。所有这些论述都证明了一个基本的理念：即使像威廉斯那样的以亲身经历的记录塑造出的中国形象，也不是客观的。更何况威廉斯的外交官身份早已决定了他所塑造的中国形象已有先入为主的预设，他的文本中所提供的那些素材都是为了证明这个预设的。

其次，现实性的乌托邦中国形象虽然不是客观的，但也毕竟不是扭曲的、夸张的。它是冷静的、理智的。作为一种特殊的异国形象，与其他两类

---

① 威尔赖特.燃烧的泉源[A].钱钟书，杨绛，译.中国社会科学院外国文学研究所，外国文学研究资料丛刊编辑委员会，编.外国理论家.作家论形象思维[C].北京：中国社会科学出版社，1979：204－205.

② 克罗齐.美学[A].钱钟书，杨绛，译.中国社会科学院外国文学研究所，外国文学研究资料丛刊编辑委员会，编.外国理论家.作家论形象思维[C].北京：中国社会科学出版社，1979：195.

③ 杜威.艺术的经验观[A].钱钟书，杨绛，译.中国社会科学院外国文学研究所，外国文学研究资料丛刊编辑委员会，编.外国理论家.作家论形象思维[C].北京：中国社会科学出版社，1979：198.

异国形象的差异在于它与被想象的他者的自我想象具有同步的一致性。这种同步的一致性使得主体与他者之间的文化对话成为可能,或者说为两种不同文化的对话奠定了基础。所谓同步的一致性是指在想象主体所塑造的异国形象的相同时期,被想象的他者也想象出了相同的自我形象。在跨文化形象研究中我们可以看到,跨文化想象中想象主体与被想象的他者往往想象出不同的形象,同一个历史时期想象出相同的形象的这种同步现象确实不多见。不同时期的错位想象像是更常见的现象。比如 20 世纪初,西方的作家和学者想象出异国情调的乌托邦中国形象时,中国人自己的想象却是军阀混战、哀鸿遍野的乱世形象。这就是一种时间上的错位。西方人所想象的中国形象在意识形态与乌托邦之间的转换周期与中国人自己想象的意识形态与乌托邦形象转换的周期是不同步的,转换的频率也不一致。这是跨文化形象历史上的常态。但是威廉斯所塑造的黎明中的中国形象却与中国人自己想象的改革开放的中国形象偶遇了。这当然不仅仅是一次历史的巧合,而是中美两个不同国家历史发展过程中的一次合理的交集。如前所述,美国在走出 70 年代的低谷之后,正好在 80 年代走向复苏和繁荣。它需要、也希望中国不再封闭、僵化,希望中国走上现代化道路,变成一个可以理解、可以预期、可以接触、可以交往、可以合作的国家。这是黎明中的中国形象形成的历史文化背景。对于中国而言,百废待兴,正在调整国策,建设四个现代化,具体的途径就是改革开放。这是中国人的信心与希望之所在。尽管中美两国对于中国的改革开放的理解有很大差异,但是那种满怀希望、充满信心的态度却又是一致的。

共同的想象是交往对话的基础,因为中美双方对于中国的想象中包含着对中国历史走向的相似判断,而且双方都认定中国的未来发展是有利于双方的利益。黎明中的中国形象是美国的历史文化语境的建构物,其中包含着对中国改革开放的信心,当然也折射出了美国价值观念,这种价值观念对于中美关系的判断是美国需要中国走向现代化,一个繁荣的、现代的中国符合美国的利益。改革开放的中国形象作为中国人的自我想象当然包含着中国人对中国实现现代化的希望和信心。它在追求国家富强的同时,也给其他民族国家带来利益。中国自认是和平的力量,它在追求现代化的过程中需要和平的国际环境,这样的自我形象对于美国而言当然也是有利的。这种黎明的中国形象其现实意义和价值就在于为中美双方的交流、对话奠定心理基础与舆论基础。因为形象毕竟是集体想象物,它是一个时代民众的基本观念、基本立场的感性表达。看似街谈巷议,其中却是特定时代民众(甚至整个国家)的基本思想和智慧的自然流露,既浅显又深邃。

再次，现实性的乌托邦中国形象改变了美国自我与中国他者的关系，从对立的我—他关系，转变为对话的我—你关系，从而为文化的融合提供了可能性。在典型的形象类型中，无论是在意识形态形象还是在乌托邦形象中，想象主体与他者之间都是我—他关系。因为丑化的与美化的异国形象都是将他者作为一种外在于自我的任由主体进行夸张扭曲的绝对他者，这样的他者是一种异在，是一种不同于自我的存在。但是在现实性乌托邦形象中，他者不是这样的陌生人，而是一个可以面对面交流的朋友。巴柔说："与'狂热'所要求的机械的文化适应相对立的，是通过'亲善'而发展起来的真正的'文化对话'。'憎恶'以对他者的排除和象征死亡为前提，而'亲善'则力图使人不得不采用一种困难的，要求很高的方法，它要求承认那个存在于'我'旁边，与'我'相对，既不高于'我'，也不低于'我'的'他者'，这个'他者'是独特的、不可替换的。倘若联想到哲学家埃马纽埃尔·勒维纳斯有关道德的思考，那么用'亲善'的态度就会注意到他者，并会发现他有一张'面孔'。毫无疑问，这是因为注视别人的目光也会返回到自我身上，而投射到自我身上的目光并未忘记绕经别人那里，'亲善'的他者恰是一个'别人'，这是一个可能用伦理术语思考的'他者'。"①这个既不高于我，也不低于我，存在于我身旁的他者，这个伦理意义上的他者，是一个"他我"，就是一个"你"。在现实性乌托邦形象中也存在着巴柔所说的这种亲善态度的元素，所以想象主体把他者当成一个可以平等对话交流，可以促膝谈心的朋友。这个异国形象至少有两个特别的意义：其一，想象主体不仅渴望借他者形象来表达自我、改造自我，而且也试图以平等的态度推动他者的改变。如果在传统的乌托邦形象中想象主体是要借异国形象改造自己，那么，在现实性乌托邦形象中，主体与他者都将在平等的对话交流中进行改造，他们互相改造。其二，因此现实性的乌托邦形象就成为不同文化走向文化融合的契机，因为不同文化的互相改造就意味着互相吸收对方的元素，建立更多的共识。这个方向就是一种全球共同文化的方向，而现实性的乌托邦形象正是达成这种共同文化的必由之路。在这个意义上，现实性的乌托邦形象化解了文化对立，打破了各种形式的文化例外论，将各种文化对自己文化独特性与差异性的追求扭转到对文化共同性的追求。这样的跨文化想象才从癫狂的扭曲中回归到平静理智的状态中。

现实性的乌托邦形象虽然如此重要，但却并不多见。在跨文化形象研

---

① 达尼埃尔-亨利·巴柔. 从文化想象到集体想象物[A]. 孟华，主编. 比较文学形象学[C]. 北京：北京大学出版社，2001：176－177.

究中，我们所看到的更多的是传统意义上的意识形态或乌托邦的异国形象。就在威廉斯塑造黎明中的中国形象的同时，仍有美国人津津乐道于将中国想象成一个混乱、肮脏、落后、麻木的国度（如考林·萨布伦的《大墙之内——中国见闻录》）。随着改革开放的不断深入，乐观的情绪逐渐抬头，中国形象又开始变得理想化了（如哈佛大学东亚研究所主任埃兹拉·沃格尔的《经济特区：新体制的试验田》）。但不管是丑化还是美化，美国的中国形象仍然难以摆脱两极状态，真正的平等并没有因为黎明中的中国形象而到来。现实性的乌托邦形象只有在特定的时间点上才会出现，正因如此，它才更显得珍贵。

第六章　证明性文本中的“威胁”幻象

“中国威胁论”是一些西方国家为主的利益集团将中国作为或直接或间接的对手的一种论述。就影响力来看，美国无疑是“中国威胁论”的主要舆论场。就其构成看，中国的“军事威胁”是其核心内容，同时还有“经济威胁”“政治意识形态威胁”甚至“生态环境威胁”“道德观念威胁”等不一而足。就其来源看，“中国威胁论”至少有上百年历史，早在20世纪初的“黄祸论”中就已成型，此后在20世纪50年代的朝鲜半岛战争期间及之后的一段时间又被提起，20世纪90年代至今，新一轮的“中国威胁论”又甚嚣尘上，不绝于耳，甚至愈演愈烈。这种“中国威胁论”文本的首要特征是先入为主地预设了中国的负面形象，然后罗织一些材料来证明这种预设，并将这种预设具体化。因此，这些文本都是典型的证明性文本。这种“中国威胁论”文本以政论及学术著作为主要文体，其中的逻辑经不起理性的分析，所以它常常用修辞技巧来进行煽动，从而形成时效性特征。这些文本也是高度相似的，互文性特征也很明显，往往用陈词滥调来进行宣讲，靠重复谎言来制造舆论。美国国际关系与国际政治学者约翰·米尔斯海默(John Mearsheimer)的《大国政治的悲剧》就是这种证明性文本的代表。① 首先，这部学术著作是用逻辑论证的方式来进行表述的，先预设了自己的理论基础和立场，并进行了逻辑的分析论证，同时又用历史上的事件作为材料进一步验证，然后又用这种理论来阐述了历史上的重要事件，以证明这种理论的有效性，最后用这套理论预测了未来几十年中可能出现在国家之间的竞争与冲突。总之，它是一个用学术话语来表述自己的观点的文本。其次，这种理论本身存在着非科学的或艺术化的特性。其中的关键预设是建立在想象性的推论的基础上的，所以它又带有虚构性。从这个意义上说，即使这使用了学术话语来表

① 约翰·米尔斯海默的《大国政治的悲剧》2001年出版，2002年由王义桅和唐小松译为中文，由上海人民出版社出版，2008年又出版了中文新版。2014年约翰·米尔斯海默对该书进行了修订，第十章改为专门论述中国问题。修订版的中文译本于2015年出版，2021年再版。

述，它的性质也不是自然科学那样的实证性的真理性文本，而是一种主观性的想象的文本，所以它对中国的论述并不真实，而是一种文化想象，这部学术著作也就成为一个证明性的形象文本。再次，在它的论证脉络之中隐藏着对于中国形象的描述，这些描述有些是为论证服务的，有些则是在论证过程中无意之间对于西方文化传统与现实社会中的集体想象的运用。因此，它在论述的过程中还编织进了关于中国形象的信息，这也使它在论证自己的观点的同时又塑造了中国形象。深入解读这个文本可以为批判这一类文本所制造的谎言提供基本方法。在跨文化形象研究中，我们必须首先关注的是这种文本塑造的意识形态化的中国形象的理论预设是什么样的，然后再分析这种形象是如何形成的，并解读其中的文化意义以及促使其产生的文化状况与现实矛盾。

第一节　“中国威胁论”的错误预设

米尔斯海默的《大国政治的悲剧》在西方的“中国威胁论”中占有举足轻重的地位。这部国际政治研究领域中的名著，从跨文化形象学的角度看，也是一部典型的证明性文本。它先预设了一个理论命题、一个论点，然后通过对这个命题和论点的论证来塑造中国形象。中国形象的类型在理论预设中就已先入为主地确定了，而论证的过程中所提供的所谓证据也就成为塑造中国形象的材料。所以，尽管这部学术著作有其学科内的学术化特征，但是作为形象学中的证明性文本，它所塑造的中国形象仍然是一种文化想象。更何况，这个文本还与“中国威胁论”中的其他文本共同构成了西方社会中的集体想象物，形成了一个舆论场，参与了“中国威胁论”的大合唱。在跨文化形象学领域中，它的想象性就彻底暴露出来了。

那么，作为一个证明性文本，《大国政治的悲剧》中的“中国威胁论”是建立在怎样的理论预设上的？这种理论预设存在哪些问题？从跨文化形象研究的角度看，这个证明性文本的想象性体现在哪些方面？

一、《大国政治的悲剧》的理论预设

《大国政治的悲剧》中所预设的“中国威胁论”主要有三个论点。一是“如果中国成为一个经济增长中心，它必然会把经济实力转化为军事能力并

主宰东北亚……简单地说，当中国的权力增长后，美国与中国势必成为对手”[①]。“一旦中国变得特别富裕，它很容易成为一个军事超级大国，并挑战美国。”[②]这个预设是从全面对抗的战略意义上说的，它把中国与美国的关系从性质上定性为对抗或敌对关系。这是米尔斯海默的“中国威胁论”的基本前提。二是“中国复兴是21世纪以来最重要的国际政治问题，而我要讨论这个最重要问题里最最重要的问题，那就是中国能不能和平崛起……虽然很多人预测中美不会打仗，我却认为两国很可能爆发战争”[③]。简而言之，中国不会和平崛起。三是他预测“中国经济如果继续增长，就会像美国支配西半球一样支配亚洲。美国却要全力以赴阻止中国取得地区霸权”[④]。这个预测实际上是米尔斯海默关于“中国威胁论”的具体表述，与全面对抗及中国不会和平崛起的预设相匹配，中美两国在亚洲的地区性对抗成为他的“中国威胁论”的具体内涵。中美关系全面对抗的性质在亚洲转化为具体的情势，也成为“中国威胁论”中一个具有实际所指的现实性的命题。

这种耸人听闻的“中国威胁论”在西方的舆论环境中并不独特，甚至只是一种平庸的论调。早在1997年美国的两位记者理查德·伯恩斯坦和罗斯·芒罗在《即将到来的美中冲突》一书中就提出过类似的观点，他们也认为中国的复兴会对美国形成挑战，特别是在亚洲，会威胁到美国的地位，破坏美国在此已长达几十年的统治。[⑤] 可以说，米尔斯海默的“中国威胁论”并无新意，那么他的特别之处在哪里？作为一位国际关系与国际政治领域的学者，他对自己的“中国威胁论”所提供的理论预设使他的观点具有更加学术化的表达方式。他的“中国威胁论”是建立在怎样的理论预设上的？

（一）进攻性现实主义的理论构成

米尔斯海默的“中国威胁论”是建立在进攻性现实主义的理论预设上的。这种理论由五个命题组成：国际体系处于无政府状态；大国本身具备某些用于进攻的军事力量，为其彼此伤害甚至摧毁提供必要的资本；国家永远

① 约翰·米尔斯海默. 大国政治的悲剧(修订版)[M]. 王义桅，唐小松，译. 上海：上海人民出版社，2021：2.

② 约翰·米尔斯海默. 大国政治的悲剧(修订版)[M]. 王义桅，唐小松，译. 上海：上海人民出版社，2021：63.

③ 约翰·米尔斯海默. 大国政治的悲剧(修订版)[M]. 王义桅，唐小松，译. 上海：上海人民出版社，2021：22.

④ 约翰·米尔斯海默. 大国政治的悲剧(修订版)[M]. 王义桅，唐小松，译. 上海：上海人民出版社，2021：391.

⑤ 约翰·米尔斯海默. 大国政治的悲剧(修订版)[M]. 王义桅，唐小松，译. 上海：上海人民出版社，2021：9.

无法把握其他国家的意图；生存是大国的首要目标；大国是理性的行为体。① 在米尔斯海默看来，这五个条件是大国之间发生冲突的原因之所在。五个条件不是孤立的，而是有其内在的逻辑的。国际关系的无政府状态是他对国际社会或全人类所面临的现实状况的基本判断，也是他的基本预设。这个判断借用了霍布斯对于人类社会的现实状况的论述。霍布斯认为在一个国家内部，由于存在着权威与等级秩序，人们的社会生活以及国家的运行是有序的，个人为了生存所产生的与其他人的矛盾可以在这个秩序中得到解决。但是国家与国家之间的关系却没有这样的秩序，不同国家都是独立的实体，没有一个权威可以协调国际关系，解决国际争端，国家之间为了生存就只能处在无序竞争的无政府状态。② 米尔斯海默也认为这种无政府状态是国家之间关系的现实状况，不同国家之间的竞争是无序的，存在不可调和的矛盾。他认为全球各国家都处在自然竞争的状态，没有一个霸权国家可以协调解决不同国家的利益之争。所以，不同国家就陷入各自争利的无政府状态中。他说：“由于任何国家都不可能取得全球的霸权，因此整个世界充斥着永久的大国竞争。这种对权力的无情追逐意味着大国可能倾向于伺机使世界权力的分配朝有利于大国的方向改变。一旦具备必要的实力，它们就会抓住这些机会。简言之，大国存有进犯的预谋。然而，一个大国为了获取权力，不但要牺牲他国利益，而且会不惜一切代价阻止对手获得权力。因此，当权力隐约出现有利于另一国的变化时，大国会极力捍卫均势；而当有可能出现有利于本国的变化时，它就会抓住机会，想方设法打破平衡。”③正是基于对国际关系的无政府状态的判断，米尔斯海默才认定任何一个国家在这种混乱的状态中首要的目标是生存，每一个国家都处在朝不保夕的安全困境中，都处在危险的境地，所以必须穷尽一切手段，不择手段地保全自己，让自己的国家生存下来是第一要务。可以在这种无政府状态中，每一个国家都为了自保而不择手段，所以必然的结果就是这种混乱无序的状态愈演愈烈，每一个国家都无法揣测其他国家的意图，国家之间又陷入信任危机中，不但不相信其他国家的承诺，更不知道其他国家明天会有何种

---

① 约翰·米尔斯海默. 大国政治的悲剧(修订版)[M]. 王义桅，唐小松，译. 上海：上海人民出版社，2021：34－35.

② 霍布斯·利维坦[M]. 黎思复，黎廷弼，译. 北京：商务印书馆，1986：128－129. 霍布斯的理论建立在人在自然的状态下为生存而进行无序竞争的预设之上。国家的建立是为了解决群体内部的秩序问题，但国家之间的关系仍然是无政府状态的，他寄希望于“自然的上帝国(天国)”来解决不同国家之间的无序竞争问题，只能是一种信仰或道义的乌托邦。

③ 约翰·米尔斯海默. 大国政治的悲剧(修订版)[M]. 王义桅，唐小松，译. 上海：上海人民出版社，2021：2.

行动。因此，每个国家都是处在恐惧与畏惧之中的。处于这样的恶劣境况中的国家为了生存就只有一个选择，那就是发展军事力量，靠武力在此危局中求生存，尔虞我诈、弱肉强食成为国际关系中的基本生存法则。所以每个国家都必须变成“理性的行为体”，这里所说的理性，不是指按合理的规则行事，也不是指处理问题要讲究逻辑性，而是指认清自己所处的环境，认清混乱无序的现实，从这个现实出发，为自己找到最有利的行为方式。理性即意味着对自己的实力与周围的环境有清醒的认识，选择对自己最有利的方式处理问题。

米尔斯海默的这种现实主义理论在国际政治与国际关系研究领域中当然有其自身的学术传统，从古希腊时代修昔底德的《伯罗奔尼撒战争史》开始，这种以武力争取利益甚至地域统治权的观念就形成了。在这部历史学名著中，修昔底德记述了雅典人与斯巴达人的战争，相对强大的雅典人对相对弱小却又不愿臣服的斯巴达人发动了战争。战争理由就是：“强者能够做他们有权力做的一切，弱者只能接受他们必须接受的一切。”[①]这种赤裸裸的强权政治就是国际政治与国际关系研究领域中现实主义理论的起点。当然，我们也可以在马基雅维利的权力理论，霍布斯的无政府状态理论中发现现实主义的脉络，当代理论家摩根索的武力带来权力优势的理论，华尔兹的通过自身权力最大化地化解安全困境的理论则是现实主义理论的新发展。米尔斯海默的进攻性现实主义并不是独创的，而是在这种崇尚武力与权力的现实主义思想谱系中孕育出来的。在现实主义理论内部当然各理论家之间也有分歧，比如华尔兹的结构现实主义与米尔斯海默的进攻性现实主义之间就有所不同，华尔兹更强调不同国家之间的关系所构成的权力结构系统的重要性。因此，他认为每个国家在追求权力时更看重自身在这个结构系统中的地位，只要这个地位是安全的，它就不会追求超过其他国家的绝对优势，不会追求霸权，相反，这个国家则更可能维护这种均衡关系。尽管国际关系是无政府状态的，但是这种无政府状态所产生的功能是迫使不同国家做好防范，维护而不是打破均势。所以，华尔兹的现实主义又被称为防御性的现实主义。但米尔斯海默的现实主义则更强调绝对的权力优势或霸权的重要性，他不太相信结构系统可以带来安全，而相信绝对的权力才会带来安全。所以，他认为任何一个国家都追求超过其他国家的实力，追求霸权，而不是维护自己在权力结构系统中的位置。这也是他的理论被称为进攻性现实主义的原因。

---

① 修昔底德. 伯罗奔尼撒战争史[M]. 谢德风，译. 北京：商务印书馆，1985：415.

但是无论这些现实主义理论家之间存在多少分歧，他们之间的共同之处还是很明显的。其一是现实主义理论对国际关系的判断都是悲观的，无政府状态是他们对国际关系的基本共识。其二，任何国家都靠自己的军事实力维护自己的安全，这是现实主义理论家的另一个共识。他们都相信只有靠军事实力才能使一个国家争得生存空间，即使是结构现实主义也认为只有相应的军事实力才能维护自己在国际关系结构中的地位，没有了实力，地位也终将不保。其三，每个国家为了自身的安全必然要提升自己的实力，经济发展、科技发展、人口与社会发展这些潜在的实力最终都要转变为军事实力，军事实力才是真正有效的、有用的实力。其四，任何一个国家提升了自己的实力之后都会为自己争取更大的生存空间，对外扩张是大国的基本发展目标，尽管每一个国家的意图都难以揣测，但是对外扩张是基本的方向和目标。所以，大国都是修正主义国家，他们的崛起必然会修正现有的权力关系的版图。正如有学者所说：“权力是国际关系理论最重要的概念之一，也是现实主义理论的核心变量，在现实主义这个框架或范式内的理论都离不开对权力及其逻辑的分析。虽然现实主义者在关于权力的定义上并没有达成一致，也没有提供测量权力大小的可行方法，但他们却发展出了严密而令人信服的一套国家逻辑。”“现实主义者对人类自身发展状况和建立美好世界的理性能力以及所谓的道德进步力量持悲观怀疑态度。”①这种悲观的、没有温度的理性分析是否令人信服另当别论，但他们对国际关系与残酷竞争的分析倒的确是一致的，“现实”得令人吃惊。

这种现实主义理论何以形成？作为国际关系和国际政治理论，它直接的研究对象当然是现实世界中的问题，既是对历史上发生的事件的分析也是对研究者所处的时代所面临的国际关系的研判。面对这些真实发生的历史事件或正在发生的现实关系，现实主义理论家为什么会用如此赤裸裸的强权思维来思考问题？除去具体的现实原因之外，从理论基础上看，这种现实主义理论的哲学基础应该就是物质主义。所谓物质主义是指以物质利益来衡量一切，将世界简化为物质力量的思想体系。这种思想与唯物主义表面上相似，实际上有本质的不同。唯物主义也相信世界的本源是物质的，而不是意识的，这一点与物质主义相似，但是唯物主义从物质决定意识这个根本立场出发，承认人的意识的重要性，承认人的思想观念在人类历史发展中可能产生积极的重要作用，而物质主义却否认精神、情感、道德、文化传统的作用，只相信武力，认为人类所面临的问题都可以靠武力解决。这种物质主

① 余建军.悲观来源于何处？[J].欧洲研究，2005，(01)：34－48.

义思想在终极的意义上把人类社会的关系也简化成了能量关系。这种物质主义虽然在古希腊时代就已经形成，但是到启蒙运动时代科学理性兴盛之时才确立了统治地位。其具体的体现就是工具理性。世界被简化为可以用科学方法计算的数字化的存在。这种科学化的工具理性，哈贝马斯也称之为“经验—分析的科学”，他说：“经验—分析的科学（die empirisch-analytischen Wissenschaften）是在这样一种自我理解中发展它们自己的理论的，这种自我理解认为，它同最初的哲学思维的连续性是在不受任何强制的情况下建立起来的：经验—分析的科学遵守从独断论的联系中和从自然的生活兴趣的令人迷惑的影响中解脱出来的理论观点，并且采用宇宙学的观点从理论上如实地描述具有自身规律的宇宙”。① 这种以科学的态度看待世界的理性精神，在面对国际关系这样的与历史和文化相关的问题时，也是以客观性为依据来判断的，它把历史与文化等阐释性的问题转化为经验—科学的客观性问题。“这尽管不算是科学家夺取了国家的权力，但是，行使内部统治权和维护国家政权抵御外部敌人的合理化，不再仅仅是由于分工组织起来的、按权限规定的、受法定规范制约的行政管理活动的调解；相反，行使内部统治的结构和维护国家政权抵御外部敌人的结构再次发生变化，是由于新的技术和战略的客观规律性（die Sachgesetalichkeit）”。② 这种按客观规律性来处理现实中的对外关系的思维也正好在与米尔斯海默所说的现实主义理论中的五个预设中的理性化相一致。这种理性化是按现实利益为盘算的原则，而这也正是其哲学基础中对客观规律性的坚守在现实生活中的具体体现。客观规律性的本质不是一套科学的理论，而是一种对现实的物质主义或客观主义的信仰。

与这种物质主义哲学相关的另一个维度就是现实主义理论对人性恶的无情笃信。现实主义理论对国际关系无政府状态的判断，以及各个国家为了自己的生存而不择手段地提升自己的武力并压制其他国家的这些观点都是基于人性恶的基本判断。正是因为相信人性本质是恶的，所以现实主义理论家对任何国家都不信仰，更不会对于道德理想抱有幻想，他们眼中只有赤裸裸的生存欲望，只有为了确保自己安全的强烈冲动与不择手段的算计。这种对人性恶的笃信，使得现实主义理论并不会因为其他国家的武力行动而谴责它，更不会因为自己的扩张而内疚。这种对人性恶的笃信又是以物

① 哈贝马斯. 作为“意识形态”的技术与科学[M]. 李黎，郭官义，译. 上海：学林出版社，1999：120.

② 哈贝马斯. 作为“意识形态”的技术与科学[M]. 李黎，郭官义，译. 上海：学林出版社，1999：98.

质主义为前提的，现实主义理论家把人还原为动物，把人性简化为动物的本性，人类历史上所积累的人文传统与道德理想都被搁置在一边，把为生存而不择手段的动物性作为人性或人的本质。这种以动物性为基础的人性恶理论在西方有其理论基础，至少在达尔文的自然选择论（物竞天择）中就有科学化的论述，他说：“就像每一种其他动物那样，人类之所以能够进步到这样高的地步，无疑是通过迅速增殖所引起的生存斗争而完成的；如果人类更向高处进步，恐怕一定还要进行剧烈的斗争……所有的人均应参加公开竞争；不应以法律或习惯来阻止最有才能的人获得最大的成功并养育最大数量的后代。”①达尔文这种把人等同于动物的竞争论无疑与米尔斯海默的进攻性现实主义理论异曲同工，都把人的竞争简化为动物性的生存竞争，胜者为王。除了达尔文，当代思想家中孔拉德·劳伦兹的敌对行为理论也与米尔斯海默声气相通。劳伦兹认为：“人天生地具有一种对我们自己的物种采取敌对行为的冲动……因为人最具破坏性的争斗不是发生于个体之间，而是在群体之间，如发生战争、种族清洗以及暴乱中。他推测，在我们的祖先进化的一定阶段，主要的威胁大概来自其他的类人动物群。因此好斗的品质可能具有保存群体的价值，而那些聚集在一起的群落最有效地同其他的群体战斗，它们生存的时间往往最长……具有这种热情的人群可能会激动地挑衅他们感到是异己的别的群体，从而失去所有的理性的控制能力，完全不顾道德上的禁止规定。我们的武器技术现在已经发展到这样的程度：我们发现我们自己处于高度危险的境地中，既有造成大规模破坏的手段，又有在某些情况下使用这些手段的意愿……”②劳伦兹的这种观点与米尔斯海默等现实主义者关于人性的理解可以说是如出一辙，他们都把人性不愿为动物性，在动物的生存竞争的意义上，突出了人性的恶，而把在文明发展的过程中所形成的向善的道德传统置之不顾，从而将人性纳入到竞争的恐惧与手段的残酷之间的恶性循环中。人性恶也就成为他们对人性的基本判断。尽管我们没有直接的证据证明米尔斯海默等现实主义理论家受到了达尔文或劳伦兹的影响，但是他们之间的互文关系是确凿无疑的。因此，可以说达尔文与劳伦兹的人性恶理论为现实主义者的国际政治理念提供了哲学基础。

（二）对进攻性现实主义的批判

既然米尔斯海默的“中国威胁论”有现实主义理论传统作为支撑，又有

① 达尔文.人类由来及性的选择[M].叶笃庄，杨习之，译.北京：北京大学出版社，2009：411.

② 莱斯列·斯蒂芬森，大卫·哈贝曼.世界十大人性哲学[M].施忠连，译.上海：复旦大学出版社，2007：255.

物质主义和人性恶理论作为哲学基础，那么这种理论应该是经过严肃的论证的，那么，为什么我们认为这种“中国威胁论”是错误的预设？它到底错在哪里？

首先，在国际政治和国际关系研究领域中，已有不少理论家对于米尔斯海默的进攻性现实主义理论提出了批评，并对国际关系中的现实问题提出了更合理的解释。如前方所述，即使在现实主义理论内部，其他现实主义理论家也并不都像米尔斯海默这么极端地把武力作为衡量一切的标准，把对霸权的追求作为一个国家的终极目标。比如防御性现实主义对此就并不认同。而对于米尔斯海默的批判更有力的则是主张和平论的思想家和建构主义思想家。和平论主要包括国际制度和平论、经济相互依赖和平论、国际组织和平论等具体的分支。它们是在康德的永久和平论的基础上发展起来的当代理论，与现实主义相反，这些和平论思想一般又被称为自由主义。它对现实主义的批判主要集中在三个方面，即人性问题、国家的行为主体问题和国际关系的状况问题。在人性问题上，和平论者反对现实主义把人性归结到动物性上，认为人类的文化传统、道德思想、文明规范等等历史文化因素都会在人类的行为中产生作用，甚至是决定性作用，人类不可能动辄诉诸武力，更不会是依仗武力来决定自己的领地范围，为满足自己的私欲杀戮其他族群。在行为主体方面，和平论者并不把国家作为独立行事、为所欲为的主体，而是相信各种地区性全球性的组织会对国家的行为进行约束，至少会产生影响和制约，而反对现实主义所预设的国家可以按照自己的实力来扩张的观点。在国际关系方面，和平论者虽然也看到世界上缺少一种权威来协调解决国际事务的现状，但是他们并不认为国际关系就如现实主义者所说的那样处于无政府状态，正如有学者所说：“与现实主义思考国际关系的实然不同，自由主义侧重探讨世界的应然层面；与现实主义忧心忡忡于国家间非正式交往方式(战争、冲突)不同，自由主义关注于国家间交往的正常方式——经济、贸易、合作等主题。”①可见，主张和平论的自由主义对于现实主义所关注的核心问题都进行了系统的反驳。和平论者的乐观立场也就与现实主义的悲观立场形成了鲜明的对比。无论和平论者的这种乐观态度是否能持续，但是至少它对国际关系的论述中纳入了更多的复杂因素，而不像现实主义理论那样把国际关系简化为武力关系，就这一点而言，和平论者的理论就更加具有说服力。正如罗伯特·杰维斯(Robert Jervis)所说：“冲突

① 王义桅，唐小松.大国政治的悲剧与国际关系理论的悲剧[J].学术界，2003，(06)：259-268.

并不是世界政治的全部内容，甚至也不是主导性的情形，在许多领域和情况下，各个国家能够通过共同的努力以减轻无政府状态所产生的影响，实现互共赢并规避一些共同的损害。”①这种和平论的自由主义观点更重视合作的重要性，在武力之外寻找经济、制度、外交、文化等各种方式来减少无政府状态所带来的风险，可以说这是一种善意的理论。

与自由主义对现实主义的批判相似，建构主义也重视文化、历史、社会等非物质的因素对于国际关系的影响，进而批评现实主义理论中的物质主义倾向。不过建构主义对于现实主义的批评更深入一步，从思维方式与理论基础上揭示了现实主义理论的错误。其一，在逻辑起点的预设上，现实主义理论将无政府状态作为一种客观存在的事实，并以此为基础展开推论。在建构主义看来，这种无政府状态并非客观事实，而是一种建构。建构主义的代表人物亚历山大·温特就认为无政府状态不是宿命般存在的不可改变的事实，相反，无政府状态是由国家造成的。他说：“无政府状态不像现实主义所描述的那样，它本身根本没有什么逻辑可言；一切都要取决于国家之间共有的观念结构。无政府状态是国家造成的。”②他甚至认为这种所谓的无政府状态并不是一成不变的客观存在的事实，相反，它是文化建构。霍布斯、洛克和康德就分别建构出了不同目的的无政府文化。霍布斯眼中其他国家是敌人，所以国家之间一直处于冲突与战争状态；洛克眼中其他国家是竞争对手，一个国家为自身的生存和自由权利，可能会与其他国家爆发战争，但也可能不会；在康德眼中，其他国家是朋友，所以国家之间不寻求用武力解决争端，而是通过合作互助来化解矛盾。所以即使我们承认国际关系是无政府状态的，那么这种无政府状态的性质也不是只有矛盾冲突，无政府状态是可以有不同的理解的，正是这些不同的理解建构了无政府状态。而米尔斯海默为代表的进攻性现实主义则把霍布斯关于无政府状态的理论看成唯一真理，当成先验预设，其结果就是把这种无政府状态视为“自我实现的预言”，它预设所有国家都相互敌视，结果敌视就成为所有国家的共识，矛盾冲突又因为这种敌视而变成了现实。其二，是对以武力自保的观点的质疑。建构主义认为无政府状态并不必然产生米尔斯海默所说的国家仅能依靠武力保卫自我的结果。温特认为国家的行为产生于对自己所面临的情势的判断，但是无政府状态并不是一个弱肉强食的状态，国家之间的关系也并

---

① Robert Jervis. “Realism，Neoliberalism，and Cooperation：Under-standing the debate”，International Security，1999，24(1)：45.

② 亚历山大·温特. 国际政治的社会理论[M]. 秦亚青，译. 上海：上海人民出版社，2008：33.

不是你死我活的敌对关系。实际上，即使一个国家无法判断其他国家是否有敌意，也不能就用恶意去揣测，从而把国家之间的关系带入恶意的循环。建构主义宁愿相信不同国家之间可以通过合作体系的建设来确立共同遵守的规则与规范，形成一种非武力的体系来实现自助（实际上是体系成员之间的互助），避免以武力冲突解决问题的零和游戏。温特说："国家可能比个人更趋于以自我利益的方式定义其客观利益。……但是，问题不是是否存在压力，迫使国家必须寻求自我利益——的确存在这样的压力。问题是国家是否可以超越这样的压力，把自我的界线扩大至包含他者的范围。国家在一开始这样做的时候可能是出于自我利益的考虑，但是随着时间的推移，这种认同得以内化，一群国家就会认为它们属于'我们'之列。到那个时候，这个群体的成员之间在涉及整个团体事务的时候就不会再各自寻求自我利益了。"①实际上，只要我们冷静思考就会明白，即使是武力强大的国家，在扩张的过程中也必会受到损伤。弱小国家的抵抗也一定会产生作用，没有一个国家在扩张过程中可以毫发无损。所以真正的自我保护应该是避免冲突。大国尤其应该避免扩张，避免挑起冲突，因为它的强大已经使他国不能威胁它。其三，对其他国家的意图完全不能理解的批判。米尔斯海默的进攻性现实主义理论不相信其他国家为了自保不会进攻。所以他认为所有的大国都有修正现有国际格局的野心，都有扩张的本能。但是建构主义者却反对这种观点，认为不同国家之间的交往与互相了解所积累的历史经验以及在此基础所形成的制度、规则，已经使国家之间的理解和信任成为可能。温特说："从经验角度看，观念往往比物质力量重要得多……在大多数情况下，是观念使物质条件具有意义，不是物质条件使观念具有意义。"②说到底，这又是一种建构的过程。不同国家之间的互相往来、互相研究就是一种建构信任的过程，也是一个建构足以了解对方意图的必备知识系统的过程。当一个国家对另一个国这有了足够的了解，它就完全可以理解、也可以相信对方的意图，准确把握对方的动向，而不是像现实主义者所说的那样除了对方的扩张野心外无法了解其他的意图。因此，建构主义认为无政府状态也并不必然导致其他国家无法理解、无法信任。

自由主义和建构主义对现实主义的批判在国际关系与国际政治研究领域有广泛而深入的讨论。比如有中国学者从本体论、认识论和方法论三个

---

① 亚历山大·温特. 国际政治的社会理论[M]. 秦亚青，译. 上海：上海人民出版社，2008：235.

② 亚历山大·温特. 国际政治的社会理论[M]. 秦亚青，译. 上海：上海人民出版社，2008：253.

方面对这三种理论流派进行了清晰的区分。在本体论上,"现实主义的本体世界是物质主义的……进攻性现实主义所强调的国际无政府状态和物质力量分配是典型的物质主义特征,进攻性现实主义把这种物质主义的观点推到极致,以至于人们很容易将进攻性现实主义所言的权力与军事性权力(特别是核力量)等同起来。自由主义的本体世界是由连接物质世界和观念世界之间的制度组成。这制度既反映了物质世界的客观映射和结果,同时作为一种观念的产物也表达了人们的主观动机和能动性努力""建构主义的本体世界是由国家间的观念和文化构成的。建构主义认为,单纯地描述和分析物质是没有意义的,物质世界需要放在一定的社会背景和社会意义下去理解。因此,建构主义的本体世界是观念主义的,即那些理解和观察物质力量的观念才是国际政治中的决定性力量"。① 在认识论方面,"现实主义主要表现为一种机械的反映论,即认为人类的认识是物质世界的客观反映,同时人类对充满了冲突和战争的物质世界除了顺从之外无能为力。自由主义表现为一种能动的反映论,即认为人类可以用理性构建的国际制度消解国际冲突发生的可能,并通过国际层面和国内层面各行为体的良性互动最终实现一种国际秩序。建构主义则表现为一种发生学的认识论,即作为施动者的国家与作为情境的国际体系结构之间存在一种互相构成的关系,而国际政治的理解需要放在这一互动的过程之中"。② 在方法论方面,"现实主义是一种整体主义的方法论。现实主义的经典作品往往偏好战争与国际冲突这样的宏大主题,并习惯用历史社会学的整体主义方法介入这些主题的研究,自由主义则持一种个体主义的方法论,其研究往往从个体出发,关注个体对整体的构成性作用。自由主义的研究如公共外交、国家与社会的关系、国内政治分析等往往从公民或社会集团出发。自由主义的经典作品偏好使用博弈论或理性选择模型等个体主义的方法来讨论国际合作问题。建构主义的方法论在整体主义与政体主义之间。一方面建构主义主张的文化概念表现出一种主体间性,这意味着文化是由个体组成的,个体间的互动构成了文化的内容;另一方面,文化表现为一种整体的意义,并且作为个体选择的背景产生影响,建构主义的著作在具体方法上偏好个案分析和诠释学

① 高奇琦.现实主义与建构主义的合流及其发展路向[J].世界经济与政治,2014,(03):87-110+158-159.

② 高奇琦.现实主义与建构主义的合流及其发展路向[J].世界经济与政治,2014,(03):87-110+158-159.

方法”。[①] 这些论述对跨文化形象学的启示是：以米尔斯海默为代表的进攻性现实主义在国际关系研究中已经受到了来自不同理论流派的批判，现实主义虽然声称反映所谓的客观事实，但实际上它也仅仅是一种理论，一种带有强烈倾向性的立场，它所论述的只是从霍布斯式的自然竞争的无政府状态的预设出发的一家之言。尤其值得注意的是温特的建构主义理论与米尔斯海默的进攻性现实主义理论产生的背景是相同的，都产生于20世纪90年代，但是温特所看到的国际关系远比米尔斯海默要积极与乐观，这也从另一个方面证明了进攻性现实主义并非对现实的唯一解释，而是与其他的“中国威胁论”一起形成的集体想象物中的构成元素。

二、进攻性现实主义理论的逻辑缺陷与现实困境

（一）逻辑缺陷

如果说国际关系与国际政治研究领域中的自由主义与建构主义对现实主义的批判还是属于不同学派之间的学术争论，互相之间各有攻防，难分胜负，那么对于米尔斯海默的进攻性现实主义理论的逻辑论证缺陷的分析就直接揭示了这种理论的错误之处，其理论的可靠性也就必然要受到质疑。米尔斯海默的进攻性现实主义的理论逻辑主要存在以下几个方面的缺陷。其一是把理论概括与简化相混淆，以简化代替概括。理论概括是对事物的本质与规律的提炼，虽然也以抽象的形式表述出来，但是这并不是以偏概全，更不是将复杂的事物进行简单化，不是将复杂的因素排除掉，保留简单的部分。简单化的处理实际上把事物本身改变了，删减了事物的复杂部分，只看到事物的简单部分，结果必然无法看到事物的本质和规律。米尔斯海默自己承认了自己的理论不可能解释所有的现象，承认了自己对现实做了简化的处理，但他却把这种简化说成是理论概括，这就是一个理论逻辑上的致命缺陷，也是他看不到国际关系中各种复杂因素所起的作用，只看到赤裸裸的武力的根本原因。

其二，他的理论论证过程存在解释与验证的错乱。有学者指出，米尔斯海默在《大国政治的悲剧》一书中的理论建构线路图包括提出命题——解释命题——验证命题——预测命题四个环节。[②] 提出命题就是本书前文所讨论的以国际关系的无政府状态为核心的五个理论预设，这构成了米尔斯海

---

① 高奇琦.现实主义与建构主义的合流及其发展路向[J].世界经济与政治，2014，(03)：87－110＋158－159.

② 吴金平，谭笑.浅析米尔斯海默的进攻性现实主义理论[J].暨南学报（哲学社会科学版），2009，(03)：96－100＋108.

默的进攻性现实主义的逻辑起点。这五个理论预设存在的问题已经受到了自由主义和建构主义的批评，我们已经进行了介绍，不再赘述。解释命题就是运用理论预设对当代国际关系进行分析和解释，而验证命题则是运用历史上的事件或经验来验证理论预设，并进而证明对于当代现实的分析的合理性，预测命题则是运用理论预设对于未来的国际关系进行预判。这种理论建构的环节中存在的混乱主要有两个方面，一是运用历史经验对理论预设的验证，是选择性地使用历史材料来为自己的理论预设服务，而不是从对历史材料的全面客观的分析出发概括出历史发展的脉络与规律。这种先预设理论命题再找历史材料的论证方法是先入为主地利用历史材料，存在着观念先行的问题。二是运用历史材料来验证对于当代现实的分析判断时过滤掉了具体的时空环境，虽然说历史上可能出现相似的事件，但是不可能出现完全相同的时空环境，用历史事件来类比当代现实，就忽视了时空环境的具体差异。这样的论证也就存在着时空错乱的问题。既然米尔斯海默的理论前提和历史验证都是存在问题的，那么用这样的理论来预测未来也是难以令人信服的。正如有学者所说：“米尔斯海默在论证进攻性现实主义的时候所使用的大多是 20 世纪 50 年代之前的例子，而且这些例子是经过挑选的，按照米尔斯海默的理论需要提供的历史案例。事实上，其本人也承认，该理论在这一段时期内也有许多例外，但是至于例外的原因，他语焉不详。笔者认为，20 世纪 50 年代之后，随着信息通信技术的进步，全球市场的开拓，国际相互依赖的深入以及全球化和信息化的发展，国际社会的内容已经今非昔比……面对如此众多的社会性、经济性和文化性的力量，大国政治的规律必然受到冲击。如果这样，米尔斯海默的进攻性现实主义肯定不能准确地预测未来，中美冲突不可避免也将是一个杜撰出来的‘神话’”。[①] 从这样的角度看，米尔斯海默所说的大国政治的悲剧在理论论证方面也是难以成立的，它在学术话语的外衣下，掩盖的是一种“中国威胁论”的臆想。

其三，理论论证中生存与权力关系的自相矛盾。在米尔斯海默的进攻性现实主义理论中存在着从国际关系的无政府状态，到各国以生存为目标与动力的安全追求，再到为追求安全而寻求权力的发展路径，以及大国之间互不相让最终导致悲剧的内在理路。在这个基本的逻辑线索中，生存与权力的关系是核心范畴。米尔斯海默把生存嵌入权力之中，生存依仗权力，有了权力才能生存是他的基本的论证逻辑。但是这种把生存与权力联系在一

① 赵可金. 进攻性现实主义的理论逻辑及其批判[J]. 复旦学报(社会科学报)，2004，(05)：131 - 140.

起的思路存在着自相矛盾的状况。一方面这种论证无法解释小国何以生存的问题,也无法解释大国在发展出强大的权力之前是如何生存的问题。如果世界一直是弱肉强食的状态,那么小国早就被大国吞并了,也根本没有机会发展成为大国。另一方面,这种生存依仗权力的论证也无法解释为什么大国之间仍未出现超级霸权的问题,因为如果从权力的数量化来看,一定有一个大国是排名第一的,那么它为什么还没有消灭其他国家而一统天下?这两种情况都推翻了生存依仗权力的论证,揭示了其自相矛盾的窘境。正如有学者在分析米尔斯海默的进攻性现实主义的逻辑困境时所说:"生存就是生存,它与霸权没有必然联系,'米氏'逻辑却硬把'生存'同'霸权'黏合在一起,但我们可以明显地看到这两者之间的缝隙有多大。米氏虽然强调大国必须有霸权才能生存,但他却对一国成为大国以前为何能够生存只字未提。根据'米氏'逻辑,一国在成为大国以前是不可能拥有霸权的(即使是大国也不可能都拥有霸权),但是同样是'米氏'逻辑,又认为没有霸权是不能生存的。这是'米氏'逻辑自身的固有矛盾"。① 实际上,米尔斯海默的理论之所以出现这样的自相矛盾,根源还是在于他对权力/霸权的崇拜,而看不见国际社会中还有规则、道义、文化与文明的力量,还有经济的、能源的甚至生态方面的合作在影响着国际关系。权力让他一叶障目,判断的失误也就是不可避免的。

(二) 现实中的困境

米尔斯海默的进攻性现实主义不仅在理论逻辑上存在诸多矛盾之处,与国际关系的现实之间的反差也很大。《大国政治的悲剧》一书出版于2001年,而米尔斯海默最早于1994—1995年冬季卷的《国际安全》杂志上发表的《国际机构的虚假承诺》一文中就提出了这种理论构想。② 在米尔斯海默形成自己的理论的这个时期,国际社会的现实状况是怎样的?就美国的外交政策和国家战略而言,美国正处在克林顿政府与中国接触的政策到小布什政府的新保守主义政策转换的时期,与包括中国在内的其他国家发展相对友好的关系仍然是主流。小布什政府虽然有意调整政策,收紧与中国的关系,但是911事件发生后,小布什政府将反恐作为维护国家安全的首要任务,所以寻求与中国等大国合作,打击恐怖主义。因此,合作仍然是主流,甚至成为美国的国家战略。正如基辛格所说:"'9·11'恐怖袭击事件发

---

① 葛陈荣.大国政治未必悲剧[J].江南社会学院学报,2007,(03):23-27+33.该论文运用博弈论方法,通过严密的演算揭示了米尔斯海默理论论证中的逻辑漏洞,很有说服力。

② John Mearsheimer, "The False Promise of International Institutions", international Security,1994—1995, Winter, 19(03):5-49.

生之后，乔治·W.布什总统旋即宣布了抗击极端主义的全球战略，通过承诺支持民主转型来巩固现有国际秩序。……《国家安全战略》文件强调，当前这个时刻，整个世界被前所未有的恐怖暴行所震惊，所有大国‘都团结在一起，共同面对恐怖暴力和混乱的危险’。自由制度和大国合作关系提供了自17世纪民族国家兴起以来前所未有的‘机遇，可以建立大国和平竞争而非不断扩军备战的世界’。”①可见，当时美国政府的国家战略是巩固现有的国际秩序，而不是米尔斯海默所说的修正主义意图，美国政府所倡导的是大国的团结合作、和平竞争、反对扩军备战，这也与米尔斯海默所主张的不断谋求霸权完全相反。从这个意义上说，米尔斯海默所提出的进攻性现实主义理论是“不合时宜”的。他所说的“中国威胁论”也不符合美国的国家战略，当时的美国政府还是希望与中国和平竞争的。

从米尔斯海默的进攻性现实主义理论形成的历史背景看，1991年冷战结束后，世界格局已经出现了巨大的改变，福山已经乐观地宣告了“历史终结”，美国成为唯一的超级大国。按照米尔斯海默的理论，美国应该已经拥有了霸权，全世界范围内已经没有任何国家可以威胁或挑战美国。可是，奇怪的是米尔斯海默仍然要寻找潜在的威胁，这说明霸权并没有给美国带来安全感，绝对优势的武力并不能保证霸权国家的安全。在“历史终结”之后，世界如果还可能出现冲突，也不是米尔斯海默所说的为了生存和安全而导致的无政府状态的冲突，而是亨廷顿所说的“文明的冲突”。这种文明冲突论有两个方面与米尔斯海默的大国悲剧论有所不同。其一是亨廷顿认为冷战之后的文明冲突是由不同文明的核心价值不同引起的，而不是安全困境或生存需要引起的，亨廷顿的理论是建立在文明价值观的差异之上的，而不是建立在动物性的生存需要基础上的。他明确说：“在这个新的世界里，最普遍、重要的和危险的冲突不是社会阶级之间、富人和穷人之间，或者其他以经济来划分的集团之间的冲突，而是属于不同文化实体的人民之间的冲突……最危险的文化冲突是沿着文明的断层线发生的那些冲突”。② 可见亨廷顿所说的冲突与米尔斯海默所说的冲突在性质上是不同的，尽管文化的冲突也可能演变为或表现为武力冲突，但是这种因文化价值或信仰而产生的冲突不能等同于因为生存需要而产生的为争夺物质利益而产生的冲突。其二，亨廷顿提出文明冲突论的目的是避免这种冲突，他明确说：“我所

① 亨利·基辛格.世界秩序[M].胡利平，等，译.北京：中信出版社，2015：421-422.

② 塞缪尔·亨廷顿.文明的冲突与世界秩序的重建[M].周琪，等，译.北京：新华出版社，1998：7.

期望的是，我唤起人们对文明冲突的危险性的注意，将有助于促进整个世界上‘文明的对话’。[①]”这说明亨廷顿认为文明的冲突是可以通过文明的对话而化解或避免的，但是米尔斯海默的进攻性现实主义理论却认为大国政治的结果是必然以零和游戏的悲剧收场，为了生存需要而展开的冲突是不可避免的。因此，他不仅大肆鼓吹“中国威胁论”，而且直接提出遏制中国的战略，试图在中国尚未形成威胁美国的实力的时候阻止中国复兴。大国政治的悲剧也就成为自我实现的预言，即通过猜测中国的威胁，提前把中国变成威胁，把本可以避免的矛盾冲突变成现实，从而证明自己的预言是正确的。因此，从冷战结束后的世界格局及国际关系背景看，世界正在走向和解，和平和发展是时代的主题，即使是鼓吹“中国威胁论”的《即将到来的美中冲突》的作者也在该书的结尾承认：“与中国为敌不符合美国的利益，设想同重新崛起而又越来越民主的中国建立亲密的关系并非不可能。[②]”这本书出版于 1997 年，正是米尔斯海默的理论形成的时期，它在危言耸听的“中国威胁论”中还是对中美关系的历史发展趋势做出了客观理性的判断，这也从一个侧面印证了米尔斯海默对于冷战结束后的国际关系的发展趋势的预测是不可靠的，而他的立场和态度以及意图也是危险的。

从历史发展的脉络看，冷战结束只是全球化过程中的一个具体的事件，人类历史的发展趋势是通过不断交往走向深入合作，冲突和摩擦虽然也时有发生甚至不可避免，但是改变不了这种合作、交流、对话、融合的大趋势。这种过程至少从地理大发现的大航海时代已开始，到 19 世纪殖民时代是一个高峰，20 世纪经过两次大战之后，人类社会的对话交流与合作融合的过程明显提速，全球化已经成为普遍共识。当然，在不同的发展阶段，不同国家之间的交流方式是有所不同的。如果我们把 19 世纪的殖民扩张到 20 世纪的两次世界大战看成是以武力解决矛盾的海盗模式，那么二次大战以后的交流则可以称为商人模式。海盗模式以武力手段谋取利益是血腥的，商人模式通过规则进行交易，双方是共赢的，双方都获利。为什么商人模式可以取代海盗模式？首先是因为人类发展出了核武器，拥有了毁灭人类的能力，因此在这种恐怖的平衡中，再想用武力手段掠夺他国的土地和财富已不可能，特别是拥核国家之间，这种武力手段已不再成为解决争端的优先选项。其次是通讯技术的革命已经使人类的交往更加便捷，交流与沟通远比

① 塞缪尔·亨廷顿．文明的冲突与世界秩序的重建[M]．周琪，等，译．北京：新华出版社，1998：3.

② 理查德·伯恩斯坦，罗斯·芒罗．即将到来的美中冲突[M]．隋丽君，张胜平，任美芬，译．北京：新华出版社，1997：183.

武力冲突更有利于解决争端。在相互合作中所获得的利益也比通过武力获得利益更有效。这两个方面的因素使得全球化成为不可逆转的发展趋势。无论人们对于全球化所带来的新问题有什么样的态度，但是不同国家之间的合作与交流都越来越多，联系也越来越紧密则是一个不可否认的事实。挪威社会人类学家埃里克森指出：“全球化的三个维度——贸易与跨国经济活动的增长，网络通信的速度与频率加快，文化群体之间由于相互接触而导致关系紧张——并不表明，20 世纪 80 年代以来，世界已经发生了根本的变化，但是经济、政治和文化的驱动力已经超越国界——这一点已经得到普遍的认可”。[①] 这种跨越国界的活动所带来的后果之一是通过对话协商制定规则来引导人们的行为成为一种被普遍接受的方式。你死我活的武力冲突的可能性越来越小。相应地，国家之间的安全问题也是靠合作共赢保障的，而不是靠武力和霸权来保障的。从这个意义上说，米尔斯海默的理论还停留在 19 世纪的海盗模式中，在以合作共赢为主导思想的商人模式中显得落后于时代了。

但是这并不意味着米尔斯海默不应该关注国际政治。实际上，全球化时代并不是仅有经济与文化方面的交流与对话，国际政治与国际关系也有其自身的特点。特别是冷战结束之后，国际关系在走向经济文化一体化的状况下，国际政治也发生了相应的变化。但是这种变化绝不是像米尔斯海默所说的将出现大国竞争与冲突的悲剧，而是如麦克尔·哈特与安东尼奥·奈格里所说的走向“帝国”的新世界秩序。在这两位作者合著的《帝国——全球化的政治秩序》一书中，他们对于全球化时代的国际政治进行了符合时代特征的描述。在他们看来，全球化时代的世界秩序是一个从帝国主义走向帝国的过程。帝国主义是指以现代民族国家为基础的以殖民扩张为特征的秩序。“民族国家的现代体系所限定的国境对欧洲殖民主义和经济扩张来说是根本的。国家的边界确定了权力的中心，从那里，经济通过一系列渠道和界限，施加于外国的疆域……帝国主义是欧洲民族—国家的主权超出它们自身领域的扩张”。[②] 但是随着全球化的加速，跨国经济活动日益增加，新的国际关系和世界秩序也随之形成，这就是他们所说的“帝国”，“通往帝国之路出现在现代帝国主义的衰落之时。与帝国主义相比，帝国不建立权力的中心，不依赖固定的疆界和界限。它是一个无中心、无疆界的统

① 托马斯·许兰德·埃里克森. 全球化的关键概念[M]. 周云水，等，译. 南京：译林出版社，2012：8.

② 麦克尔·哈特，安东尼奥·奈格里. 帝国——全球化的政治秩序[M]. 杨建国，范一亭，译. 南京：江苏人民出版社，2003：2.

治机器。在其开放的、扩展的边界当中，这一统治机器不断加强对整个全球领域的统合。帝国通过指挥的调节网络管理着混合的身份、富有弹性的等级制和多元的交流。帝国主义的世界地图明显的民族国家色彩，已经被合并、混合在帝国全球的彩虹之中”。① 这种后现代的政治形式并非乌托邦空想，而是建立在后现代的生产方式之上的。一方面是大量的跨国企业、跨国贸易导致了全球统一的世界市场，为帝国提供了经济基础，另一方面，后现代的经济活动中出现了被他们称为“生态政治的生产”的新的创造财富的方式，“即社会生活自身的生产，在其中，经济的、政治的、文化的生活不断增长地相互重叠，相互投资”。② 这种新的创造财富的方式不仅仅是一种经济活动方式，也是一种经济、政治、文化的复合方式，它降低了民族国家在生产活动中的影响力，跨越了民族国家的边界。所以他们说：“帝国的概念的基本特征是没有边境，它的规则是没有限定。首先也是最为重要的，帝国概念假定了一个体制，这一体制成功地包括了空间的整一性，或者说真正地统治了整个‘文明的’世界。没有国界限定它的统治权”。③ 因此，这种帝国就成为超越了美国式的霸权的一种世界秩序，他们认为：“美国不能，而且确实一个民族—国家今天不能成为帝国主义者计划的中心。帝国主义已经过去了。没有哪个国家可以以欧洲的一些国家曾经有过的方式，成为世界的领袖”。④ 哈特和奈格里的帝国理论已经解构了米尔斯海默所预设的民族国家作为行为体的理论基础。所以他们也不认为民族国家为了生存或安全还会去发展自己的实力，进而互相争斗。因为在全球化的政治秩序中，没有边界的、开放的又充满活力的帝国才是新的统治形式。这种新的形式是消除民族国家之间的矛盾所引起的冲突的可能途径，它反对美国式的霸权，而希望建立一种全球一体的政治形式，这是一种全人类共建的永久和平的新秩序，也是适应全球化的经济文化发展需要的新秩序。无论是从它的和平意愿还是从时代需要来看，这种帝国理论都符合人类命运共同体的构想，比米尔斯海默的那种以武力方式解决民族国家的安全感的进攻性现实主义理论更符合历史发展大势。

---

① 麦克尔·哈特，安东尼奥·奈格里. 帝国——全球化的政治秩序[M]. 杨建国，范一亭，译. 南京：江苏人民出版社，2003：2.

② 麦克尔·哈特，安东尼奥·奈格里. 帝国——全球化的政治秩序[M]. 杨建国，范一亭，译. 南京：江苏人民出版社，2003：3.

③ 麦克尔·哈特，安东尼奥·奈格里. 帝国——全球化的政治秩序[M]. 杨建国，范一亭，译. 南京：江苏人民出版社，2003：4.

④ 麦克尔·哈特，安东尼奥·奈格里. 帝国——全球化的政治秩序[M]. 杨建国，范一亭，译. 南京：江苏人民出版社，2003：3.

（三）进攻性现实主义形成的现实原因

既然米尔斯海默的进攻性现实主义理论与现实状况、美国的国家战略以及历史发展的大势都存在着严重的不符，那么他的理论为什么还会产生较大的影响？这就涉及这种理论之所以缺少学术上的合理性的另一个原因，那就是米尔斯海默的这种理论是服务于美国利益的。当然什么样的理论更符合美国利益在美国国内存在着争议，就与中国的关系而言，存在着两种不同意见，一种意见是与中国接触，即通过与中国积极交往与合作，逐步改变中国，使中国走上符合美国需要的发展道路。另一种观点则是遏制中国，即认为中国的政治制度、经济模式、文化传统都与美国不同，是美国的对手，将来随着中国的复兴，势必会在东亚地区形成霸权，从而挑战美国在东亚的地位，进而挑战美国的全球霸权。沙奇光早在2000年就观察到了这种现象，他说：“1996年初，以美国媒体为主的西方舆论集中就西方对华关系展开了一轮讨论。讨论中，‘遏制中国论’受到的质疑，‘接触论’渐占上风”。① 美国人塞恩·琼斯在批评伯恩斯坦和芒罗的《即将到来的美中冲突》一书时也说：“从意识形态的角度来说，他们是设法在主张‘接触’的学者和决策人同鼓吹‘遏制’的人之间取中间路线，……但是，显而易见，他们大体上与遏制派相距不远”。“不过，总的说来，伯恩斯坦和芒罗宣扬的主张是错误的。通过专注于扩充军事力量——特别是扩充其邻国的军事力量——来公然威胁中国，很可能会促使预言真的应验，鼓励中国采取敌对态度。……虽说采取一种强有力的方针是十分重要的，但是，如果两国能建立起持续的、行之有效的伙伴关系，另就有可能对美国所关注的事情采取较为理解的态度”。② 这篇书评清晰反映出了美国社会对于中国的两种不同态度之间的争论状况。塞恩·琼斯是赞成与中国接触的，但是米尔斯海默却和伯恩斯坦与芒罗一样是主张遏制中国的，是“中国威胁论”的鼓吹者。与中国接触、发展两国关系，加强合作交流，是对中美双方都有利的策略，美国人选择这种政策是可以理解的。进攻性现实主义所构想的大国冲突必然导致零和的悲剧，美国在这样的冲突中也难以全身而退，必然受到重创，甚至带来巨大的灾难。那么为什么米尔斯海默还要提倡这样的理论主张？而且还会在美国产生影响？这样的主张在什么意义上是符合美国利益的？

首先，米尔斯海默的理论建立在军事实力的基础上，他的理论中明显包

① 沙奇光．对西方媒体散布“中国威胁论”的评析[J]．国际政治研究，2000，(03)：113－125．

② 塞恩·琼斯．中国是亚洲未来的侵略者吗？[A]．理查德·伯恩斯坦，罗斯·芒罗．即将到来的美中冲突[M]．隋丽君，张胜平，任美芬，译．北京：新华出版社，1997：208－209．

含着强权即真理的意涵。他相信有了强大的军事实力，就可以保证国家安全，为了这种安全感而发展自己的实力甚至打击其他国家都是合理的。这套理论对于美国是有利的，因为美国的实力在全世界是最强的，有了这套理论，美国就可以把自己的强权合法化，把自己维护霸权的所作所为合法化。在这种理论的逻辑框架中，美国不仅不需要为自己的推行的霸权主义进行反思，反而可以“合理地”依靠武力来维护它的霸权地位。从这个意义上说，米尔斯海默这种进攻性现实主义是一种赤裸裸的美国霸权理论。他自己也毫不避讳地为美国的利益代言的立场。他说：“任何大国的理想局面都是成为世界唯一的地区霸权。那一国家将是一个维持现状的大国，它可以尽情地保护现有的权力分配。今天的美国就处于这种令人垂涎的位置，它支配着西半球，而且世界上其他地区都没有霸权。但如果一个地区霸权面对一个可与之匹敌的竞争对手，那么它就不再是维持现状的大国。无疑，它一定会竭尽全力削弱甚至消灭它的远方对手”。[①] 米尔斯海默之所以敢如此明目张胆地宣扬武力冲突，原因就在于美国处于霸权地位，这种宣扬武力冲突的理论对美国是有利的。一方面他威吓其他国家不要挑战这种霸权，另一方面，他也为消灭潜在的威胁作了理论上的粉饰。

其次，进攻性现实主义也为美国的冷战思维提供了新的说辞。冷战结束后，两大集团对抗的世界格局也结束了，美国的冷战意识形态话语也随之失去了说服力，但是美国独霸世界的冷战思维却没有改变，因此它需要一套新的理论来表达这种对抗性的冷战思维，于是进攻性现实主义便成为体现这种美国特质的新理论、新话语，满足了这种意识形态需求。米尔斯海默在一次访谈中也承认了自己的理论所具有的这种功能，他说：“实际上，在 90 年代的十年间，国际政治变化很多，尽管苏联已不得存在。由于以下两个发展，冷战秩序最终结束了，一是发生了‘9·11’事件，二是布什政府掌握了权力……现在很清楚的是北约不再是一个切实可行的机构（viable institution）了。现在出现了各种新问题，我们必须提出理论来解释之”。[②] 他的这种新理论是如何表述美国的利益的？他说：“我想美国会不遗余力地来遏制中国，正像过去冷战时期遏制苏联一样。再说一遍，这并非因为美国邪恶，也不是美国人和中国人之间存在自然的敌意，只是因为这是体系的结

① 约翰·米尔斯海默. 大国政治的悲剧（修订版）[M]. 王义桅，唐小松，译. 上海：上海人民出版社，2021：43.

② 任晓. 一位现实主义理论家如是说——约翰·米尔斯海默访谈录[J]. 国际政治研究，2003，(02)：28-34.

构(所决定的)。”①可见,美国对待中国的方式还是像冷战时对待苏联一样,只不过“理论”从原来的意识形态变成了“体系的结构”,这种体系的结构就是在无政府状态中大国为了自身的生存和安全感而增强自己的权力而形成的一种竞争体系。

再次,进攻性现实主义所宣扬的“中国威胁论”与美国寻找新对手的国家战略相应合,已走出纯粹学术研究的范畴,具有明显的意识形态特征。冷战结束后,美国虽然在克林顿政府时期曾执行与中国接触的政策,但是这个政策很快受到对华强硬的政治人物和媒体以及社会上的保守人士的批评,掀起了“中国威胁论”的舆论浪潮。从国家战略层面看,冷战结束后美国政府寻找新对手的思维也推动了其对华政策从接触到遏制的转变。正如沙奇光所说:“克林顿给‘接触’下的定义是改变中国社会制度的‘一种手法’。这样就形成了美国对华‘接触’与‘遏制’的两手政策。”②实际上,无论是接触还是遏制,都是把中国当成了苏联解体后的另一个新的对手,这已经成为美国政府的一种惯性思维或既定的国家战略。即使在小布什强调反对恐怖主义作为优先的战略任务而寻求与中国合作的时候,这种把中国作为潜在对手的惯性思维也没有改变,只是暂时把遏制中国排在了反对恐怖主义之后。这种为美国寻找新对手的国家战略在米尔斯海默的理论中得到了呼应,他明确说:“我认为在两极体系中,两个国家之间存在大致的均势,他们始终盯着对方,因为它们是主要的大国,是相互之间的威胁。很有可能的是,在这种情形中,两方中的任何一方都竭力威慑另一方。而在一个多极体系中,存在更多的差异和不同的规模,有很多的踢皮球现象,侵略的机会也多得多。然后就是有一个最主要的多极体系,这真的是很麻烦。”“我相信当今世界不是一个单极世界,不是一个单极体系,美国不是唯一的大国。中国和俄罗斯尽管比美国弱得多,但仍是大国。”③在米尔斯海默的这些论述中,我们可以清晰地看到他的理论在为美国寻找新对手的国家战略提供理论支持,他的理论是反对多极化的,却提倡两极化,因为两极竞争对美国的国家利益最有利。美国需要一个强大的对手,有了这个对手,他们的强权政治和霸权主义才有了合理性,但是这个对手必须不能在实力上超过美国,否则,美国就真的受到威胁了,这也是它不愿看到的。米尔斯海默的理论正好为这种对手

① 任晓.一位现实主义理论家如是说——约翰·米尔斯海默访谈录[J].国际政治研究,2003,(02):28-34.

② 沙奇光.对西方媒体散布“中国威胁论”的评析[J].国际政治研究,2000,(03):113-125.

③ 任晓.一位现实主义理论家如是说——约翰·米尔斯海默访谈录[J].国际政治研究,2003,(02):28-34.

的存在提供了理论的论证，我们很难说这是巧合。

从米尔斯海默的进攻性现实主义所引发的批评，它自身的矛盾以及与现实的差距都可以看出这种理论是一种存在严重缺陷的思想系统，它之所以能够在美国产生影响，与它符合国家利益有关。从这个意义上说，这种进攻性现实主义就是美国的一种意识形态，是为美国利益服务的一套说辞。它虽然以学术话语的方式表述出来，但它并不是客观的科学的研究成果，而是美国的国家利益借用学术话语所做的陈述。不管米尔斯海默本人的主观意图如何——实际上他也对小布什政府的对华政策进行了批评，并说自己与美国政府毫无关系——实际上他的理论却产生了为美国利益服务的功能，产生了表达美国利益的效果。正因为如此，这种进攻性现实主义理论才与美国媒体所大肆炒作的“中国威胁论”相呼应，成为“中国威胁论”在理论研究中的代表性观点。

三、证明性文本的想象特性

从跨文化形象学研究的角度看，这种理论预设存在明显错误的文本呈现出了什么样的特征？首先，这种错误的理论预设表明这个文本中所塑造的中国形象是一种文化想象，并不是对中国现实的真实反映。《大国政治的悲剧》这个文本也是西方舆论场中的“中国威胁论”文本之一，它所表述的那些理论也是西方的集体想象物中的一部分。在这个意义上，这个理论文本与小说、电影、媒体为引起关注而制造的耸人听闻的报道等等文本都具有相似性，都是形象学文本。它作为学术著作的科学性和可信度都消失殆尽，而它的想象性、虚幻性却增加了。因此，这种理论预设的错误反而使它的虚幻性突显了出来，推动它从学术性文本向形象文本的转变。换言之，当我们揭穿了它的学术上的错误，我们就可以从形象学的角度对这个文本进行解读，不再把它当成学术论著去考察其学术性，而是去解读其在塑造中国形象方面的特点。《大国的政治悲剧》的中译者王义桅把这本书乃至整个西方的国际关系理论的话语特征概括为科学性与艺术性的统一，即这种理论话语以科学的外衣包装着西方的意识形态想象，它的本质是为以美国为首的西方世界的利益服务的，为他们的霸权主义寻找各种说辞。王义桅说：“西方国际关系理论试图以科学手段涵盖艺术层面，试图表明西方的就是世界的，美国的就是西方的，未包含国际社会（西方社会）之外的行为体，故矛盾百出，悖论种种”。“它以所谓的主权平等国家体系为借口，以无政府状态为幌子，将西方价值体系世界化，将西方式话语霸权体系合法化：各派分歧（基本围绕如何维护西方国际体系合法性展开）是次要的，内核（西方意识形态）是一致的，争论的目的正在于完善西方国际体系的合法性，试图以内部论战代替外在革命，其整体状况是：缺乏历史学家的深厚，哲学家的深沉，只有政治学家的意识形态、主观化和想当然”。① 这里所说的“以科学手段涵盖艺术层面”，就是用科学的学术话语表达意识形态的意图，表达主观化和想当然的观点，而不是表达科学的客观的观点。因此，不仅是《大国政治的悲剧》，而且是所有的西方国际关系与国际政治的所谓学术著作，都具有这种“艺术化”的特点，把它们当成文化想象的文本也才更能揭示它们的本来面目。

其次，虽然《大国政治的悲剧》中所论述的“中国威胁论”在理论上是错误的，但是它的表述方式却又是证明性的，它使用的是一套逻辑性的理论话语。所以，当我们从跨文化形象学研究的角度来解读这个文本时，我们应该将其与小说、剧本、电影、游记等以生动具体的材料塑造异国形象的展示性文本区别开来。作为一个证明性文本，《大国政治的悲剧》运用的是以理论的预设为基础，以实例论证为主体的表达方式来塑造异国形象的。这种表达方式使得它在形象学文本中具有其独特性。其一，它用说理的方式让读者相信它们塑造的中国形象的真实性或可靠性，呈现出了一种客观、严谨、科学的样貌，形成了一种学理性的话语风格。它用学理论证的逻辑性包装想象，把一套意识形态话语伪装成了科学的话语。在这种科学与想象的双重话语中为读者设置了陷阱，使读者在被它的科学性与逻辑性迷惑时，接受其想象性的意涵。其二，这个文本的具体形态是一套术语、命题、实例和推论相结合的综合性话语。但是由于它的理论预设是错误的，它的论证过程就是在错误前提下的推论，结论是不能成立的。作为形象学文本，它的实际效果就是塑造出中国“威胁”的形象，而不是得出学术性结论。在读者之中，它所塑造的中国“威胁”形象的社会影响力比它的学术性观点、结论影响更大。从这个意义上说，这些术语、命题、实例和推论都是为塑造中国“威胁”的形象服务的。其三，它有独立的论证系统，完成了理论表达的自身逻辑，但是它的复杂理论中所隐含的主题却是权力崇拜，这个主题与西方文化中英雄/恶徒叙事模式完全一致，所以它在这个基本主题上实现了与其他文本的互文性联结。它的学术性话语实际上也变成了英雄/恶徒的故事。这种证明性文本在学术性的论述框架中完成了权力叙事。中国“威胁”形象正是这个证明性文本的叙事成果。这种进攻性现实主义理论对大国之间的权力争斗的叙事看上去有一套完整的理论，学术性的论述看上去也井井有条，但

① 王义桅. 在科学与艺术之间——质疑国际关系理论[J]. 世界经济与政治，2002，(09)：4-10.

实际上如前文所述，它与美国人在冷战之后寻找新敌人的心理又是相呼应的。在美国人的思维惯性中，英雄/恶徒的二元对立的故事模式左右着他们对世界的认知。亨廷顿在《国家利益的腐蚀》一文中就承认："若没有一个邪恶的帝国威胁着美国的立国原则，做一个美国人到底意味着什么?"[①]这就是说，没有一个敌人，美国人会觉得自己的生活便没有意义了。这种心理既体现在英雄/恶徒的故事模式中，也体现在大国争斗的冲突中，所以米尔斯海默的《大国政治的悲剧》这样的文本实际上是用论证的方式叙述了这个故事。正如有学者所言："进攻性现实主义的逻辑结论是任何强国的崛起都会形成对美国霸权的挑战，而不仅仅是因为这个强国是中国。但米尔斯海默在预测部分却又点了中国的名，就是因为对中国长期的担忧与不信任，是对中国的一个错误的、歪曲的'镜像'。"[②]这就明确地说出了这个证明性文本的特点，用逻辑推论的方式提出中国"威胁"的结论，但实际上，这个所谓的结论不过是一个镜像而已，它与其他的"中国威胁论"文本的互文关系正是建立在这个把中国当成对手或敌人的二元对立的故事模式之上的。

从跨文化形象学的角度看，《大国政治的悲剧》是一个典型的证明性文本，它所塑造的中国"威胁"形象是建立在错误的理论预设之上的。"中国主张以渐进、和平、民主的方式促进国际秩序的建设，而不是另起炉灶，中国愿意以积极的姿态融入国际体系，以负责任大国的身份参与国际新秩序的建设与变革"。[③] 这是中国学者对于这种进攻性现实主义理论预设的有力反驳。中国的确与美国不同，根本的差异就是中国是爱好和平的，中国文化传统中有和而不同的智慧可以用来处理不同国家之间的关系，我们更强调不同文化之间应该平等对话、交流互鉴，而不是像美国那样没有敌人就不知道自己生存的意义。从这个意义上说，《大国政治的悲剧》中的理论预设的根本错误就在于它不是一种和平的理论，而是一种强权的理论。

第二节　作为修辞幻象的中国"威胁"

《大国政治的悲剧》预设的理论立场存在明显的缺陷，在国际政治和国

---

① Samuel Huntington, "The Erosion of American National Interests", Foreign Affairs, 1997, 76 (5):28 - 49.

② 楼春豪. 进攻性现实主义"中国威胁论"的实质[J]. 国际关系学院学报，2006，(03)：14 - 18.

③ 阮宗泽. 中国和平崛起发展道路的理论探讨[J]. 国际问题研究，2004，(04)：28 - 33+71.

际关系研究中已受到了批评。从跨文化形象学角度看，这部国际政治与国际关系研究领域的学术著作则是一个证明性文本。这个证明性文本是如何塑造中国形象的？与展示性文本直接描绘关于中国的各种具体细节和场景不同，《大国政治的悲剧》是通过制造修辞幻象的方式来塑造中国形象的，或者说，它所塑造的中国形象是一种修辞幻象。它的论证过程、使用的材料以及使用的语言技巧共同制造了一种修辞效果。那么，什么是修辞幻象？《大国政治的悲剧》这个证明性文本又是如何塑造作为修辞幻象的中国形象的？

一、修辞幻象

修辞幻象是戏剧主义修辞批评理论中的核心概念之一。欧内斯特·鲍曼(Ernest G. Bormann)曾对修辞幻象做过简单的解释：“能够将一大群人带入一个象征性现实的综合戏剧，我称之为‘修辞幻象’。”[①]这个看似简单的定义其实包含着复杂的内涵。在戏剧主义修辞批评理论中，修辞被看成是一种戏剧。如果我们依据修辞与演讲之间的血缘关系来理解，修辞的确与戏剧在性质上相似。演讲活动中演讲人不仅要展示自己的语言表达能力，说出精彩的语句，还要控制演讲场所的气氛，了解听众的心理与情绪，并成功地将自己的观点传达给听众，让听众认同、接受。这样的演讲更像是戏剧表演。从这样的角度来理解修辞幻象，它的含义至少应该包括以下几个方面：首先，修辞幻象是一种象征性现实，是一种虚幻的情景。这也正是鲍曼将修辞幻象说成是一种综合戏剧的原因。在鲍曼的理论中，修辞幻象并不是对现实的真实反映，而是一种被想象出来的象征性情景。它可以指涉现实中某个目的，或隐喻性地表达对现实的理解与态度，但就修辞幻象本身而言，它是象征性、虚幻的。其次，修辞幻象是一种形象，而不是抽象的论述。它是参与修辞活动的主体在某种热情或欲望的推动下想象出来的某种画面，某种形象。鲍曼所举的例子说明了修辞幻象的这层含义。他采用的是牧师托马斯·胡克(Thomas Hooker)的一段布道的文字：“想象你看见了天主基督从云端起来，听见了最后的鼓鸣。起来吧，死去的人们，来聆听最终的审判；想象你看见了全世界的法官端坐在宝座上，成千的天使侍奉身前，还有上万的天使侯立两旁，绵羊站在左手，山羊立于右侧……”[②]这是对最后审判的形象化解释。其中所描绘的画面便是修辞幻象，具体而生动。

① 欧内斯特·鲍曼.想象与修辞幻象：社会现实的修辞批评[A].王顺珠，译.大卫·宁等.当代西方修辞学：批评模式与方法[C].北京：中国社会科学出版社，1998：79.

② 欧内斯特·鲍曼.想象与修辞幻象：社会现实的修辞批评[A].王顺珠，译.大卫·宁等.当代西方修辞学：批评模式与方法[C].北京：中国社会科学出版社，1998：87.

再次，修辞幻象又是令人信以为真的形象。作为一种象征性现实，在旁观者看来是不真实的，但是对于参与修辞活动的主体(不管是说者还是听者)而言，这个形象都是真实可信的，他们对这些形象自觉地认同，热情地参与想象，从而形成了一种以幻象为真实的现象，这是修辞幻象的独特之处。鲍曼所举的另一个例子可以证明这种把修辞幻象当成真实的情形。这是另一次布道：

早期麻州湾殖民地的清教徒牧师将他们的为数不多的教徒集中在荒野中没有暖气、没有装饰的简陋的小屋里为他们宣讲布道，他们的布道中蕴含的修辞幻象能使人们清楚地看到幻想主题法是怎样帮助人们超脱日常生活、领悟生活之真谛的。那时，人们的日常生活极其辛劳，生活中的享受是不存在的。音乐、艺术、房屋或者衣着的装饰几乎谈不上。如果要随意描绘一下当时的移民和他们的日常的物质生活，这个描述将是非常可怖的。但是新英格兰殖民地的清教徒们的内在精神生活却是辉煌灿烂的。他们沉浸在一种修辞幻象中，把向新世界的移民看成是上帝的选民的神圣大迁徙。维系他们的幻想的圣经戏剧是犹太人出埃及去迦南的迁徙。①

鲍曼所举的这个例子中，这些信徒们将自己的贫困的现实处境想象成了圣徒们迁徙，修辞幻象把他们变成了上帝的选民，而且他们对此深信不疑。由这个例子我们可以很清楚地看出，修辞幻象是一种可以让人信以为真的形象，它不仅仅是一种把幻想主题形象化的手段，它还具有一种令人信服的煽动性、迷惑性力量。这种力量建构出一种认识论意义上的真实(对现实的一种想象性认知)，也是一种伦理学意义上的真诚，参与者自愿将修辞幻象当成真实的状况来理解及认同。

为什么修辞幻象会具有这样的效果？这些含义是如何形成的？关于修辞幻象的形成过程，鲍曼进行了这样的概括，他说：

一场修辞运动包括小组幻想链，公众幻想事件和一个修辞幻象，而它们之间的关系是复杂的，相互影响的。这些次要系统以如下方式进入更大的交流系统：一组有相似的个人心理动机的人集中在一起讨论

① 欧内斯特·鲍曼. 想象与修辞幻象：社会现实的修辞批评[A]. 王顺珠，译. 大卫·宁等. 当代西方修辞学：批评模式与方法[C]. 北京：中国社会科学出版社，1998：86.

一个大家共同关心的事情或问题，一位组员将全组关注的主题戏剧化。这样，这个主题便在全组产生链联，因为它触动了一个共同的心理动力或某个潜藏的动机或者他们面临自然环境、社会政治体系或经济结构的共同难题。全组人都变得兴奋起来，身心投入。为了创造一个充满英雄与坏蛋的共同的象征现实，链联的戏剧亦增多起来。①

在鲍曼的解释中，至少有如下几个要素影响到修辞幻象的形成：首先是要有一个小组或一个群体，修辞活动是一项群体活动，要有进行交流的不同个体组成一个修辞群体，说者与听者之间进行语言交流，这样的交流活动中才会出现修辞幻象。所以修辞幻象不是孤立的形象，而是在具体的语言实践活动（修辞活动）中形成的。交流的群体是修辞幻象产生的基础。当然，这个小组既然是一个交流群体，修辞幻象也就不是个体的心理表象，而是这个群体共同的想象。其次，幻想主题是修辞幻象形成的依据，没有幻想主题就没有修辞幻象。因为修辞幻象是幻想主题的形象化、戏剧化呈现形态。一个修辞群体之所以形成是因为这群人有共同的问题，但这些问题不是用理性论证的方式得到讨论的，那样的讨论是科学共同体所从事的研究工作中使用的方式。在修辞群体中，这个幻想主题是由某一个成员将其戏剧化之后引起了其他成员的共鸣而形成的，大家一起来参与到这个戏剧化的活动中，共同想象出一个修辞幻象，并为其增添自己的想象，这样才会构成一个由修辞群体共同完成的修辞活动。再次，幻想链是构成修辞幻象的必要支撑，或者可以说，修辞幻象是在幻想链中孕育并成长的。所谓的幻想链是由修辞群体的记忆、想象、错觉等心理内容构成的心理空间或心理场域。在一个幻想主题被某个成员戏剧化以后，其他成员也将这个戏剧化了的幻想主题与自己的心理经验联系起来，认同这种戏剧化，对其进行内化，并与其他成员分享自己的想象，修辞群体中的成员心领神会，将幻想主题与某个特定的戏剧化了的形象联系起来，从而构成了修辞幻象。最后，修辞幻象是有情感投入的，无论是最早将幻想主题戏剧化的人还是在这个戏剧化要素的推动下参与想象的其他成员，他们都对这种表演投入了热情，他们不仅对于自己所想象的那个幻象信以为真，而且在这个幻想主题的感召之下深深地感动着。鲍曼说：“幻象是伴随着情感的激荡而形成的，通过幻象而体现出

---

① 欧内斯特·鲍曼．想象与修辞幻象：社会现实的修辞批评［A］．王顺珠，译．大卫·宁等．当代西方修辞学：批评模式与方法［C］．北京：中国社会科学出版社，1998：82－83．

来的戏剧驱动着参与者行动并努力实现它们。"①就像前面所举的那两个关于基督教信仰的例子所显示的，教徒们对于自己成为上帝选民的荣耀感让他们完全无视眼前的艰苦条件，而那些正在等待末日审判的教徒们则对上帝充满了敬畏之情，他们对于修辞幻象的参与是与这种情感上的感动同步的。这种情感的投入对于修辞幻象的形成是至关重要的，它不仅让修辞群体对于修辞幻象深信不疑，而且这种情感就是推动修辞幻象产生的力量。鲍曼借用希特勒演说的例子，说明了这个情感因素在修辞幻象中产生的作用："他的演说总是以浓郁的悲观口吻开头，在欣喜若狂的解脱中，以胜利圆满而告终。它常常是可以被理智所驳倒的，但它遵循远比理智强大得多的、无可辩驳的潜意识逻辑。希特勒用语言表达了现代大众的无法用语言表达的恐怖，给无名的恐惧起了名字……"②希特勒作为成功的演说家，他的成功之处在于可以与听众分享那种恐惧心理，让听众在恐惧体验中参与修辞幻象的建构。

当然，修辞幻象是由语言符号或言语实践来表述的，言语表述中的修辞策略是修辞幻象形成的具体方式，或者可以说，修辞幻象是由言语实践建构出来的。正如有学者所说："修辞幻象是语言制造的幻觉。"③在这种言语实践中至少有三个因素与修辞幻象的形成是直接相关的。其一是修辞策略，语言表述中使用的修辞手法对于建构修辞幻象是至关重要的，幻想主题用形象化的语言表达还是由抽象的理论术语表达，其效果是不同的。运用形象化的表达方式，结果会直接形成修辞幻象，而用理论术语表达则会形成一个抽象结论，在论证的过程中诱导读者想象出修辞幻象。具体而言，形象化的表述至少包括事件的叙述、对象的描写、抽象观点的比喻、借代，甚至使用典故都可以使一个抽象的幻想主题具体化、形象化，修辞幻象由此而产生。接受者在读到这样的文字时，会产生想象与联想，将修辞文本所表达的幻想主题与接受者的幻想链联结起来，从而完成修辞幻象的建构。理论术语与逻辑论证通常会形成一个抽象的结论，不过在人文社会科学中，由于论述的主题是与现实生活相关的，具有公共性，而这些问题本身也是可以用人们的经验性语言表述并通过经验来理解的，所以也存在着学术性论证形成修辞

---

① Ernest G. Borman. *The Force of Fantasy: Restoring the American Dream*. Carbondale: Southern Illionis University Press, 1985:9.

② 欧内斯特·鲍曼.想象与修辞幻象:社会现实的修辞批评[A].王顺珠,译.大卫·宁等.当代西方修辞学:批评模式与方法[C].北京:中国社会科学出版社,1998:82.

③ 谭学纯.修辞幻象及一组跨学科相关术语辨[J].安徽师范大学学报,2005,(04):464-469.

幻象的情形。证明性文本正是通过将学术话语与普通民众的经验相联系，将学术性语言转换成了普通民众的经验与认知，制造了修辞幻象。一方面它讨论的主题是民众感兴趣的话题，引起民众的关心，另一方面通过具体的事例论证、生动易懂的语言将理论通俗化，推动理论话语戏剧化，促使理论话语除了表达抽象的观点之外，也建构修辞幻象。其二是修辞主体的动机是建构修辞幻象的另一个关键要素。这种修辞的动机是修辞文本的一个组成部分。鲍曼说：“动机并不是先存在，再在交流当中被表达出来的，相反，它是在表达当中产生的，然后再被植于主题幻想的戏剧中。”①这里所说的动机不是预先存在的，主要强调的是动机是修辞话语的一个组成部分，而不是说不能预先设定主题。鲍曼自己所举的布道例子以及希特勒演讲的例子中动机都是先在的。有了这个动机，修辞话语才会在动机的驱动之下形成修辞幻象，参与修辞活动的人才会在领会这个动机的过程中想象修辞幻象。比如在关于“上帝选民的大迁徙”这个修辞幻象的形成过程中，修辞动机就是让教徒们认同这个上帝选民的身份，这个动机恰恰就是与上帝选民的修辞幻象联系在一起的，身份认同的动机推动着教徒们去想象圣经所描绘的大迁徙的形象。其三是在修辞话语中存在着基本的戏剧原型，这些原型是修辞幻象的基本模式，也是这些原型制约或引导着参与修辞活动的人员去完成修辞幻象。这个原型的基本内容就是英雄与恶徒的对立。修辞话语通过讲述这样一个故事来表达对现实世界的认知。鲍曼借用拜尔斯的话说明了这种原型产生作用的过程与原理：

> 小组互动文化使每个组员都感到他进入了一个新的现实王国——一个充满英雄、恶棍、圣人与敌人的世界——进入了一幕戏剧，一件艺术品。小组文化是源于过去而作用于现实的想象的结果，这种情形不仅在小组内出现，在个人欣赏艺术作品时也会出现。在这种时刻，你被‘载’入了一个似乎比日常生活还要真实的世界。你可能感到兴奋、着迷，也许会恐惧或害怕，或者极其迫不及待。但不管怎样，你很投入。你的情感融入了那些符号与意象进入了交流，经久不退。你从心理上被带进了一个心理剧式的幻想世界，这个世界亦包括你的组员，因此，你也就与别的组员息息相连了。②

---

① 欧内斯特·鲍曼.想象与修辞幻象：社会现实的修辞批评[A].王顺珠，译.大卫·宁等.当代西方修辞学：批评模式与方法[C].北京：中国社会科学出版社，1998：91.

② 欧内斯特·鲍曼.想象与修辞幻象：社会现实的修辞批评[A].王顺珠，译.大卫·宁等.当代西方修辞学：批评模式与方法[C].北京：中国社会科学出版社，1998：81.

这里所说的心理剧式的幻想世界，就是一种修辞幻象，而鲍曼之所以把修辞幻象界定为“综合戏剧”，也是受到拜尔斯的启发。这个幻想世界的基本原型就是英雄与恶徒的矛盾冲突。在具体的修辞话语中，把谁描绘成英雄，把谁描绘成恶徒，那又要看具体的语境了。

总之，修辞幻象是一种修辞话语的表达效果，也可以说是修辞话语的形象建构。这是一种令参与者信以为真的象征性现实。修辞活动的参与者在情感的推动下，将一个幻想主题戏剧化为一个英雄与恶徒冲突的场景，参与者在参与这个修辞活动时也表达着自己的认同与立场。

二、中国“威胁”形象的形成

（一）作为修辞幻象的中国“威胁”形象

《大国政治的悲剧》中所塑造的中国形象是具有“威胁性”的大国形象。这种形象是作为一种修辞幻象存在的，即这种形象是由《大国政治的悲剧》这个文本通过一系列语言表达，运用了相应的语言策略所制造出来的语言效果。具体而言，这种作为修辞幻象的中国形象是由哪些机制建构完成的？

首先，作为一个证明性文本，《大国政治的悲剧》用说理的方式得出的结论对于具有“威胁性”的大国形象起到了决定性作用。这种作用主要体现在三个方面，其一是它确定了中国作为“威胁性”大国形象的性质，即用说理论证的方式塑造出了一个明确的清晰的中国形象。在跨文化形象学研究中，我们考察的中国形象是在一个特定的历史语境中形成的特征鲜明的形象，可以用简明的词语表述出来，比如文艺复兴时期所塑造的“孔教乌托邦”中国形象，或二战时期美国媒体所塑造的“坚韧的盟友”形象。这些跨文化形象学意义上的中国形象都是在具体的历史语境中由一些主导性文本塑造出来的，然后在社会大众中作为集体想象物而流传。《大国政治的悲剧》通过自己的理论表达，得出了中国的复兴将导致它遵循美国寻求霸权的逻辑而谋求地区霸权，挑战美国的霸权地位的结论，而在形象学意义上则把中国塑造成了一个具有“威胁性”的大国形象。这就为中国形象确立了一个鲜明的特征，中国形象的属性也就被确定了下来。其二，《大国政治的悲剧》通过自己的理论表述框架，为中国形象提供了一个生成的依据。具有“威胁性”的大国形象不是凭空产生的，而是通过证明性文本的论证生成的。有了这些论证话语，这个形象才得以呈现在读者面前，这个论证的框架就确定了中国形象的特性。具体而言，这个理论表述的框架是怎样塑造中国形象的？其实，这是一个简单的三段论式的推理过程。米尔斯海默反复强调了理论预设的重要性，这也是他为自己的论述设定的大前提。他说：“要预测亚洲的未来，就需要有一种国际政治理论来解释崛起的大国可能会如何行动，体系内其他国家会怎样应对它们。我们必须依靠理论，因为未来的很多方面现在还不知道，关于未来我们所掌握的事实很少……所以必须用理论来预测世界政治中可能发生的情况。”①而理论预设的具体观点他也进行了概括：“我的理论就是国际体系的基本结构迫使关心自身安全的各国争夺权力。大国的最终目的都是尽可能攫取世界权力，最终支配国际体系。具体说来就，就是最强大的国家总想称霸所在地区，并确保没有竞争性大国支配其他地区。”②这种大国争霸的理论预设就是《大国政治的悲剧》塑造中国形象的论证过程中的大前提。在这个论述框架中，小前提是中国正在快速崛起，是一个成长中的大国，一个潜在的霸主。中国的经济在迅速成长，工业水平在迅速提高，同时中国又是一个人口大国，人口和经济实力是米尔斯海默判断潜在大国的标准，再加上工业水平的提高，这三个条件足以使米尔斯海默认定中国可以发展出强大的军事能力，为在地区争霸创造了必要的条件。这种经济和军事的实力都是他将中国塑造成为一个“威胁性”大国形象的必要因素。最后，在这个论述框架中，作为三段论的结论的就是中国是美国的竞争对手，威胁到了美国的霸权地位。米尔斯海默说：“一言以蔽之，我的观点是，中国经济如果继续增长，就会像美国支配西半球一样支配亚洲。美国却要全力以赴阻止中国取得地区霸权。而中国的大部分邻国包括印度、日本、新加坡、韩国、俄罗斯和越南会联合美国遏制中国权力。结果将是激烈的安全竞争，战争颇有可能。”③在这样的论述框架中，我们看到的是一个推论的过程，其中出现的中国形象就是被这些论述塑造出来的，这些论述没有直接展示关于中国的材料与细节，而是提供了一个理论的框架，中国形象是被这个框架所确定的，一个“威胁性”的大国形象是靠证明被建构出来的。其三，这个证明性文本也是以美国的发展道路为参照，类比中国将来的发展道路的。它在确定中国作为“威胁性”大国的形象时为这个中国形象提供了一个先例，这就使得“威胁性”大国的形象更加鲜明，这个中国形象似乎也就得到了“证明”。米尔斯海默写道：“中国惊人的经济增长再持续几十年，就大概要按进攻性现实主义逻辑行事，也就是说要试图模仿美国了。说详细些，中

① 约翰·米尔斯海默. 大国政治的悲剧(修订版)[M]. 王义桅，唐小松，译. 上海：上海人民出版社，2021：391.

② 约翰·米尔斯海默. 大国政治的悲剧(修订版)[M]. 王义桅，唐小松，译. 上海：上海人民出版社，2021：392.

③ 约翰·米尔斯海默. 大国政治的悲剧(修订版)[M]. 王义桅，唐小松，译. 上海：上海人民出版社，2021：391.

国会尝试按美国称霸西半球的办法称霸亚洲。”①米尔斯海默的理论是以美国的称霸历程作为依据的，他把这种靠武力称霸的历程作为全人类所有大国的生存规律，这当然是错误的。但是作为一种形象学文本的表述策略，他却在塑造中国形象时巧妙地以美国的先例，将美国的霸权形象类比于中国形象，确实是一个有效的策略，即通俗易懂，也让美国读者感到亲切，作为“威胁性”大国的中国形象因此也就更加鲜明，甚至确定无疑。

其次，《大国政治的悲剧》通过大国的冲突的剧情来塑造中国形象。进攻性现实主义虽然是一种理论，但是其中却蕴含着一个戏剧冲突的情节，这个故事是以世界的无政府状态为背景的，每一个国家都是一个角色，它们为了生存就必须提升自己的实力，寻求霸权，只有强大到处于霸主地位才是最安全的。但是在这个过程中总会有一些国家有机会崛起，比其他国家发展得更快，于是它就有可能打败其他国家而获得霸权，它也有可能被其他受到威胁的国家联合起来打败，这样它就又回到衰弱状态而无法再威胁其他国家。但无论如何一旦一个国家获得了霸权，它就会遏制新崛起的国家来挑战其地位，而新崛起的国家为了自身的生存也必然要挑战原先的霸权国家。打败了旧的霸权，新崛起的国家才能确保自身的安全。因此，大国之间的冲突是不可避免的，这就是所谓的大国政治的悲剧。米尔斯海默说：“力量确保安全，最大的力量确保最大程度的安全。面对这一驱动力的国家注定因此相互冲突，因为每个竞争对手都想取得压倒他人的竞争优势。这是一种悲剧。”②在这个剧情中，不同的角色都在争夺生存的安全感，冲突的双方是争夺的发起者和权力与安全的守卫者，或者说一方是维持秩序的现有霸主，另一方是挑战秩序的潜在霸主。当然这个不变的剧情中承担霸主与潜在霸主的角色的国家常有变化。近一个世纪以来，美国是现任的霸主，而挑战者则从威廉德国、纳粹德国、日本和苏联变化了好几个，但都被美国打败了。在米尔斯海默的故事中，新的潜在霸主是崛起的中国，因此，在这个故事中，中国就成了威胁美国的霸主地位的角色。那么，这种隐藏的戏剧冲突对于塑造中国形象到底产生了什么作用？其一，这个绝望的冲突情节把中国形象纳入一个无法避免的大国竞争的叙事中，中国被赋予了一个威胁现存秩序的角色。这个悲剧冲突如果是必然的，那么中国的“威胁者”角色就是无法否认的。这就强化了中国作为具有“威胁性”的大国的形象。其二，戏剧

---

① 约翰·米尔斯海默.大国政治的悲剧(修订版)[M].王义桅，唐小松，译.上海：上海人民出版社，2021：396.

② 约翰·米尔斯海默.大国政治的悲剧(修订版)[M].王义桅，唐小松，译.上海：上海人民出版社，2021：XIV.

冲突的情节把进攻性现实主义理论转化成了一种叙事，它把抽象的专业知识转化成了普通大众可以理解的、按照普通大众兴趣讲述的故事，这就调动了大众读者已有的知识储备，将专业性的证明性文本的表述方式与大众读者的知识联结起来。作为“威胁者”的中国形象由此进入大众的集体想象。中国不仅与《大国政治的悲剧》中所讨论的被美国打败的威廉德国、纳粹德国、近代日本和苏联一起被划入挑战者行列，而且也使读者的集体想象中以往的中国形象被激活，相互联系起来，作为“威胁者”的中国形象也就进入了西方中国形象的历史脉络中。

再次，《大国政治的悲剧》中隐藏着二元对立为基础的原型，通过这种原型，这个证明性文本把中国形象抽象化为这种二元对立结构中的一种不安分的力量。在米尔斯海默的进攻性现实主义理论中，大国之间的竞争所导致的悲剧是由两种对立的力量的冲突构成的。这两种力量的对立与冲突就是一种二元对立结构，这是一种基本的认知模式，也是一种心理原型。这种原型的具体内容就是文学人类学与神话原型理论中所揭示的自然秩序以及死亡与再生的仪式。雷蒙·威廉斯在考察悲剧理论的历史传统时指出：“依据这种解释，悲剧行动的意义在于死亡和再生的循环。这一循环与自然的季节相连，而它的中心是一种具有特征意义的死亡。死亡又通过哀恸和发现得到再生：旧事物的死亡即新事物的胜利。”①可见悲剧的原型所隐含的死亡与再生，旧事物的死亡与新事物的胜利是一种基本的二元对立结构。当然，威廉斯并不认为这种结构就一定要与自然的季节变化这样的秩序联系起来，但是他仍然承认悲剧中的矛盾冲突是与秩序相关的，所以他说：“那些被我们称为悲剧的作品的唯一共同点，就是以戏剧形式来表现具体而又令人悲伤的无序状况及其解决。”②这个唯一共同点就是原型的具体形态，死亡与再生是一个解决无序状况的过程，解决无序状况，就是要建立秩序，而新秩序的建立就要以打破旧秩序为前提，这个过程也就是代表新秩序的力量战胜代表旧秩序的力量的过程。从这个意义上说，米尔斯海默的《大国政治的悲剧》就是在国际政治与国际关系研究领域中讲述的死亡与再生、旧秩序与新秩序冲突的故事。在这个故事中，中国是作为新兴力量存在的，它是“威胁”旧秩序的力量。具体而言，这种故事原型对于中国形象的塑造产生了什么作用？其一，这种二元对立的原型结构中，中国成为一种发起进攻的一方，或改变秩序的一方。这就是从结构性矛盾冲突的意义上给中国形

① 雷蒙·威廉斯. 现代悲剧[M]. 丁尔苏，译. 南京：译林出版社，2007：35.

② 雷蒙·威廉斯. 现代悲剧[M]. 丁尔苏，译. 南京：译林出版社，2007：44－45.

象确定了属性。中国成为“威胁”的力量。当然，从中国的角度看，中国在这个结构中是代表再生的力量。但是对于代表旧秩序的美国而言，代表新秩序的力量是一个挑战者，就是一种“威胁”。其二，这种原型也与西方的文化传统联系起来，唤醒西方关于中国的文化记忆。在西方的文化记忆中，中国是与“龙”这种文化符号联系在一起的，二元对立的原型结构在《大国政治的悲剧》中也被用“山姆大叔与中国龙”的文化符号表征出来，复杂现实中的中美关系就被抽象化为简单的文化符号，从而中国就被贴上了标签。虽然米尔斯海默强调自己的理论只是以实力为标准，以追求自身的安全为依据分析大国竞争，无关乎民族身份与社会制度，但是当他用“山姆大叔对阵中国龙”这样的表述来论证中美之间的竞争关系时，我们无法不对他的中国形象定位产生疑问，这种对西方文化传统中的中国形象的征用，唤醒的是作为巨大“威胁”的中国形象，他的理论中的二元对立的原型结构在此也露出了真面目。

（二）修辞共同体中的中国“威胁”形象

《大国政治的悲剧》中所制造的修辞幻象也不仅仅是语言表述的策略产生的结果，它还是一种在修辞共同体中形成的一种戏剧性效果。中国作为一个具有“威胁性”的大国这个形象是由一个幻想主题、一种由集体想象构成的幻想链、一个由恐惧心理构成的戏剧氛围、在一群参与修辞活动的人群中所制造出来的综合性戏剧效果。这种修辞幻象主要就是由这四个要素共同参与建构的。从修辞共同体方面看，这是参与到这个修辞活动中的群体，就这个共同体构成看，一方面是国际政治与国际关系研究领域的专业人员，他们从专业的角度阅读《大国政治的悲剧》，讨论其中所阐述的进攻性现实主义理论，当然也会关注其中作为一个专题的中国是否能够和平崛起（第十章）的论述。当然这些专业人士中既有同意米尔斯海默的观点的，也有反对其观点的，尽管他们也免不了会对中国形象有自己的想象，但是更主要的是从专业角度来分析判断该书中的内容。另一方面，在这个修辞共同体中，也存在着大量的普通读者，他们所关心的是自己所处的现实之中切实存在的大国竞争的问题。更具体地说，其中可能有不少人会关心中美关系问题，关心中国复兴是否会威胁美国的利益问题。在国际政治和国际关系研究中，研究者会将专业人士的观点作为学术文献进行研究，对不同的观点进行分析，讨论其中合理与不合理的内容。在跨文化形象学研究中，我们更关注的是普通读者对这个文本的阅读所形成的中国形象。我们所讨论的修辞共同体主要是以这些大众读者为主体的群众构成的。米尔斯海默在《大国政治的悲剧》的初版前言中就称：“本书既是写给学者们看的，也是写给那些有兴趣了解大国行为是受何种力量驱使的老百姓看的。为此，我尽量使我的观点更清楚也更易于理解，使那些尚未沉浸在学术界的行话与争论中的人也能读懂。"①这个"有兴趣了解大国行为是受何种力量驱使的"群体就是构成这个文本的修辞共同体的主要成员。他们会受到这个文本中所使用的"更清楚也更易于理解"的语言的影响，接受或反对作者的观点，同时也就会对中国形象形成印象。不管他们是否认同这个文本中所塑造的作为威胁者的中国形象，但是这个文本都清晰明确地把这个形象传递给了这些读者。从这个意义上说正是这些修辞活动的参与者与作者一起建构了这个作为威胁者的中国形象。

修辞共同体在建构这个中国形象时的作用主要体现在两个方面：其一是通过对文本的阅读而理解这个文本所表达的信息，从而使这个文本所塑造的中国形象由作者的个人想象转化成了集体想象。特别是对于那些认同作者的观点的读者而言，他们被文本中的修辞策略所打动所感染，成为这个修辞效果的承担者，也成为这种中国形象的共谋者。其二，这个修辞共同体是有其共同立场或倾向的。他们共同关心"大国行为受何种力量驱使"问题，而在这个共同关心这个问题时，他们无法回避中国复兴的问题，因而无法避免地对中国产生想象，对中国的复兴形成一种判断。这种判断是什么样的？米尔斯海默也提供了一个说明，在《大国政治的悲剧》修订版前言中，他引用了美国皮尤公司的一项调查数据，其中"美国人也意识到了中国复兴，调查中美国受访者有 47％认为将来中国是世界第一，而不这么想的人也正好是 47％"。② 不管认同不认同中国将是世界第一，但是承认中国复兴的人则都已占大多数了。构成《大国政治的悲剧》这个文本的修辞共同体的人也应该大多数是对中国复兴感兴趣的人。值得注意的是中国学者所做的调查也与米尔斯海默所引用的数据相似，王雅丽在《美国人眼的中国形象》一书中有一组关于美国受访者对"中国威胁论"的调查数据。

王雅丽通过对数据的分析认为："总体来看美国受访者中对'中国威胁论'持赞同和反对意见的比例基本持平，分别为 29.2％和 27.6％。"③这个调查是在 2011 年完成的，正是《大国政治的悲剧》出版之后产生影响的时期

① 约翰·米尔斯海默. 大国政治的悲剧(修订版)[M]. 王义桅，唐小松，译. 上海：上海人民出版社，2021：ⅩⅤ.

② 约翰·米尔斯海默. 大国政治的悲剧(修订版)[M]. 王义桅，唐小松，译. 上海：上海人民出版社，2021：ⅩⅡ.

③ 王雅丽. 美国人眼中的中国形象[M]. 北京：北京大学出版社，2018：159.

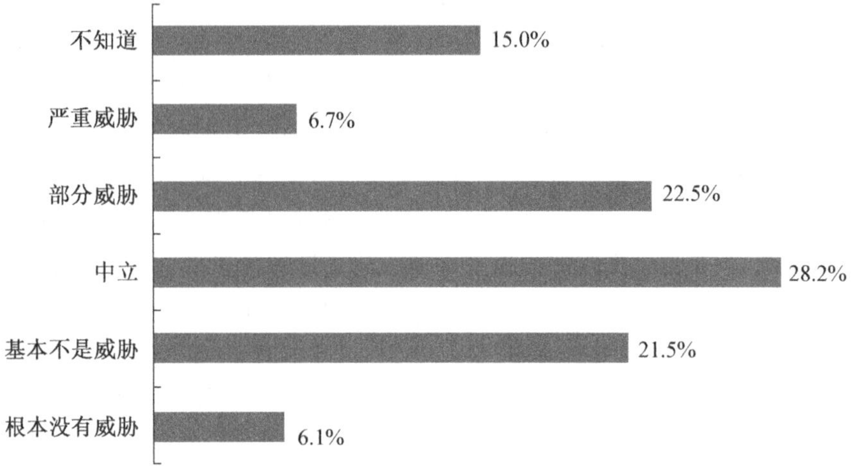

当今中国的快速经济发展是否对世界和平构成威胁①

数据来源：王雅丽研究团队委托美国国际抽样调查公司（Survey Sampling International，SSI）于2011年所做的《中国文化印象调查问卷（Ⅰ）》。

段。米尔斯海默说："本书2001年出版之后，我在各种场合一直反复强调中国不能和平崛起。……头几年不管我费多大口舌，听众不是无人相信，就是半信半疑。但是2008年以后便不然，因为其时中国一方面继续崛起，一方面挟积累下来的实力开始活动筋骨，结果既吓坏了邻国，又惊动了美国。如今我再讲中国不能和平崛起，未来中美关系险恶，大家已经很能听进去了。"②这些数据以及米尔斯海默自己对于"中国不能和平崛起"的观点被接受的过程的介绍都说明，修辞共同体是建构作为"威胁者"的中国形象的一个"温床"和载体，正是在这个温床中，《大国政治的悲剧》中所宣扬的中国作为"威胁者"的形象才被大众读者所接受，这个形象也才真正成为一种文化想象。

从幻想主题方面看，米尔斯海默在这个修辞共同体中所宣讲的正是对这个共同体关心的大国如何竞争的回答。他明确地说："本书的目的就在于令读者相信，进攻性现实主义是一个饱满的理论。它能清晰地解剖世界的

① 王雅丽．美国人眼中的中国形象[M]．北京：北京大学出版社，2018：160.

② 约翰·米尔斯海默．大国政治的悲剧（修订版）[M]．王义桅，唐小松，译．上海：上海人民出版社，2021：ⅩⅡ．这个说法有夸大自己的观点的影响力之嫌，实际上，早在1997年前后，美国媒体中的"中国威胁论"已经甚嚣尘上，《即将到来的美中冲突》《红龙跃起》等宣扬"中国威胁论"的书已受到广泛关注，前者所表达的中国将在亚洲称霸并"威胁"美国在亚洲的地位的观点也与米氏的进攻性现实主义理论预测的中国"威胁"相似。

运作。”[①]他希望用自己的现实主义进攻性理论来说服作为修辞共同体成员的读者，相信大国之间权力竞争是“真实的”状况。如何来说服呢？除了尽量让自己的理论论述用通俗的语言而少用学术术语之外，他还用了一个通俗的比喻来将修辞活动中的幻想主题形象化。他说：“权力是大国政治的货币，国家为之争斗。权力对于国际关系的意义正如货币之于经济学。”[②]把国际政治中的权力比喻成货币，一方面让修辞共同体的成员更容易理解“权力”这个抽象的专业术语，另一方面，也潜在地让修辞共同体的成员承认并接受了追求权力的合法性、合理性与正当性。因为对于普通大众而言，追求金钱是天经地义的。这个比喻所达到的修辞效果就是在修辞共同体中建立起对追求权力的合理性的共识。正是在这个共识的基础上，这个修辞共同体就会顺理成章地接受关于中国“威胁”的直白的观点：“当中国的权力增长后，美国与中国势必成为对手。”[③]这个关于中国“威胁”的观点，当然也征用了美国人的靠实力说话的“常识”。尽管米尔斯海默在《大国政治的悲剧》的正式文本中没有直接说出来这个“常识”，但是在2013年与中国学者阎学通的进行辩论时，他说出了这个“常识”：“在这样一个没有更高权威可以依赖的政治体系中，一个国家若想生存下来，就必须最大限度地提升自己的实力。就像我小时候在纽约常常听到人们说的，做街区最壮也最坏的家伙，因为只有这样，才没有人敢惹你。”[④]这个让自己最壮最坏的共识并不意味着以美国读者为主的这个修辞共同体中的成员对于这个“常识”都是熟悉的，他们至少不会认为这个常识是前所未闻的奇谈怪论，而是他们或多或少、或主动或被动接受的现实中的逻辑。这个常识对于米尔斯海默说服读者相信中国是“威胁性”大国的形象产生了在潜意识中产生了认同作用。

从修辞共同体中的幻想链来看，导致修辞共同体的成员相信中国“威胁”形象的知识背景与知识结构主要是由这样几个部分组成的。其一是关于中国的一些既有的知识，比如对中国文化的了解，从大众文化产品中所获得的关于中国的印象，比如中国龙、长城、傅满洲、李小龙、唐人街等。美国人这些关于中国的知识主要是从美国媒体中获得的，因此，受到美国媒体的

① 约翰·米尔斯海默. 大国政治的悲剧(修订版)[M]. 王义桅，唐小松，译. 上海：上海人民出版社，2021：7.

② 约翰·米尔斯海默. 大国政治的悲剧(修订版)[M]. 王义桅，唐小松，译. 上海：上海人民出版社，2021：9.

③ 约翰·米尔斯海默. 大国政治的悲剧(修订版)[M]. 王义桅，唐小松，译. 上海：上海人民出版社，2021：3.

④ 约翰·米尔斯海默. 大国政治的悲剧(修订版)[M]. 王义桅，唐小松，译. 上海：上海人民出版社，2021：437.

影响是占有主导性。如下图中显示的数据所示，美国人对中国的理解主要的渠道是美国媒体。

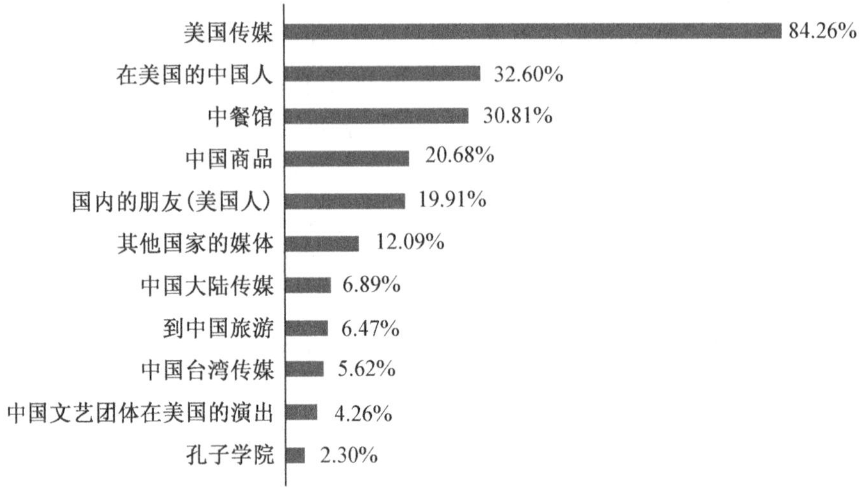

美国受访者了解中国的主要信源①

数据来源：王雅丽研究团队委托美国国际抽样调查公司（Survey Sampling International，SSI）于2011年所做的《中国文化印象调查问卷（Ⅰ）》

这是美国人为主的修辞共同体受到《大国政治的悲剧》中的中国形象影响的知识与心理的基础。那么，这种知识背景的倾向是什么样的？姜加林主编的《中国威胁还是威胁中国？——"中国威胁论"研究》一书中说："进入21世纪以来，随着中国的快速发展，'中国威胁论'在重新泛起的同时，与以往主要是个别政治家或学者的言论不同，即从发达国家到发展中国家，从官方到民间，从政治理论家到外交政策，从研究机构到媒体及出版物，政治、经济、军事、环境的'中国威胁'无所不包；2004年至今，更是具有全方位性质以及遏制中国复兴的大国竞争色彩，成为一部分人谈论中国发展问题时的'标签'。"②这种知识环境中大量存在的"中国威胁论"为修辞共同体中的成员接受中国"威胁"形象提供了一个期待视野，也做好了准备。其二是西方中心主义的思维惯性。作为美国读者的这个修辞的成员很难摆脱从西方特别是美国的视角来看问题的思维习惯，他们的知识结构中西方中心主义是基本特征。因此，当《大国政治的悲剧》以西方的历史经验来论述大国竞争的理论，就自然而然地能够引起他们的共鸣。他们就会把自己从接受的教

① 王雅丽.美国人眼中的中国形象[M].北京：北京大学出版社，2018：105.

② 姜加林，主编.中国威胁还是威胁中国？[C].北京：外文出版社，2012：49.

育中所学到的西方中心主义知识用来理解中国的复兴。《大国政治的悲剧》中所论述的中国复兴后会挑战美国的霸权地位的观点在这些读者看来也是“合理的”。中国学者苏珊珊在分析冷战后西方的“中国威胁论”的特点时就指出:“纵观冷战后‘中国威胁论’的历次演变思潮和演变内容,可知该论调的产生既有客观必然性,也有主观臆造性,在西方的认知体系中已经形成‘中国威胁论’的既有意象和分析范式,将伴随中国复兴全过程”。[①] 在这个认知体系中,“西方中心主义的顽固性”又处在重要位置。“无论是西方世界寄希望于‘和平演变’,还是预判中国加入 WTO 是‘有保险的融合’,抑或是‘中国模式’背离西方预期,‘西化中国’站位从未改变”。[②] 正是这种西方中心主义思维惯性把中国的复兴当成对西方的“威胁”,在这个修辞共同体中形成作为“威胁者”的中国形象也就是自然而然的。其三是对自身安全的关注。美国读者为主的这个修辞共同体对于美国所面临的安全问题的关注是与《大国政治的悲剧》这个文本所讨论的主题密切相关的,美国人的思想中存在着顽固的优越感,对于美国自身的安全是特别关注的,这构成了美国人在认知国际关系时的一个重要的知识背景:一旦有哪个国家崛起就可能会引起特别关注,这种优越感因此变成了一种对自身的地位的敏感,从而把对新崛起的国家的警惕转变成将对方看成是“威胁”。中国学者刘卫东指出:“美国的政治价值中充斥着‘山巅之城’‘天赋使命’‘美国例外’的自我定性与追求,认为其创造出了‘人类所能创造的最完全的政治模式’。尽管对现实诸多不满,但多数美国人以其政治制度为荣,并相信美国是唯一具备领导世界资格的国家,他们有责任将自己的制度与价值推广到世界各个角落,美式民主必定成为其他制度的‘终结者’。但是事实证明,没有接受西方模式的中国,开创出了一条独具特色的成功之路,这不仅为其他发展中国家树立了一个榜样,还有力证明西方模式并非唯一正确的选择,这是美国一些人耿耿于怀也难以接受的。于是就通过渲染‘中国威胁论’来反衬自身模式的正统性和优越性。”[③]这段分析所揭示的正是美国人对自身优越感的普遍认同,以及由此所带来的对自身安全的高度敏感。这种心理状态也是《大国政治的悲剧》的读者构成的修辞共同体成员们的知识背景的一个组成部分。他们是带着这样的敏感心理来接受这个文本中所塑造的中国形象的。把中国想象成一个具有“威胁性”的大国正好迎合了他们的这种心理。

---

① 苏珊珊.冷战后“中国威胁论”的历史演变[J].社会主义研究,2019,(02):140-147.

② 苏珊珊.冷战后“中国威胁论”的历史演变[J].社会主义研究,2019,(02):140-147.

③ 刘卫东.新一轮“中国威胁论”意欲何为?[J].红旗文稿,2018,(15):33-35.

（三）舆论氛围

当然，美国人的这种优越感与敏感心理的二重心理结构也并不是自动就可以产生中国“威胁”形象的。在这个修辞共同体中，中国“威胁”形象的形成还是需要米尔斯海默的修辞策略进行渲染与说服的。他是如何在美国人的优越感与危机感之间进行协调与转换的？他是如何让这个修辞共同体中的成员相信自己必须面对危机的？他提出了一个巧妙的策略来化解优越感与危机感间的矛盾：“聪明的观察者应该清楚地注意到，美国是说一套，做一套。”①美国的外交政策中口头上说的是自由人权之类的价值观，实际上所推行的却是争夺霸权的一套现实主义的措施。美国民众的优越感来自这种自由主义的价值观，他说：“自由主义理论者是将国家区分为好坏的，他们常常认为具有市场经济的自由民主国家最值得称道。无怪乎，美国人更喜欢这一观点，因为它认定美国是世界政治中的慈善力量，而把美国现实的或潜在的敌人看成误入歧途或心怀恶意的麻烦制造者。”②但是，米尔斯海默没有迎合美国人的这种道义上的优越心理，而是揭露了这种观念的虚伪，他指出：“因为美国人不喜欢权力政治，所以在公开场合他们常常以自由主义的口吻谈论美国的外交政策。政策精英的言辞也涂上了浓重的乐观主义和道德主义色彩。美国学术界特别擅长提升思想市场中的自由主义成分。然而，关起门来，筹划国家安全政策的精英们却满口权力语言，而不是什么法则，在国际体系中，美国也在按现实主义逻辑行事。实质上，他们的公开言论与美国外交政策的具体操作之间存在明显的鸿沟。”③米尔斯海默的这种揭秘式的策略无疑会让美国人惊醒，他所举的两个例子也更直观地证明了自己的这种揭秘的可信度。一是19世纪末至一战前，“美国把德国看成值得效仿的进步的宪制国家……直到1917年4月美国对德国宣战时，美国才不得不承认德国比它的欧洲对手更加专制好战”。④ 二是“20世纪30年代晚期，许多美国人把苏联看成魔鬼国家……可是，当美国在1941年末与苏联联合抗击德意志第三帝国时，美国政府展开了一场大规模的公关运动，以清理美国这一新盟国的形象，使其符合自由主义理论。苏联此时已被描绘

① 约翰·米尔斯海默.大国政治的悲剧(修订版)[M].王义桅，唐小松，译.上海：上海人民出版社，2021：20.

② 约翰·米尔斯海默.大国政治的悲剧(修订版)[M].王义桅，唐小松，译.上海：上海人民出版社，2021：19.

③ 约翰·米尔斯海默.大国政治的悲剧(修订版)[M].王义桅，唐小松，译.上海：上海人民出版社，2021：19-20.

④ 约翰·米尔斯海默.大国政治的悲剧(修订版)[M].王义桅，唐小松，译.上海：上海人民出版社，2021：20-21.

成最民主的国家（proto-democracy），斯大林也成了‘约瑟夫大叔’（Uncle Joe）”。[①] 米尔斯海默用这两个前后矛盾的例子就是想告诉美国人自由主义的言辞所制造的优越感是虚幻的、荒诞的，国际关系中大国之间的竞争靠的是实力，国家无分好坏，也与制度无关，只有实力才能保证自己的安全。当然，新崛起的国家也会凭实力挑战美国的地位，“威胁”美国的安全。在米尔斯海默的理论中，美国变得更不安全了。因为在自由主义理论中，美国人还可以相信自己的价值观相同的盟友，而在现实主义理论中，任何一个有实力的国家都可能挑战美国的霸权地位，而中国正是这些新崛起的国家中实力最强的。所以作为“威胁者”，中国形象在这个修辞共同体中被现实主义理论论证得更明确了。

从修辞氛围方面看，《大国政治的悲剧》出版以来的近二十年也正是美国社会中“中国威胁论”迅速发展的时期，这就为这个文本把中国塑造成“威胁性”的大国形象提供了一个舆论氛围。《大国政治的悲剧》对于这样的氛围一方面采用了应合与征用的策略，另一方面也通过渲染大国竞争的残酷性制造了恐惧氛围，从而为塑造中国“威胁”的修辞幻象提供了助力。在这样的修辞氛围中，修辞共同体的成员受到心理的引导与暗示，导致他们对中国“威胁”深信不疑，把中国“威胁”形象内化为自己的认知与想象。在对舆论的征用方面，米尔斯海默实际上是用自己的一套进攻性现实主义理论重新表述了20世纪90年代兴起的“中国威胁论”中的观点。在国际政治与国际关系研究中建立起了一套证明舆论中广泛流传的“中国威胁论”的理论。据中国学者陈勇等人通过对美国民众接受的媒体中关于中国形象的影响的研究得出的结论：“美国民众接触有关中国信息的渠道是多元化的，除了主流媒体，其他大众传播渠道以及日常的人际传播等都是其信息获取的重要渠道。美国民众通过其他渠道如教科书和好莱坞电影等所接触到的有关中国信息，也许往往比美国主流媒体的涉华报道还要负面。”“总而言之，美国媒体总体上呈现的是负面的中国形象，但相比许多美国民众通过其他一些渠道接触的中国形象来说，其负面程度更低。”[②]他们列举了三个例子说明这个观点：一是美国使用最广泛的中学历史教科书麦克杜格尔·利特尔公司出版的《世界历史》是以西方中心论为立场的，对当代中国的描述充满意识形态偏见；二是《红色角落》等好莱坞电影对中国的妖魔化；三是 Youtube

① 约翰·米尔斯海默. 大国政治的悲剧（修订版）[M]. 王义桅，唐小松，译. 上海：上海人民出版社，2021：21.

② 陈勇，等. 大众媒介接触对美国民众中国形象认知的影响[J]. 北京理工大学学报（社会科学版），2019，(05)：183－188.

上两个订阅达几十万人的自媒体频道——南非人舍培茨(Serpentza)系列视频以及前美国驻华记者的“未经审查的中国”(China Uncensored),都是专门进行中国的负面报道的。在主流媒体方面,据罗娟丽博士对《纽约时报》、《华盛顿邮报》、《今日美国》三家媒体中 2010 年 7 月 1 日—2012 年 6 月 30 日关于中国的军事方面的报道所做的统计,负面新闻达到 88.22%,正面新闻只有 0.13%,一般新闻占 11.65%。①

	负面消息	正面消息	一般性消息
纽约时报(409)	362	1	46
华盛顿邮报(323)	291	0	32
今日美国(49)	36	0	13
总比例(%)	88.22	0.13	11.65

美国三大媒体中国报道的数据(2010 年 7 月 1 日—2012 年 6 月 30 日)②

在关于中美关系的报道中,负面题材占 73.46%,正面题材只占 1.16%,一般性题材占 25.39%。③ 这些统计虽然还只是抽样调查,还不够全面,但也大致上反映了美国媒体环境中关于中国报道的舆论氛围,与陈勇等人关于美国媒体对中国的报道以负面为主的结论也是一致的。

这样的舆论环境为米尔斯海默制造中国“威胁”修辞幻象提供了一种有效的氛围。在媒体渲染的中国“威胁”和塑造的负面中国形象的诱导下,《大国政治的悲剧》用进攻性现实主义理论为媒体中所报道的关于中国的负面消息提供了一种解释的依据。有了这套理论,修辞共同体成员就可以为自己所感受到的氛围,以及自己所看到的新闻报道中的“事实”找到“合理”的解释。作为“威胁性”的大国的中国形象,不仅是有“事实”依据的,而且也是有理论依据的。《即将到来的美中冲突》《红龙跃起》《正在觉醒的龙》等“中国威胁论”代表性文本中所炒作的中国“威胁”形象就与《大国政治的悲剧》不谋而合,相互迎合了。那么为什么说米尔斯海默是征用了“中国威胁论”的舆论,利用了修辞氛围来制造“威胁性”大国的中国修辞幻象?原因主要有两个,一是在米尔斯海默提出他的进攻性现实主义理论之前,“中国威胁

① 罗娟丽.美国媒体对中国问题报道的倾向性分析[D].北京:中国政法大学博士论文,2013:66.

② 罗娟丽.美国媒体对中国问题报道的倾向性分析[D].北京:中国政法大学博士论文,2013:66.

③ 罗娟丽.美国媒体对中国问题报道的倾向性分析[D].北京:中国政法大学博士论文,2013:60.

论”的舆论环境已经形成，而他对于中国不会和平崛起，一定会随着实力的增加而对美国构成“威胁”的判断，是媒体上已经炒作过的观点。即使他在自己的文本中没有直接引用媒体的这些言论，但他对中国“威胁”的研判思路与已有的“中国威胁论”也惊人的一致。所以说他在客观上征用了媒体的观点，借用了“中国威胁论”的声势。二是作为舆论环境中的一种声音，米尔斯海默的观点实际上也是对已有的“中国威胁论”的重复，他的观点也就成为已有的舆论的一个组成部分。按照法国学者塔尔德的观点：“舆论是一种评论，是短暂的，或多或少合乎逻辑的成串判断。换句话说，对当前的问题作出回应，在同一时期里被同一个国家、同一个社会里的人多次重复的判断，就叫舆论。”①在这个意义上米尔斯海默对中国“威胁”的论述，只是重复了已有的“中国威胁论”，只是构成中国“威胁”的舆论中的一个部分。他的观点并不新鲜，他的独特之处在于它是一种理论，它的理论话语作为一种修辞手段，为中国“威胁”形象提供了一种“可靠”的理论支持。正是凭借这种理论优势，米尔斯海默在修辞共同体中调动了修辞氛围，把已有的“中国威胁论”整合到了具有“威胁性”的大国的中国形象中，制造了修辞幻象。

从《大国政治的悲剧》所渲染的恐惧氛围看，这也是制造修辞幻象的另一个手段。所谓大国政治的悲剧就是认为大国之间的矛盾冲突不可避免，甚至可能出现零和状况。这种宿命论式的悲观主义理论观点不管在逻辑上是否正确，在修辞效果上都渲染了恐惧气氛。这个文本中对于这种恐惧气氛的渲染主要是通过三个方式完成的。其一就是对悲观主义的论述，将大国的冲突说成是无法避免的“历史规律”；其二是调动人们的恐惧记忆，把西方近一百五十年来的战争都说成符合大国竞争规律的悲剧事件，把不同时代、不同具体条件下所发生的武力冲突都简化为是国家为争取生存权而展开的生死存亡之战，让修辞共同体的成员身临其境地感受到不发起战争就会被他国吞并、欺凌，甚至完全消灭，发起战争也会受到反击，甚至被打败的两难困境，从而产生恐惧与焦虑心理。米尔斯海默对恐惧渲染在如下这段文字中得到了生动体现：“大国彼此畏惧。它们以怀疑的眼光看待对方，担心战争迫在眉睫。它们预测危险。国家之间几乎没有信任的余地。当然，畏惧的程度因时空而不同，但不可能降至微不足道的水平。任何大国都认为所有其他大国是潜在的敌人。这一点可以从英法对冷战后德国统一事件的反应得到体现。尽管这三个国家已是 45 年之久的亲密盟友，但美国和法

① 加布里埃尔·塔尔德，特里·N. 克拉克，编. 传播与社会影响[M]. 何道宽，译. 北京：中国人民大学出版社，2005：32.

国突然对统一的德国的潜在危险感到担心。这种国家彼此畏惧的基础是，在大国拥有攻击彼此的能力并可能具有进攻动机的世界里，任何关注生存的国家至少对其他国家存有疑心，不敢掉以轻心。”①这是一个比尔虞我诈更恐怖的世界，每个国家都随时可能发动攻击，也可能随时被攻击。尔虞我诈的世界最多只是用诡计互相欺骗，还不至于动武，现在这个无政府的世界却是一个到处是火药桶的世界。更何况，这个世界还存在大量的核武器，大国之间处在确保可以毁灭对方的恐怖平衡之中。按照米尔斯海默的这种悲观理论，这个世界是朝不保夕的世界，每个人的生存都是侥幸地暂时活着。修辞共同体成员在这样的理论预设中是带着恐惧心理接受他的理论的。其三，用进攻性现实主义理论展望未来，将未来黯淡的前景转化成今日的恐惧。这种方式最突出地体现在对中美关系的预测中。他说：“我所描绘的中国继续崛起的后果并不美好。确实，这幅图景就是令人丧气。我希望自己能讲述更给人以希望的亚洲和平前景。但事实上国际政治就是危险的事情，任多大的善良愿望，也不能缓和亚洲或欧洲有潜在霸主走上前台时要发生的激烈安全竞争。况且很有理由认为中国最终会追求地区霸权。”②这种中美两国必将成为对手的预测所造成的修辞氛围就是恐惧，两个世界上最大的经济体之间如果发生安全竞争，世界必将陷入灾难。在全球化时代，不光是这两个国家会为激烈的冲突付出惨痛的代价，整个世界上的每个国家都难以幸免，至少物资供应链将受到严重冲击，世界经济体系可能会崩溃，每个人都将成为受害者。这样的黯淡未来，给修辞共同体的成员所带来的恐惧是实实在在的。在这种恐惧的氛围中，作为“威胁者”的中国形象也更加能够给参与修辞活动的成员们留下深刻印象，或使他们更投入地参与制造中国“威胁”的修辞幻象的想象活动中。

《大国政治的悲剧》作为一个证明性文本所制造的中国“威胁”修辞幻象，既是其论述过程中使用的修辞策略产生的修辞效果，也是其在修辞共同体中利用这个群体的特点，征用舆论的热点，渲染恐惧氛围而产生的社会心理效果。在这种修辞活动中，作为“威胁性”大国的中国形象并不是现实中的正在和平崛起的作为维护世界和平与世界秩序的负责任大国的中国的真实反映，而是这个证明性文本在西方语境中所渲染出来的虚幻的形象。它的理论化的专业性的话语并不能改变通过修辞手段制造幻象的本质。在这

① 约翰·米尔斯海默. 大国政治的悲剧(修订版)[M]. 王义桅，唐小松，译. 上海：上海人民出版社，2021：35.

② 约翰·米尔斯海默. 大国政治的悲剧(修订版)[M]. 王义桅，唐小松，译. 上海：上海人民出版社，2021：424.

个意义上，证明也是一种修辞策略，是让修辞共同体成员相信这种幻象的一种方式而已。

三、中国“威胁”幻象的意识形态性

《大国政治的悲剧》所塑造的具有“威胁性”的大国的中国形象从内涵方面看是一个意识形态形象。在跨文化形象学中，意识形态形象是指对他者进行歪曲、丑化而形成的负面形象。这种他者形象与想象主体相比是比想象主体差的形象。比如在西方的启蒙时代运用进步与停滞、文明与野蛮这样的二元对立的比较，西方将自己想象成进步的、文明的，而将东方想象成停滞的、野蛮的，这样的东方形象就是意识形态形象。周宁指出：“中国形象，不论作为乌托邦还是意识形态，其文化功能都在于构筑一个与西方现实差异甚至相反的他者。它作为文化他者的功能在于，确立一种西方中心的二元对立的世界观念秩序，完成西方现代文化的自我超越或自我认同，并用知识协调权力，改造世界或改造自我。”①从这个意义上说，意识形态形象的内涵包括两个方面，一是就形象本身的特点看，意识形态形象是低于想象主体的自我想象的一种丑化的、扭曲的、负面的形象，文化他者被想象主体刻意贬低，形成一种与他者的现实状况不符的被矮化抹黑的他者形象。二是从功能方面看，想象主体对于他者形象的丑化与贬低实际上是为想象主体自己服务的，或为树立自信心，或为建立有利于自己的世界秩序的观念，或为现实利益。总之，丑化他者所形成的意识形态形象是对自我有益的一种文化活动。这种对于自我有益的知识活动也正是马克思主义的意识形态概念的基本内涵。马克思和恩格斯在揭露统治阶级的意识形态的虚假性及其欺骗性时指出：“以观念形式表现在法律、道德等等中的统治阶级的存在条件（受以前的生产发展所限制的条件），统治阶级的思想家或多或少有意识地从理论上把它们变成某种独立存在的东西，在统治阶级的个人的意识中把它们设想为使命等等；统治阶级为了反对被压迫阶级的个人，把它们提出来作为生活准则，一则是作为对自己统治的粉饰或意识，一则是作为这种统治的道德手段。这里像通常一样，关于这些思想家应当指出，他们必然会把事物本末倒置，他们认为自己的思想是一切社会关系的创造力和目的，其实他们的思想只是这些社会关系的表现和征兆。”②由此可见，统治阶级的思想家所建立的理论之所以是意识形态，主要有三个原因，一是它是从统治阶

① 周宁.天朝遥远(上)[M].北京:北京大学出版社,2006:346.

② 马克思,恩格斯.马克思恩格斯全集(第3卷)[M].北京:人民出版社,2006:492.

级立场出发的，代表着统治阶级的立场，这是这些理论的本质；二是它也是对现实生活中的问题的一种解释；三是它是一种粉饰，把自己装扮成生活准则和道德手段，是代表了包括被压迫在内的所有人的。这样的理论就是具有意识形态性或具有意识形态内涵的，本质就是意识形态。

（一）形象学意义上的意识形态形象

从跨文化形象学角度看，《大国政治的悲剧》中所塑造的作为“威胁性”大国的中国形象是一个意识形态形象。这种形象是丑化和扭曲的。在这个证明性文本中，中国是一个“威胁”美国安全的对手。这种“威胁者”形象的意识形态性主要表现在两个方面，一是从形象自身的特点看，这个形象是负面的。在《大国政治的悲剧》中，中国“威胁”形象主要由如下几个方面组成：其一，中国不会和平崛起，所以中国的实力的增长对于世界和平而言不是积极的，而是消极的。这是《大国政治的悲剧》关于中国复兴的核心观点，米尔斯海默在书中写道：“我认为，说对共同繁荣的关切能在中国越变越强时保持亚洲和平，很值得怀疑。”①“总而言之，按照我的理论，中国惊人的经济增长再持续几十年，中国到壮大来就可能会与美国和邻国进行激烈的安全竞争。”②这种论调就等于把中国塑造成了一个必然要威胁美国和中国自己的邻国的潜在霸主的形象，对中国的经济发展和社会繁荣都持负面的看法，这毫无疑问是一种歪曲。其二，中国迅速提升军事能力，对美国及其盟友造成了威胁，将改变现有的国际秩序。这也是进攻性现实主义理论中的基本假设。米尔斯海默认为所有的潜在大国在崛起时都会改变现有的秩序。所以它不相信中国发展军事力量不会威胁其他国家，尤其是美国。他写道：“总而言之，中国改善其军事能力的几乎所有举措在中国自己看起来都是防御性，但日本、越南和美国却会认为是进攻性。所以中国的各邻国都很可能将中国改善其军事态势的任何措施不仅当作中国一心追求强大进攻能力的证据，而且也当做中国有进攻意图的证据。其中也包括中国只是对邻国或美国加强战斗力的措施作出回应的情况。”③这种基于每个国家都通过追求实际的权力而保证自己的安全的理论而对中国的军事发展的推测，对中国的军事发展也进行了恶意的解读。米尔斯海默自己也承认了这种恶意的解读

① 约翰·米尔斯海默. 大国政治的悲剧(修订版)[M]. 王义桅，唐小松，译. 上海：上海人民出版社，2021：422.

② 约翰·米尔斯海默. 大国政治的悲剧(修订版)[M]. 王义桅，唐小松，译. 上海：上海人民出版社，2021：412.

③ 约翰·米尔斯海默. 大国政治的悲剧(修订版)[M]. 王义桅，唐小松，译. 上海：上海人民出版社，2021：405.

是美国对于中国发展防御性力量的刻意歪曲。在米尔斯海默的貌似公允客观的理论中，倒是没有认为中国不可以发展自己的军事能力，但是他仍然认为中国军事力量的发展威胁到了美国的霸权地位，是挑起战争的一方。他说：“潜在霸主更可以令其对手十分恐惧，以至于有时采取可能导致战争的冒险战略。”①他说的虽然是所有的“潜在霸主”，但是在东亚地区，21 世纪的潜在霸主指的就是中国，这就是用貌似学术化的语言对中国形象的扭曲。其三，随着中国经济实力的提升，国内的民族主义情绪高涨，使中国变成了百年耻辱的复仇者，增加了为复仇而发起战争的风险。米尔斯海默写道：“今天中国民族主义思想的核心，还是强调百年国耻的叙事。”“已有证据表明，中国对美国挥之不去的仇恨能加剧危机，严重损害中美和中日关系。”“将来安全竞争加剧，只会加重中国对美国的敌意，并很可能变为民族主义的急性发作。当然，这就又会反过来加剧安全竞争，增加战争的可能性。”②这样的论述当然又是在对中国民间牢记百年屈辱历史的社会心理进行歪曲与丑化。中国民间对百年来饱受外敌侵略的惨痛教训的纪念完全是爱国精神的正当表达，是民族凝聚力的展现，这种爱国精神的表达是理性的、正当的，可是却被米尔斯海默夸大为“严重损害中美和中日关系”的行为。在这样的论述中，中国就成为随时可能因为历史原因而威胁美国和日本的大国，而且在西方看来，这样的历史记忆所导致的民族仇恨是负面的，不可预测的。

《大国政治的悲剧》所塑造的中国“威胁”的形象并无新意，它与 20 世纪 90 年代以来美国媒体中所炒作的中国“经济威胁”“军事威胁”“意识形态威胁”之类的言论并没有多少实质的区别。③ 但是作为一种意识形态形象，中国“威胁”的幻象也是与美国人对自己的想象相对照的。丑化中国其实是美化美国的另一面。与中国“威胁”的想象相对应，《大国政治的悲剧》中树立

---

① 约翰·米尔斯海默. 大国政治的悲剧(修订版)[M]. 王义桅，唐小松，译. 上海：上海人民出版社，2021：417.

② 约翰·米尔斯海默. 大国政治的悲剧(修订版)[M]. 王义桅，唐小松，译. 上海：上海人民出版社，2021：419.

③ 中国学者关于美国的“中国威胁论”的研究已经揭露了这些论调的意图。代表性成果有：施爱国. 傲慢与偏见——东方主义与美国的“中国威胁论”研究[M]. 广州：中山大学出版社，2004. 姜加林，主编. 中国威胁还是威胁中国？[M]北京：外文出版社，2012. 沙奇光. 对西方媒体散布“中国威胁论”的评析[J]. 国际政治研究，2000，(03). 吴飞. 流动的中国国家形象——“中国威胁论”的缘起与演变[J]. 南京社会科学，2015，(09). 刘卫东. 新一轮“中国威胁论”意欲何为？[J]. 红旗文稿，2018，(15). 苏珊珊. 冷战后“中国威胁论”的历史演变[J]. 社会主义研究，2019，(02). 朱锋. “中国复兴”与“中国威胁”——美国“意象”的由来[J]. 美国研究，2005，(03). 张丽君. “中国威胁论”：美国对中国偏见“意象”的生成[J]. 探索与争鸣，2011，(03). 这些成果对“中国威胁论”的系统论述都证明，米氏的“中国威胁论”与其他人的“中国威胁论”如出一辙，本质是相同的。

起了美化的美国形象。其一，与中国不会和平崛起相对应，美国变成了维护世界秩序的角色。在米尔斯海默看来，中国的复兴改变了现有的世界秩序，中国成为修正主义国家，而美国是现有秩序与平衡的维护者。在他眼中现在的世界秩序是稳定的、和平的，因为在西半球美国已成为霸主，没有大国可以挑战美国的地位，所以是稳定的；而在亚洲，日本在二战以后已不能构成威胁，其他国家也还没有实力威胁现有的秩序。现在这种稳定的均势状态正是美国经过百年的努力创造出来的，所以美国是世界和平与秩序的创立者和维护者。他说："任何大国的理想局面是成为世界唯一的地区霸主。那一国家将是一个维持现状的国家，它可以尽情地保护现有的权力分配。今天的美国就处于这种令人垂涎的位置，它支配着西半球，而且世界上其他地区都没有霸主。"①当然，美国维护现有的权力分配秩序的动机可能没有它自己说得那么高尚，它为世界的稳定与和平所做的努力其实是为了保住自己的霸主地位。如米尔斯海默所说："地区霸主不需要与之匹敌的对手。因此，美国在阻止日本帝国、威廉德国、纳粹德国和苏联获得地区霸权的过程中起过关键作用。"②可见美国在一战和二战中没有多少高尚的目的，维护世界秩序与和平就是为了巩固霸主地位。现在面对中国这个正在崛起的潜在大国，美国所要做的也是以维持世界秩序为借口维护霸主地位。从这样的角度看，把中国塑造成具有"威胁性"的大国形象就与美国作为维护秩序的大国形象形成了鲜明的对比。中国的负面形象正好衬托出了美国的正面形象。其二，与中国积极发展军事力量，让邻国担忧相对应，美国却是被动防御的。米尔斯海默用自己的进攻性现实主义理论巧妙地为美国塑造了一个"和平使者"的形象。他写道："虽然当一国支配了整个世界后，它会最大限度地确保安全，但是，全球霸权是不可能实现的……任何大国都不可能征服和占领被海洋隔离的地区，关键因素是巨大的水体限制了力量的投送，地区霸权无疑拥有强大的军事后劲，但跨洋对另一大国控制和防卫的领土实施两栖进攻，是一种自杀性冒险。难怪美国这个现代历史上唯一的地区霸权从未考虑过征服欧洲或东北亚。"③按照这种说法，美国虽然已成为唯一地区霸权，却没有跨洋征服欧洲或东北亚这两个可能出现新的地区霸权

---

① 约翰·米尔斯海默. 大国政治的悲剧(修订版)[M]. 王义桅，唐小松，译. 上海：上海人民出版社，2021：43.

② 约翰·米尔斯海默. 大国政治的悲剧(修订版)[M]. 王义桅，唐小松，译. 上海：上海人民出版社，2021：43.

③ 约翰·米尔斯海默. 大国政治的悲剧(修订版)[M]. 王义桅，唐小松，译. 上海：上海人民出版社，2021：157.

的地区。虽然是因为地理环境的限制，却也算是维持和平了。除此之外，美国为了保证自己的唯一地区霸权地位，还使用了外交与战略手段，使自己成为“离岸平衡手”。米尔斯海默是这样描述这种战略手段的：“地区霸权如何阻止其他大国支配远处的地区，要取决于那些地区的均势。如果那些大国之间的权力分配均匀，它们之中就不存在潜在霸权，那么远处的霸权就可以安全地置身于那些地区的任何冲突之外，因为没有国家强大到可以征服所有其他国家。不过，即使另一地区出现霸权，远处霸权的首要选择也可能是袖手旁观，让当地大国遏制那一威胁。”①从这种战略手段来看，美国这个唯一的地区霸权也没以有武力介入对潜在威胁的征服与遏制，而是借用当地的另一个大国之手来阻止潜在大国的崛起，通过让地区内国家之间互相牵制来保持现有的秩序，这虽然不算高尚，或也维持了“和平”。这样的美国形象在米尔斯海默的理论中是被作为正面的形象看待的。其三，与中国的民族主义复仇情绪相对应，美国被塑造成讲道义的国家。米尔斯海默写道：“大多数美国人把战争看成丑恶的行为，最终应从地球上被彻底消灭。战争固然可以被用来服务于自由主义的崇高目标，如反对专制、普及民主，但是如果战争仅仅是为了改变或维持均势，从道德层面来说，这就是不正确的”。“无怪乎，美国人更喜欢这一观点，因为它认定美国是世界政治中的慈善力量，而把美国现实的或潜在的敌人看成误入歧途或心怀恶意的麻烦制造者。”②在此，米氏借用了美国民众对道义的信仰而塑造了一个高尚的善良的美国形象，但是他也意识到了这套信仰与进攻性现实主义理论是相违背的。他承认：“无论现实主义对诠释现实世界的政治有多大的贡献，也无论现实主义对外交政策形成有多大的指导作用，它在西方都不是一种受欢迎的思想流派。现实主义的核心思想——为国家自私地追逐权力提供绝好的凭据——不具有广泛的吸引力。”③但是问题的关键在于米尔斯海默并不认为民众对自己国家的道义想象与他的现实主义理论是完全相反的。他已明确认识到民众所相信的自由主义说辞与他的现实主义的“现实”之间只是表与里的关系，美国政府说的是自由主义辞藻，做的却是现实主义竞争，他在为自己的现实主义理论辩解时说：“现实主义政策有时与自由主义的要求是

① 约翰·米尔斯海默. 大国政治的悲剧(修订版)[M]. 王义桅，唐小松，译. 上海：上海人民出版社，2021：157.

② 约翰·米尔斯海默. 大国政治的悲剧(修订版)[M]. 王义桅，唐小松，译. 上海：上海人民出版社，2021：19.

③ 约翰·米尔斯海默. 大国政治的悲剧(修订版)[M]. 王义桅，唐小松，译. 上海：上海人民出版社，2021：17.

一致的，即当追求权力与追求法则并不冲突时，现实主义政策可以名正言顺地装点上自由主义的花言巧语，而无须讨论根本的权力事实。这种一致性有利于外交政策的推行。试举一例，美国在二战中抗击法西斯主义和在冷战时期反对共产主义都主要源于现实主义原因。但是两次反击又都与自由主义法则相一致，因而，决策者几乎不费吹灰之力就把它们当成意识形态冲突推销给了公众。"①这种自由主义的说辞与现实主义的实力竞争之间的一致性在塑造中国"威胁"形象上又重演了。遏制中国的现实主义政策与反对民族主义复仇情绪、维护和平、反对战争的说辞形成了合谋关系，美国的道义形象就成为遏制中国复兴的政策的意识形态表征。

（二）知识社会学意义上的意识形态观念

从现实角度看，《大国政治的悲剧》中所塑造的中国形象也是具有意识形态功能的。我们从这个证明性文本所制造的作为修辞幻象的中国"威胁"形象自身所剖析出来的那些负面特性都与美国幻象的正面特性形成鲜明对比，这种对比不仅仅是米尔斯海默作为美国学者对自己国家的认同感或爱国情怀的朴素表达，其背后还有更深层的现实基础，他所塑造的中国形象是为这样的现实基础服务的。从这个意义上说，这个中国"威胁"形象就是一种建立在现实基础之上的意识形态。那么《大国政治的悲剧》中所塑造的中国"威胁"形象到底是如何为美国的现实利益服务的？其一，中国"威胁"形象直接服务于美国遏制中国复兴的政策。进入21世纪以来，中国复兴已成为美国乃至整个国际社会的普遍共识，随着中国经济和综合国力的快速增加，美国社会对于中国复兴会给美国带来什么样的影响进行了广泛讨论。尽管有人认为中国是可以和平崛起的，中国复兴对于美国是有利的，然而仍然有很多的人认为中国的复兴会挑战美国的霸权。因此，遏制中国复兴，使中国没有能力对美国构成威胁便成为美国的国家战略中越来越受重视的观点。为了遏制中国复兴就需要理由，"中国威胁论"就为遏制中国战略提供了最直白的借口。因为中国将来可能对美国构成威胁，所以从美国利益出发，就必须遏制中国。在这样的论述逻辑中，中国"威胁"形象就是美国需要的，而作为一种意识形态话语，它可以完全不顾中国和平崛起的事实，也不顾中国从政府到民间关于和平崛起的反复说明，炮制出中国"威胁"形象。米尔斯海默说："美国对付崛起中国的最佳战略是遏制（containent）。这就需要美国集中精力不让中国用军事力量开疆拓土，或是说得宽泛些，扩大其

① 约翰·米尔斯海默. 大国政治的悲剧（修订版）[M]. 王义桅，唐小松，译. 上海：上海人民出版社，2021：20.

在亚洲的影响。为此，美国政策制度者应该力争建立制衡联盟，尽可能吸收中国的邻国。最终目标是仿效北约这一冷战期间遏制苏联的极有效工具，建立起联盟结构。”①为了达到遏制中国复兴的战略目标，塑造中国“威胁”形象也就成为一种手段，所以米尔斯海默才说：“不管中国怎样释放善意，其他国家也不可能确定中国真正的意图现在是什么，更不用说未来。”②这就证明，中国“威胁”形象是美国为遏制中国的复兴而制造出来的，因为它符合美国的利益。美国需要中国“威胁”形象来配合其遏制中国的国家战略。中国“威胁”形象因此也就成为美国的国家意识形态的组成部分。中国学者朱锋指出：“‘中国复兴’与‘中国威胁’的‘中国意象’中顽固和执着存在的根本原因，是因为它既是一种意识形态的防御性和进攻性兼容的反应，也是美国的一种政策手段，因为“中国威胁论”的存在可以成为在具体的地区战略调整和大国关系重组过程中提供目标和方向的推进剂；‘中国威胁论’更是具体的利益估算和诉求的结果，它本质上反映了国际关系中权力是自私的这一基本特点。”③从这样的角度也可以证明《大国政治的悲剧》中所塑造的中国“威胁”形象就是美国自私的现实利益算计的结果。其二，中国“威胁”形象也为美国巩固霸权地位提供了一个假想敌。冷战结束以后，美国已成为世界上唯一的霸权国家，但是随着中国的复兴，美国把中国设定为假想敌。这种假想敌的存在对于美国有什么价值？一方面，它是美国国家认同的需要。因为苏联解体后，美国这个国家的目标出现了“真空”状态，既然民主与专制斗争的历史终结了，那么美国没有了对手，国家靠什么团结一致？把崛起中的中国树立为假想敌，美国似乎又找到了国家存在的意义。更何况，中国还只是一个发展中国家，尚没有实力威胁美国的霸权地位，这样的假想敌正好可以起到意识形态的作用。基辛格就曾说：“失去了需要与之斗争的敌人之后，美国就像‘飘荡在新世界汪洋之中’，比曾经历的20世纪任何时期都要安全。但却没有了要去完成的使命。”④这种没有目标的漂泊感对于一个美国这样的大国而言是危险的，不仅可能导致国民的精神空虚，而且可能因为没有外部敌人而导致国家内部的矛盾突出出来，最终撕裂社会。所以制造敌人就成为美国的政客和专家的一项任务。无论是亨廷顿的“文明冲

---

① 约翰·米尔斯海默. 大国政治的悲剧(修订版)[M]. 王义桅，唐小松，译. 上海：上海人民出版社，2021：407.

② 约翰·米尔斯海默. 大国政治的悲剧(修订版)[M]. 王义桅，唐小松，译. 上海：上海人民出版社，2021：405.

③ 朱锋. “中国复兴”与“中国威胁”——美国“意象”的由来[J]. 美国研究，2005，(03)：33－59＋3.

④ Henry Kissinger, “At Sea in a New World”, News Week, 1994, June(6): 6－8.

突”论还是米尔斯海默的进攻性现实主义，都是制造敌人的意识形态任务的产物。中国“威胁”形象也就成为让美国人能够凝聚起来的工具。另一方面，把中国树立为假想敌，也可以恐吓盟友，把那些盟友牢牢地控制在美国手中，甚至还可以在中国周边发展新的盟友。这样就可以进一步巩固美国的世界霸主地位。尽管中国一再重申对美国的霸主地位不感兴趣，美国也不是不知道中国对此不感兴趣，但是它需要制造中国“威胁”的幻象，因为这样的中国形象对美国的国内和国际利益都有利。“事实上，‘中国威胁论’的蔓延和泛滥，已经影响到周边国家的一些对华政策，中国周边国家存在不同程度的向美国靠拢的战略趋向已是不争的事实，美国在中国周边的力量结构中依然占据主导地位，美国在亚太地区制造的一波又一波的‘中国威胁论’，对中国争取有利于发展的国际环境，建立良好的周边外交都有非常恶劣的影响。”①对于米尔斯海默而言，这样的现实效果正是他的理论的成功之处，中国“威胁”的幻象一旦产生了实际功效，那么就不仅仅是一个假想敌，而变成一种进攻的武器了，只不过这种武器是以意识形态的形式发挥功能的。这正是他反复论述两极世界最安全的奥秘。他说：“既然生存最重要，中国的大部分邻国就都会选择制衡中国，就好像冷战时东北亚和欧洲大部分能自由选择的国家都跟着美国反对苏联。原因很简单，中国与美国相比对亚洲大多数国家“威胁”更大，国家一定是制衡自己最危险的敌人，而不会投靠之。”②他把中国塑造成与美国敌对的另一个大国，把国际关系描绘成中美两极对抗的结构，同时又把中国描绘成更危险更具有“威胁”的形象，这样，美国又可以打扮成拯救和平的形象来拉拢其他国家了。其三，中国“威胁”形象也是维护西方传统的价值观的需要。这套价值观就是无论是个人还是国家都是自私自利的。每个个人或国家都以追求自己的利益为价值取向。进攻性现实主义就是这种价值观的具体体现。所以它认为美国为维护自己的利益而遏制中国是正当的。同时也认为中国为追求自己的利益而挑战霸权地位是必然的，只有这样才符合西方历史传统上所接受的价值观和世界观。而中国如果完成了和平崛起，将颠覆这种传统的价值观，颠覆他们的历史文化传统中所建构起来的认知世界的知识体系。所以中国的和平崛起超越了他们的知识结构和价值体系，让他们感到不可思议、不可信，他们宁愿相信“中国威胁论”，因为这种“威胁”在他们看来才是更真实的。朱锋

① 张丽君.“中国威胁论”：美国对中国偏见“意象”的生成[J].探索与争鸣，2011，(03)：42-46.

② 约翰·米尔斯海默.大国政治的悲剧(修订版)[M].王义桅，唐小松，译.上海：上海人民出版社，2021：410.

指出：“对中国复兴的最大争论是这一崛起过程是否会对地区和世界造成不可避免的威胁，从而打破现有的国际秩序，并引发难以控制的大国冲突，甚至战争。这个传统的国际关系理论和历史结论并不是由‘中国经验’产生的，而是由西方经验发展而来的，也是国际关系理论分析和认识权力关系的基础内容。‘中国复兴’如果能够真正走出一条和平道路，显然，这代表了对传统国际关系理论和历史经验的颠覆。正因为如此，中国复兴才具有如此重大的震撼力。”①从认知方式上说，中国“威胁”形象实际上是把中国东方化、他者化的知识传统的需要，而承认中国和平崛起则等于要放弃西方的知识传统，尊重中国和平崛起的客观事实，这是西方的保守势力难以接受的。米尔斯海默所塑造的中国“威胁”形象虽然过于直白地宣扬了西方的这套自私自利的价值观，而与自由主义的民主人权这类的说辞存在差距，却符合这种价值观的核心内涵，所以他的进攻性现实主义理论的接受者越来越多了。

当然，承认中国可以和平崛起的西方人也是有的，布热津斯基就是代表性人物。他曾批评米尔斯海默的理论而认为中国会实现和平崛起。也有人从现实利益角度认为中国的复兴也会给美国带来经济上的利益。但是这些声音都比不过米尔斯海默所说的生存问题和安全问题那么重要。他甚至说：“让中国的经济增长在将来大大减缓十分符合美国利益。这种结果不一定有利于美国的繁荣，更不利于全球繁荣，但会利于美国安全，这可是最重要的。”②这种损人不利己的观点之所以能够被明目张胆地提出来，就是因为他考虑的是所谓安全问题，而中国“威胁”形象也正是借助于这种安全问题的论述被塑造出来的。它符合西方人熟悉的知识系统，也符合他们的价值观念。他们相信中国的复兴对西方必然是不安全的。

无论从现实的利益还是观念看，中国“威胁”形象都是符合西方需要的。不是中国真的威胁了他们，而是他们需要一个中国“威胁”的形象来满足他们的利益需要。朱锋在分析美国的“中国威胁论”形成的原因时指出：“通过把中国定义为美国在东亚最大的‘战略威胁’，对美国政府来说至少有 4 个方面的好处：一是说服东亚民主国家继续团结在美国的周围，维持与美国的军事同盟体系，使美国在东亚继续保持强大的前沿驻军，保证东亚战略利益在任何情况下不受侵害和排斥；二是保证美国在东亚的政治和经济利益，避免被任何东亚国家或者东亚国家的联合而‘边缘化’，甚至逐出亚洲。这就

① 朱锋.“中国复兴”与“中国威胁”——美国“意象”的由来[J].美国研究，2005，(03)：33－59＋3.

② 约翰·米尔斯海默.大国政治的悲剧(修订版)[M].王义桅，唐小松，译.上海：上海人民出版社，2021：410.

需要美国在战略上遏制中国这样的'地区强国';三是符合美国冷战后继续在东亚和全球推动民主进程的需要,在对中国保持强大的战略和政治压力的同时,通过鼓励中国的经济开放实现中国政治向民主转型的目标;四是能够最大限度地获得美国国会的支持,凝聚美国公众的价值和意愿,减少美国东亚政策在国内政治中所受到的批评。说到底,'中国威胁'论的出现,充分反映出美国冷战后的东亚战略重建需要首先要明确'谁是敌人、谁是朋友'的战略要求。"①从这个意义上说,"中国威胁论"其实是美国国家战略的需要,它是确实无疑的政治意识形态。《大国的政治的悲剧》中所塑造的中国"威胁"形象正是这套意识形态话语系统中的一个代表,只不过它的呈现方式更直白,更咄咄逼人,也更具有恐吓的意味而已。

第三节　中国的"威胁",还是美国的恐惧?

《大国政治的悲剧》不仅制造中国"威胁"的幻象,而且对人类的未来进行了悲观的预测。在进攻性现实主义理论中,大国之间的竞争不可避免,矛盾和冲突一定会发生。所有的大国都为了追求自身的安全而争取更多的权力,国际关系一直处于无政府状态,大国之间缺乏信任,最终只能靠自身的实力解决问题。大国的竞争所导致的悲剧将给全人类带来可怕的后果。这样的前景实在令人惊恐。在这样的悲观论述框架中,中国"威胁"形象其实只是某种恐惧心理的表征,因为在《大国政治的悲剧》中不管哪一个正在崛起的潜在的大国都会被视为威胁,而中国的复兴正好是在冷战结束之后美国成为唯一霸权的特殊历史时期,美国担心其他霸权崛起的恐惧心理因此投射到中国身上,中国成为一个威胁美国霸权地位的镜像。从这个意义上说,《大国政治的悲剧》中所塑造的中国"威胁"形象就可以这样来解读:中国的复兴并没有威胁美国的霸权地位,是美国的恐惧心理导致它把中国想象成了威胁美国的国家。这种恐惧心理当然并不是米尔斯海默个人的心理现象,而是一种普遍的社会心理,那么米尔斯海默又是如何表达这种心理的?这种心理形成的原因是什么?

一、《大国政治的悲剧》中的恐惧

《大国政治的悲剧》所制造的中国"威胁"幻象是建立在恐惧心理之上

① 朱锋."中国复兴"与"中国威胁"——美国"意象"的由来[J].美国研究,2005,(03):33-59+3.

的。如果我们要探究中国"威胁"幻象形成的社会文化原因，就应该从对这种幻象自身的分析深入到形成幻象的心理与社会现实的分析。《大国政治的悲剧》中制造的中国"威胁"幻象，包括了三个方面的特性：一是中国不会和平崛起，一定会挑战现在世界上的唯一霸权国家美国；二是中国的军事实力增强，引起了其他国家对中国用武力改变世界秩序的担忧；三是中国社会上的民族主义情绪也使得中国复兴后的复仇可能大大增加，从而使中国的行为更加不可预测。那么这些丑化中国的特征到底体现出了米尔斯海默为代表的西方国家怎样的心理？它们对中国"威胁"的恐惧又包含了哪些具体的内涵？

（一）进攻性现实主义中的悲观态度

从理论层面盾，《大国政治的悲剧》所建构的进攻性现实主义理论是一种悲观的理论，其基本的心理特征就是恐惧。米尔斯海默用简短的论述阐明了自己的这种悲观理论的内涵，他说："悲哀的是，国际政治从来就是一项残酷而危险的交易，而且可能永远如此。虽然大国竞争的烈度时有消长，但它们总是提防对方，彼此争夺权力。每个国家压倒一切的目标是最大化地占有世界权力，这意味着一国获取权力是以牺牲他国为代价的。然而，大国不只是为了争当大国中的强中之强，尽管这是受欢迎的结果；它们的最终目标是成为霸主（hegemon），即体系中唯一的大国。""然而，由于任何国家都不可能取得全球霸权，因此整个世界充斥永久的大国竞争。"[①]这段论述所彰明的是《大国政治的悲剧》的核心观点，也是进攻性现实主义的理论基础。这个悲观的论述为我们展示了一幅黯淡的世界图景，人类是生存于弱肉强食的丛林法则中的，没有一个国家可以摆脱卷入大国竞争的残酷而危险的命运。这就意味着每一个国家都可能成为这种竞争的牺牲品，即使是成为霸主的国家也并不能永保太平，因为其他国家可能联合起来推翻它的霸权，甚至可能摧毁它。从这个意义上说，这个理论中所包含的是一种本体论意义上的恐惧，即人类无法摆脱冲突命运的绝望。

为什么米尔斯海默的理论中人类的境遇如此黑暗？为什么人类的命运如此绝望？他的理论是从三个层面展开论证的。其一，在生存安全方面，人类必须首先保证自身的安全，这是生死存亡的大问题。但是在米尔斯海默看来，这种安全是得不到保障的，任何国家都只有变得强大才能获得安全，才能生存下来。从这个意义上说，每一个国家都对自身的安全状况感到恐

① 约翰·米尔斯海默.大国政治的悲剧(修订版)[M].王义桅，唐小松，译.上海：上海人民出版社，2021：2.

惧。这种恐惧就其与生存相关而言，也是具有本体论意义的，甚至比现实境遇中因争夺权力而产生的冲突所引起的恐惧更加根本，因为这种对生存安全的恐惧是国家之间争夺权力的原因。其二，是对无序的生存境遇的恐惧。米尔斯海默的理论中预设的前提之一就是国际关系是处于无政府状态的，在不同的国家之上没有一个维持秩序的世界政府，所以不同的国家都是作为行为主体按自己的意愿活动的。这种无序的状态就是人类生活的现实境遇，一个国家是否对另一个国家采取侵略行动，全凭这个国家的需要与实力是否允许，而不是依据国家之上的国际社会的规则。如果说国际社会有什么规则的话，那就是现实主义的规则，每个国家都会为争取安全感而夺取更多的权力。所以米尔斯海默说："生存催生侵略行为。大国具有侵略行为并不是因为它们想要这样做或具有内在的支配欲望，而是因它们要想获得最大的生存机会，就不得不寻求更多的权力。"①这种为了生存而争夺权力的行为导致了国家之间只能凭实力争得生存的机会，实力越强，权力就越大，生存的机会也就越多。相应的，对争夺权力所产生的冲突的恐惧也就如影随形，争权的过程也是恐惧相伴的过程。主动争权，发动侵略就有失败的风险；被动防御，就有被他国征服的风险，所以在这个无序的争夺权力的世界，每个国家的人们都生活在恐惧中。其三是对不确定性和不可预测性的恐惧。在《大国政治的悲剧》的理论预设中有一个重要观点是一个国家无法预知其他国家的意图，它也不相信其他国家的解释与宣传。说到底就是国家之间互不信任，这种对于他者的不信任也导致了一种无法摆脱的恐惧。一个国家总是担心其他国家随时会攻击自己，只要有其他国家存在，这样的恐惧就无法消除。这种由不信任和不确定引起的恐惧又反过来加剧了世界的无政府状态，加深了彼此之间的敌意。其结果就是进一步加深了的恐惧。

米尔斯海默自己的进攻性现实主义理论就为这种恐惧提供了明确的解释："国际体系的结构迫使一心寻求安全的国家彼此采取侵略行为。国际体系的三个特征一并导致了国家间的相互提防：(1) 缺乏一个凌驾于国家之上并能保护彼此不受侵犯的中央权威；(2) 国家总是具有用来进攻的军事能力；(3) 国家永远无法得知其他国家的意图。有了这一担心——不可能完全一劳永逸地消除——国家认为实力愈是强于对手，自己生存的概率就愈高。"②这种对国际体系特征的论述实际上就是在分析各国恐惧心理产生

① 约翰·米尔斯海默. 大国政治的悲剧(修订版)[M]. 王义桅，唐小松，译. 上海：上海人民出版社，2021：16－17.

② 约翰·米尔斯海默. 大国政治的悲剧(修订版)[M]. 王义桅，唐小松，译. 上海：上海人民出版社，2021：2.

的原因。恐惧是由不信任产生的，而不信任又是为了保护自身的安全。如此便形成了一个恐惧的恶性循环。

（二）中国“威胁”形象中的恐惧心理

理论层面上表述出来的恐惧心理在现实层面则表现为对具体的国家、具体的事件的恐惧。这种现实层面的恐惧是理论层面的恐惧的具体化。努斯鲍姆在论述恐惧所产生的具体情感时指出，恐惧会导致厌恶与嫉妒。她认为：“在人类恐惧死亡或溃败的过程中，恐惧就会转化为厌恶，并通过对某些事物或人群的厌恶，将自己从恐惧与焦虑中解放出来，实现某些程度的自我保护。在她看来，过多的恐惧就会制造出更多的厌恶，而厌恶在分化人群与社会，制造道德与人性灾难上扮演极为关键的角色。最后，恐惧还是孕育嫉妒（envy）的土壤。嫉妒是一种关注他人优势的痛苦情感，非常不快地将自己的处境与他人相比较。他们之所以感到痛苦是因为其对手拥有好的东西，而他却没有，于是他会怀有对方在未来遭遇不好结果的不良意愿。”①米尔斯海默在制造中国“威胁”幻象时，就体现出了这种厌恶和嫉妒的心理，当然，无论是厌恶还是嫉妒都是以恐惧为基础的。具体而言，他在中国“威胁”幻象中所表现出来的恐惧包括如下几个方面。其一，是对假想敌的恐惧，即把中国塑造成了美国的敌人或对手，从而制造出对中国的敌意，把中国变成了可怕角色。他说：“不幸的是，接触政策注定要失败。如果中国成为一个经济增长中心，它必然会把经济实力转化为军事能力并主宰东北亚。……简单地说，当中国的权力增长后，美国与中国势必成为对手。”②在这种论述中，中国就被从可以通过接触而改变的国家中分化出来，直接变成了敌对国家。其理由当然就是对中国的恐惧。因为在接触政策中，美国通过影响中国从而“引导”中国按照美国的价值观变成民主国家，进而就可能成为美国的同盟者，避免因价值观不同而发生冲突。尽管这个意图也是从美国利益出发的改变中国的阴谋，但是从维护和平避免战争的意愿来看，还是比鼓吹零和游戏的遏制中国政策要好。但是，米尔斯海默却认为即使中国实现了民主化，仍然无法避免与美国竞争，因为在他的理论中，“霸权是任何国家确保自己生存的最佳手段”。③ 这就把中国直接划为敌对一方了。之所以要这样刻意把中国作为假想敌，就是因为米氏对中国的实力心存恐惧。把中

① 范昀. 恐惧时代的公共性重建：努斯鲍姆论公共生活中的恐惧[J]. 学海，2019，(04)：74－82.

② 约翰·米尔斯海默. 大国政治的悲剧（修订版）[M]. 王义桅，唐小松，译. 上海：上海人民出版社，2021：3.

③ 约翰·米尔斯海默. 大国政治的悲剧（修订版）[M]. 王义桅，唐小松，译. 上海：上海人民出版社，2021：3.

国当对手，流露出来的是出于恐惧的自我保护心理。其二，通过遏制中国的复兴来表达对中国的恐惧。《大国政治的悲剧》在对华政策上所提出的战略构想就是改变与中国接触的政策，转而遏制中国，这种遏制中国的构想就是努斯鲍姆所说的不希望对方好的不良愿望，是对自己不如对手好的恐惧。如前文所提到的米尔斯海默所提出的让中国经济增长大大减缓，哪怕不利于美国和全球的繁荣也在所不惜的疯狂建议，就是一种因恐惧而做出的非理性选择。除此之外，他还提出“美国要寻求通过颠覆亲华政权，甚至也许通过在中国内部制造问题来削弱中国”这样的卑鄙手段，实际上也暴露出了他对中国复兴的恐惧。其三，夸大中国的实力，歪曲中国与其他国家的关系也是恐惧的表现。除了反复强调中国经济实力的迅速增长带来对美国及中国周边国家的挑战之外，米氏还夸大了中国的地理位置对于邻国的危险性。他说：“中国是亚洲国家，与邻国不是直接接壤，就是距离近到可以轻易发动打击。”[①]这样的表述实际上是借中国的地理位置来挑拨中国与邻国的关系，进而说服这些邻国与美国一起遏制中国，其用心是险恶的，暴露出来的恐惧心理也是明显的。地理位置虽然在进攻性现实主义理论中是大国之间进行争斗的重要因素，但是用在美国身上则是证明它不会征服欧洲和亚洲的证据，因为美国的地理位置不利于向欧洲和亚洲投送兵力，可是用来分析中国与邻国的关系时，则变成了中国可能进攻邻国的证据。在进攻性现实主义理论中，还有一个关于潜在霸主更有攻击性的观点，也被用来夸大对中国的恐惧。米氏认为不平衡的多极世界是最不稳定的最危险的世界，因为这样的世界中实力相当的大国最多，而正在崛起的潜在霸主更容易挑起事端，争取更多权力。把这个理论用到亚洲，他的判断是：“亚洲将是多极体系。但却是不平衡的多极体系，因为中国大概要比任何其他亚洲大国都强得多，也就算得上是个潜在霸主。”[②]“潜在霸主更可以令其对手十分恐惧，以至于有时采取可能导致战争的冒险战略。”[③]这种对中国作为潜在霸主的定位本身就是一种污名化，把中国看成更冒险的大国更是一种刻意的歪曲，这种歪曲的背后就是因恐惧而把对手想象得更可怕的懦弱心理。亚里士多德说：“同我们争夺同一件不可能为双方同时获得的东西的人，是可怕的，我

---

① 约翰·米尔斯海默.大国政治的悲剧(修订版)[M].王义桅，唐小松，译.上海：上海人民出版社，2021：410.

② 约翰·米尔斯海默.大国政治的悲剧(修订版)[M].王义桅，唐小松，译.上海：上海人民出版社，2021：416.

③ 约翰·米尔斯海默.大国政治的悲剧(修订版)[M].王义桅，唐小松，译.上海：上海人民出版社，2021：417.

们总是同这样的人竞争。比我们强大的人也畏惧的凶恶的人，是可怕的，因为他们既能害比我们强大的人，就更能害我们了。”[①]米尔斯海默正是通过渲染中国作为潜在霸主的可怕，来恐吓中国的邻国。实际上这种渲染也暴露了他自己的恐惧。按照亚里士多德的定义，恐惧是“一种由于想象有足以导致毁灭或痛苦的、迫在眉睫的祸害而引起的痛苦或不安的情绪”。[②] 在《大国政治的悲剧》中，中国就被想象成引起这种痛苦或不安情绪的对象。

《大国政治的悲剧》虽然是一部国际关系与国际政治的理论著作，但是作为跨文化形象学的证明性文本，它用理论话语塑造的中国“威胁”形象却是以恐惧心理为基础的，看似理性的学术论证中却不时流露出恐惧心理及以由恐惧引发的不良情绪。在这个意义上，恐惧成为它的理论的支撑点或心理的起点。作为一个证明性文本，它所塑造的中国“威胁”形象属于文化想象也就是顺理成章的，因为这种文化想象正是恐惧心理的具体表征。理性的学术话语与恐惧心理所产生的文化想象在此达到了统一。

二、美国社会中的恐惧

从《大国政治的悲剧》中所流露出来的恐惧并不仅仅是米尔斯海默个人的心理状态，也是20世纪90年代以来美国社会中存在的恐惧心理的一种直接反映，并且是这种社会性的恐惧心理的一个组成部分。不止米尔斯海默一个人表达了恐惧心理，在美国的民间调查和媒体以及各类文本中，这种恐惧心理还是有相当普遍的表现的。尽管美国社会中出现的恐惧心理形成的原因有所不同，但是恐惧心理互相影响，也会对集体想象形成影响，直接影响美国人对中国的想象。中国“威胁”形象正是在这种恐惧心理组成的集体想象物被建构出来的。这种集体想象物实际上已经成为一种恐惧文化，充斥于媒体、各类文本以及民众心理之中。

（一）美国的恐惧文化

那么，美国社会中的这种作为恐惧文化的集体想象物具有哪些具体的形态？

首先，是由民众的切身感受而引起的恐惧，这可以称为现实生活的真切的恐惧。从恐惧的内涵来看，恐惧是由对自身产生伤害或痛苦的事物引起的不安情绪，这些伤害或痛苦离人们越近，发生的可能性越大，引起的恐惧就越强烈也越真切。美国社会中，民众对于中国的恐惧首先是由现实中美

---

① 亚里士多德. 修辞学[M]. 罗念生，译. 北京：生活·读书·新知三联书店，1991：82.

② 亚里士多德. 修辞学[M]. 罗念生，译. 北京：生活·读书·新知三联书店，1991：81.

国人所感受到的危险引起的。这些危险主要不是危及生命的安全问题,而是经济问题,所以中国的复兴对于一些美国民众而言,可能会影响到他们的收入,甚至会引起他们失业,这些具体的问题会使美国民众产生切实的恐惧感,对他们而言,这些影响都是实实在在的,恐惧的感受也就更直接。中国学者姜加林主编的《中国威胁还是威胁中国?——“中国威胁论”研究》一书写道:“美国之音 2005 年 1 月 11 日引述‘美中经济和安全审议委员会’的最新研究报告称,随着美中贸易逆差的冲天而上,美国总共损失了 150 万个工作机会。中国加入世贸后,美国工作机会流失的速度反而更快了。随着中国汽车零部件出口的猛增,美国的汽车行业在 2001 年到 2003 年之间,总共损失 35 200 个工作机会。”“美联社 2005 年 6 月 11 日的报道指出,民意调查显示,中国政治实力和经济影响力的不断扩大使很多北美人忧心忡忡。益普索-里德公司进行的这项民意调查显示,2/3 的美国人和一半的加拿大人说,他们担心中国对两国人民的就业构成严重威胁。54%的美国人和近一半的加拿大人说,中国对他们国家的投资数额使他们感到忧虑。”①对于这些数据应该如何分析?实际上美国一直都有失业人口,导致失业的原因很复杂,中国经济的崛起,对美贸易的增加是否就是导致美国部分人口失业的原因还需要经济学和社会学做进一步研究,但是在恐惧文化的氛围中,却把中国直接当成了引起失业的原因,从而引起对中国复兴的恐惧。中国不仅变成了这种恐惧文化中的替罪羊,而且也成为美国人解释失业的一种认知模式,形成了对中国的习惯性恐惧。在这种习惯性恐惧中,美国的能源价格上涨的原因也被推给中国,成为对中国的经济崛起的恐惧中的一部分。其理由是中国经济迅速增长,必然需要大量的能源,这就导致世界能源市场上价格的上升,最终影响到美国的能源价格,美国民众就会为此支付更多的费用。2006 年 4 月 19 日美国《纽约时报》上就有一篇题为《中国石油需求的增加引起美国高度重视》的文章,其中说:“布什称中国不断增长的石油需求是石油涨价的原因之一,同时他还警告中国不要试图控制和垄断全球石油供应。”②这种对中国的指控当然是一种推卸责任的甩锅行为,在恐惧文化的逻辑中,美国人所感受到的油价上升所引起的恐惧又是由中国来承担责任的。对油价上涨的恐惧被转换为对中国的恐惧。

美国民众所感受到的这些切实的恐惧是美国社会中恐惧文化的现实基础。由身边的正在发生或即将发生的危害所引发的恐惧经过解释之后变成

① 姜加林,主编.中国威胁还是威胁中国?[C].北京:外文出版社,2012:25.

② 转引自姜加林,主编.中国威胁还是威胁中国?[C].北京:外文出版社,2012:68.

了对某个特定对象的恐惧。它是各种具体恐惧的源头，经过各种说辞的包装、炒作、渲染之后，就会在恐惧文化中运行、传播、蔓延以至产生特定的文化的、社会的、政治的影响。这在特朗普发动对华贸易战的宣传中得到了充分体现：“特朗普发动贸易战的宣传中，认为中国企业‘抢’走了美国蓝领工人的就业机会，而美国政府试图通过设置对中国商品进口贸易壁垒，促进本国中低端制造业扩张，改善美国蓝领工人的就业和收入状况是此次贸易冲突的重要动因之一。这进一步促使民众对中国印象的恶化……2019 年 8 月皮尤研究中心(Pew Research Center)的最新调查……在美国，那些认为与中国的经济关系很糟糕的人对中国存在负面情绪的比例高达 71%。”①这个例子说明美国民众对失业的恐惧经过政治宣传的解释之后，是可以被转化为对中国的恐惧的。其原理就是“恐惧是一种与权力有关的资源，它可以通过塑造对‘他者’的恐惧而建构权力的合法性”。②

其次，是媒体和舆论中建构的恐惧。与民众切身感受到的恐惧不同，媒体与舆论中所建构的恐惧是出于某种目的渲染夸大或扭曲了对于可能存在或已经发生的伤害与危险的不安情绪。媒体和舆论中表达这种恐惧的人不一定有切身的感受，他们的表达不是为了化解或消除这些恐惧，而是另有目的。因此我们可以说，媒体与舆论中所建构的恐惧是一种被制造出来的恐惧。因为“媒体通过对各种事件的报道提供给我们关于危险和安全的知识……媒体对于新奇性的追求，会使得它将低概率事件塑造成日常生活的一部分，这就可能放大特定的风险，增强人们的恐惧感”。③ 当然这种媒体与舆论中制造出来的恐惧并不是真实的而是夸大的，但是这种恐惧作为一种社会心理却是具有利用价值的，在美国政府和权势集团的操纵下，这种恐惧就会成为美国民众对中国的恐惧的直接原因。

具体而言，美国的媒体和舆论中流露出来对中国的恐惧是以各种“中国威胁论”的形式表达出来的。威胁与恐惧是一体两面的，说中国对美国构成威胁，实际上就是说美国对中国产生了恐惧。从 20 世纪 90 年代以来，以美国为主的西方媒体和舆论反复炒作“中国威胁论”可谓五花八门。仅 20 世纪 90 年代就先后出现了四轮“中国威胁论”。第一次是在 1992—1993 年间

① 吴超. 美国民众涉华舆情变化的影响因素探究(2000—2019)——基于多项模型[J]. 情报杂志，2020，(05)：112-121+148.

② 袁光锋，赵扬. “恐惧文化”的社会建构及其政治社会后果[J]. 南京大学学报(哲学人文社会科学)，2020，(03)：82-91.

③ 袁光锋，赵扬. “恐惧文化”的社会建构及其政治社会后果[J]. 南京大学学报(哲学人文社会科学)，2020，(03)：82-91.

的发轫期的“中国威胁论”，以美国费城外交政策研究中心亚洲项目主任罗斯·芒罗1992年发表《正在觉醒的巨龙：亚洲真正的威胁来自中国》为起点，亨廷顿1993年提出文明冲突论则推波助澜，“中国威胁论”作为一种舆论由此形成。第二次是1995—1996年间，主要是由李登辉访美所引发的“台海危机”，从而导致了美国国内对于所谓“对华政策大讨论”，“中国威胁论”也借此广泛传播。第三次是1997年前后由理查德·伯恩斯坦和罗斯·芒罗合著的《即将到来的美中冲突》一书明确把中国作为对手，预言中美之间必将发生冲突，形成了“中国威胁论”系统论述。第四次是1998—1999年间，美国前中央情报局中国问题专家特里普利特和前共和党国会对外政策助手爱德华·廷珀莱克合写的《鼠年》和《红龙跃起：共产党中国对美国的军事威胁》出版，同时还有臭名昭著的《考克斯报告》与“李文和案”等被媒体炒作的新闻事件，主题都是指责中国“窃取和搜集美国国家机密情报”、偷走美国的核技术之类无中生有的谎言。① 进入21世纪后，“中国威胁论”仍然不断花样翻新，在21世纪的头十年，“中国军事威胁论”中除了渲染中国军事实力增强，军费开支增加外，还出现了“网络战威胁”“海军威胁”“太空军备竞赛”之类的新内容；在“经济威胁论”中除了强调中国商品倾销，抢走就业机会外，还增加了“生态环境威胁论”“资源能源威胁论”“海外并购威胁”等内容。另外，在这十年中新出现的还有“中国软实力威胁论”以“中国国际秩序威胁论”。前者认为“中国模式挑战了西方模式的主导权，在世界上可能产生示范效应，对西方的自由民主模式在意识形态上产生威胁”，后者则认为“中国复兴将挤压美国在亚太的战略生存空间，建构以中国为中心的霸权秩序”。② 21世纪的第二个十年，“中国威胁论”随着中国的复兴和国际上发生的具体事件而不断被炒作，甚至出了所谓的“一带一种威胁论”，认为“一带一路”是当代“马歇尔计划”，污蔑中国要借此主导世界政治格局。在“中国网络威胁论”中，又增加了“5G网络威胁美国的国家安全”之类的谎

---

① 关于20世纪90年代美国的“中国威胁论”，姜加林主编《中国威胁还是威胁中国？——“中国威胁论”研究》一书认为有三次，另有一次发生在2002年。姜加林，主编. 中国威胁还是威胁中国？[C]. 北京：外文出版社，2012：16－17. 苏珊珊认为有四次，增加了1997年前后由《即将到来的美中冲突》一书所引起的一次讨论。苏珊珊. 冷战后“中国威胁论”的历史演变[J]. 社会主义研究，2019，(02)：140－147. 笔者认为由于《即将到来的美中冲突》这本书在“中国威胁论”中影响较大，可以认定其掀起了一轮“中国威胁论”舆论热潮，故采用了四次说。另外，朱锋认为1993年世界银行以购买力评价(PPP)标准计算中国的GDP，将中国经济实力排到世界第三，以及欧佛霍尔特预言中国将成为新的“超级大国”都是引发第一波“中国威胁论”的原因。朱锋. “中国复兴”与“中国威胁”——美国“意象”的由来[J]. 美国研究，2005，(03)：33－59＋3.

② 苏珊珊. 冷战后“中国威胁论”的历史演变[J]. 社会主义研究，2019，(02)：140－147.

言。同时,“中国文化威胁论”“中国政治威胁论”“中国经济威胁论”“中国军事威胁论”“中美战略冲突论”等这些陈词滥调也在美国媒体和舆论场中不断重复。[①] 所有这些关于中国“威胁”的炒作,暴露出的都是美国对中国的恐惧。炒作越多,说明其恐惧越深。当然,这些“中国威胁论”所制造和渲染的恐惧气氛也就越强烈。对于塑造中国“威胁”形象而言,这些媒体和舆论中所渲染出来的“中国威胁论”为民众对中国形成“具有威胁性的大国”的刻板印象就产生了知识上和心理上的影响。在知识上,这些“中国威胁论”提供了认知中国的知识框架,媒体和舆论中所提供的关于中国的“知识”以及这些“知识”中所包含的否定中国的政治立场就被民众获取,并用来认识中国;在心理上,“中国威胁论”中所渲染的对中国的恐惧不断被复制、扩大、增强,民众对于中国的恐惧记忆也就不断积累,进而形成习惯性反应,中国与恐惧记忆就紧密地联系在一起,深深刻印在民众的意识中,甚至变成无意识的自动印象。有学者指出:“置身在杂乱的信息和支离破碎的媒介图像中,人们不仅难以获得确定感,而且更加无所适从焦虑感加剧……媒介提供的不仅是关于风险的具体知识,它还给人们理解风险、感受和表达恐惧的一套文化系统。这一系统也可以被理解为‘文化脚本’(Culture Script)……人们对于恐惧的体验和表达恐惧的方式都受到有关恐惧的文化脚本的塑造。”[②]20 世纪 90 年代以来美国媒体和舆论中反复炒作的“中国威胁论”正是通过向民众灌输一套关于中国的所谓知识,而为他们提供了感受由中国带来的恐惧的方法。

（二）“中国威胁论”中的恐惧类型

美国的“中国威胁论”中所流露出来的对中国的恐惧当然都与具体的威胁相关。但是这些五花八门的“中国威胁论”中包含的恐惧还是有一些主要的类型的。从中美关系的角度看,大致上可以分出三种类型。一是由对中国的经济发展及综合实力的提升而引起的恐惧。这也就是米尔斯海默所说的中国的实力增长以后会对美国的霸权地位构成挑战的那种担心和恐惧。当然,有这样观点的人不止米尔斯海默一人,比如“2006 年 9 月 27 日,美国公布了‘普林斯顿计划’的最终报告《锻造法治下的自由世界:21 世纪美国国家安全》,该报告花费了两年时间,共 400 多人参与,其中不乏美国的诸多前政要、知名学者等。报告认定崛起的中国是对美国的最大挑战,疑心中国

① 苏珊珊.冷战后“中国威胁论”的历史演变[J].社会主义研究,2019,(02):140-147.
② 袁光锋,赵扬.“恐惧文化”的社会建构及其政治社会后果[J].南京大学学报(哲学人文社会科学),2020,(03):82-91.

要将美国从亚洲排挤出去”。[①] 在这种对中国的“硬实力”的恐惧中，还有一个微妙而重要的因素是对中国复兴速度的震惊，如 2005 年 6 月 26 日美国的《华盛顿时报》记者比尔·格茨发表了一篇题为《中国龙醒来了》的文章，其中称：“据五角大楼官员说，中国正在以比美国情报和军事分析家们预计的更快的速度增强军事力量，从而引起了人们如下的担心：北京将会在今后两年内攻打台湾。”[②]中国的复兴速度超出了美国人的预期，震惊之外，美国人感到恐惧就是情理之中的事，因为以这样无法预期的速度发展下去，中国就可能直接对美国产生威胁，而不是仅仅有能力武统台湾了。这种被赶上甚至被超越所引起的不安全感是这种对中国实力的恐惧的原因之一。

其二，是由对中国的期望幻灭而产生的恐惧。冷战结束后，美国沉浸在自由民主制度胜利的喜悦中，美国对华的总体战略是通过与中国接触推动中国向西方所期望的方向上发生改变，就是通过自主市场经济的改革，带来西式民主政治的改革，从而把中国变成亲近西方价值观的国家，甚至变成西方的盟友。在“中国威胁论”形成的 20 世纪 90 年代初，“西方主要舆论主张对华接触，他们强调的是只有通过‘接触’，才能介入与中国有关的事务，从而施加影响；在‘接触’的同时也还要对中国加以防范和限制，以尽力使中国最终‘融入’以美国为主导的西方国际体系……美国助理国防部长帮办坎佩尔称，‘在中国成为军事大国之前把中国纳入国际社会是美国当前的目标’”。[③] 但是到了小布什政府时期，这种接触政策已经开始调整，美国对于按西方的价值观来改造中国已产生幻灭感。这种期望落实所带来的不仅仅是失望，还有不安和恐惧。因为在接触的过程中，中国已经复兴了，美国人发现自己的接触政策没有把中国变成他们预想的样子，反而帮助中国在自己的道路上发展起来了。正如有学者指出：“在一些美国精英人士看来，以往的对华政策是一种‘战略失误’，美国对中国所带来的‘风险’重视不够，美国面临着中国重塑亚洲和世界的‘历史性的挑战’；中国不仅是竞争对手，而且是强大的敌人，甚至比苏联更危险。他们普遍主张采取超越官僚纷争和部门竞争的强硬对华政策，表现出对中国发展壮大的恐惧、焦虑和不健康心态。”[④]这种惊恐让美国改变了对中国的政策，也改变了对中国的想象。

其三是对中国的无知所产生的恐惧。无论这些“中国威胁论”如何连篇

① 姜加林，主编. 中国威胁还是威胁中国？[C]. 北京：外文出版社，2012：91－92.

② 姜加林，主编. 中国威胁还是威胁中国？[C]. 北京：外文出版社，2012：23.

③ 沙奇光. 对西方媒体散布“中国威胁论”的评析[J]. 国际政治研究，2000，(03)：113－125.

④ 张永红. 美国新一轮所谓“中国威胁论”：特点、根源与应对[J]. 人民论坛(学术前沿)，2022，(03)：84－91.

累牍，如何巧舌如簧，实际上都无法掩盖其虚假性，实际上对中国的不了解是美国人对中国产生的恐惧的原因之一。正是由于对中国不了解，所以他们就用已有的恐惧文化脚本来理解中国，形成对中国的恐惧心理和负面想象。这种无知既包括对中国文化传统的无知，也包括对中国当代的社会制度的无知。面对于中国这个强大而又难以理解的对象，美国民众和社会各阶层产生恐惧感也就是自然而然的结果了。如有学者指出："美国人拥有的中国知识并不完整和全面，除了少数专门研究中国问题的人员外，美国人很少愿意或有专门时间研究中国。美国人基本上不了解中国的自然地理、社会结构、风土人情、城市乡村，对中国政治制度和历史文化的认识更是迷茫，美国人对真实的中国了解十分有限，一个非常重要的原因是'长期以来，中国对美国并不重要，以至于中国问题在向来以功利主义著称的美国没有多少需要曝光或者认真看待的空间。……美国人没有兴趣或动力认真了解中国的现实，也不知从何去了解，无知就易人云亦云。"①对于一个所知不多却又突然崛起的对象本来就容易产生恐惧，再加上炒作"中国威胁论"的人又有政治或其他目的，就更容易使民众形成社会性恐惧心理。在"中国威胁论"中所暴露出来的恐惧心理中有一个重要的成分就是这种对未知的强大

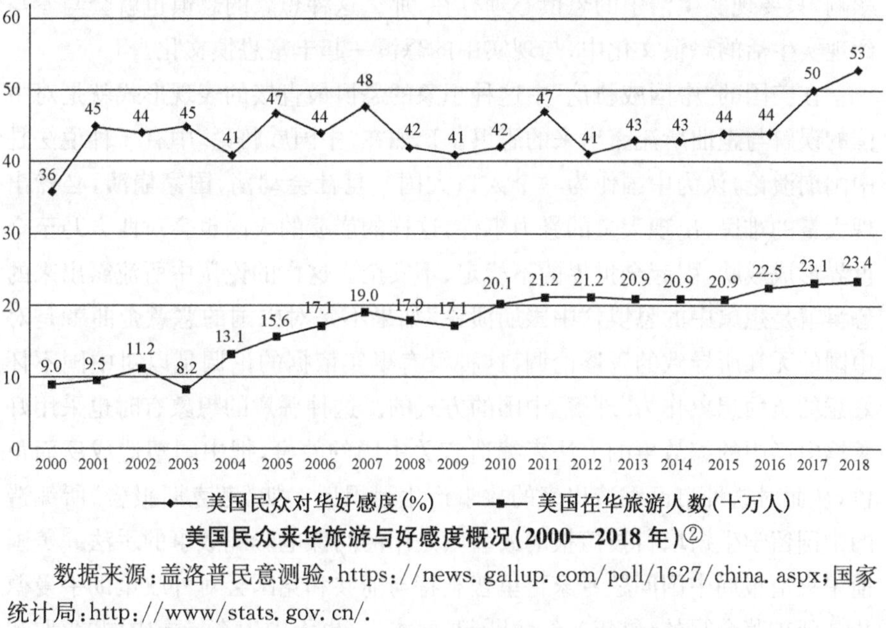

美国民众来华旅游与好感度概况(2000—2018年)②

数据来源：盖洛普民意测验，https://news.gallup.com/poll/1627/china.aspx；国家统计局：http://www/stats.gov.cn/.

① 张丽君."中国威胁论"：美国对中国偏见"意象"的生成[J].探索与争鸣，2011,(03):42-46.

② 转引自吴超.美国民众涉华舆情变化的影响因素探究(2000—2019)——基于多项式模式[J].情报杂志，2020,(05):112-121+148.

对象的恐惧。美国民众对中国的了解程度与对中国的好感度之间的对比关系，也可以从侧面证实无知可能产生恐惧，了解则产生好感。

从民意测验的数据可以直观地看出，随着美国来华旅游人数的增加，越来越多的美国人对于中国的实际状况有了一定程度的了解，对中国的好感度也随之增加，这说明了增加了解是消除恐惧的有效途径，也证明对中国的无知是引起恐惧的原因之一。

再次，是由想象引起的恐惧。恐惧是对即将发生的危险所产生的不安情绪，它具有对尚未发生的事件的预判的因素，因此恐惧中都是有想象的成分的。无论是对于自身利益受到损害的担忧，还是媒体与舆论中对于国际关系、国际局势的发展趋势的炒作所引起的忧虑都有想象的参与。但是这两种恐惧中的想象成分是以现实中所发生的事件为基础的，在对现实中所发生的事件所进行的理解与阐释时加入了想象的成分。但是我们所说的由想象所引发的恐惧，则是没有现实中的事件为依据的，或者说是由想象中的事件所引起的恐惧。这样的事件虽然发生在想象世界，完全是虚构的，但是由于在现实生活中有恐惧心理作为基础，这种想象的恐惧也仍然可以产生真切的恐惧效果。这种想象的恐惧也借用了现实生活中的恐惧文化而产生影响，只要现实生活中的恐惧心理存在，那么这种想象的恐惧也就会与参与到现实生活的恐惧文化中，与现实中的恐惧一起丰富恐惧文化。

在美国的“中国威胁论”中这种想象的恐惧最直接的表现形式就是对中国的误解与歪曲所流露出来的恐惧。比如在“中国威胁论”中有一种说法是中国崩溃论，认为中国作为一个人口大国一旦社会动荡，国家崩溃，必然出现大量的难民，出现大量的暴力事件，这样的崩溃的大国也会对西方乃至全世界形成威胁，引起全世界的不稳定、不安全。这样的论调中所流露出来的恐惧就是想象中的恐惧，“中国崩溃论”如果不是对中国的恶意歪曲就是对中国的无知所导致的荒谬论调，这种没有事实依据的论调是以对中国不怀好意的负面想象作为“理解”中国的方式的。这种恶意的想象有时也采用好莱坞电影中的编故事的方法来编造有关中国的故事，把中国塑造成反面角色，从而对这种自己编造出来的故事产生恐惧感。如《考克斯报告》所编造的中国留学生窃取科技情报的故事就是用的间谍电影编故事的手法。美国前中央情报局中国问题专家特里普利特与前共和党国会对外政策助手爱德华·廷珀莱合写的《鼠年》《红龙跃起》两本书，也无中生有指责中国“窃取和搜集美国国家机密情报，渲染中国对美国国家安全构成重大威胁”，[①]这也

① 姜加林，主编. 中国威胁还是威胁中国？[C]. 北京：外文出版社，2012：17.

是凭空想象的情节。这些故事虽然荒谬，但其中流露出来的恐惧心理却是真实的，面对大多数对中国缺乏了解的民众，这样的想象与虚构就为他们提供了关于中国的“知识”，制造了修辞幻象。这样的虚构情节，甚至也直接出现在美国的电影中，有学者指出：“受‘中国威胁论’的影响，美国电影对中国的认识并没有发生质变。中国的发展和强大在带来尊重的同时，也产生了更多的芥蒂。西方对东方崛起始终存在一种不安和恐惧，并一直抱有戒备。因此，在一些电影中中国与俄罗斯、朝鲜一道，被视为危险国家。《超级战舰》的背景设定为 2012 年在夏威夷举行的环太平洋海军联合军演。事实上，中国并没有参加此次军演，甚至中国才是军演的假想敌，但当突发情况发生时，中国却成为最大的怀疑对象。”①像《超级战舰》这样的电影直接把中国作为敌对角色编入故事情节中只不过是对中国的恐惧心理的虚构表达。它所渲染的对中国的恐惧的效果则是实实在在地被编织到了恐惧中国的文化脚本中，成为美国民众“认知”中国的依据。虚构与想象中产生的恐惧与现实中的恐惧在此融合起来了。正如有学者指出：“恐惧如同其他情绪一样具有传染特性。少数人觉察到危险，感受到恐惧的情绪，会带动整个共同体内的其他人像滚雪球似的恐惧。”②这种能够传染的恐惧心理并不都是现实中产生的，也可能是想象中产生的，实际上这种想象中产生的恐惧更多。“在恐惧文化盛行的社会，人们体验到的大多数恐惧并不是来自真实面临的威胁，‘当代社会强调的恐惧完全不像过去那样基于直接的经验’，许多恐惧都是‘想象的恐惧’。”③“恐惧在扩散的过程中，可能会相互激发而变得更为剧烈，形成大规模的社会恐慌，因为恐惧会激发更多的恐惧；也可能会造成不同文化和群体之间的冲突加剧……目前已经可以看到的是，恐惧的传统正在塑造着国际格局。”④可见，想象的恐惧不仅也可以形成恐惧的传染与扩大效应，而且也是加深国际矛盾的一种心理机制。美国社会中对于中国的负面想象而形成的恐惧正好提供了例证。

美国对中国的恐惧既有现实的基础，也有具体的表现。不管是哪种类型、哪个层次上的恐惧都是以中国为危险的来源的，恐惧的对象都是中国。

---

① 赵嬖.美国银幕上的中国——基于 2012 至 2016 美国电影中中国形象的分析[J].对外传播，2019，(01)：32-34.

② 李艳丽，杨华军.我们心底的怕：恐惧的政治功能及其启示[J].武汉理工大学学报(社会科学版)，2017，(02)：66-72.

③ 袁光锋，赵扬.“恐惧文化”的社会建构及其政治社会后果[J].南京大学学报(哲学人文社会科学)，2020，(03)：82-91.

④ 袁光锋，赵扬.“恐惧文化”的社会建构及其政治社会后果[J].南京大学学报(哲学人文社会科学)，2020，(03)：82-91.

这些恐惧所构成的氛围，形成了一种心理场，在对中国的负面想象中提供了心理的支撑，成为一种集体想象物，直接影响着美国民众对中国的想象。中国"威胁"形象正是这种恐惧心理的表征。但是无论是对中国的恐惧还是对中国"威胁"的想象都不仅仅是社会心理问题，而是社会现实中的各种矛盾、各种复杂关系的产物。那么美国社会中对中国的恐惧产生的现实基础有哪些呢？

三、恐惧形成的现实原因

米尔斯海默说："中国经济再迅速增长上几十年，美国就又要棋逢对手，大国政治就要全面卷土重来。"①可见，所谓的中国"威胁"是对几十年之后的事势的猜测，而不是现实之中中国已经对美国构成了威胁。事实上，美国从中国的复兴中获得了巨大的利益。米尔斯海默也承认，如果遏制中国的复兴，"主要问题在于没有可靠的办法能使中国经济减速而不损害美国经济"。② 可见，中国的复兴对美国是有利的，遏制中国则是损人不利己的。但是，美国仍然有人不愿面对这样的现实，执拗地把中国的复兴看成是对美国的威胁，这种偏执的立场背后隐藏的恐惧感为什么会在美国形成？

（一）美国政治文化中的不信任

在美国的政治文化中先天地就包含有不信任的因素，这导致无论是在国内的政治活动还是在国际关系中，美国总是以怀疑对方为政治认知的前提。由对对方的不信任而产生的不安全感就会自然而然地形成恐惧心理。特别是面对强大的对手时，这种恐惧感就会被放大，形成恐惧氛围。《大国政治的悲剧》一书的中文译者王义桅和唐小松就指出："在美国的政治文化中，有两大不信任十分引人注目，这就是对内不信任政府（公民有不服从的权利），主张'三权分立'，推行自由主义的民主逻辑；对外不信任外部世界——国际社会是无政府状态的，是现实主义逻辑的天下。"③这种对外部世界的不信任就是"中国威胁论"中的恐惧心理产生的现实原因。不信任带来的直接心理反应就是对其他国家的猜疑和不安全感，始终把其他国家当成可能带来危险的不安定因素。当其他国家的发展超出了美国的预期，这

① 约翰·米尔斯海默. 大国政治的悲剧（修订版）[M]. 王义桅，唐小松，译. 上海：上海人民出版社，2021：390.

② 约翰·米尔斯海默. 大国政治的悲剧（修订版）[M]. 王义桅，唐小松，译. 上海：上海人民出版社，2021：408.

③ 王义桅，唐小松. 大国政治的悲剧与国际关系理论的悲剧[J]. 学术界，2003，(06)：259－268.

种猜疑和不安就会更加突出地表现出来。具体而言,这种不信任在国际关系中表现为美国例外论,即以美国为中心要求其他国家遵守美国主导的规则与秩序,而美国则不必遵守。这种美国例外论就是对其他国家的不信任所导致的,只有通过把其他国家纳入美国主导的规则与秩序,美国才能获得安全感,其结果就是美国的国际关系理论把世界划分成了美国与美国之外的世界两个部分,美国要求其他国家都听从美国的安排。"美国式的国际关系理论处处以自己的视角看待,把别的国家说成是挑衅性的(aggressive)潜在霸权(potential hegemony),更不用说'无赖国家'了,而自己是仁慈霸权(benign hegemony)。"①从这个意义上说,美国的霸权其实是缺乏安全感所致的外强中干的自我膨胀,骨子里却是对其他国家的不信任所导致的恐惧。从这样的视角来审视美国对中国的恐惧,就可以明白这只是美国对美国之外的恐惧的一部分,只不过中国的复兴在美国之外的世界中表现得更引人注目,所以引起了美国的特别恐惧而已。

这种对他人的不信任,在当代美国演变成了反精英的民粹主义与阴谋文化,只要是对方的所作所为,都被认为是有预谋的危害,都要按照阴谋论来推定其背后险恶的动机,而且这样的推定并不是理性的科学的专业的分析,而是情绪化的、臆想的猜测。因而这种阴谋论也就与民粹主义具有紧密的联系。有学者指出:"虽然说阴谋论作为一种社会现象早已存在,但是阴谋论作为一种普遍的社会现象却是在当代才出现的。美国政治学者研究发现,大部分美国人至少信奉一种阴谋论,而每种阴谋论通常俘获的信众达到所有人口的四分之一至三分之一。当阴谋论广泛传播,并被相当数量社会成员所信奉时,甚至成为人们看待事物的潜意识时,阴谋论就不再仅仅是阴谋理论,而是进一步上升为'阴谋文化',成为社会主流文化的重要组成部分。作为一种文化现象,它就不再仅仅停留于少数个体的思维层面,而是必然蔓延到社会公共层面,进而产生重大的社会和政治影响。"②这种在民众中蔓延的阴谋文化的本质就是预设"任何重大事件背后都隐藏着一个邪恶的精英或精英集团,他们蓄意策划了一个个阴谋事件。"③"对阴谋的预设既

---

① 王义桅.在科学与艺术之间——质疑国际关系理论[J].世界经济与政治,2002,(09):4-10.

② 杨子飞."反精英—教条式—怀疑主义":当代美国"阴谋文化"批判[J].国外社会科学前沿,2022,(04):63-73.

③ 杨子飞."反精英—教条式—怀疑主义":当代美国"阴谋文化"批判[J].国外社会科学前沿,2022,(04):63-73.

是阴谋论的逻辑起点，也是阴谋论逻辑的终点”。① 这种对阴谋的偏执猜测在被运用于具体的事件时，就会变成一种社会心理，一种非理性的恐惧或愤怒的情绪。比如：“当美国国会官方认证了拜登当选总统之后，依然有大批美国人不认可国会的认证，依然相信美国总统选举存在大规模舞弊的阴谋论，甚至有阴谋论认为拜登是受到中国的操纵与扶持。可见，在‘阴谋文化’的腐蚀之下，美国政府的公信力已经脆弱不堪。”②无独有偶，早在克林顿政府时期，也有人指责其对华接触的政策是收受了中国的贿赂。这样的阴谋论在李文和案中则演变为指责科研人员窃取科研情报给中国。诸如此类的言论正是美国的阴谋文化的组成部分，其实质就在于美国的现实生活中人与人之间的不信任导致了有些美国人带着病态的怀疑思维认识世界。在这些人眼中，这个世界到处都是危险，因此，他们就生活在这样的恐惧之中。

（二）美国文化中的人性恶观念

在哲学层面，美国社会中所出现的对于中国的恐惧实质上是“人性恶”哲学的具体体现。美国对于中国的恐惧，虽然与中国的复兴超出了美国的预期有关，但是在哲学观念层面，美国人关于人性恶的哲学思想才是其思想文化根源。这种以人性恶为哲学基础而形成的文化传统在美国建国之初就已成为共识。制定美国宪法的联邦党人作为美国的开国元勋，普遍持有人性恶的哲学观念，并以此为基础确立了美国宪法中三权分立、互相制衡的政治架构。这也是美国宪法的核心精神。美国的缔造者曾说过一句名言：“如果人都是天使，就不需要政府了。如果是天使统治人，就不需要对政府有任何外来的或内在的控制了。”③正因为如此，美国的文化传统中有一种防止他人危害自己利益的“防范意识”，在美国的这种文化传统中每个人都可能是潜在的罪犯。所以在美国所追求的四大自由中免于恐惧的自由成为其中之一。政府的职责就在于防止这些潜在的罪犯侵害他人，保证民众免于恐惧就成为政府的责任。正如美国学者理查德·霍夫施塔特所说：“1787 年夏在费城制订宪法的那些人对人类的罪恶和无可救药怀有一种鲜明的加尔文意识，并且同霍布斯一样相信人类自私好斗。……在他们看来，一个人就是一个自私自利的原子。他们对人类已无信任可言，但相信良好的政治制

① 杨子飞.“反精英—教条式—怀疑主义”：当代美国“阴谋文化”批判[J].国外社会科学前沿，2022，(04)：63-73.

② 杨子飞.“反精英—教条式—怀疑主义”：当代美国“阴谋文化”批判[J].国外社会科学前沿，2022，(04)：63-73.

③ 汉密尔顿，杰伊，麦迪逊.联邦党人文集[M].程逢如，在汉，舒逊，译.北京：商务印书馆，1980：264.

度必有力量控制人类。”①由此可见，美国文化中对人性恶的信念是根深蒂固的。对他人的不信任和恐惧也是美国文化中的一个重要内容，这是一种美国式的现实主义。

在美国国内，美国政府是通过法律与政府管理来弥补人性中的缺点的。人性本恶，则美国政府通过法律与政府的管理来以恶制恶。但是在国际关系中，由于没有一个统一的世界政府来严格管理不同国家的带着邪恶本性的人群，那么美国人对于这个无政府状态的国际社会就具有更深的恐惧感。美国对于其他国家的不信任和恐惧也就成为其文化传统中对人性恶的信念在国际关系中的表现。具体到对中国的恐惧上，我们可以看到这种人性恶的信念演变为两个具体的观念。其一是用人性恶的观念看待中国人的人性。这一方面表现为认定中国的复兴一定会寻求霸权，另一方面也表现为认定中国民众中的民族主义复仇情绪将导致对美国的报复。其二是对中国的政治制度的偏见，美国人认定自己的政治制度可以限制人性之恶，保证所谓的人权与民主，而中国的政治制度却是非民主的，不利于限制人性之恶。当然，我们从美国的政治制度的人性恶基础就已经可以看出，美国对世界的看法是建立在偏见的基础上的。这种偏见的实质在于它把对美国人的人性的认识运用于其他民族。实际上，世界上存在着许多热爱和平，以仁爱为本的民族，并不像美国人所说的那么“恶”。即使在美国国内，被白人屠杀的印第安人也是爱好和平的，对白人也是友爱的，只是在面对白人的杀戮时才被迫反抗。由此可见，美国人对于其他国家、其他民族的恐惧在哲学层面上是由他们自己的偏见造成的。

（三）现代社会的不确定性

从历史发展所形成的社会特性看，现代社会的不确定性是美国对中国产生恐惧的社会根源。现代社会的一个总特征是社会的快速发展变化所引起的不确定性，马克思恩格斯在《共产党宣言》中就深刻而准确地阐述了这个特征。他们写道：“生产中经常不断的变革，一切社会关系的接连不断的震荡，恒久的不安定和变动，——这就是资产阶级时代不同于过去各时代的地方。一切陈旧生锈的关系以及与之相适应的素被尊崇的见解和观点，都垮了；而一切新产生的关系，也都等不到固定下来就变为陈旧了。一切等级制的和停滞的东西都消散了，一切神圣的东西都被亵渎了，于是人们最后也

① 理查德·霍夫施塔特.美国政治传统及其缔造者[M].崔永禄，王忠和，译.北京：商务印书馆，1994：7.

就只好用冷静的眼光来看待自己的生活处境和自己的相互关系了。"[①]马克思恩格斯的这段经典论述所揭示出来的正是现代资本主义社会的典型特征,即社会的动荡不安,社会生活中充满了不确定性,而且每个生活在现代资本主义社会中的个人都要面对这样的真实状况,以往的知识已经不可靠了,人们只能靠现实中快速变化的不确定性来认识这个世界。

这种不确定性如何造成恐惧?其一,社会生活的不确定使得现代社会变成了乌尔里希·贝克所说的"风险社会"。在贝克看来,面对现代社会中无处不在的不确定性,人们的应对方式就是预估可能出现的损害,从而做出风险补偿,但是尽管如此仍然存在着大量的无法预料的损害,这就是危险。风险社会实际上就是一种预估风险的估算方式逐渐失灵,无法预估的危险不断增加的社会。他说:"所谓的'全球威胁'已经共同导致一个既定风险逻辑的基础被消除,而难以管理的危险取代可计量风险占优势的世界。新的危险正在解除关于安全计算的常规支柱……因此,如果最坏的情形突然发生,不存在什么可供事后安置的计划。"[②]这种对风险社会的悲观论述实际上反映出的是处在现代社会的不确定状态中的人们内心的恐惧感。人们不知道下一刻将会发生什么,无法预知可能出现的损害,也无法对即将发生的危险做出预案进行补救。恐惧是生活在不确定状态中的人们的内心深处无法消除的心理阴影,也是现代人情感结构中的一个组成部分。

其二,不确定性造成人的内心世界的不安全感与焦虑感。无法预知的危险使人无法获得内心的稳定的,世界上随时可能发生超出人们已有知识的危害,让人们的心理秩序不断受到冲击,从而不断进行心理秩序的调整与重构。恐惧感正是在这些无法预知的危害的冲击之下产生的。鲍曼说:现代社会的"环境总是如此变化多端,没有定势,但解决由此而生的各种困境之责却落到了个体头上——个体被期望成为'自由抉择者',而且应该为自己的选择负全责。个体抉择所面对的风险是由一些超出个体理解及行为能力的力量所致,但是个体却要为任何的风险失误买单"。[③] 在这样的压力下,个体产生恐惧心理和焦虑感则是必然的。这种恐惧产生于面对防不胜防的危险的心理失序。现代人的心理再也无法像古代人那样安稳了,因为古代人生活于其中的稳定的社会秩序和世界模式解体了,现代人所面临的

---

① 马克思,恩格斯.马克思恩格斯全集(第4卷)[M],北京:人民出版社,2006:469.

② 乌尔里希·贝克.世界风险社会[M].吴英姿,孙淑敏,译.南京:南京大学出版社,2004:46.

③ 齐格蒙特·鲍曼.流动的时代:生活于充满不确定性的年代[M].谷蕾,武媛媛,译.南京:江苏人民出版社,2012:4.

纷乱世界中“一切坚固的东西都烟消云散了”，人们所获得的自由是以不确定性为基础的。在瞬息万变的世界上，现代人的心理压力是空前巨大的，恐惧感也许可以看成现代人获得自由所付出的心理代价。

那么，这种由现代社会的不确定性所形成的恐惧又是如何体现在对中国的恐惧之中的？首先，现代性的恐惧不仅仅是对美国社会生活中所发生的事件的恐惧，现代性的一个重要特征就是跨文化性。美国人所面临的不确定性中就包括世界上不同国家之间的关系的不确定性。“跨文化、跨国界交往范围的扩大，让人们不得不面对在道德规范、宗教信仰等方面和‘我们’不一样的‘陌生人’，他们常被视为不确定的因素，对于‘陌生人’的恐惧影响了国际关系”，①也就是所谓的国际关系的无政府状态。因此，美国人的现代性恐惧就其具体的内容而言，就包括对包括中国在内的不同国家的恐惧。这就是米尔斯海默的进攻性现实主义的理论预设之一。他认为任何国家都无法知道他国的意图，不知道他国将会采取何种行动。他国是不确定的，因此是可怕的。其次，在不确定的国际关系中，美国以所谓的民主价值为标准建立了他们自以为可以依赖的同盟，他们自认为这样的同盟国家的意图与行为是可以预测的，所以这些国家对于美国而言虽然也是不确定的，但其风险是可控的，可以通过同盟中的共同价值来化解。而中国与这样的所谓民主同盟在价值观方面是不同的，所以中国就成了不可预测的国家，在西方的风险预估系统中无法预知中国会带来什么样的风险，因此中国就不是风险而危险了。换言之，西方对中国的恐惧是他们自身的价值观的局限性造成的。他们所谓的不能预测中国的意图，实质是他们偏执地固守自己的价值观，而不愿以开放的态度了解中国造成的。他们对中国的友善采取不信任的态度，实际上是他们的价值观偏见的产物，对中国的恐惧也是他们的庸人自扰。

其三，在充满不确定性的现代社会，西方除了利用所谓的共同价值观互相安慰之外，还有一个让他们获得安全感的因素就是“实力”，即经济军事的力量。这正是国际政治中现实主义理论的核心概念。但是实力也是一把双刃剑，西方希望靠实力获得安全感，同时也担心其他国家的实力增长会给他们带来威胁。因此，他们又对其他国家的实力产生恐惧心理。而中国的复兴在西方看来恰恰成为“不确定”的因素。他们对中国的恐惧正是因为中国的复兴成为西方现代性中的变数。按照冷战结束后西方的全球战略，是要

---

① 袁光锋，赵扬．“恐惧文化”的社会建构及其政治社会后果[J]．南京大学学报(哲学人文社会科学)，2020，(03)：82－91．

把中国也变成一个西方的价值观同盟中的一员的，可是中国却坚持走自己的现代化之路，并以自己的方式迅速复兴。西方以价值观同盟获得安全感的计划受到了挑战，依靠实力来保证自身安全的计划也没有像他们预期的那样实现。中国独立自主地发展起来，西方并不适应这样的变化。中国复兴这个“不确定性”因素在西方看来超出了他们的预想，更超出了他们的控制。尽管中国无意于威胁他们，但是在西方看来，这仍然是可怕的威胁。因为给他们带来安全感的那套知识系统和心理秩序还没有适应中国的复兴带来的冲击。震惊与恐惧就成为他们自然而然的心理体验，尽管这些体验是西方的知识系统和心理秩序的局限造成的。

无论从美国社会的社会关系，哲学观念还是历史发展所产生的社会特性看，美国社会中的恐惧都是一种长期存在的社会心理，也是美国民众的情感结构中的一个重要的组成部分。它有现实的基础，也是想象的产物，更与媒体的渲染有密切关系。恐惧是现代人面对多变的世界的一种心理防卫机制，是对可能存在的或即将发生的伤害的一种心理反应。但是在美国为代表资本主义体制中它被利用来维护自身的霸权，就从普通人的心理反应转变为文化政治中的一个组成部分了。

西方的“中国威胁论”中所制造的中国“威胁”幻象正是在西方的社会文化语境中才得以完成的。中国“威胁”的修辞幻象背后有一套完整的系统的社会文化机制。这种机制从历史发展的角度看，是西方社会文化现代性的组成部分，是现代资本主义生产力与生产关系的内在矛盾张力所推动的社会文化转型的结果。西方现代社会的内在矛盾导致了人与人之间的不信任，由此而在情感结构中形成了恐惧心理，这是中国“威胁”形象形成的内在原因。在此基础上，媒体的渲染所造成的舆论氛围，《大国政治的悲剧》这样的证明性文本所提供的理论论证都是对这种恐惧心理的具体表述。它们所制造出来的修辞幻象只是这种资本主义内在矛盾的直观的想象的形式。它是一种资本主义的意识形态，也将随着资本主义的消亡而消亡。

结 语

周宁先生在阐述跨文化视野中的中国形象研究的总体规划时提出这个课题是由三组问题构成的："一、西方的中国形象作为一种知识与想象体系在西方文化语境中生成、传播，以一种话语力量控制相关话题并参与西方现代性实践的问题；二、世界的中国形象与全球化的中国形象网络形成，与此相关的是西方的中国形象的跨文化霸权以及不同国家地区的中国形象中流露的'自我东方化'、'自我西方化'的问题；三、域外中国形象，主要是西方的中国形象，影响或塑造现代中国的自我形象或自我想象，中国自我形象认同'自我东方化'与'自我西方化'如何影响中国现代性文化自觉与文化重建的问题。"①在这个宏大的规划中，本书的研究对象属于第一组问题。但是笔者所关注的问题是跨文化形象研究的方法问题，具体而言是西方的中国形象是如何通过具体的文本建构出来的，具体的文本建构中国形象的机制以及背后的社会文化背景是什么？探究这样的问题主要的原因有两个，其一是跨文化形象研究中形象的形成是一个复杂的基本问题，虽然我们可以意向性地认定某种形象的存在，把这种意向性作为跨文化形象研究的基本前提，但是这个前提仍然需要解释、分析与论证从具体的文本到形象的形成这中间到底经历了什么样的过程。这是跨文化形象研究的基础工作。其二，跨文化形象研究中各种宏大的理论问题应该有具体的落脚点，它的宏大理论预设应该在具体的文本中找到具体的证据，因而需要一套解读形象学文本的行之有效的方法。按照马克思主义的辩证思维方法，抽象上升到具体才能对对象展开有效的研究，所以跨文化形象研究既需要理论建构也需要具体的案例分析与文本解读。基于这样两个理由，对形象文本进行细致的分析解读，以一套跨文化形象理论观念作为起点分析文本建构形象的机制与原因，并形成一些范例是目前的跨文化形象研究中需要拓展的一个关键环节。

① 周宁.跨文化研究：以中国形象为方法[M].北京：商务印书馆，2011：291.

我们是通过对四个20世纪以来西方中国形象文本的解读，探究跨文化形象研究中文本解读的具体方法及其理论基础的。理论建构是为探讨文本解读的方法所做的必要准备。我们借用了本雅明的辩证意象理论对跨文化形象的本质特征进行了探讨，以想象主体对他者的态度为依据对跨文化形象的类型进行了划分，探究了在意识形态与乌托邦之外研究益友形象与兄弟形象的可能性。这种探究的目的不在于增加形象的类型，而在于揭示形象类型研究的复杂性。我们所关注的是这样的问题:跨文化研究中虽然形象类型是一种具有解释效力的范畴，但是在面对具体的形象类型案例时，类型分析必须将研究对象的复杂性与多样性揭示出来，而不能为了类型划分的合理性回避类型存在方式的复杂性与多样性。无论是用辩证意象来重新界定跨文化形象的本质内涵，还是探讨形象类型的复杂性，都是为了建构一套有效的文本解读方法论。这套方法论的核心是由三个基本观念构成的:其一，形象文本是以文本互涉的方式存在的，形象文本是具有互文性的。在这个意义上，形象文本超越了我们惯常使用的文体与文类的界限，不论是文学艺术文本还是新闻、政论或学术著作与历史文献，它们之间的界限在作为形象文本时已经不那么重要了。当然这些文体与文类的特点也仍然有存在的价值，但是这是在塑造他者形象时发挥独特作用所产生的价值，而不是为了区分文体/文类的独特性所产生的价值。正因为如此，我们所分析的四个文本既包括文学文本《在中国屏风上》，也包括纪录片《中国》;既包括回忆录《中国新时代的黎明》，也包括学术著作《大国政治的悲剧》，作为形象文本它们原有的文体/文类差异已经不再成为区分的标准了。其二，形象文本以塑造形象的方式或在塑造形象时产生作用的方式为依据，可以划分为展示性文本与证明性文本两大类型。展示性文本是那些把塑造他者形象的态度隐蔽起来，以直接呈现材料的方式塑造他者形象的文本;证明性文本是那些直接把对他者形象的预设展露出来，用材料把预设具体化的文本，所有的材料都是为了证明预设而搜罗的证据。这两种类型的形象文本代表了两种塑造他者形象的方式。其三，不同的文本都在具体的话语空间或能指链上塑造形象的，对于读者而言，他们也是在阅读型构中阅读文本的，是在集体想象物所构成的场域中想象他者的。总之，文本产生意义、塑造形象都不是孤立的事件，而是一种集体的社会的事件，所以对形象文本的解读不仅应该进行文本细读，更应该进行文化阐释，对形象文本进行的深度解读应该追溯到形象背后的原始意象或原型形象中。当然，这样的深度解读也必然要与形象形成的历史境遇、社会矛盾与文化困境联系起来。这样的文本解读才能有效地揭示一个形象形成的复杂机制。

我们对四个文本的解读是与形象类型的个案研究相结合的。作为展示性文本的《在中国屏风上》塑造的是中国的乌托邦形象，而纪录片《中国》则塑造了中国的意识形态形象；作为证明性文本的《中国新时代的黎明》塑造了中国的乌托邦形象，而《大国政治的悲剧》则塑造了中国的意识形态形象。当然乌托邦与意识形态这两种形象类型在具体的文本中又是有差异的。《在中国屏风上》所塑造的是以东方文明的异国情调为特征的乌托邦中国形象，而《中国新时代的黎明》塑造的则是以改革开放的光明未来为特征的乌托邦中国形象；《中国》塑造的是封闭、贫穷、僵化为特征的意识形态中国形象，《大国政治的悲剧》则塑造的是以威胁西方为特征的意识形态中国形象。这些不同的中国形象个案都是想象主体对自身所面临的文化困境与现实矛盾的表达，它们的差异是由想象主体所面临的现实境遇的不同造成的，对于中国材料的运用实际上表现的是想象主体的需求。我们对这些文本的解读与对形象的分析最终都追溯到了想象主体所处的现实境遇。分析这些文本中所塑造的中国形象的目的就是剖析这些形象产生的现实背景，从而找出想象主体把中国想象成乌托邦形象或是意识形态形象的现实原因，为解决文化对话与交流中存在的误解提供可靠的依据。

通过对这四个文本的解读，由抽象上升到具体之后再进行理论反思，我们得到了如下几点新的启示。第一，形象的内涵是具体的。具体文本中呈现出来的形象并不像理论预设中那样可以简化或类型化。尽管这种简化与类型化是形象研究中必不可少的前提，但是在具体文本中形象变得更加丰富、生动而且多变。一方面，任何一个类型的形象都有其具体的侧面，由具体的细节呈现出来，另一方面，同一个类型的形象在不同文本中仍然有差异，忽视这些差异可能导致形象研究的简单化，对形象形成的机制研究而言，就会遗漏掉许多复杂的因素，而使得这个形成机制无法被真正揭示出来。实际上，在一个特定形象中总是存着多种具体的因素，甚至一个具体的形象中存在两种对立的因素也是普遍的。乔普·莱森说："在实际的情形中，许多对立的形象前后相继，它们不是相互抵消的，而是累积的。结果，在大多数情况下，一个特定国家的形象中包含着不同的构成层次、相互对立的形象。只不过(在任何给定的文本表达中)某些方面更活跃，占据着主导地位而已。但是那些对立的因素总是潜在地、微妙地、下意识地存在着。"①面

① Mantred Beller, Joep Leerssen. *Imagology: The Cultural Construction and literary representation of national characters, A critical survey*, Amsterdam & New York: Rodopi B. V., 2007: 343 - 344.

对这种充满变数的复杂的形象,形象研究必须对其进行重新审视,把形象的变化性、具体性、矛盾性纳入思考的范围。从这样的角度来理解形象的内涵,仅仅把形象界定为对他者的想象,或一种文化主体对于文化他者的集体想象是不够的,甚至把形象理解为想象主体的表意实践也还是不足以说明形象的这种多变、矛盾、具体的特点。形象固然是他者的表征,但是这样的定义仍然是从想象主体的角度出发进行界定的,如果把理解形象的角度转换到文本,转换到形象本身的特性上,那么,我们就应该把握形象的复杂构成和自身的存在状态。在这个意义上,形象的内涵更接近于本雅明所说的辩证意象的概念。辩证意象是指通过具体的细节与物象进行哲学思考而形成的哲理化的具有丰富内涵的具体形象。本雅明用这种以感性为依托的思考方法改变了传统哲学的抽象演绎的思考模式,从而为哲学思考注入了生动的具体的细节。辩证意象对形象研究的启示在于它突出了形象的具体性,甚至为我们关注形象的个别性与独特性提供了依据,它把形象研究从简化概括与类型化的方向调整到回归文本细节与具体性的方向上。同时,辩证意象也带来了形象意义的改变,形象的意义不仅表现在它是想象主体的欲望的呈现,在自我与他者的关系上,形象标示出的是自我的界限或边界。形象在呈现他者时,透露出了自我想象力的边界,这个自我的边界为形象研究中阐释形象形成机制划出了一个可靠的范围,想象主体就是在这个边界之中存在的。最后,辩证意象也不是零散的细节的拼贴,它是与宏大叙事相关联的,是在宏大叙事的框架中发挥作用的。辩证意象的复杂内涵也部分来自它与历史叙事与文化政治叙事的关联。形象研究可以从形象类型与宏大叙事之间的直接关联回归到形象自身的复杂性、具体性与其形成的具体语境的关联,再由此追溯到宏大叙事之中,揭示出形象的历史文化内涵,并探究形象形成的社会文化语境中的现实矛盾与困境。

第二,形象类型研究需要探究不同类型之间的关联性。类型化其实是对形象的分类,任何具体的形象都可以按某种标准进行分类,关键是分类的标准是什么样的。按照卡尔·曼海姆和保罗·利科的标准,形象可以被简化地分为意识形态和乌托邦两大类。这是最基本的两种类型,也是弗莱所说的天堂世界与魔怪世界两种基本原型在形象中的呈现。但是如果回到形象的具体存在状态中,以巴柔所说的想象主体对他者的态度为标准,则可以划分出四种不同的类型:狂热、憎恶、亲善、联盟(或世界主义共同体)。狂热对应于乌托邦形象,憎恶对应于意识形态形象,亲善则应该对应于益友形象,而联盟则对应于兄弟形象。这样的分类不仅拓展了两种基本类型,更重要的是它将形象的类型与具体的形象存在方式联系起来,把形象分类从简化调整到具体化。从这个具体化方向上分析形象的类型，通过具体的文本解读我们则需要关注更多的复杂状况。比如，在意识形态和乌托邦两种基本的类型之间应该还存在着莱森所说的融合了两种对立要素的形象，而在益友和兄弟之间也应该还有交叉重叠的类型。另外，每一种大的类型之中也还有众多的亚类，比如同是乌托邦形象，文艺复兴时期的孔教乌托邦与19世纪末20世纪初现代主义文艺作品中所塑造的审美乌托邦就不同，也同毛姆笔下的异国情调乌托邦不同。这些亚类则更靠近具体的文本，也更接近形象的具体存在状况。在威廉斯所塑造的改革开放黎明中的中国形象中，乌托邦因素与意识形态因素也是共存的，我们只有从发展的趋势上才能判断出这个形象的主导方面是乌托邦的，是一种具有现实性的乌托邦。

第三，形象文本是通过文本互涉塑造形象的，对形象文本的解读需要建构以文本研究为基础的方法论。任何一个形象都不是孤立的文本塑造出来的，而是有众多的相似文本反复地重复着相似的细节或情节或意象而建构出来的。形象本身就是一种集体想象，一个文本在传播的过程中被征用、引用、改写、重写从而衍生出众多相似的文本，表达着一个特定的群体在某个时期对特定他者的想象，从而塑造出一种他者形象。所以他者形象总是表现出类型化的特性。但是，对形象的研究不能停留在类型层面，而必须深入到具体文本中才能揭示出类型化的形象是如何形成的。从文本到类型之间转化的过程以及推动这种转化的现实动力才是形象研究的核心问题。因此，形象研究就必然要从形象本体的理论探究延伸到形象文本解读的方法论探究，当然这种方法论研究也是从对形象文本的理论探讨开始的，它本身也是形象理论的组成部分。如何解读形象文本？跨文化形象文本是关于异国的文本，无论是对异国的研究论著，还是新闻报道、旅行游记，或虚构小说乃至影像等文艺作品、从异国直接引进的文献文物也可以成为塑造异国形象的文本。面对如此庞杂的对象到底应该从何处开始解读？其实无论文本的样式如何庞杂，无非都是在建构异国形象时的媒介，我们可以依据文本在塑造形象时的作用对文本进行分类，进而讨论文本塑造形象的机制。各种不同样式的文本在塑造形象时的作用有两个基本类型：一是展示，一是证明。无论是哪种样式、哪种媒介的文本，在塑造异国形象时所起的作用主要就是这两种，形象文本也就可以分为展示性文本与证明性文本这两种基本类型。这样的文本类型划分是建立在形象文本的互文性基础上的，所关注的是文本在塑造形象时的功能，各种不同的文体与文类都被纳入到形象形成的机制中进行研究，这些文本才真正成为形象文本。从文本的类型出发，我们可以进一步分析文本提供了哪些材料与细节来建构形象，再进一步分析相关文本在塑造同一个形象时产生的作用,并进而追溯形象中隐藏的文化原型,最终探究这个形象之所以形成的现实境遇。形象文本解读的方法论就是这样以文本的类型分析为基础,在现实境遇中阐述形象形成机制的一套理论。

第四,不同类型的形象文本都可以塑造出乌托邦与意识形态两种基本类型的形象。从文本功能的角度区分出的展示性文本与证明性文本这两种类型与从想象主体对他者的态度角度区分出的两种形象类型之间当然是可以交叉重叠的。从理论上说,展示性文本与证明性文本都可以建构出乌托邦形象与意识形态形象、益友形象与兄弟形象。但是实际存在的形象文本中仍然以塑造乌托邦与意识形态这两种基本形象类型的文本最为常见,益友形象和兄弟形象则往往以侧面形象或亚类形象的方式与乌托邦形象和意识形态形象联系在一起,成为这两个基本类型形象的构成要素。我们所讨论的四个文本中,毛姆的《在中国屏风上》和安东尼奥尼的纪录片《中国》都是展示性文本,它们没有预设中国形象的类型,而是将自己的经历与见闻呈现出来,所不同的是它们分别塑造出了乌托邦中国形象和意识形态中国形象。而威廉斯的《中国新时代的黎明》和米尔斯海默的《大国政治的悲剧》则是证明性文本,它们预设了对中国的立场,前者用亲身经历来证明对中国的乌托邦预设,后者则用一套现实主义的国际政治理论来证明意识形态的中国形象预设。无论是乌托邦形象还是意识形态形象,其中都包含有其他类型形象的要素。比如《中国新时代的黎明》中塑造的乌托邦中国形象既包含意识形态形象要素也包含益友形象要素,甚至《大国政治的悲剧》这样带有刻意为美国政府提供国际战略思路性质的文本所塑造的意识形态的中国形象中也有与中国复兴的乌托邦形象相关的要素。这些复杂的状况需要在具体的文本分析中才能揭示出来,理论研究应该予以关注。

第五,形象形成的根本原因在于想象主体面临的文化困境,形象形成的过程是现实情势被表征的过程。这种文化困境与现实情势是形象形成的最终动力,分析这种文化困境与现实情势则是形象文本解读的现实目标。任何形象都是想象主体所处的现实境况的表征,想象主体面临的历史境遇、社会矛盾、文化困境所引起的心理状态需要通过特定的方式表达出来。借用异国形象来表达,是一种渊源有自的表达方式。这种借他者镜像呈现主体欲望的表达方式是任何一个高度发达的文化中都已掌握的表达技术。它的隐蔽性或伪装性是显而易见的,对异国的描写实际上暗含着对本国的影射,与借古讽今相似的"借他喻我"是一种表达的智慧。对于形象研究而言,则要分析这种他者与自我之间的关系转换,将他者镜像转换到主体的现实中是跨文化形象研究的一个关键步骤。比如，毛姆笔下带有明显的异国情调特征的乌托邦中国形象，是两次世界大战间隙西方人寻找心灵慰藉的表征；而威廉斯对改革开放的中国的美好期许则是一种现实性的乌托邦，他期待中国能够向美国人所规划的方向发展，从而缓解冷战带来的心理焦虑。安东尼奥尼拍摄的中国形象是中国在特殊年代里偏离正常的社会发展规律而产生的扭曲社会生活在西方的展示，而这个意识形态的中国形象正是冷战时期西方对东方的自信心与优越感的曲折表达；米尔斯海默所虚构的中国"威胁"则是中国复兴在西方引起的恐慌的表征。由此可见，不同的中国形象在具体的文本中被建构出来的机制是存在差异的，其中既有文本类型差异的原因，也有想象主体的态度与立场引起的原因。

第六，形象研究的长远目标是推动不同文化的融合，全人类共同价值是跨文化形象研究的价值立场。跨文化形象研究是站在主体与他者之外的全球立场来分析他们之间的关系的，它研究一种文化主体对他者的想象活动，焦点是主体与他者的关系。在跨文化形象建构中想象主体控制着对他者的想象，他者是沉默的客体，而跨文化研究则从全球立场分析想象主体对他者的描述中的"不实"之处，通过对他者的观察找出与想象主体的表述的差异，以便分析想象主体描绘的他者形象的虚构特征，进而分析想象主体之所以如此表达的原因。这是跨文化形象研究中值得深入探究的理论命题。所以，跨文化形象研究虽然离不开具体的文本分析，但是它的目标却不局限于文本研究。跨文化形象研究把一个文化主体对他者的想象作为研究的切入点，目的是剖析文化想象中呈现出来的文化差异，为消除这种差异提供依据。从这个意义上说，跨文化形象研究的目标是探寻不同文化的共同之处，而不是支持这种差异继续发展下去。跨文化形象研究应该为人们探寻在差异的世界共同生活的可能性。因此，跨文化形象研究的直接目标是消除不同文化之间的误解，不管是美化还是丑化，都只是想象主体的一面之词，而且是从主体自身的现实情势之中产生的一种表达技术或修辞策略。一旦确立了这个目标，跨文化形象研究自身的价值立场就呈现出来，它是一项促进不同文化和解的学术实践，走向人类命运共同体中的人类共同价值是跨文化形象研究的必然选择。

我们以跨文化形象为方法所展开的研究是对形象形成机制以及导致这种形象形成的文化困境的考察，通过对四个具体文本的解读，我们对形象形成的复杂性与多样性进行了初步的探讨。实际上每一个具体的形象的形成都有其独特的原因，对于形象形成的复杂性与多样性的研究是没有止境的。以我们所做的这些考察为基础，形象研究还有一些需要进一步探讨的问题已经呈现在我们面前。其一,除了意识形态与乌托邦两种基本的形象类型之外,基于想象主体与他者的亲善关系而形成的益友形象,以及基于他们之间的同盟关系而形成的兄弟形象也应该得到深入的研究,特别是这两种类型的形象与乌托邦及意识形态形象之间的关系,还有这两种形象形成的复杂的文化语境都应该得到实证的研究。其二,展示性文本与证明性文本在塑造他者形象时与想象主体所面临的实际境况之间的复杂关系也应该得到更细致的探究。想象主体为什么会选择展示性文本或证明性文本,这涉及具体语境中的话语实践与文化制度等方面的复杂状况,需要结合具体的文本进行考察。其三,跨文化形象研究作为文化研究的一个具体的领域与审美研究之间的关系也是一个需要深究的问题。虽然我们可以将审美文本作为文化文本来解读,但是对于普通读者而言这些审美文本仍然是产生审美意义的,这种审美意义对于文化意义产生的潜在影响是值得关注的。审美活动如何参与了他者形象的建构,这是形象形成机制研究中需要深入探讨的环节。其四,形象形成的最终根源在于想象主体所面临的现实矛盾与文化困境,但是这种现实矛盾与文化困境也是处于变化之中的,如何将这种变化的因素纳入形象研究的考察范围,也仍然需要结合具体的文本与形象个案进行具体探究。实际上对于这种现实矛盾与文化困境的分析应该成为以形象为方法的研究路径进一步发展的重要环节。这样才能把形象研究真正落实到对想象主体所面临的现实问题的研究,形象研究才能为解决现实中存在的矛盾提供有效的启示。

跨文化形象研究是一个具有现实针对性的研究领域,以形象为切入点展开开放的探究的长远目标是推动现实世界中不同文化之间的对话、交流与融合,在构建人类命运共同体的伟大进程中,跨文化形象研究应该做出自己的贡献。跨文化形象研究所倡导的化解不同文化之间的矛盾,促进文化平等对话交流,共建全人类共同价值是对人类文明前景的美好期许。雅克·布道说:"一个公平而和平的世界共同体需要强大的寻求共同善的公共制度……所以国际共同体必须建立在文化和政治的多样性基础上,其构建的方式必须适合于解决全球问题,与人类的共同志向相符。"①从这个意义是说,跨文化形象研究是顺应人类历史发展大趋势的学术实践。我们面对的是一个由众多文化构成的差异的世界,但是我们面向一个不同文化协同发展、共同繁荣的未来。

① 雅克·布道.建构世界共同体:全球化与共同善[C].万俊人,姜玲,译.南京:江苏教育出版社,2006:10.

参考文献

一、中文著作：

[1] 中国社会科学院外国文学研究所，外国文学研究资料丛刊编辑委员会，编. 外国理论家. 作家论形象思维[C]. 北京：中国社会科学出版社，1979.

[2] 修昔底德. 伯罗奔尼撒战争史[M]. 谢德风，译. 北京：商务印书馆，1985.

[3] 恩斯特·卡西尔. 语言与神话[M]. 于晓，等，译. 北京：生活·读书·新知三联书店，1988.

[4] 亚里士多德. 修辞学[M]. 罗念生，译. 北京：生活·读书·新知三联书店，1991.

[5] 特伦斯·霍克斯. 论隐喻[M]. 高丙中，译. 北京：昆仑出版社，1992.

[6] D. C. 米克. 论反讽[M]. 周发祥，译. 北京：昆仑出版社，1992.

[7] 丹尼尔·布尔斯廷. 美国人民主历程[M]. 中国对外翻译出版社公司，译. 北京：生活·读书·新知三联书店，1993.

[8] 艾田蒲. 中国之欧洲[M]. 许钧，钱林森，译. 郑州：河南人民出版社，1994.

[9] 罗兰·巴尔特. 符号帝国[M]. 孙乃修，译. 北京：商务印书馆，1994.

[10] 理查德·霍夫施塔特. 美国政治传统及其缔造者[M]. 崔永禄，王忠和，译. 北京：商务印书馆，1994.

[11] 奥斯瓦尔德·斯宾格勒. 西方的没落[M]. 齐世荣，等，译. 北京：商务印书馆，1995.

[12] 李希光，刘康，等. 妖魔化中国的背后[C]. 北京：中国社会科学出版社，1996.

[13] 杰姆逊. 后现代主义与文化理论[M]. 唐小兵，译. 北京：北京大学出版社，1997.

[14] 马克思，恩格斯. 马克思恩格斯论中国[M]. 中央编译局，译. 北京：人民出版社，1997.

[15] 理查德·伯恩斯坦，罗斯·芒罗. 即将到来的美中冲突[M]. 隋丽君，

张胜平，任美芬，译. 北京：新华出版社，1997.
[16] 王宁，薛晓源，主编. 全球化与后殖民批评[C]. 北京：中央编译出版社，1998.
[17] 大卫·宁，等. 当代西方修辞学：批评模式与方法[C]. 北京：中国社会科学出版社，1998.
[18] 诺思罗普·弗莱. 批评的剖析[M]. 陈慧，等，译. 天津：百花文艺出版社，1998.
[19] 塞缪尔·亨廷顿. 文明的冲突与世界秩序的重建[M]. 周琪，等，译. 北京：新华出版社，1998.
[20] 爱德华·W. 萨义德. 东方学[M]. 王宇根，译. 北京：生活·读书·新知三联书店，1999.
[21] 费正清. 美国与中国[M]. 张理京，译. 北京：世界知识出版社，1999.
[22] 哈贝马斯. 作为"意识形态"的技术与科学[M]. 李黎，郭官义，译. 上海：学林出版社，1999.
[23] 乐黛云，张辉，主编. 文化传递与文学形象[C]. 北京：北京大学出版社，1999.
[24] 亚历山大·温特. 国际政治的社会理论[M]. 秦亚青，译. 上海：上海人民出版社，2000.
[25] 费正清. 观察中国[M]. 傅光明，译. 北京：世界知识出版社，2001.
[26] 拉康. 拉康选集[M]. 褚孝泉，译. 上海：上海三联书店，2001.
[27] 孟华，主编. 比较文学形象学[C]. 北京：北京大学出版社，2001.
[28] 何兆武，柳卸林，主编. 中国印象——世界名人论中国文化[C]. 桂林：广西师范大学出版社，2001.
[29] 赫·乔·韦尔斯. 世界史纲[M]. 吴文藻，等，译. 桂林：广西师范大学出版社，2001.
[30] 卡尔·曼海姆. 意识形态与乌托邦[M]. 黎鸣，李书崇，译. 北京：商务印书馆，2002.
[31] 斯拉沃热·齐泽克. 意识形态的崇高客体[M]. 季广茂，译. 北京：中央编译出版社，2002.
[32] 乐黛云. 跨文化之桥[M]. 北京：北京大学出版社，2002.
[33] 约翰·汤姆林森. 全球化与文化[M]. 郭英剑，译. 南京：南京大学出版社，2002.
[34] 西川直子. 克里斯托娃[M]. 王青，陈虎，译. 石家庄：河北教育出版社，2002.

[35] 爱德华·萨义德. 文化与帝国主义[M]. 李琨,译. 北京:生活·读书·新知三联书店,2003.
[36] 麦克尔·哈特,安东尼奥·奈格里. 帝国——全球化的政治秩序[M]. 杨建国,范一亭,译. 南京:江苏人民出版社,2003.
[37] 斯图尔特·霍尔,编. 表征[M]. 徐亮,陆兴华,译. 北京:商务印书馆,2003.
[38] 约翰·费斯克等,编撰. 关键概念:传播与文化研究辞典(第二版)[C]. 李彬,译注. 北京:新华出版社,2004.
[39] 阿里夫·德里克. 跨国资本时代的后殖民批评[M]. 王宁,等,译. 北京:北京大学出版社,2004.
[40] 陆钢,郭学堂. 中国威胁谁[M]. 上海:学林出版社,2004.
[41] 彼得·李伯庚. 欧洲文化史[M]. 赵复三,译. 上海:上海社会科学院出版社,2004.
[42] 钱林森. 光来自东方——法国作家与中国文化[M]. 银川:宁夏人民出版社,2004.
[43] 乌尔里希·贝克. 世界风险社会[M]. 吴英姿,孙淑敏,译. 南京:南京大学出版社,2004.
[44] 周宁. 著/编注. 中国形象:西方的学说与传说[M]. 北京:学苑出版社,2004.
[45] 克利福德·吉尔兹. 地方性知识——阐释人类学论文集[M]. 王海龙,张家瑄,译. 北京:中央编译出版社,2004.
[46] 黄作. 不思之说——拉康主体理论研究[M]. 北京:人民出版社,2005.
[47] 姜智芹. 文学想象与文化利用[M]. 北京:中国社会科学出版社,2005.
[48] 罗兰·斯特龙伯格. 西方现代思想史[M]. 刘北成,赵国新,译. 北京:中央编译出版社,2005.
[49] 加布里埃尔·塔尔德. 传播与社会影响[M]. 特里·N. 克拉克,编. 何道宽,译. 北京:中国人民大学出版社,2005.
[50] 丹尼·卡瓦拉罗. 文化理论关键词[M]. 张卫东,张生,赵顺宏,译. 南京:江苏人民出版社,2006.
[51] 哈罗德·伊罗生. 美国的中国形象[M]. 于殿利,陆日宇,译. 北京:中华书局,2006.
[52] 毛姆. 在中国屏风上[M]. 唐建清,译. 南京:江苏人民出版社,2006.
[53] 周宁. 天朝遥远[M]. 北京:北京大学出版社,2006.
[54] 斯拉沃热·齐泽克. 幻想的瘟疫[M]. 胡雨谭,叶肖,译. 南京:江苏人

民出版社,2006.
[55] 雅克·布道.建构世界共同体:全球化与共同善[C].万俊人,姜玲,译.南京:江苏教育出版社,2006.
[56] 瓦尔特·本雅明.单行道[M].王才勇,译.南京:江苏人民出版社,2006.
[57] 阿瑟·赫尔曼.文明衰落论——西方文化悲观主义的形成与演变[M].张爱平,等,译.上海:上海人民出版社,2007.
[58] 希利斯·米勒.文学死了吗[M].秦谚,译.桂林:广西师范大学出版社,2007.
[59] 托尼·本尼特.本尼特:文化与社会[M].王杰,张东江,等,译.桂林:广西师范大学出版社,2007.
[60] 雷蒙·威廉斯.现代悲剧[M].丁尔苏,译.南京:译林出版社,2007.
[61] 保尔·克洛代尔.认识东方[M].徐知觉,译.上海:上海人民出版社,2007.
[62] 陈乐民.20 世纪的欧洲[M].北京:生活·读书·新知三联书店,2007.
[63] 莱斯列·斯蒂芬森,大卫·哈贝曼.世界十大人性哲学[M].施忠连,译.上海:复旦大学出版社,2007.
[64] 周宁,编.世界之中国:域外中国形象研究[C].南京:南京大学出版社,2007.
[65] 姜智芹.镜像后的文化冲突与文化认同[M].北京:中华书局,2008.
[66] 约翰·米尔斯海默.大国政治的悲剧[M].王义桅,唐小松,译.上海:上海人民出版社,2008.
[67] 米歇尔·苏盖,马丁·维拉汝斯.他者的智慧[M].刘娟娟,张怡,孙凯,译.北京:北京大学出版社,2008.
[68] 让-保罗·萨特.想象[M].杜小真,译.上海:上海译文出版社,2008.
[69] 理查·威廉斯.中国新时代的黎明[M].陈文妍,肖锦银,胡雅莉,译.广州:花城出版社,2010.
[70] 张隆溪.中西文化研究十论[M].上海:复旦大学出版社,2010.
[71] 史景迁.追寻现代中国[M].温洽溢,译.台北:时报文化出版企业股份有限公司,2010.
[72] 周宁.跨文化研究:以中国形象为方法[M].北京:商务印书馆,2011.
[73] 亨利·基辛格.论中国[M].胡利平,等,译.北京:中信出版社,2012.
[74] 邹谠.美国在中国的失败(1941—1950 年)[M].王宁,周先进,译.上海:上海人民出版社,2012.
[75] 姜加林,主编.中国威胁还是威胁中国?[C].北京:外文出版社,2012.

[76] 齐格蒙特·鲍曼. 流动的时代:生活于充满不确定性的年代[M]. 谷蕾,武媛媛,译. 南京:江苏人民出版社,2012.
[77] 托马斯·许兰德·埃里克森. 全球化的关键概念[M]. 周云水,等,译. 南京:译林出版社,2012.
[78] 史景迁. 大汗之国[M]. 阮叔梅,译. 桂林:广西师范大学出版社,2013.
[79] 弗朗克·泽林. 中国冲击[M]. 强朝晖,译. 北京:社会科学文献出版社,2013.
[80] 罗娟丽. 美国媒体对中国问题报道的倾向性分析[D]. 北京:中国政法大学博士论文,2013.
[81] 吉原恒淑,詹姆斯·霍姆斯. 红星照耀太平洋[M]. 钟飞腾,等,译. 北京:社会科学文献出版社,2014.
[82] 施爱东. 16—20 世纪的龙政治与中国形象[M]. 北京:生活·读书·新知三联书店,2014.
[83] 茨维坦·托多罗夫. 我们与他人[M]. 袁莉,汪玲,译. 北京:北京大学出版社,2014.
[84] 大卫·丹穆若什. 什么是世界文学? [M]. 查明建,宋明炜,等,译. 北京:北京大学出版社,2014.
[85] 陈小眉. 西方主义[M]. 冯雪峰,译. 南京:南京大学出版社,2014.
[86] 保罗·利科. 从文本到行动[M]. 夏小燕,译. 上海:华东师范大学出版社,2015.
[87] 帕斯卡尔·卡萨诺瓦. 文学世界共和国[M]. 罗国祥,等,译. 北京:北京大学出版社,2015.
[88] 阿里夫·德里克. 后革命时代的中国[M]. 李冠南,董一格,译. 上海:上海人民出版社,2015.
[89] 顾明栋. 汉学主义:东方主义与后殖民主义的替代理论[M]. 北京:商务印书馆,2015.
[90] 亨利·基辛格. 世界秩序[M]. 胡利平,等,译. 北京:中信出版社,2015.
[91] 钱翰. 二十世纪法国先锋文学理论和批评的"文本"概念研究[M]. 北京:北京大学出版社,2015.
[92] 伊恩·莫里斯. 西方将主宰多久[M]. 钱峰,译. 北京:中信出版社,2016.
[93] 马丁·雅克. 大国雄心[M]. 孙豫宁,等,译. 北京:中信出版社.
[94] 乐黛云. 跨文化方法论初探[M]. 北京:中国大百科全书出版社,2016.
[95] 马修·梅尔科. 文明的本质[M]. 陈静,译. 北京:中国社会科学出版

社,2017.
[96] 雅克·拉康.父亲的姓名[M].黄作,译.北京:商务印书馆,2017.
[97] 王雅丽.美国人眼中的中国形象[M].北京:北京大学出版社,2018.
[98] 约翰·米尔斯海默.大国政治的悲剧(修订版)[M].王义桅,唐小松,译.上海:上海人民出版社,2021.
[99]《中共中央关于党的百年奋斗重大成就和历史经验的决议》[Z].北京:人民出版社,2021.

二、英文著作:

[100] Ernest G. Borman, *The Force of Fantasy: Restoring the American Dream*. Carbondale: Southern Illionis University Press, 1985.
[101] J. Rutherford(ed), *Identity: Community, Culture, Difference*. London: Lawrence and Wishart, 1990.
[102] H. Bhabha, *Nation and Narration*, New York & London: Routledge, 1990.
[103] Steven W. Mosher, *China Misperceived: American Illusions and Chinese Reality*, New York:Basic books, 1990.
[104] M. Featherstone(ed.),*Global Culture*, London, Thousand Oaks, New Delhi:Sage,1990.
[105] J. Tomlinson, *Cultural Imperialism*, London: Pinter Punlishers, 1991.
[106] Jacques Lacan,*Freud' Papers on Technique* 1953—54, *The Semina of Jacques Lacan*, *Book I*, trans with notes by Joh. Forrester, New York: W · W · Norton, 1991.
[107] Lawrence Grossberg, Cary Nelson, Paula Treichler (eds), *Cultural Studies*, New York & London: Routledge, 1992.
[108] Ben Agger, *Cultural Studies as Critical Theory*, London & Washington, DC: The Falmer Press, 1992.
[109] Jan Nederveen Pieterse, White on Black: *Images of Africa and Blacks in Western Popular Culture*, New Haven and London: Yale University Press, 1992.
[110] Simon During (ed), *The Cultural Studies Reader*, London and NewYork: Routledge, 1993.
[111] P. Williams, L. Chrisman (eds), *Colonial Discourse and Post-*

colonial Theory, *A Reader*, New York: Harvester Wheatsheaf, 1994.

[112] H. Bhabha, *The Location of Culture*, London and NewYork: Routledge, 1994.

[113] C. Campbell, *Race, Myth and the News*, London, Thousand Oaks, New Delhi: Sage, 1995.

[114] G. Jordan, C. Weedon, *Cultural Politics: Class, Gender, Race and the Postmodern World*. Oxford: Wiley-Blackwell, 1995.

[115] Ioan Davies, *Cultural studies and Beyond*, London and NewYork: Routledge, 1995.

[116] M. Waters, *Globalization*, London and NewYork: Routledge, 1995.

[117] David Morley, Kuan-hsing Chen (eds), *Stuart Hall: Critical Dialogues in cultural studies*, London and NewYork: Routledge, 1996.

[118] J. McGuigan, *Cultural Methodoogies*, London, Thousand Oaks, New Delhi: Sage, 1997.

[119] P. Golding, M. Ferguson, (eds), *Cultural studies in Qestion*, London, Thousand Oaks, New Delhi: Sage, 1997.

[120] C. C. Barrow, Theo D'haen, *Oriental Prospects, Western Literature and the Lure of the East*, Amsterdam & New York: Rodopi B. V., 1998.

[121] Christopher Patten, *East and West: China, Power, and the Future of Asia*, New York: Times books, 1998.

[122] David Gress, *From Plato to Nato: the Idea of the West and its Opponents*, NewYork: The Free Press, 1998.

[123] Nicholas Mirzoeff(ed), *The Visual Cultural Reader*, London and New York: Routledge, 1998.

[124] Tony Bennett, *Culture: Areformer's Science*, London, Thousand Oaks, New Delhi: Sage, 1998.

[125] Timothy Brook, Gregory Blue, *China and Historical Capitalism: Genealogies of Sinological Knowledge*, Cambridge: Cambridge University Press, 1999.

[126] David Martin Jones, *The Image of china in Western Social and Political Thought*, New York: Palgrave Macmillan, 2001.

[127] Johannes Fabian, *Time and the Other: How Anthropology Makes its Object*, New York: Columbia University Press, 2002.
[128] Andrew Bennett: *The author*, London and New York: Routledge, 2005.
[129] Manfred Beller, Joep Leerssen (eds), *Imagoloy: The cultrural construction and literary representation of national characters, A critical survey*, Amsterdam & New York: Rodopi B. V., 2007.
[130] S. Hall, P. du Guy (eds), *Questions of Cultural Identity*, London, Thousand Oaks, New Delhi: Sage, 2011.

三、中文期刊论文：

[131] 记者(茅盾).引言[J].小说月报,1921,12(10):2-7.
[132] 沙奇光.对西方媒体散布“中国威胁论”的评析[J].国际政治研究,2000,(03):113-125.
[133] 王义桅.在科学与艺术之间——质疑国际关系理论[J].世界经济与政治,2002,(09):4-10.
[134] 任晓.一位现实主义理论家如是说——约翰·米尔斯海默访谈录[J].国际政治研究,2003,(02):28-34.
[135] 王义桅,唐小松.大国政治的悲剧与国际关系理论的悲剧[J].学术界,2003,(06):259-268.
[136] 阮宗泽.中国和平崛起发展道路的理论探讨[J].国际问题研究,2004,(04):28-33+71.
[137] 赵可金.进攻性现实主义的理论逻辑及其批判[J].复旦学报(社会科学报),2004,(05):131-140.
[138] 余建军.悲观来源于何处? [J].欧洲研究,2005,(01):34-48.
[139] 朱锋.“中国复兴”与“中国威胁”——美国“意象”的由来[J].美国研究,2005,(03):33-59+3.
[140] 谭学纯.修辞幻象及一组跨学科相关术语辨[J].安徽师范大学学报,2005,(04):464-469.
[141] 楼春豪.进攻性现实主义“中国威胁论”的实质[J].国际关系学院学报,2006,(03):14-18.
[142] 葛陈荣.大国政治未必悲剧[J].江南社会学院学报,2007,(03):23-27+33.
[143] 吴金平,谭笑.浅析米尔斯海默的进攻性现实主义理论[J].暨南学报

(哲学社会科学版),2009,(03):96－100＋108.

[144] 张丽君."中国威胁论":美国对中国偏见"意象"的生成[J].探索与争鸣,2011,(03):42－46.

[145] 周宪.跨文化研究:方法论与观念[J].学术研究,2011,(10):127－133.

[146] 林曦.形象建构的"镜像——溢出"效应——论跨文化形象学的认识论原则[J].厦门大学学报(哲学社会科学版),2013,(04):11－16.

[147] 高奇琦.现实主义与建构主义的合流及其发展路向[J].世界经济与政治,2014,(03):87－110＋158－159.

[148] 吴飞.流动的中国国家形象——"中国威胁论"的缘起与演变[J].南京社会科学,2015,(09):7－16.

[149] 李艳丽,杨华军.我们心底的怕:恐惧的政治功能及其启示[J].武汉理工大学学报(社会科学版),2017,(02):66－72.

[150] 刘卫东.新一轮"中国威胁论"意欲何为?[J].红旗文稿,2018,(15):33－35.

[151] 蔡拓.世界主义与人类命运共同体的比较分析[J].国际政治研究(双月刊),2018,(06):9－24.

[152] 任晓.从世界政府到"共生和平"[J].国际观察,2019,(01):36－50.

[153] 赵罂.美国银幕上的中国——基于2012至2016美国电影中中国形象的分析[J].对外传播,2019,(01):32－34.

[154] 苏珊珊.冷战后"中国威胁论"的历史演变[J].社会主义研究,2019,(02):140－147.

[155] 范昀.恐惧时代的公共性重建:努斯鲍姆论公共生活中的恐惧[J].学海,2019,(04):74－82.

[156] 陈勇,等.大众媒介接触对美国民众中国形象认知的影响[J].北京理工大学学报(社会科学版),2019,(05):183－188.

[157] 吴超.美国民众涉华舆情变化的影响因素探究(2000—2019)——基于多项式模式[J].情报杂志,2020,(05):112－121＋148.

[158] 袁光锋,赵扬."恐惧文化"的社会建构及其政治社会后果[J].南京大学学报(哲学人文社会科学),2020,(03):82－91.

[159] 张永红.美国新一轮所谓"中国威胁论":特点、根源与应对[J].人民论坛(学术前沿),2022,(03):84－91.

[160] 杨子飞."反精英—教条式—怀疑主义":当代美国"阴谋文化"批判[J].国外社会科学前沿,2022,(04):63－73.

后 记

这本书是国家社科基金后期资助项目“中国形象跨文化研究的理论建构与文本解读”(19FZXB008)的结项成果。从 2019 年立项到 2023 年结项，经过了整整五年时间。这五年中，我根据申报和结项时评审专家的意见对书稿进行了反复修改。衷心感谢专家们对本项目选题和内容的认可！专家们的宝贵意见，使我在这五年中对书稿的修改有了明确的方向。对我个人来说，完成这个项目是一次难忘的经历，收获了难得的经验。

在项目申报、中期检查与结项的各个环节中，苏州大学人文社科处的领导和老师们都给予了大力支持和帮助，在此表达由衷的感谢！于毓兰处长、陈一处长、尚书副处长，以及吴新星老师、郭才正老师、周琼老师、尹飞老师等始终都以极大的热情关心本项目的研究进展，在我遇到困难的时候人文社科处的领导和老师们提供了无私的帮助。正是各位领导和老师的关心与帮助，让我这样的普通教师倍感温暖，获得了前进的动力。

这本书是我关于西方的中国形象研究的第二本专著。我涉足这个研究领域，有赖于厦门大学周宁教授的启发和帮助。周老师在学术与人格上对我的影响已经深深刻印在我的心灵中。本项目的中期成果是在《南京大学学报(哲学人文科学·社会科学)》发表的，感谢南京大学李昌舒教授的无私帮助！上海大学曾军教授在我针对结项评审专家的意见修改书稿时给了我宝贵的建议。华东师范大学朱志荣教授时常关心本项目的进展。南京大学出版社的黄隽翀老师以极大的耐心与专业的精神为本书的出版提供了帮助。在此对所有关心帮助过我的师友表达深深的谢意！

完成这个项目之后，我充分认识到了这种项目式研究的特殊性。这比单单完成一部个人专著复杂得多。

李　勇

2023 年 7 月 10 日

图书在版编目(CIP)数据

西方中国形象文本解读的理论与实践 / 李勇著. -- 南京 ：南京大学出版社，2024.11

ISBN 978 - 7 - 305 - 27396 - 4

Ⅰ. ①西… Ⅱ. ①李… Ⅲ. ①国家一形象一研究一中国 Ⅳ. ①D6

中国国家版本馆 CIP 数据核字(2023)第 227685 号

出版发行　南京大学出版社
社　　址　南京市汉口路 22 号　　　　邮　编　210093

书　　名　西方中国形象文本解读的理论与实践
XIFANG ZHONGGUO XINGXIANG WENBEN JIEDU DE LILUN YU SHIJIAN
著　　者　李　勇
责任编辑　黄隽翀

照　　排　南京南琳图文制作有限公司
印　　刷　江苏凤凰数码印务有限公司
开　　本　718×1000　1/16　印张 22.5　字数 405 千
版　　次　2024 年 11 月第 1 版　2024 年 11 月第 1 次印刷
ISBN 978 - 7 - 305 - 27396 - 4
定　　价　88.00 元

网　　址　http://www.njupco.com
官方微博　http://weibo.com/njupco
官方微信　njupress
销售热线　(025) 83594756
